Basler Stadtbuch 1995

Herausgegeben von der Christoph Merian Stiftung

Redaktion: Beat von Wartburg

Lektorat: Claus Donau

Christoph Merian Verlag, Basel

Basler Stadtbuch 1995

Ausgabe 1996   116. Jahr

Als lebendige Dokumentation und als farbige Chronik widerspiegelt das Basler Stadtbuch die Meinungsvielfalt in unserer Stadt. Nicht alle in diesem Buch enthaltenen Beiträge müssen sich deshalb mit den Ansichten der Herausgeberin und der Redaktion decken. Verantwortlich für ihre Artikel zeichnen die Autorinnen und Autoren. *Die Herausgeberin*

Beraterinnen und Berater der Redaktion

Dr. Rolf d'Aujourd'hui	Bodenforschung, Urgeschichte
Thomas Bally	Architektur, Städtebauliches
Richard Beglinger	Schulwesen, Erziehung
Dr. Hans Briner	Regio, Partnerschaft
Prof. Dr. Alfred Bürgin	Industrie
Yolanda Cadalbert Schmid	Gewerkschaften, Arbeitnehmerinnen und Arbeitnehmer
Dr. Jürg Ewald	BL, Partnerschaft
Peter Felber	Kirchliches, Ökumene
Christian Fluri	Theater, Musik
Prof. Dr. Thierry A. Freyvogel	Wissenschaft
Prof. Dr. Werner Gallusser	Landschaft, Umwelt
Dr. Rudolf Grüninger	Bürgergemeinde, Städtisches
Gerhard Kaufmann	Riehen, Bettingen
Marc Keller	Gewerbe, Handwerk
Dr. Marie-Agnes Massini	Medizin, Spitalwesen
Dr. Beat Münch	Universität
Prof. Dr. Martin Schaffner	Geschichte
Dr. Géza Teleki	Wirtschaft, Arbeitgeber
Bettina Volz-Tobler	Museen, Sammlungen
Verena Zimmermann	Film

Gestaltung: Josef Hodel, Basel
Photo Umschlag: Thomas Kneubühler
Vorsatzblätter: Carlo Aloe
Lithos: Werner Druck AG, Basel
Repro Team, Münchenbuchsee
Satz und Druck: Werner Druck AG, Basel
Einband: Buchbinderei Flügel, Basel

© 1996 by Christoph Merian Stiftung

ISBN 3-85616-073-6
ISSN 1011-9930

Vorwort zum 116. Basler Stadtbuch

‹Eine Stadt baut ihre Zukunft› lautet das Motto des 116. Basler Stadtbuches. Der Rückblick auf das vergangene Jahr ist damit auch eine Vorausschau auf die kommenden Jahre. ‹Gebaut› im wörtlichen Sinn wird einiges in Basel: Brücken, Strassen, Gebäude, Plätze. Vor allem aber das Gestalten der Zukunft in Politik und Wirtschaft, Forschung und Kultur steht im Mittelpunkt dieser Chronik.

Die Museumsstadt Basel hat sich entschieden, zwei Museen zu schliessen. Zwei aktive, zwei erfolgreiche Museen. Basel leistet sich damit den Luxus, auf zwei Institutionen zu verzichten, die in besonderem Masse zur Auseinandersetzung mit der eigenen Lebenswelt beigetragen haben. Das Museum für Gestaltung hat Themen aufgegriffen, die den hochtechnisierten Alltag in der Konsum- und Kommunikationsgesellschaft prägen; sinnlich erlebbar stellte es die Spannungen zwischen Verpackung und Inhalt, Funktionalität und Zufall, Ästhetik und Botschaft dar und deutete sie als Ausdruck unserer Zeit. Damit war das Museum für Gestaltung auch ein Museum der Zukunfts-Gestaltung. Mit der Vergangenheit beschäftigte sich das Stadt- und Münstermuseum; nun wird die ‹Stadtgeschichte› weggespart. Doch wer seine geschichtlichen Wurzeln nicht kennt, wer keine Geschichte zu aktualisieren und keine Erkenntnisse aus ihr zu gewinnen vermag, der kann auch keine Visionen für die Zukunft entwickeln. Basel hat 1995 nicht nur zwei Museen verloren, sondern auch einige Visionen.

Als die neue Wettsteinbrücke im vergangenen September vollendet war, da mochte sich – will man einer Umfrage Glauben schenken – niemand so recht an ihr erfreuen. Das wenig schmeichelhafte Lob «... als hätte sie schon immer dagestanden...» zeugt jedenfalls nicht von mutigem Selbstbewusstsein und zeitgenössischem Gestaltungswillen. Beides aber ist in Zeiten, in denen die Mittel knapper werden, besonders nötig. Es gilt, Prioritäten zu setzen, Schwerpunkte, die Errungenschaften sichern und tradierte wie zukunftsweisende Werte gezielt fördern. Wer nur dort finanzielle Mittel beschafft und nur dort spart, wo der geringste Widerstand zu erwarten ist, saniert vielleicht die Staatsfinanzen – aber um welchen Preis? So war in der ‹Financial Times› am 24. März 1995 zu lesen: «Basle's international reputation in the arts world has slumped as cuts in funding have led to a drain of talent. The city fathers should think again.» (Das internationale Ansehen, das Basel in der Kunstwelt geniesst, hat durch die Mittelkürzung, die das kulturelle Leben ausdörrt, gelitten. Die Stadtväter sollten dies noch einmal bedenken.)

Die Handlungsfähigkeit des Staates basiert auf einer funktionierenden Wirtschaft. Dass sich der Grosse Rat in einer Sondersitzung und in zahlreichen Diskussionen mit dem Wirtschaftsstandort Basel und der Wirtschaftsförderung auseinandergesetzt hat, ist erfreulich. Nun kommt es darauf an, wie Parlament und Regierung die gewonnenen Erkenntnisse in Taten umsetzen. Das Basler Stadtbuch gibt zwei der Vorträge im Wortlaut wieder und referiert die Diskussion um die Wirtschaftsförderung. Es fragt nach den konkreten Auswirkungen des Schweizer Alleingangs in Europa auf unsere Region, beleuchtet kontrovers die Bedeutung der Sozialpartnerschaft, beschreibt den Strukturwandel in der Chemischen Industrie und den Versuch, neue Technologien in Basel anzusiedeln. Aber auch die Themen um die neue staatliche Unternehmensführung ‹New Public Management›, die Spar- und Deregulierungsmassnahmen, bilden einen wichtigen Themenkomplex in diesem Stadtbuch: die gescheiterte Ausgliederung der KVA, das neue Management der Bürgergemeinde, die Vorschläge für eine Aufhebung des staatlichen Schulmonopols.

Anlass zu kontroversen Diskussionen, aber auch zu Optimismus boten 1995 die Fragen nach den Aufgaben, dem Umfang und der Zielrichtung der staatlichen Kulturpolitik sowie die – vor dem Hintergrund der Sparmassnahmen ‹antizyklische› – von Basel-Stadt und Baselland gemeinsam getragene Bewerbung als ‹Kulturstadt Europas› im Jahre 2001. Eine aktive Kulturpolitik und die Öffnung nach Europa sind wichtige Beiträge zur Stärkung von regionaler Identität, Selbstbewusstsein und Selbstvertrauen und zugleich wichtige Voraussetzungen, um die Attraktivität der Stadt, auch als Wirtschaftsstandort, zu fördern. Den gleichen Zielen folgt der ausserordentlich bedeutsame Universitätsvertrag, der 1995 zwischen den beiden Halbkantonen geschlossen werden konnte. Der vermehrte Einbezug des Kantons Basel-Landschaft gewährleistet, dass die Universität auch in Zukunft Bildung auf höchstem Niveau anbieten und der Stadt wertvolle intellektuelle Impulse vermitteln kann. Besonders erwähnenswert sind in diesem Jahr auch zwei Basler Forschungsinstitute: das Biozentrum der Universität und das private Friedrich Miescher-Institut. Dank ihrer erfolgreichen Forschungstätigkeit haben beide Institute eine weltweite Ausstrahlung erlangt. Weltweite Ausstrahlung hat auch die Basler Architektur, die 1995 erneut das Basler Stadtbild durch wertvolle Architekturen bereichert hat. Bereits heute sind der Botta-Bau am Aeschenplatz, das Lokomotivdepot auf dem Wolf, das neue Untersuchungsgefängnis Waaghof und der Sportplatz Rankhof Baudenkmäler von internationalem Ruf.

Basel baut – politisch und gesellschaftlich, in Wirtschaft und Kultur – an seiner Zukunft. Über das Baugelände führt Sie das Basler Stadtbuch mit seinen siebzig Autorinnen und Autoren.

Für ihre zahlreichen Anregungen und ihr Engagement danken wir ganz herzlich unseren Beratern und Beraterinnen. Besonders danken möchten wir Frau Dorothea Christ – sie ist in diesem Jahr altershalber zurückgetreten. Als neue Mitglieder begrüssen wir Frau Yolanda Cadalbert Schmid (Gewerkschaften, Arbeitnehmerinnen und Arbeitnehmer) und Herrn Marc Keller (Gewerbe, Handwerk).

Beat von Wartburg

Inhalt

Basel: 1945 – 1895 – 1795 – 1595 – 1495   Seite

1945: Krieg und Befreiung

Fritz Friedmann	1933–1946 Erlittenes und Erlebtes	11
Otto Wyss-Dierks	Der Bombenangriff auf Basel	14
Jean-Pierre Wilhelm	US-Amerikaner landen auf dem Schlatthof	16
Martin Jösel	Marie Luise Kaschnitz in Basel	19
	Nach dem Krieg/Après la guerre: Drei Museen – ein Thema	22
Pascale Meyer	Frieden in Grenzen	23
Benoît Bruant	La valise	26
Markus Moehring	Kriegsende und Nachkriegszeit in Lörrach und im Markgräflerland	29
Stephan Appenzeller	1895: Basel erhält ein Tram 100 Jahre Basler Verkehrs-Betriebe	32
Christian Simon	1795: Der Basler Frieden	36
Markus Kutter	Der Vater des Basler Friedens im Keller des Holsteinerhofes 200 Jahre später	40
Holger Jacob-Friesen	1595: «Des Rechtsgelährten Fäschen berühmte Kunstkammer» Der Sammler Remigius Faesch (1595–1667)	42
Christian Müller	1495: Zum 500. Geburtstag des Bonifacius Amerbach Die Bildnisse des Basler Juristen und Erben des Erasmus von Rotterdam	46

Wirtschaft

Arbeitsfrieden dank Sozialpartnerschaft

Yolanda Cadalbert Schmid	Chemie-Gesamtarbeitsvertrag am Wendepunkt?	49
Willy Wehrli	Vom Gesamtarbeitsvertrag zum Einheitsvertrag	53

Wirtschaftsstandort Basel

Edwin Meyer	Debatten über eine ungewisse Zukunft	56
Alex Krauer	Plädoyer für eine gesunde Basler Wirtschaft	60
Hans Schäppi	Perspektiven für den Wirtschaftsstandort Basel	63
Daniel M. Hofmann	Chemiestandort Basel – Behauptung in der globalen Strukturkrise	67
Markus Kobler	Basler Wirtschaftsförderung mit neuen Impulsen	71
Marc Keller	Das Basler Gewerbe zwischen Preisdruck und Innovationschancen	75

Schlaglichter Wirtschaft

Rudolf Meyer	75 Jahre Schweizerische Bankgesellschaft in Basel	79
Fritz Friedmann	Abschied vom ‹Wollenhof›	81
Peter F. Peyer	Die Geschichte und das Ende der Balair	82

Stadt und Gesellschaft

‹Wirkungsorientierte Verwaltungsführung› oder ‹Nachtwächterstaat›?

Andreas Burckhardt	Der Auf- und Umbruch zur ‹Bürgergemeinde 2000›	86
Regula Hofer	Deregulierung und Privatisierung – ein Bumerang?	89
Roland Schlumpf	Politischer Erdrutsch. Überraschender Ausgang der Nationalratswahlen	92
Dieter Wüthrich	Erneuerung im Gefängnis- und Strafvollzug. Der Waaghof löst den Lohnhof ab	94
Daniel Küry	‹Basel natürlich› – Naturschutz im Stadtraum	98
Redaktion	Von der alten zur neuen Wettsteinbrücke	102
Niggi Schoellkopf	Ein Fest für die neue Wettsteinbrücke	105

Schlaglichter Stadt und Gesellschaft

Roland Schlumpf	Ein gesellschaftspolitisches Lehrstück: die KVA	106
Fritz Friedmann	Das ‹Gesellschaftshaus› im Gundeli	107
Georg Kreis	Der jüngere Bruder in der Steinenvorstadt	108
Peter Bachmann	‹Velo-City Conference '95› in Basel	109
Hansjörg Marchand	Basler Sport- und Ferienheim ‹Morgenholz› 1895–1995	110
Peter A. Preiswerk	150 Jahre Paedagogia Basiliensis	111

Regio

Im Alleingang. Die Folgen des EWR-Neins von 1992

Rainer Füeg	Die Auswirkungen des Abseitsstehens vom EWR in der Nordwestschweiz	112
Georg Kreis	Kantone zwischen Stagnation und Aufbruch	116
Beat Münch	Schweizer Forschung im Abseits?	119
Leonhard Burckhardt	Der Universitätsvertrag mit dem Kanton Basel-Landschaft	123

Schlaglichter Regio

Dominik Heitz	Kunst und Wohnen auf dem Berowergut	127

Kirchen

Markus Ries	Krise und Neuanfang im Bistum Basel	128

Schlaglichter Kirchen

Michael Raith	Gottesdienst im Gefängnis. Die ökumenische Gefängnisseelsorge	132

Walter Erny, Jürg Meier	Seit 100 Jahren in der Schweiz und in Basel: die Neuapostolische Kirche	133
Sabine Vulić	Gebremster Reformwille in der Evangelisch-reformierten Kirche	134

Kulturschaffende im Basler Stadtbuch

Literatur

Michèle M. Salmony	Gabrielle Alioth: Die Heimat im Kopf	135
Gabrielle Alioth	Bilder einer Stadt	137

Photoessay

Christian Roth	Forschende mit neuem Gesicht Das Friedrich Miescher-Institut	143

‹Edition Kunst der 90er Jahre› die Vorsatzblätter des Stadtbuches von 1989–1999

Oliver Wick	Carlo Aloe: Quotidien – Texturen des Alltäglichen	156

Kultur

Zwei Museen müssen schliessen

Raphael Suter	Die Schliessung zweier Museen stösst auf Widerstand	158
Siegfried Rietschel	Museen nur bei vollen Kassen?	162

Kulturbegriffe und Kulturkonzepte

Hans Saner	Die Grenze. Die Schranke. Der Rand	164
Niklaus P. Ullrich	Zeitgenössische Kunst- und Kulturförderung im Kanton Basel-Landschaft	168
Thomas Morscher	Leitbilder oder Leidbilder? Staatliche Kulturpolitik in Diskussion	173
Markus Kutter	Kultur – Aufgabe von Staat und Gesellschaft	178
Christian Fluri	Schwere Geburt in Basel-Stadt – Souveräne Kindheit in Baselland	184
Christine Richard	Menschen, Künste, Ketchupflecken Festivals – Ersatz oder Ergänzung staatlicher Kulturpolitik?	189

Jacob Burckhardt unterwegs

Yvonne Boerlin-Brodbeck	Jacob Burckhardts Reiseskizzen	192
Dorothea Schwinn Schürmann	Die Photosammlung Jacob Burckhardts	195

Schlaglichter Kultur

Rudolf Liechtenhan	Zum Tod des früheren Basler Ballettdirektors Wazlaw Orlikowsky (1921–1995)	199
Bernd Wolfgang Lindemann	Zwei neue Alte Meister im Kunstmuseum	200

Urbanismus und Architekturen

Carmen Humbel Schnurrenberger	Architektonische Akzente Mario Bottas	203

Lutz Windhöfel	Neue Architekturen in Basel Ein Bankgebäude, ein Lokdepot, ein Stadion, eine Tramhaltestelle, ein Wohn- und Kirchenhaus	207
Christine Felber	Das ‹Basler Täubchen› und sein Schöpfer, der Architekt Melchior Berri Basels erste Briefmarke: ein künstlerisches Kleinod	213
Guido Helmig	In Basel Brücken schlagen	217

Bildung und Wissenschaften

Die Basler Kindergärten

Thomas Bürgi	Die Entwicklung der staatlichen Kindergärten in Basel	223
Christine Valentin	Die Basler Kindergärten – zwischen Blockzeiten und kantonalem Finanzausgleich	226

Freie Schulwahl?

Hans Gygli	Mehr Freiheit im Basler Schulsystem	231
Marcus Schneider	Freie Schulwahl? Die Rudolf Steiner Schule Basel	234

Eine Fliege, viele Augen

Walter J. Gehring	Forscher entdecken Schlüssel-Gen für die Augenentwicklung	237
Christoph Rehmann-Sutter	Kontroversen um ein Experiment – Ein Kommentar	240

Basler Forscher

Redaktion	Vor 100 Jahren starb Friedrich Miescher	243
Erich Schwabe	Zum 100. Todestag von Karl Ludwig Rütimeyer	245
Thierry A. Freyvogel	Zum Gedenken an Professor Rudolf Geigy	247
Manfred Elke	Strahlen aus dem Dunkeln 100 Jahre Röntgenstrahlen und Radiologie in Basel	249

Fasnacht

Felix Rudolf von Rohr	Naare uff s Schiff! – Fasnacht 1995	253

Chronik

Hans Peter Muster	Chronik 1995	259
	Premieren am Theater Basel	288
	Ausstellungen in Basler Museen	290
	EuroAirport Basel-Mulhouse-Freiburg	293
	Basler Börse / Index Konsumentenpreise	294
	Rheinhafen-Umschlag / Überblick Wohnbevölkerung	295
	Abstimmungen 1995	296
	Meteorologische Elemente	298
	Autoren und Autorinnen dieses Buches	300
	Alphabetisches Inhaltsverzeichnis nach Autoren und Autorinnen	310
	Abbildungsnachweis	313

Basel: 1945 – 1895 – 1795 – 1595 – 1495

1945: Krieg und Befreiung

Während des Zweiten Weltkrieges lebte die neutrale Schweiz, und im besonderen Basel als Grenzstadt, mit der zwiespältigen Rolle des Zuschauers, bedroht, aber nicht in den Kriegsstrudel hineingezogen, zwischen Anpassung und Widerstand. Nur wenige der von den Nationalsozialisten verfolgten Juden fanden rechtzeitig in Basel Unterschlupf. Eindrücklich schildert Fritz Friedmann, ein jüdischer Auslandschweizer, sein Schicksal.

Im letzten Kriegsjahr wurde Basel doch noch Schauplatz einer Kriegshandlung. Am 4. März 1945 heulten wieder einmal die Sirenen. Diesmal war der Alarm nicht umsonst: Mehrere amerikanische Bomben gingen im Gundeldingerquartier nieder.

Ungleich schwerer als in der Schweiz war das Leben während des Krieges im angrenzenden Frankreich und in Deutschland. Kämpfe im Elsass brachten Zerstörungen und zusätzliche Entbehrungen. In den Jubel nach der lang ersehnten Befreiung mischte sich der Ruf nach Rache an den Kollaborateuren. Evakuierte und Deportierte kehrten zurück. Auch Südbaden hatte unter den Folgen des Krieges zu leiden. Zahllose Flüchtlinge aus deutschen Ostgebieten mussten beherbergt, versorgt und integriert, die harte französische Besatzung erduldet werden. Die ‹Entnazifizierung› gestaltete sich unter diesen Vorgaben als schwieriger Prozess.

Die fünfzigste Wiederkehr des Kriegsendes war 1995 in Basel kaum ein Thema. Doch die Museen von Mulhouse, Lörrach und Liestal fanden sich zusammen, um gemeinsam an die schwere, aber auch von neuer Hoffnung genährte Zeit des Kriegsendes und der vorsichtigen Öffnung der Grenzen zu erinnern.

(Red.)

Fritz Friedmann

1933–1946 Erlittenes und Erlebtes

«Vergessen ist Mangel an Treue»
(Gabriel Marcel)

1933! Jahr der ‹Machtergreifung› Hitlers! An einem schönen Septembertag traf ich – dritter Klasse aus Stuttgart kommend – mit meinem Schweizer Pass, zehn Reichsmark und einem Koffer voller Habseligkeiten auf dem Badischen Bahnhof ein. In Stuttgart war ich aufgewachsen, den Schweizer Pass – damals hochgeschätzt – verdanke ich meinem Grossvater, der als Bürger von Landschlacht (TG) vor vielen Jahrzehnten in der Hauptstadt des einstigen Königreiches Württemberg sein Auskommen gefunden hatte. Obwohl ich damals nicht unmittelbar bedroht war (Schliesslich besassen wir einen ‹Schutzbrief› des Schweizer Konsulats), war mir klar, dass für Juden gleich welcher Nationalität im ‹Reich› das Schlimmste bevorstand. Das andauernde Marschieren brauner Kolonnen, die schrillen Reden am Radio, die ‹Anpassung› fast aller auf allen Gebieten verhiess nur Schlechtes!

In meiner Aufregung sprang ich vom Zug, bevor er völlig zum Stehen gekommen war. Sofort wurde ich von einem ‹Landjäger› mit Schnauz und Säbel angehalten, unter Umgehung von Grenzwacht und Zoll zum Posten geführt und wegen ‹Gefährdung des Eisenbahnverkehrs› einvernommen. Dabei entdeckte der Polizist mein Geburtsdatum: «Ihr Jahrgang wird gerade in der Kaserne gemustert.» Ein Telefonat, und schon hatte ich einen Zettel mit ‹provisorischem› Aufgebot entgegenzunehmen. Dann wurde ich freundlich entlassen und begab mich auf Arbeits- und Wohnungssuche – natürlich zu Fuss (Tramgeld sparen) – in die Freie Strasse. Ich hatte das grosse Glück, im damaligen Warenhaus Knopf eine Stelle und in der Steinenvorstadt bei Madame Scheidegger (Couture) eine Bleibe zu finden. Wenige Tage später musste ich mich in der Kaserne stellen. Der Platzarzt, ‹Neiditsch Mayor›, erklärte mich als ‹hülfsdiensttauglich›.

Schon im November wurde meine Stelle gekündigt, denn das Warenhaus ging in andere Hände über. Es war schwer, eine neue Arbeit zu finden, und wegen der kurzen Zeit, die ich in Basel lebte, hatte ich keinen Anspruch auf Arbeitslosengeld. Im jugendlichen Übermut war ich aber an der Tanzschule des Max Semmler angemeldet und avancierte dort zum ‹Hilfstanzlehrer›. Zu meinen Schülern gehörte auch ein Student: Gustaf Adolf Wanner! Mein Lohn bestand darin, dass mir mein Chef jeden Abend im Bahnhofbuffet 1. Klasse (!) eine halbe Portion Bündnerfleisch (mit Brot à discrétion) und ein Getränk spendierte. Ansonsten reichte es noch zu Brotweggli und Milchkaffee und einigen Zigaretten (3 Parisiennes = 10 Rappen).

Vor dem Arbeitsamt an der Utengasse standen die Arbeitslosen Schlange. Das Arbeitslosengeld betrug damals etwa drei Franken für einen Tag. Obwohl Basel-Stadt sich in einer ‹ökonomischen Bedrängnis› befand, spürten auch die vielen Notleidenden, dass man sich hier besonders Mühe gab zu helfen, so durch den Arbeitsrappen oder die obligatorische Altersversicherung. Für die liberale und soziale Politik im Kanton Basel-Stadt zeichneten vor allem die Regierungsräte Fritz Brechbühl, Fritz Aebi, Fritz Hauser und Gustav Wenk verantwortlich. Man spürte in Basel eine klare Distanzierung der Bevölkerungsmehrheit von rechten und linken Extremisten.

Im Februar 1934 fand ich eine Anstellung als ‹Mann für alles› im Kaufhaus zum Tor in Liestal für ein monatliches Salär von 180 Franken! Später wurde ich in die Basler ‹Rheinbrücke› versetzt. Nun konnte ich auch als Hörer an der Universität, und vor allem bei Professor Adolf Grabowsky im ‹Weltpolitischen Archiv›, meine Studien wieder aufnehmen. Natürlich verfolgte ich – neben meiner anspruchsvoller werdenden Tätigkeit als Assistent im Einkauf – mit immer grösserer Besorgnis die Entwicklungen auf der politischen Bühne. Besonders prägend waren für mich die Affäre Berthold Jacob Salomon und dessen gewaltsame Entführung aus Basel im Jahre 1935. Hier kam es zu einer Konfrontation zwischen dem Gewaltstaat und dem Rechtsstaat. Auch die Ermordungen von ‹Gauleiter› Gustloff in Davos (1936) und Botschafts-Attaché von Rath in Paris (1938) beschäftigten mich sehr, und ich beschloss, meine Eltern in die Schweiz zu holen. Ich sandte ein Telegramm: «Bin schwer erkrankt, kommt sofort», und zwei Tage später nahm ich die Eltern gesund und froh in Empfang. Nun hiess es, eine grössere Unterkunft zu finden und für drei Personen zu sorgen.

Inzwischen war es mir gelungen, einen Kreis von Freunden und Bekannten aufzubauen und nebenher meinen journalistischen Neigungen, zunächst bei der Fachpresse, dann aber auch bei der damaligen ‹Arbeiterzeitung› als Berichterstatter über Kleinkunst, nachzugehen. Der politische Himmel wurde immer dunkler, fast täglich waren dem Radio und den Tageszeitungen Schreckensnachrichten zu entnehmen. Die Grenzen wurden dichter, im Elsass grassierte – trotz der Maginot-Linie – die Furcht.

Als ‹Hülfsdienstpflichtiger› trat ich der Rotkreuz-Kolonne bei und erhielt eine rudimentäre Ausbildung nebst Uniform. Allmählich begannen die Menschen, Vorräte anzulegen und – soweit dazu in der Lage – Gold zu kaufen. Erste Emigranten trafen ein, sowohl Juden als auch politisch Verfolgte. Die Diskussionen ‹Gibt es Krieg?› nahmen zu, doch die wirtschaftliche Lage hatte sich in den Jahren seit 1933 verbessert, die Zahl der Arbeitslosen war rapide gesunken. Einige der Emigranten hatten in der Schweiz neue Wirtschaftszweige, zum Beispiel die Herstellung von Schallplatten, die Produktion medizinischer Instrumente usw., geschaffen. Doch 1939 überstürzten sich die Ereignisse, und nicht nur Eingeweihte wussten jetzt von den Arbeits- bzw. Konzentrationslagern.

Eine wichtige Informationsquelle war die von Dr. Hans Bauer gegründete ‹Europa-Union›. (Man möge sich daran erinnern, dass die ‹Europäische Union› damals von diesem weitsichtigen Manne in Basel ins Leben gerufen wurde.) 1936 konnte man aber auch bemerken, dass Basel sich auch militärisch auf den Krieg vorbereitete. Man musste Notvorräte anlegen und sich auf die Verdunkelung vorbereiten. Albert Oeri, Chefredaktor der ‹Basler Nachrichten›, schrieb im Juli 1940 an den Bundesrat: «Die Festigkeit des Bundesrates, dem deutschen Druck mutig entgegenzutreten, ist zu bezweifeln; offenkundige Schwäche verleitet aber das triumphierende Deutsche Reich zu weiteren Druckversuchen in der Hoffnung, ‹der Apfel falle selbst vom Baum›.» Bei der Bundesfeier im August 1940 rief Pfarrer Ernst Staehelin den Baslern, die angesichts der Triumphe der Nazis zu resignieren begannen, die Verheissung zu: «Nubicula est transibit» (Es ist ein Wölkchen und geht vorüber).

Karl Barth, der bekannte Theologe, machte den noch an Demokratie Glaubenden Mut. Er hat am schärfsten seine Stimme gegen den Defaitismus und die Kapitulation vor Hitlers Macht erhoben. Die Flüchtlingsfrage hat auch die Schweizer, besonders aber die Basler, sehr bewegt. Die von den Bundesbehörden angeordnete ‹bedingte› Aufnahme – trotz Asylrecht – wurde hier nicht nur kritisiert, sondern auch lockerer gehandhabt als vorgeschrieben. Wie in anderen Kantonen, gehorchte man auch in Basel weniger den eidgenössischen Vorschriften als dem eigenen Gewissen. Zu den grosszügigen Menschen gehörte auch der damalige Polizeidirektor Fritz Brechbühl. In Basel fanden die Flüchtlinge zum Teil Asyl bei gleichdenkenden Schweizern, andere wurden von der Eidgenossenschaft in Arbeits- bzw. Flüchtlingslager, unter anderem auch dasjenige im Basler Sommer-Casino, eingewiesen. Bei Verwandten und Bekannten konnten dagegen nur wenige unterkommen.

Die Kriegsjahre zeigten, dass das Land für diese Zeiten gut vorgesorgt hatte. Alle hatten genug zu essen, manche sogar etwas mehr, wenn sie z.B. unter den Nudeln versteckt ein ‹mahlzeitencouponfreies› Schnitzel fanden. Erinnert sei aber nicht nur an die Flüchtlinge, die hier Aufnahme fanden, sondern auch an die weit zahlreicheren, die an der Grenze zurückgewiesen oder nach erfolgreicher Flucht wieder zurück (lies: in den Tod) geschickt wurden. Erinnert sei an das Donnergrollen im Kampf um die überraschend zusammengebrochene Maginot-Linie und an die Bombenabwürfe, auch auf Basel, die allen, die es miterlebt haben, unvergesslich bleiben werden. Unvergessen bleibt auch der Glaube der Mehrheit der Bevölkerung an eine Niederlage Hitlers, trotz seiner täglichen Siegesbeteuerungen und seiner Hausmacht in der Schweiz. Sie wurde in Basel verkörpert durch eine im Kirschgarten gedruckte Postille und das ‹Braune Haus› in der St. Alban-Vorstadt: Die Basler Ortsgruppe der NSDAP vermochte bei Gelegenheit tatsächlich grösste Säle zu füllen!

Inzwischen lebten meine Eltern und ich an der Peter Rot-Strasse. Meine Mutter gab Bridgestunden, mein Vater hatte einige, allerdings wenig lukrative, Vertretungen. So meldete er sich im Alter von fast 60 Jahren noch zum Hilfsdienst, den er allerdings aus gesundheitlichen Gründen nach einem Jahr wieder aufgeben musste. Ich selbst hatte inzwischen zur Werbung, damals ‹Reklame› genannt, gewechselt. Da es hierfür keine Schulen gab, versuchte ich, durch Selbststudium und Gespräche mit Grafikern, Druckern, Kunstschaffenden usw. die notwendigen theoretischen und praktischen Kenntnisse zu erwerben und ein Team von ‹Angefressenen› um mich zu scharen.

‹Davongekommen›, versuchte man nach dem Ende des schrecklichen Krieges, auch im Ausland zur Linderung der Not beizutragen. In Basel, wo ja einst Theodor Herzl ‹Den Judenstaat› begründet hatte, begannen die Menschen, sich für die Lage der nach Palästina emigrierten Nazi-Opfer und den neugegründeten Staat Israel zu interessieren und einzusetzen.

Ab 1946 kamen allmählich auch wieder Menschen aus anderen Ländern hierher, wenn auch zunächst nur einige wenige ‹Auserwählte›, die die Möglichkeit zu teuren Auslandreisen hatten. Auch ich spürte, dass eine neue Zeit begann, im Zeichen eines dauerhaften Friedens. Träumen – 50 Jahre später hätte man von ‹Visionen› gesprochen – war wieder erlaubt. Die Hoffnung stand wie ein Stern am Himmel.

Otto Wyss-Dierks

Der Bombenangriff auf Basel

Die Brandstätte an der Münchensteinerbrücke. ◁

Luftschutzsoldaten mit aufgefundenen Brandbomben. ▷

Die Rappsche Liegenschaft zwischen Hoch- und Tellstrasse. ▷▷

Der Güterbahnhof Wolf lag im Zentrum des Angriffs. ◁

Bewohner bringen Hausrat in Sicherheit. ▷

An der Engelgasse. ▷▷

4. März 1945

Von 8.50 Uhr bis 15.47 Uhr Fliegeralarm in Basel. Aus einem von Osten kommenden Geschwader alliierter Bomber werfen um 10.13 Uhr einzelne Flugzeuge Brand- und Brisanzbomben auf das östliche Areal des Bundesbahnhofs, vor allem auf den Güterbahnhof Wolf ab. Neben dem Güterbahnhof selbst, der grosse Zerstörungen erleidet, sind die umliegenden Wohnquartiere, hauptsächlich die Liegenschaften an der Münchensteiner-, der Tell- und der Hochstrasse, betroffen: an der Engelgasse wird ein Haus durch eine Brisanzbombe vollständig zerstört. Glücklicherweise sind keine Todesopfer zu beklagen. Zwölf Grossbrände in der Nähe der Münchensteinerbrücke werden in den frühen Nachmittagsstunden von der Feuerwache und der Luftschutzfeuerwehr gemeistert. Der Gesamtschaden beläuft sich auf rund 8 Millionen Franken. Zur gleichen Zeit wie in Basel fallen auch Bomben auf Wohnviertel in Zürich.

(Auszug aus der Chronik des Basler Jahrbuches 1945)

Jean-Pierre Wilhelm

US-Amerikaner landen auf dem Schlatthof

Schicksalsflug am ‹Schwarzen Donnerstag›

Der 14. Oktober 1943 wird nicht nur den Einwohnern von Aesch, Reinach und Ettingen in Erinnerung bleiben. Ebensowenig werden die Überlebenden der Mannschaft der ‹Lazy Baby›, wie das Flugzeug hiess, diesen Tag vergessen. Die Augenzeugen des denkwürdigen Ereignisses ahnten damals nicht, das sie Statisten waren im letzten Akt des Dramas ‹Black Thursday› (Schwarzer Donnerstag), der grössten und blutigsten Luftschlacht des Zweiten Weltkriegs.
Mit einer ‹Mission 115› wollten die Amerikaner der Produktion von Kugellagern im Herzen Deutschlands einen vernichtenden Schlag versetzen. Sie planten ein Bombardement der Kugellagerwerke in Schweinfurt, wo fast 50 % des deutschen Kriegsbedarfs hergestellt wurden. Am 14. Oktober 1943 startete gegen 10 Uhr

Die unverletzten Besatzungsmitglieder: Lt. Dienhart, die Sgts. Cinibulk, Segal, Baus und Zullo (v.l.n.r.). ▷

«This was your best landing …»
◁

Ortswehren der umliegenden Gemeinden bewachen das Flugzeugwrack; Souvenirjäger hatten Flugzeugteile und Munition entwendet.
◁

die ‹Lazy Baby›, eine viermotorige ‹Fliegende Festung› vom Typ B-17, im dichten englischen Morgennebel. Die Besatzung bestand aus zehn jungen Männern und hatte lediglich fünf Einsätze hinter sich. Die Männer waren sich der Gefahren der Mission sehr wohl bewusst. Ihre Überlebenschancen standen 50:50, denn ohne Jagdschutz-Begleitung waren die schweren und relativ langsamen Bomber eine leichte Beute für die schnellen Messerschmitt-Jäger der Deutschen. An jenem Tag verloren die Amerikaner von 228 Bombern, die eingesetzt wurden, 60 Maschinen. Von den 15 Maschinen der Gruppe 305, zu der die ‹Lazy Baby› gehörte, entkamen lediglich 3 dem Inferno. Eine musste an der englischen Küste notlanden, die ‹Lazy Baby› setzte in Aesch auf, und nur die dritte kehrte wohlbehalten auf die Flugbasis Chelveston in England zurück.

Von einer Rakete getroffen

Rund 400 deutsche Kampfflugzeuge stürzten sich auf die amerikanischen Bomberverbände und begannen, sie mit Raketen zu beschiessen. Mit Grauen sah der Pilot der ‹Lazy Baby›, Lt. E. Dienhart, wie eine Maschine nach der anderen aus seiner Staffel abgeschossen wurde. Bald darauf erwischte die Flak auch seine eigene Maschine und zerfetzte an mehreren Stellen den Rumpf. Kurz danach explodierte, hoch über Frankfurt, eine Rakete in der Plexiglas-Kanzel der ‹Lazy Baby›, genau zwischen dem Bombenschützen Carl Johnson und dem Navigator Donald Rowley. Die beiden hatten die drei vorderen Maschinengewehre bedient. Das Geschoss riss Carl Johnson das Gesäss weg, Donald Rowley verlor seine linke Hand. Auch sein rechter Arm und seine Brust waren schwer verwundet. Zuletzt wurden die beiden linken Motoren getroffen, das Triebwerk Nr. 2 fing an zu brennen. Während Copilot Brunson Bolin den Propeller auf Segelstellung brachte und das Feuer löschte, wurden auch die rechten Motoren getroffen. Nun floss auch noch Treibstoff aus den aufgerissenen Tanks. Die Lage wurde immer gefährlicher, und Dienhart gab den Befehl zum Abspringen. Bolin, der neben ihm sass, und George Blalock, der obere Turmschütze, folgten dem Befehl. Der Heckschütze Bernhard Segal hatte seine Beine bereits auf der Ausfalltreppe, als er sich anders besann: Als Jude wollte er lieber sterben als von den Deutschen gefangengenommen und ermordet zu werden. Die übrige Mannschaft hatte Dienharts Befehl gar nicht gehört, weil das Bordtelefon zerschossen und auch die Alarmglocke ausser Funktion war. Dienhart dachte, er sei allein im Flugzeug geblieben. Er wollte die Maschine noch so lange halten, bis er sicher aussteigen konnte. Plötzlich kroch Johnson blutüberströmt zu ihm in die Pilotenkanzel, um ihn über den hoffnungslosen Zustand von Rowley zu informieren. Weil Donald Rowley nicht mehr in der Lage war abzuspringen, beschloss der Rest der Besatzung, bei ihm zu bleiben und ihn nicht seinem eigenen Schicksal zu überlassen.

Die Notlandung

Inzwischen hatte Dienhart die Maschine auf zehn Meter über dem Erdboden heruntergebracht. Mit Hilfe von Rowley, der nun fest am Copilotensitz angeschnallt war, versuchte er, die ‹Lazy Baby› mit letzter Kraft in Richtung Schweiz zu steuern. Obwohl der Luftsog alle Bordkarten aus dem Flugzeug gerissen hatte, fand Rowley der Flugweg, den er so gut wie auswendig kannte. Gleichzeitig kümmerten sich die Sgts. Zullo, Cinibulk, Segal und Baus um die beiden Verwundeten Smith und Johnson. Es gelang der Besatzung, noch vor der Schweizer Grenze gefährlichen Ballast abzuwerfen, unter anderem sechs 500kg-Bomben, die beiden seitlichen Maschinengewehre und andere Ausrüstungsgegenstände. Über Münchenstein, Aesch und Ettingen drehte Dienhart mehrere Kurven, um einen geeigneten Landeplatz auszumachen. Endlich entschloss er sich, mit eingezogenem Fahrwerk in der Nähe von Aesch auf einem Kartoffelacker zu landen. Die Bombenschachttüren waren offen. Sie und die Kugelwanne wurden bei der Bauchlandung weggerissen. Die Landung war ein fliegerisches Bravourstück, denn dem Piloten war ein einziger manövrierfähiger Motor geblieben. Nach dem Aufsetzen meinte Rowley noch kurz zu Dienhart «Das war deine beste Landung» – dann wurde er bewusstlos. Als Dienhart das Schiebefenster der Kanzel öffnete, blickte er in die Augen von Oscar Hell, einem jungen Bauernburschen, der gerade auf dem Feld gearbeitet hatte und so schnell, wie er konnte, auf das Flugzeug geklettert war. Die Frage des Piloten, wo man denn sei, beantwortete er mehrmals mit «Y dr Schwyz». Daraufhin ergriff Dienhart seine Hand und liess sie nicht mehr los. Donald Rowley aber war so schwer verletzt, dass er trotz sofortiger Überführung ins Bürgerspital von Basel am nächsten Morgen, dem 15. Oktober 1943, starb. Seine militärische Beisetzung auf dem Hörnlifriedhof in Basel fand am 18. Oktober unter grosser Anteilnahme der Bevölkerung statt.

Das von Kersten Käfer gestaltete Denkmal erinnert an die Notlandung und wurde am 25. Mai 1995 eingeweiht.

Martin Jösel

Marie Luise Kaschnitz in Basel

«Ich habe jetzt ein Visum für die Schweiz beantragt, aber es wird wohl Monate dauern bis ich es bekomme – wenn überhaupt.» Am 27. November 1945 schrieb Marie Luise Kaschnitz diese Zeilen an Dolf Sternberger. Und am 12. Februar 1946: «Ich fahre morgen nach Baden-Baden, um mich wegen meines Schweizer Visums umzutun.»
Am 10. August ist es dann so weit: Sie hat das Visum tatsächlich erhalten und fährt nach Basel zu ihrer Schwester Lonja und deren beiden Töchtern. Von Basel ist sie begeistert. In ihrem Tagebuch notiert sie: «Die Dinge in den Läden. Alles von ausserordentlicher Qualität. Der Lebensstandard. Die Babywaage bei der ‹armen› Waschfrau mit fünf Kindern. Der Zauber des Ferntelefons. Avenue mit Laternen. Musik im Restaurantgarten.»[1] Angereist aus dem zerstörten Deutschland, erlebt die Kaschnitz eine andere Welt: «Reise in die Schweiz, Reise ins Schlaraffenland, nirgends Brandruinen, Trümmerschutt, zerlumpte Gestalten, Hohlwangen, Hohlaugen, dafür der Anblick von unverwüsteten Strassenzügen, gepflegten Anlagen, Blumenbeeten, Blumenständen, Obstständen, Schaufenster voll Patisserie. Kein Haus in den ärmsten Armenvierteln, das man nicht gern bewohnt hätte, kein Passant, mit dem man die Kleider nicht hätte tauschen mögen.»[2]
Der Besuch des Kunstmuseums wird für sie zu einem besonderen Ereignis: «Parkett, Stille, Schritte der Wächter, leere Räume: Kokoschka, Die Windsbraut. Picasso. Klee. Die neuesten Bilder tapetenartig, nicht mehr märchenhaft-magisch. Ein Stilleben von Courbet.»[3] Kokoschkas ‹Windsbraut›, entstanden 1913/14, beschreibt sie so: «Der Mann ein Mensch, in einer komischen Nussschale aus Rinde im stürmischen Ozean, die Windsbraut an seine Seite geschmiegt, er hat die Augen offen, unruhig, traurig, sie hat sie in einer Art von kosmischer Wollust geschlossen, er liegt starr, wehrt sich, sie gibt sich hin.»[4]
Neben den faszinierenden Begegnungen in Basel notiert Marie Luise Kaschnitz 1946 aber auch Fremdartiges: «Viele Schützen auf der Strasse, seltsam, fast frevelhaft.»[5] Bei den ersten Gesprächen bedrückt sie die «merkwürdige Stimmung von Aneinandervorbeireden. Das ‹Problem Deutschland› merkwürdig abstrakt. Alle innerschweizerischen Schwierigkeiten Egoismen und Korruption bei Gelegenheit der Deutschland-Hilfe.»[6] Tags darauf fragt sie sich: «Ist das hier die wirkliche Welt oder ein Reservat?»[7]
Über zwanzig Jahre später wird sich Marie Luise Kaschnitz noch einmal an ihre Basler Tage im Jahre 1946 erinnern: «Auf dem Postamt in Basel hatte ich, in Erwartung einer langen, missgelaunten Menschenmenge beim Eingang eine Frau brutal überholt, ihr sogar die Tür vor der Nase zugeschlagen, drinnen war dann überhaupt niemand, und die Frau hatte, als sie mir nachgekommen war, nur fassungslos, wie unhöflich, gemurmelt. Ich hatte ihr nicht erklären können, wie das bei uns war.»[8] Auch diese Anekdote belegt die Verständigungsschwierigkeiten zwischen Menschen diesseits und jenseits der Grenze in der Nachkriegszeit. Für Marie Luise Kaschnitz markiert sie ausserdem ihre zunehmend distanzierte Haltung gegenüber der Schweiz, genauer: gegenüber der wohlhabenden und wohlanständigen bürgerlichen Welt in Basel – und auch in Bern: «In Bern spüre ich das erste Unbehagen, diese blitzende Sauberkeit, diese gepflegten Balkonblumen,

diese glasklar rinnenden Brünnlein, ich sehne mich nach Hause.»⁹ Auch ihre Begegnung mit dem Basler Historiker und Diplomaten Carl Jacob Burckhardt im August 1946 ist für die Dichterin voller Widersprüche – teils «überwältigend», teils kühl und distanziert. Möglicherweise gab es kontroverse Gespräche über Burckhardts Rolle als Mitglied des Internationalen Komitees des Roten Kreuzes und seine Einstellung zur Judenfrage. In ihren Tagebuchaufzeichnungen finden wir folgende Eintragung: «Brötchenmachen. Abends die Gäste. Karli Burckhardt überwältigend, 19. Jahrhundert. Wie ein Herr von der Weltausstellung in Paris. Elegant, distinguiert, weltfern. Schönes Haus, Turnsaal, Turnlehrer. Herr v. Hirsch, der Sammler, sein Freund. Sonst ist er aber Antisemit, würde nie bei Juden kaufen. Keinen jüdischen Arzt haben.»¹⁰ Burckhardt und seine Frau «kümmern sich um Lonja aus christlicher Pflicht, aber auch aus Neigung. Aber sie finden, dass der Wohltäter Einspruchsrechte habe. (Das Rauchen lassen. Man geht doch nicht ins Tessin im Sommer. Ein junger Mensch ist doch nicht müde.)»¹¹ In späteren Jahren wird sich das Verhältnis in gegenseitige Achtung wandeln, zum 80. Geburtstag Burckhardts 1971 widmet sie Carl Jacob Buckhardt das Gedicht ‹Augen›.

Das eigentliche Ziel ihrer Basel-Reise war für Marie Luise Kaschnitz der Besuch ihrer Schwester Lonja, die bereits seit 1938 dort lebte. Im Mai 1947 beschrieb sie den Weg auf einer Postkarte an Dolf Sternberger: «Es gibt jetzt einen Schnellzug nach Basel, es kann aber sein, dass Deutsche noch immer in Weil herausgesetzt werden, dann fahrt Ihr mit der Bahn nach Lörrach-Stetten und geht ein Stück zu Fuss, Knäblein fahren das meist leichte Gepäck an die graue Trambahn nach Basel, Ihr fahrt zur Pauluskirche, die Bachlettenstr. ist gleich daneben.» Sie traf eine deprimierte Lonja an, die sich in der Stadt nicht zu Hause fühlte: «Die Jahre des Zweiten Weltkriegs verbrachte sie, schon geschieden, in Basel, litt unter ihrem Nicht-Leiden, Nicht-Hungern, Nicht-in-Gefahr-Sein, sehnte sich nach dem heruntergekommenen, dann in Trümmer geschlagenen Deutschland zurück.»¹² Beide Kaschnitz-Schwestern erlebten die unzerstörte Stadt nicht als ersehnten Ort – im Gegenteil: Angesichts des Wohl-

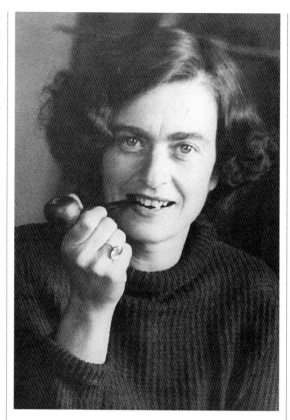

Marie Luise Kaschnitz im Jahre 1946.

standes jenseits der Grenze empfanden sie ihre Mitschuld am zerstörten Deutschland besonders stark. In einem Essay stellte Marie Luise Kaschnitz 1946 das Thema der ‹Schuld› in den Mittelpunkt ihrer Überlegungen: «Und was tatest du? Allerorten hörten wir jetzt diese Frage, die uns seltsam anmutet aus Menschenmund, weil sie in ihrem schweren und tiefen Klang doch eigentlich jener höheren Prüfung zusteht, die sich am Ende allen Lebens vollzieht und die wir das Jüngste Gericht nennen. Da sie uns aber von Menschen vorgelegt wird, widerstrebt es uns fast, uns rechtfertigen zu wollen.»¹³ Ihre Beantwortung der Schuldfrage ist ein typisches Dokument jener Zeit: Religiös argumentierend, wehrt sie sich gegen Schuldzuweisungen durch die Siegermächte. Erst später findet sie bei der Analyse des Nationalsozialismus zu einer realistischen, politisch bewussteren Einstellung und Sprache – eine Entwicklung, die auch durch die Erfahrungen und Begegnungen in Basel stark beeinflusst war.

Anmerkungen

Die Briefe und Postkarten von Marie Luise Kaschnitz zitiere ich nach den hand- bzw. maschinenschriftlichen Originalen, die im Deutschen Literaturarchiv in Marbach aufbewahrt werden. Iris Schnebel-Kaschnitz und dem Deutschen Literaturarchiv bin ich für die Erlaubnis des Abdrucks zu grossem Dank verpflichtet. Für die Erlaubnis, aus den noch unveröffentlichten Tagebüchern (TB) zu zitieren, danke ich Iris Schnebel-Kaschnitz sowie Marianne und Dr. Christian Büttrich, die die Edition der Tagebücher vorbereiten. Marie Luise Kaschnitz' gedruckte Werke (Anm. 2, 8, 9, 12, 13) zitiere ich nach den Gesammelten Werken in sieben Bänden, hrsg. von Christian Büttrich und Norbert Miller, Frankfurt/M. 1981 ff. In meinem Aufsatz ‹Marie Luise Kaschnitz in Basel 1946› gehe ich auf das Thema noch ausführlicher ein (in: Das Markgräflerland 1/1995, S. 131–142).

1 (TB, 11.8.46)
2 (Gesammelte Werke, Bd. III, S. 454)
3 (TB, 12.8.46)
4 (TB, 25.8.46)
5 (TB, 10.8.45)
6 (TB, 11.8.46)
7 (TB, 12.8.46)
8 (Gesammelte Werke, Bd. III, S. 189)
9 (Gesammelte Werke, Bd. III, S. 454)
10 (TB, 26.8.46)
11 (TB, 26.8.46)
12 (Gesammelte Werke, Bd. III, S. 742)
13 (Gesammelte Werke, Bd. VII, S. 69)

Im Sommer 1946 besuchte Marie Luise Kaschnitz Basel: «Reise in die Schweiz, Reise ins Schlaraffenland…» ▷

**Nach dem Krieg / Après la guerre:
Drei Museen – ein Thema**

8. Mai 1995: Vor genau 50 Jahren ging, zumindest in Europa, der Zweite Weltkrieg zu Ende. Zahlreiche Friedens- und Gedenkfeiern erinnern an die weltweite Bedeutung des offziellen Waffenstillstandes.

Im Kantonsmuseum Baselland war 1989 die Idee geboren worden, anlässlich des Kriegsendes eine Ausstellung zu realisieren, die sich mit der unmittelbaren Nachkriegszeit auseinandersetzt. Der Gedanke, den Blick über die Grenzen zu richten, war Kernstück dieses aussergewöhnlichen Vorhabens, das mit einem Sonderkredit finanziert wurde. Dahinter steckte die Überzeugung, dass die eigene Geschichte im internationalen Vergleich besser darstellbar und verständlich wird. Als Partner konnten das Museum am Burghof in Lörrach und das Musée Historique de Mulhouse gewonnen werden. Gemeinsam sollten die regionale(n) Geschichte(n) und Forschungsergebnisse in drei Ausstellungen und einem Ausstellungskatalog dargestellt werden. Die Gestaltung der Ausstellungen durch Ursula Gillmann in Liestal und Volker Geissler in Lörrach wurde zum eigentlichen Vermittlungsinstrument; mittels Inszenierungen, Bildanordnung sowie akustischer und visueller Medien wurden die un-

Erstes Wiedersehen am Inzlinger Zoll.
◁

terschiedlichen Forschungserkenntnisse umgesetzt.

Die Grenzen rein musealer Arbeit wurden jedoch bald überschritten. Dank des Engagements der Kulturabteilung Lörrach und der Abteilung Kulturelles in Liestal konnten die Ausstellungen in einen grösseren Rahmen eingebettet werden. Zahlreiche Konzerte, Theatervorstellungen, Filmvorführungen und Kunstausstellungen fanden im Gedenken an den Zweiten Weltkrieg an verschiedenen Orten in der Regio statt.

Pascale Meyer

Frieden in Grenzen

Die Grenze in Riehen. Im Hintergrund der drei Meter hohe deutsche Grenzzaun.

Vom Krieg verschont geblieben, beging die Schweiz den 8. Mai 1945 mit Gottesdiensten und Ansprachen nicht als Siegestag, sondern als «Tag der Besinnung», «ernsthaft und mit Würde». Viele Baselbieterinnen und Baselbieter vermögen sich zwar an die besinnlichen Feiern, vor allem an das Glockengeläut, genau erinnern; eine Veränderung in ihrem Alltag stellten sie allerdings kaum fest. «Die Arbeit musste trotzdem gemacht werden, der Mann kam dann wieder nach Hause», so schildert eine Zeitzeugin das Kriegsende.[1]
Dass das Kriegsende in der Schweiz nicht die Zäsur, an die wir aufgrund der entsetzlichen Ereignisse und weitreichenden Folgen gerne glauben möchten, darstellte, belegen jüngere wissenschaftliche Arbeiten. So scheint die stufenweise Aufhebung der Lebensmittelrationierung, die erst 1948 abgeschlossen war, eher mit dem Kriegsende in Verbindung gebracht worden zu sein als das Datum der Kapitulation.
Auch die Situation an den Grenzen veränderte sich nicht unmittelbar – im Gegenteil: bis die Übergänge zu Deutschland wieder normal passierbar waren, sollten noch Jahre vergehen. Diesbezüglich hatte der Krieg nachhaltige Folgen: Sowohl verkehrstechnisch als auch zwischenmenschlich wurden die Vorkriegszustände nicht wieder erreicht. Zwar verkehrte ab 1947 die Tram Nr. 6 wieder in Richtung Lörrach; der Betrieb von der Grenze bis zum Bahnhof Lörrach aber ging in die Hände der Stadt Lörrach über. An der Grenze musste fortan umgestiegen werden.[2]
Grenznachbarschaftliche Kontakte waren abgebrochen und wurden später nie mehr in der alten Form aufgenommen – nicht einmal mehr anlässlich von Sportveranstaltungen, wie sie beispielsweise die Gemeinde Allschwil regelmässig mit ihren elsässischen Nachbargemeinden organisiert hatte. In grenznahen Gebieten – Basel und Umgebung – hatte sich das Gefühl des Eingesperrtseins breitgemacht. Am Tag des Waffenstillstands entlud sich das Ausbruchbedürfnis: Die Elsässerinnen und Elsässer, und am folgenden Tag die Baslerinnen und Basler, versuchten, die noch geschlossene Grenze Lysbüchel zu stürmen. Der Wunsch, nach sechs Jahren Krieg die Nachbarn auf der anderen Seite der Grenze wiederzusehen, liess manche die Illegalität des Unternehmens vergessen. Um den ‹Skandal am Lysbüchel›[3] zu beenden, wurden Einheiten der Heerespolizei mit Panzer-

Flüchtlinge aus Saint-Louis am Grenzübergang Lysbüchel im Herbst 1944.

An der Grenze – 1945.

spähwagen zur Grenzsicherung eingesetzt. Erst Mitte Juni 1945 konnten die schweizerisch-elsässischen Übergänge im sogenannten ‹nahen Grenzverkehr› wieder passiert werden.

Vor allem während des Krieges waren Grenzübertritte mit grössten Schwierigkeiten verbunden. Hunderttausende waren auf der Flucht vor den Verbrechen des Naziregimes, vergleichsweise wenigen bot die Schweiz Schutz. Die Schweizer Flüchtlingspolitik war geprägt vom Selbstverständnis, nicht Asyl-, sondern Transitland zu sein, was bedeutete, dass alle Flüchtlinge zur Weiterreise verpflichtet wurden. Die bundesrätlichen Bestimmungen, nach denen beispielsweise Jüdinnen und Juden nicht als politische Flüchtlinge galten, waren restriktiv und führten 1942 zur vollständigen Schliessung der Grenzen. Nur der Courage einzelner engagierter Persönlichkeiten und verschiedenen Hilfsorganisationen ist es zu verdanken, dass Menschen gerettet werden konnten, die sonst keine Aufnahme in der Schweiz gefunden hätten. Dass die Pässe von Jüdinnen und Juden aus Deutschland bereits vor Kriegsbeginn auf Veranlassung der Schweiz mit einem ‹J› gekennzeichnet wurden, belegt die antisemitische Haltung und die Angst vor «Überfremdung», wie es auch in den Ablehnungsentscheiden der Fremdenpolizei meist hiess.

Flüchtlinge wurden in Internierungslagern untergebracht und zum Arbeitsdienst in Landwirtschaft und Strassenbau verpflichtet. Noch heute ist im Kanton Baselland auf dem Bienenberg das Gebäude zu sehen, in dem während des Krieges 150 bis 200 Frauen lebten.[4]

Nach dem Krieg ging die Zahl der Flüchtlinge in der Schweiz sehr schnell zurück. Die wenigsten erhielten Heimatrecht; sogenanntes ‹Dauerasyl› wurde bis 1950 nur 1345 Personen gewährt.

Ebenfalls ‹ausreisen› musste eine Gruppe ganz anderer Art: Am 4. Juni 1945 wurden im Baselbiet 17 Deutsche und ihre Familien ausgewiesen, weil sie Mitglieder der NSDAP gewesen waren. Als «Säuberung» (so die offizielle Bezeichnung) von den ‹Untrieben der Nazis› galt diese Art von Vergangenheitsbewältigung – eine gesamteuropäische Erscheinung, die mit der Befreiung besetzter Gebiete und der Entmachtung kollaborierender Regierungen eingesetzt hatte.[5] Zwar wurde gleich nach Kriegsende die Forderung nach einer gründlichen Aufklärung über die Aktivitäten der ‹Fünften Kolonne› der Deutschen in der Schweiz und nach einer Ausweisung der wichtigsten Parteigänger und Nazi-Sympathisanten laut; doch auffallend spät, am 1. Mai 1945, war das Verbot der Landesgruppe Schweiz der NSDAP erfolgt.

Wie die Schweiz mit ihrer Nachkriegsvergangenheit umging, ist von der bisherigen Geschichtsforschung weitgehend vernachlässigt worden. Nicht vergessen hingegen ging die sogenannte ‹Eingabe der Zweihundert› von 1940, die unmittelbar nach dem Krieg breit diskutiert wurde. Sie führte unter anderem dazu, dass der Landratspräsident des Kantons Basellandschaft, Reinhard Straumann, im Januar 1946 zum Rücktritt gezwungen war.

Die ‹Säuberung› des Schweizer Hauses galt als Heilmittel im Prozess des Vergessens und Verdrängens. An die anpasserischen Tendenzen, die wirtschaftlichen Verflechtungen mit Nazideutschland, die Waffenexporte, die Fluchtgelder auf Schweizer Banken mochte (und mag) man sich denn auch nur ungern erinnern. «Das Schweizerhaus soll sauber sein» lautete denn auch der Slogan einer Putzmittelwerbung, die am 22. März 1945 in der Basellandschaftlichen Zeitung zu lesen war.

Anmerkungen

1 Vgl. Irene Vonarb, Als der Krieg zu Ende war, Der 8. Mai in den beiden Basler Halbkantonen, in: Nach dem Krieg/Après la guerre, hrsg. von Simone Chiquet/Pascale Meyer/Irene Vonarb, Archäologie und Museum, Heft 032, Zürich 1995.
2 Stepfan Appenzeller, Die Grenze, Tor zum Erfolg und Misserfolg der internationalen Strassenbahnlinie Basel–St-Louis, in: Nach dem Krieg/Après la guerre, a. a. O.
3 Basler Nationalzeitung, 11. Mai 1945.
4 Charlotte Weber, Gegen den Strom der Finsternis, Zürich 1994.
5 Vgl. Ruedi Brassel-Moser, «Heim ins Reich!», Politische Säuberungen im Baselbiet, in: Nach dem Krieg/Après la guerre, a. a. O.

Benoît Bruant

La valise

*« Moi je la vois comme une déchirure,
une blessure qui ne guérira pas,
notre histoire va s'arrêter là
ce fut une belle aventure. »*
   *‹La rouille›, paroles de Kernoa
   pour une chanson de Maxime Le Forestier)*

La valise, et même la valise de 30 kilos, symbolise bien l'Alsace de la fin de guerre. Pratiquement un alsacien sur deux a dû empoigner ce maigre contenant de cuir, de carton ou de bois, souvent dans la hâte. Pour de nombreux visiteurs de l'exposition de Mulhouse, ce symbole a valeur d'appel, aussitôt la mémoire vive suppure comme une blessure qui se rouvre. Certains se souviennent de leur bagage comme d'un compagnon d'infortune devenu siège, table, oreiller, instrument de torture après un sommeil lourd sur un quai de gare...

La grande errance des alsaciens commence pendant la ‹drôle de guerre› le 1er septembre 1939. Le couloir rhénan est front et frontière, les populations sont exposées aux combats, le gouvernement français décide l'évacuation des régions frontalières. 300 000 personnes seront ainsi déplacées dans le sud-ouest de la France. Comme toujours en pareil cas, l'administration est dépassée par les conséquences de sa propre décision. On n'imagine pas l'ampleur d'un tel déménagement, sur place il faut tout improviser, reconstituer les structures des communautés... Deux populations très différentes et ne parlant pas la même langue se retrouvent brutalement en contact. Le choc est rude, l'alsacien réfugié, étranger, rencontre sa propre frontière dans la différence de l'autre.

Juin 1940, la France se disloque sous les coups de butoir de l'Allemagne nazie. Malgré les avertissements des plus lucides d'entre eux, la plupart des alsaciens décide de saisir la proposition qui leur est faite de rentrer. A leur arrivée, les gares du pays parées de symboles de l'ordre nouveau allemand, leur semblent bien étranges. Etrangers chez eux, valises rangées, le logis devient la seule vraie patrie. Dehors, le voisin, le Blockleiter,... sont des dénonciateurs potentiels de leur manque d'empressement à se montrer fiers de leur sang germanique.

Pour 30 000 alsaciens, le répit est bref. Francophiles, ils sont ‹épurés› vers la France en morceaux. Pour beaucoup, c'est le début d'une vie nomade. Toujours des malles, des caisses à faire et défaire. Lentement, un désordre intérieur les gagne. Le retour se fera à la frontière de la désillusion : biens et souvenirs vendus, pillés,... ‹épurés› aussi les Juifs dont beaucoup connaîtront la ‹solution finale›. Le retour là aussi est celui de la déception, les traces de la présence séculaire des Juifs d'Alsace sont très altérées, tant dans le paysage que dans les consciences.

Octobre 1942, le grand ‹Reich de 1000 ans› qui manque de fils à offrir au grand sacrifice, adopte ceux d'Alsace par un tour de passe-passe dont seules les dictatures connaissent la justification. Commence alors l'implacable descente vers les frontières de l'enfer. Etre recruté de force ou fuir comme un voleur dans la nuit, un maigre bagage au bras, vers la France ou la Suisse... hospitalières ? C'est le seul choix des fils d'Alsace. Il y a pour les uns la cruauté d'une guerre dont ils sont des figurants désespérés. Il y a pour ceux du refus, l'expérience dangereuse du passage des frontières et les représailles ou la déportation de leur famille.

130 000 sont partis au front, une petite valise à

21 novembre 1944. Fuite vers la Suisse des populations de Huningue et Village-Neuf prises entre le feu des allemands adossés au Rhin et de la Première Armée française arrivée de Delle. ▷

la main. 100 000 sont revenus en lambeaux, «je pose tout et je retiens...» 30 000 fantômes parés des glaces de l'hiver russe qui hantent les mémoires. Pendant 10 ans, l'Alsace suspend son deuil dans une France joyeuse : pères, fils, maris, ils sont ‹non rentrés›. Leurs ombres obsédantes planent sur la plaine d'Alsace à chaque retour sur l'histoire, depuis 50 ans déjà.

Mulhouse, dans l'aube froide du 21 novembre 1944. Les chars de la Première Armée française grondent dans la ville, des combats incertains répandent le sang des milliers de ces fils venus d'Afrique dans la boue d'Alsace. La ville s'installe pour trois longs mois dans l'incertitude du hurlement des sirènes et du cri des armes d'un front qui court dans ses faubourgs, la ville est frontière.

9 février 1945, la guerre repasse le Rhin. Le grand nettoyage de printemps commence, on vide sa valise, on brûle les symboles, mais peut-on brûler les souvenirs ? La frontière entre les ‹salauds›, les ‹comment faire autrement›, les

courageux sublimes... est difficile à tracer. La société, elle, n'en finit pas de régler ses comptes en douce. Qui épure qui ? On ne sait plus. La république qui brime le besoin d'identité ou les ‹plus Alsaciens que les autres› qui ostracisent francophiles et résistants ? C'est à en perdre sa langue, c'est à en rester sur un hier qui ne veut pas devenir demain, c'est à en devenir intolérant au point de se croire seule victime.

8 mai 1945, la paix du monde ? Les trois couleurs de la France, la foule, la lumière enfin revenue noient dans la joie la ville blessée. De nombreux sourires dissimulent mal une brume de larmes et de lassitude qui estompe les contours de la France retrouvée, égarant le voyageur à la recherche de l'Alsace unie vers un décor de fête et de petits villages heureux..., une brume qui voile une tristesse que le temps transforme en rancœur tenace et qui dissimule des frontières que chaque Alsacien porte désormais en lui.

Les pères ont mal à la frontière, les fils construisent l'Europe et quelques ponts, les petits-fils libérés du fardeau par l'oubli seront des passeurs de frontières. Enfin... je l'espère !

Décembre 1944. Réfugiés lors des combats de libération de Cernay (Haut-Rhin).
◁

Mulhouse, gare du nord 1948. Retour en Pologne des familles de mineurs sur incitation du consulat polonais. Au pays, beaucoup d'entre eux éprouveront une forte désillusion. Certains reviendront finalement en Alsace.
◁

Markus Moehring

Kriegsende und Nachkriegszeit in Lörrach und im Markgräflerland

Mit der Befreiung von der nationalsozialistischen Gewaltherrschaft im Jahre 1945 gelangten Lörrach und das Markgräflerland für vier Jahre als Teil der französischen Besatzungszone unter französische Militärherrschaft.
Nachdem französische Truppen bereits im November 1944 das südliche Elsass befreit hatten, bildete der Rhein für die kommenden fünf Monate die Frontlinie. In grossem Stil mobilisierte das NS-Regime die Zivilbevölkerung. Tausende Frauen hoben Panzer- und Schützengräben aus, besonders im Markgräflerland, aber auch in Lörrach-Stetten entlang der Schweizer Grenze, für den Fall eines alliierten Angriffs über Basler Gebiet. In diesen Monaten war Lörrach das Ziel zahlreicher Artillerieangriffe aus dem Elsass; die Bevölkerung der teilweise zerstörten Markgräfler Dörfer wurde mehrfach evakuiert. Fliegerangriffe nahe der Schweizer Grenze, wie jener im Februar 1945 auf die Brombacher Rüstungsfabrik ‹Teves›, der mindestens 67 Tote forderte, waren dagegen die Ausnahme. Mit unmenschlichen Befehlen versuchte das NS-Regime, die Kampfbereitschaft der Bevölkerung aufrecht zu erhalten. So waren im Frühjahr 1945 nicht nur Soldaten, sondern auch Zivilisten, die zur Kapitulation bereit waren, sofort zu erschiessen.

Ab Anfang April 1945 besetzte die französische Armee, von Karlsruhe kommend, Südbaden und erreichte am 24. April Lörrach. Obwohl die gesamte Rheinebene bis Weil am Rhein sowie grosse Teile des Schwarzwaldes bereits in französischer Hand waren und am folgenden Tag sowjetische und amerikanische Truppen an der Elbe aufeinandertrafen, wurde die Stadt verteidigt. Der Lörracher NS-Bürgermeister Boos kommandierte den ‹Volkssturm› – Männer, die aus Alters-, Gesundheits- oder anderen Gründen bisher nicht zur Armee eingezogen worden waren. Zwei französische Panzer wurden abgeschossen. Das militärisch sinnlose Gefecht forderte zehn der insgesamt rund 1300 Lörracher Kriegsopfer. Zuvor hatten Deutsche zwei Eisenbahnbrücken gesprengt; die ebenfalls angeordnete Zerstörung von Strassenbrücken, Eisenbahntunnels und Industriebetrieben scheiterte dagegen im letzten Moment an Befehlsverweigerung oder Sabotage.

Die Nachkriegszeit konfrontierte die Bevölkerung mit zahlreichen fremden Menschen. Fast drei Viertel der Einwohner Lörrachs hatte im April 1945 die Stadt verlassen. Gleichzeitig hielten sich im Landkreis vermutlich einige tausend Flüchtlinge und Evakuierte aus bombardierten deutschen Städten auf. Ihre Rückführung in Sammeltransporten erfolgte erst ab April 1946 vom Durchgangslager Lörrach aus. Monate dauerte auch die Rückführung tausender Zwangsarbeiterinnen und Zwangsarbeiter, die das NS-Regime vor allem aus Polen und der Sowjetunion zur Arbeit in Landwirtschaft und Rüstungsindustrie in den Landkreis gezwungen hatte. Umgekehrt wurde der letzte Lörracher Kriegsgefangene erst 1955 aus sowjetischer Gefangenschaft entlassen.

Eine besondere Bevölkerungsgruppe bildeten die französischen Besatzungssoldaten und ihre Familien. Mehr als 400 Wohnungen und Häuser waren in Lörrach im November 1945 für sie beschlagnahmt worden. Besonders fremd wirkten auf die Bevölkerung die vielen französischen Soldaten aus Marokko und Algerien; Zeitzeuginnen und Zeitzeugen berichten gleichermassen von deren Liebenswürdigkeit wie

Zuschauerinnen und Zuschauer am Hebeltag 1947 in Lörrach.
◁

Ausgabe schweizerischer Lebensmittelspenden am Güterbahnhof Lörrach.
◁

von der eigenen Angst vor Vergewaltigungen und Plünderungen.

Auf Dauer veränderten deutsche Flüchtlinge und Vertriebene aus Schlesien, Pommern, Ostpreussen und dem Sudetenland – 1944/45 insgesamt mehr als 12 Millionen – die Bevölkerungsstruktur. In Lörrach wurden 1950 die ersten Flüchtlingssiedlungen fertiggestellt. In den darauffolgenden Jahren stammte fast ein Viertel der Lörracher Bevölkerung aus dem ehemaligen deutschen Osten. Probleme des Alltags, nicht zuletzt die Schwierigkeiten, genügend Nahrungsmittel zu organisieren, beherrschten das Leben der Bevölkerungsmehrheit. Die Aufarbeitung der nationalsozialistischen Vergangenheit, von einzelnen engagiert betrieben, trat hingegen für viele in den Hintergrund. Dennoch hatten die breit angelegten Entnazifizierungsverfahren eine nicht zu unterschätzende psychologische Wirkung. So waren Ende 1945 an Lörracher Volksschulen sechzehn Lehrer im Amt bestätigt, zehn entlassen und achtzehn vorläufig suspendiert worden. Ende der 50er Jahre dagegen war es schon wieder möglich, dass der ehemalige NS-Bürgermeister Boos mit hoher Stimmenzahl, nun als Parteiloser, in den Gemeinderat gewählt werden konnte.

Die Nähe der Landesgrenze prägte den Alltag in Lörrach und im Markgräflerland während der Kriegs- und Nachkriegszeit. Während des Krieges hatte der Lörracher Arbeitsdienst einen drei Meter hohen, acht Meter breiten Stacheldrahtverhau entlang der Grenze zu Riehen errichtet; er trennte auch nach der Befreiung die Menschen beiderseits der Grenze. Erstmals zum Hebeltag im Mai 1947 wurde der Übergang für einen Tag geöffnet, und mehr als 20 000 Schweizerinnen und Schweizer besuchten Lörrach. Die grosse Verehrung, die Johann Peter Hebel in jener Zeit gerade bei Bevölkerung, Politikern und Besatzungsmacht genoss, hing nach dem Untergang des zentralistischen NS-Staates nicht zuletzt mit dem Bedürfnis nach regionaler Identität zusammen, die Basel und Markgräflerland, Südbaden und Nordwestschweiz umfasste. Dankbar war die Bevölkerung über zahlreiche Lebensmittelspenden aus der nahen Schweiz, die für viele damals als eine Art Paradies erschien. Tatsächlich aber untermauerten Krieg und Nachkriegszeit mehr denn je den trennenden Charakter der Grenze, betonten unterschiedliche Entwicklungen im oberrheinischen Dreiländereck. Die sprachliche Entwicklung der Regio – früher eine relativ homogene Dialektlandschaft – ist nur ein Ausdruck davon: zunehmende Bedeutung der Mundart in der Schweiz, des Schriftdeutschen in Südbaden und des Französischen im Elsass.

Soldat der französischen Kolonialtruppen am Schweizer Nationalfeiertag an der Grenze Lörrach/Riehen.
▽

Stephan Appenzeller

1895: Basel erhält ein Tram

100 Jahre Basler Verkehrs-Betriebe

Es begann im Jahre 1874. Der Boom der Pferdestrassenbahn, der in den 1860er Jahren die europäischen Grossstädte ergriffen hatte, erfasste nun auch kleinere Städte. Am 8. Dezember 1874 wurde das belgische Baukonsortium DeNys & de Roy aus Brüssel bei den Stadtbehörden in Basel vorstellig, um die Konzession zum Betrieb einer Pferdebahn zu erwerben. Auch andere Bauunternehmen und Konzessionsspekulanten, aus Belgien und Luxemburg, Deutschland, Frankreich und der Schweiz, versuchten in den kommenden Jahren ihr Glück – erfolglos. Denn obwohl der zuständige Regierungsrat Rudolf Falkner dem modernen Verkehrsmittel positiv gegenüberstand, war er der Ansicht, die Stadt müsse zuerst ihre Kanalisation fertigbauen – zu lebhaft war die Choleraepidemie von 1866 noch in Erinnerung.

Anders als Genf, Biel und Zürich blieb Basel der modernen Pferdebahn verwehrt. Diese Lage nutzte der Fuhrunternehmer Heinrich Imhof. Er liess ein gutes Dutzend ‹Tramomnibusse› bauen, um sie im Linienverkehr zwischen den beiden städtischen Bahnhöfen einzusetzen. Die Fahrzeuge sahen wie ‹echte› Trams aus, rollten jedoch nicht auf Schienen, sondern auf Holzrädern. Da die Strassen für dieses Verkehrsmittel nicht aufgegraben werden mussten, bewilligte die Regierung das Geschäft, und die Stadt erhielt am 11. Juli 1881 ihr erstes öffentliches Verkehrsmittel. Die Zeitungen jubelten: «Basel wird Grossstadt!» Der erste Sommer war für den Unternehmer sehr erfolgreich. Er eröffnete zwei Nebenlinien, vergrösserte seinen Wagenpark und verdichtete den Fahrplan. Aufgrund einer bald einsetzenden und länger anhaltenden Rezession ging jedoch die Zahl der Fahrgäste rasch zurück. Das Unternehmen meldete Konkurs an.

Das Staatstram

Im Januar 1890 stellte ein breit abgestütztes Konsortium ein Projekt für ein Strassenbahnnetz vor, das die gesamte Stadt und ihre Vororte erschliessen sollte. Neu lanciert, wurde die ‹Tramfrage› zu einem der meistdiskutierten politischen Themen. Anders als in früheren Jahren war inzwischen die Grundsatzfrage unumstritten. Die städtische Bevölkerung wuchs unaufhaltsam, das überbaute Territorium dehnte sich aus, die Arbeitswege wurden länger. Die aufstrebende Industriestadt benötigte eine Strassenbahn. Umstritten war hingegen die Frage, ob ein privatwirtschaftlich geführtes Unternehmen der Stadt am meisten nützen könnte. Denn auch in Basel war bekannt, dass andernorts Stadtbehörden und Tramunternehmen einander in den Haaren lagen: Während die einen forderten, die Unternehmen sollten auch weniger dicht besiedelte Stadtzonen erschliessen, orientierten sich die anderen am Wohl ihrer Aktionäre und interessierten sich nur für Linien, die lukrativ erschienen. In der Tarifpolitik klafften die Vorstellungen ebenfalls auseinander.

Vor diesem Hintergrund fällte der Basler Grosse Rat am 31. März 1892 einen weitsichtigen Beschluss: Mit nur vier Gegenstimmen lehnte er das Konzessionsbegehren des privaten Konsortiums ab. Der Kanton wollte das Tram selbst bauen und betreiben. Basel sollte als erste Schweizer Stadt und als eine der ersten in Europa einen staatlich geführten Strassenbahnbetrieb erhalten. Mit einer kleinen Feier eröffneten am 4. Mai 1895 die Stadtbehörden die erste, knapp drei Kilometer lange Strecke. Zwei

Die alte Mittlere Brücke um 1890, als die von Pferden gezogenen Tramomnibusse noch fuhren. ▷

Die Motorwagen Nr. 7 und Nr. 8 am Wettsteinplatz im Jahre 1897. Damals befand sich in der Platzmitte noch ein Springbrunnen. ▷

Tage später nahmen die elektrischen Tramwagen den fahrplanmässigen Betrieb zwischen dem alten Badischen Bahnhof (beim heutigen Messegelände) und dem Centralbahnhof (heute Bahnhof SBB) auf.

Tramstadt

Welche Absichten die städtischen Behörden verfolgten, wurde bald an den ‹generellen Netzplänen› erkennbar: Auf ihnen war die ganze Stadt systematisch von Strassenbahnen durchzogen, kein Vorort blieb ohne Schienenanbindung. Ein grosser Teil des geplanten Netzes wurde nun zügig ausgebaut, das junge Staatsunternehmen rentierte. 1897 fuhr das Tram über die Wettsteinbrücke, nach Birsfelden, ins Spalenquartier und nach Kleinhüningen. Drei Jahre später folgten die Linien ins Gundeldingerquartier, zum heutigen Morgartenring und nach St. Ludwig (heute St-Louis), womit die Basler Strassenbahnen ihre erste grenzüberschreitende Linie eröffneten. Mit der Birseckbahn folgte 1902 die erste von mehreren Überlandstrecken.

Einige Linien waren unter betriebswirtschaftlichen Aspekten allein nicht zu rechtfertigen. Doch solange die gut frequentierten städtischen Verbindungen Gewinn abwarfen, konnte man auch Linien in Aussenquartiere betreiben, die erst nach einer längeren Anlaufphase kostendeckend arbeiten würden. Diesem System der ‹Quersubvention› verdankt die Region Basel ihr ausserordentlich dichtes Tramnetz. 1934 war dessen Ausbau abgeschlossen, während das Autobusnetz, mit dem man 1930 begonnen hatte, sukzessive erweitert wurde. 1941 folgte aufgrund des kriegsbedingten Brennstoffmangels die erste Trolleybuslinie. Heute übertrifft die Länge des BVB-Busnetzes mit 65 Kilometern diejenige des Tramnetzes, die 53 Kilometer erreicht. Doch immer noch überwiegen die Transportleistungen des Schienenverkehrs: 78% der Fahrgäste benützen die BVB-Tramzüge, 22% die Auto- und Trolleybusse.

Arbeitskämpfe

Mit seinem Beschluss, die Strassenbahn als öffentliches Unternehmen zu führen, hatte der Grosse Rat 1892 den Grundstein für eine rasch wachsende Gruppe von Staatsangestellten gelegt. Wie in der Privatwirtschaft schloss sich auch beim Strassenbahnbetrieb das Personal gewerkschaftlich zusammen und kämpfte für eine Verbesserung der Arbeitsbedingungen. Erste Verhandlungen erbrachten Lohnverbesserungen und leicht verkürzte Arbeitszeiten; im Sommer 1905 jedoch sah sich die Öffentlichkeit mit einem Streik des gesamten Fahrpersonals konfrontiert.

Hintergrund war der Kampf gegen ein autoritäres, diskriminierendes Disziplinar- und Notensystem: Nur wer am Jahresende von seinem Vorgesetzten eine Mindestnote erhalten hatte – die Ergebnisse wurden am schwarzen Brett veröffentlicht – konnte mit einer Lohnerhöhung rechnen. Schon lange hatten die Verbände dieses System bekämpft, die Stimmung gärte. Die fristlose Kündigung eines aktiven Gewerkschafters brachte das Fass zum überlaufen – die Strassenbahner streikten. Drei Tage lang war der Tramverkehr lahmgelegt, dann einigte man sich. Zwar wurde die Entlassung nicht revidiert, aber man schaffte das Noten- und Klassensystem im darauffolgenden Jahr ab. Die gewerkschaftlichen Vereine gingen aus diesem Kampf gestärkt hervor.

Krisenjahre

Die grosse Weltwirtschaftskrise der 1930er Jahre ging auch an den Basler Strassenbahnen nicht spurlos vorüber. Bei hoher Arbeitslosigkeit, sinkenden Preisen und gleichbleibenden Strassenbahntarifen gingen die Fahrgastzahlen massiv zurück. Viele Arbeiterinnen und Arbeiter stiegen auf das Velo um. Zwischen 1932 und 1940 sank die Zahl der Fahrgäste um 30 %. Für die Basler Strassenbahnen begann eine fünfzehnjährige Periode der Defizite, in der weder Tarifrevisionen noch Leistungsabbau halfen, die Rechnung auszugleichen. Umfassende Reorganisationen waren jetzt nötig, um Fehler aus den Jahren des beinahe unbeschränkten Netzausbaus zu korrigieren.

1946 erhielt das Unternehmen unter dem neuen Namen ‹Basler Verkehrs-Betriebe› modernere Führungsstrukturen und wurde von seinen Schulden befreit. Inzwischen war auch eine umfassende technische Sanierung erforderlich. Zu lange hatte man auf die Erneuerung des Rollmaterials und der Gleise verzichtet. Zwischen 1947 und 1952 wurden siebzig neue Tramwagen angeschafft – die ersten serienmässigen vierachsigen Tramwagen mit Türen auf nur einer Seite.

«Ab de Schine!»

«Zwei einander feindliche Verkehrsmittel liegen im Kampf: Das starre, brutale Tram mit seinem unerträglichen Lärm und Getöse und der freie, flüssige Autoverkehr, dem auch der Bus spielend einzuordnen ist.» Dieser Satz des Basler Architekten Hans Bernoulli kennzeichnet treffend die Verkehrspolitik der Nachkriegszeit. Viele Städte im In- und Ausland ersetzten ihre Strassenbahnen durch Auto- und Trolleybusse, nur wenige leisteten sich eine Untergrundbahn. Politik und Planung orientierten sich am neuen Leitbild der ‹automobilen Stadt›,

Die ersten 17 Chauffeure posieren gemeinsam mit ihrem Instruktor im Mai 1930 vor zwei fabrikneuen Autobussen.

△
Das Referendum vom März 1963 wandte sich gegen den Ankauf neuer Tramwagen.

Gratistram und U-Abo

Gegen eine 25%ige Tariferhöhung im Sommer 1969 wählten progressive SchülerInnen und StudentInnen (die späteren Progressiven Organisationen POB) ein unkonventionelles Kampfmittel: Sie besetzten in den Feierabendstunden des 1. Juli und der darauffolgenden Tage die Schienen am Barfüsserplatz und verlangten die Zurücknahme der Tariferhöhung. Gleichzeitig lancierten sie eine Initiative für ein Gratistram: Tram und Bus sollten der Bevölkerung kostenlos zur Verfügung stehen. Der Protest richtete sich nicht nur gegen die Tariferhöhung, sondern auch gegen die politischen Behörden und deren einseitige, autofreundliche Verkehrspolitik.

Der Einsatz lohnte sich. Im September 1971 legte der Grosse Rat in einem Grundsatzbeschluss fest, dass Tram und Bus künftig Vortritt vor dem Individualverkehr hätten. Diesem ‹Prioritätsbeschluss› folgten Taten: Mit einer Vielzahl kleiner Massnahmen – Sperrflächen, Bevorzugung bei Lichtsignalanlagen, Innenstadtsperre für Motorfahrzeuge – gelang es, dem öffentlichen Verkehr in der Stadt wieder etwas Luft zu verschaffen. Die wirkungsvollste Förderungsmassnahme aber war zweifellos das Umweltschutzabonnement, das 1985 ins Leben gerufen wurde. Das preisgünstige und einfach zu handhabende Abonnement löste einen wahren Ansturm auf die BVB aus, und innerhalb weniger Jahre wuchs das Fahrgastaufkommen um 35%. Die BVB mussten nicht nur zusätzliche Tramwagen kaufen; das freundliche politische Klima erlaubte ihnen auch, den Ausbau ihres Netzes noch grosszügiger zu planen.

Inzwischen hat die Basler Sparpolitik den Eifer wieder etwas gebremst. Doch eines der wichtigsten Ausbauprojekte ist gesichert: das Gleis für die Linien 10 und 11 von der Münchensteinerbrücke zum Bahnhof SBB. Zum ersten Mal seit 1934 wird damit in den kommenden Jahren das Tramnetz wieder erweitert werden.

Anmerkung

Zum 100jährigen Jubiläum der BVB erschien vom gleichen Autor eine umfangreiche Publikation: Basel und sein Tram, Die Geschichte der Basler Verkehrs-Betriebe, hrsg. von Stephan Appenzeller, Christoph Merian Verlag, Basel 1995.

dem auch die Strassenbahn sich unterzuordnen hatte.

Die Forderung, die Stadt autogerecht umzubauen, fand nicht einhellige Zustimmung: Themen wie Strassenbau und Parkplatznot wurden heftig diskutiert. Bald übernahmen die Automobil- und Verkehrsverbände die Führung im politischen Machtkampf und stellten in einer beispiellosen Kampagne das schienengebundene Tram als Sündenbock für fast alle Verkehrsprobleme dar. Mit ihrer ‹Bus-Initiative› und mit Referenden gegen Kredite für neues Rollmaterial versuchten die ‹Basler Verkehrsliga› und der TCS, die Behörden zur Abschaffung des Trams zu zwingen. In der Folge mussten die BVB mehrere Tramlinien auf Busbetrieb umstellen – die Streckenabschnitte nach St-Louis, Huningue und Lörrach, die auf ausländischem Territorium lagen, sowie im Juli 1966, als ‹pièce de résistance›, die Verbindung vom Schützenhaus über die Johanniterbrücke zum Badischen Bahnhof. Erst jetzt verlor die Kampagne an Heftigkeit, und langsam setzte in der Verkehrs- und Umweltpolitik ein Umdenken ein.

Christian Simon

1795: Der Basler Frieden

In der Nacht vom 5. auf den 6. April 1795 unterzeichneten die bevollmächtigten Vertreter von Frankreich und Preussen, jeder in seiner Basler Unterkunft – dem alten Rosshof und dem Markgräflerhof –, einen seit August 1794 diskutierten Friedensvertrag. Drei Monate später, am 22. Juli 1795 und wiederum nachts, wurde im Palais des damaligen Stadtschreibers Peter Ochs, dem Holsteinerhof, ein Frieden zwischen Spanien und Frankreich geschlossen. Ausser einem weniger spektakulären Friedensvertrag zwischen Frankreich und Hessen-Kassel vom 28. August sah Basel im gleichen Jahr 1795 ein weiteres singuläres Schauspiel. Eine Gruppe von Franzosen, die von österreichischen Truppen in Belgien gefangengenommen worden waren, wurde gegen die Tochter des 1793 geköpften französischen Königs ausgetauscht.

Mit diesen Daten befinden wir uns im Ersten Koalitionskrieg, der von 1792 bis 1797 dauerte. 1792 hatte Frankreich Österreich den Krieg erklärt. Was beide Staaten als problemlosen und Probleme lösenden Waffengang ansahen, wuchs sich zu einem europäischen und kolonialen Krieg aus, der mit Unterbrechungen bis zur neuen europäischen Ordnung andauerte, die der Wiener Kongress 1815 schuf.

Allianzen der Grossmächte und die Revolution

Diplomatische Allianzen zwischen den Grossmächten bildeten das Rückgrat der alten europäischen Ordnung. Seit 1756 waren Paris und Wien verbündet gewesen, eine Beziehung, die sich unter anderem darin ausdrückte, dass die Königin Marie-Antoinette eine österreichische Prinzessin war. Mit den beiden Königshäusern verwandtschaftlich verbündet war Spanien durch den ‹Familientraktat› von 1761. Im deutschen Reich standen sich Preussen und Österreich feindselig gegenüber; die Streitpunkte hiessen Schlesien und Polen, wo auch russische Interessen engagiert waren. Vor der Jahrhundertmitte noch hatten Preussen und Frankreich gemeinsam gegen Österreich gestanden.

Die französischen Fehleinschätzungen beim Kriegsausbruch 1792 bewirkten eine neue Konstellation. Preussen und Österreich fanden sich zu einem Bündnis gegen Frankreich, das gehofft hatte, wenigstens Preussen werde sich aus einem französisch-österreichischen Krieg heraushalten. Bald stand Frankreich einem Kriegsbündnis, bestehend aus Österreich, Spanien, Preussen, den Niederlanden, England und einem Teil der italienischen Staaten, gegenüber, der ‹Ersten Koalition›.

Neben den Bündnissen müssen die Auswirkungen der französischen Revolution erwähnt werden. Die Revolution, die 1789 begonnen hatte, war weit mehr als bloss ein Herrschaftswechsel. Hier wurde versucht, auf alle wichtigen Fragen von Staat und Gesellschaft eine neue Antwort zu finden. Aus den Untertanen eines Königs wurde eine ‹Nation›; aus einer ständischen Gesellschaft eine bürgerliche Ordnung, gebildet aus autonomen Individuen, den ‹Citoyens›. Zuerst wandelte die Nationalversammlung die älteste monarchische Dynastie Europas, die von Gottes Gnaden regierte, in eine von ihren Gesetzen und der Verfassung kontrollierte Monarchie um; dann ersetzte eine Republik die Königsherrschaft.

Der Krieg wurde 1792 nicht begonnen, um die Revolution zu exportieren. In den späteren Phasen aber, in denen die französischen Soldaten dank ungeheuren, nur unter einem modernen

Regime möglichen Anstrengungen die Oberhand gewannen, diente er auch der Verbreitung der Ideen von Freiheit und Gleichheit aller Bürger. Andere Völker versuchten, ihrerseits die alten Ordnungen abzuwerfen, sich zu reformieren oder zu revolutionieren, und Frankreich begann zu expandieren. Seine ‹natürlichen Grenzen› kamen in Griffweite: die Pyrenäen, die Alpen, der Jura, der Rhein.

Ein Weg aus dem Krieg

Kriege zu führen kostet unter anderem auch Geld; je länger sie dauern, desto mehr. Preussen versuchte, dieses Problem zu lösen, indem es 1794 einen Vertrag mit England abschloss, wonach die Preussen kämpfen, die Briten aber zahlen sollten. Doch Berlin benutzte das Geld, um sein Defizit zu mildern, und schonte die eigenen Truppen. Daraus entwickelte sich ein Konflikt mit dem englischen Bündnispartner. Im Verlauf des Jahres 1794 hielten es preussische Militärs schliesslich für sinnvoller, Wege zu suchen, um die Feindseligkeiten zu beenden. Statt mit geringer Aussicht auf durchschlagende Erfolge weiterhin gegen die Franzosen zu kämpfen, schien es wichtiger, die Staatskasse zu sanieren und bei der Aufteilung Polens präsent zu sein. Also wurde ein unscheinbarer Mann namens Schmerz ausgeschickt, um diskret zu erkunden, ob Frankreich ebenfalls verhandlungsbereit wäre. Diese Mission erfolgte zunächst ohne Wissen des preussischen Königs. Es wäre undenkbar gewesen, direkt in Paris anzuklopfen – deshalb der Umweg über den offiziell nicht bevollmächtigten Schmerz, der beim Vertreter Frankreichs bei den neutralen Eidgenossen, Barthélemy, vorstellig wurde. Vertrauensbildende Annäherungen, ja Gastmähler folgten, an denen Jean-François Barthélemy, ein anderer französischer Diplomat, Théobald Bacher, und der preussische Diplomat Bernhard Wilhelm Graf von der Goltz, der Frankreich wohlgesinnt war, teilnahmen. Erst nach langem Hin und Her begann 1795 das offizielle, immer noch geheime Aushandeln eines Friedensvertrags mit dem kritischen Karl August Freiherr von Hardenberg, dem späteren Architekten der preussischen Reformen.

Episode oder Ereignis?

Im Frieden zwischen Frankreich und Preussen wurde Norddeutschland nördlich einer Demarkationslinie, die im Mai nochmals geändert werden musste, neutralisiert und für den französischen Handel geöffnet. Frankreich wurde die Rheingrenze zugestanden, das linke Rhein-

Die Allegorien Frankreichs und Preussens erhalten als Friedenszeichen den Ölzweig überreicht. Heinrich Heitz (1750–1835). Holzschnitt, 1795.

ufer war nun französisch. Preussen sollte zwischen denjenigen Mitgliedstaaten des Reiches, die ebenfalls Frieden wünschten, und Frankreich vermitteln – hierin kündigte sich bereits die Auflösung des Reiches an, die allerdings erst 1806, unter anderen Umständen, vollzogen wurde.

Der Frieden mit Spanien enthielt die Anerkennung der Republik durch die Monarchie, bestätigte die Pyrenäengrenze und gestattete den Viehhandel zwischen Andalusien und Frankreich. Darüber hinaus trat Spanien die Osthälfte der Karibikinsel Santo Domingo (Saint-Domingue, Haiti) an Frankreich ab; 1796 schlossen die beiden Staaten gar ein Militärbündnis.

All dies sieht auf den ersten Blick wie kleines, geheimdiplomatisches Geplänkel in der Verfolgung der jeweiligen Staatsräson aus. Bei Lichte betrachtet waren jedoch die Basler Friedensschlüsse von 1795 weltgeschichtliche Ereignisse. Zunächst einmal sprengten sie die Koalition von 1792/93 und markierten damit einen Wendepunkt in der Geschichte der Revolutionskriege. Spanien brachte der Friede kein Glück, und die Polen konnten noch weniger Positives erkennen, verschwand doch ihr Staat am 24. Oktober 1795 von der Landkarte. Für Nord- und Mitteldeutschland hingegen eröffneten die Verträge eine zehnjährige, willkommene Friedensperiode, die unter anderem für die Entwicklung der deutschen Klassik entscheidend war. Den süddeutschen Staaten, namentlich Baden und Bayern, öffnete sich der Weg, der zum Rheinbund und zu ihrer eigenen Aufwertung führte: Die Herrscher wurden Grossherzog oder gar König, und dies vollzog sich vor dem Hintergrund der Auflösung des Reiches.

Von universalgeschichtlicher Bedeutung waren die Basler Friedensschlüsse aber vor allem deswegen, weil in ihnen die französische Nation in internationalen Verträgen als Partnerin anerkannt wurde. Dies war eine Revolution in den Beziehungen zwischen den Staaten, denn Frankreich war nicht ein Staat wie alle anderen: Es hatte seine alte Ordnung erfolgreich abgeschüttelt und war als einzige europäische Grossmacht Republik unter Monarchien geworden; es hatte die Prinzipien aufgeklärter, moderner Staats- und Gesellschaftsorganisation formuliert und damit ein unerhörtes Zeichen gesetzt. Diese nach historischen Massstäben ‹illegitime› Macht war nun vertragsfähige Bündnispartnerin. Frankreich hatte nicht bloss im Innern – durch den Thermidor 1794 und die Niederschlagung der Aufstände von 1795 – die Republik konsolidiert, sondern wurde in seiner neuen Gestalt als Grossmacht unter Grossmächten anerkannt.

Die Friedensgerüchte und -verträge weckten gewaltige Hoffnungen auf eine neue Ordnung in Europa, die für längere Zeit, vielleicht für immer, den Frieden garantieren sollte. Solche Hoffnungen wurden von bedeutenden Männern der Aufklärung aufgegriffen. So schrieb Immanuel Kant seinen Essay über den ‹Ewigen Frieden› mit Blick auf den Basler Frieden von 1795.

Jede Medaille hat jedoch zwei Seiten. Da Preussen aus der antifranzösischen Koalition ausgeschieden war, konnte Frankreich seine Truppen mit neuer Vehemenz gegen Österreich werfen – Österreich aber begann damals gleich nördlich von Basel. Freiburg im Breisgau war ein österreichischer Stützpunkt und Rheinfelden ein österreichischer Garnisonsort. 1796 und 1797 tobte der Krieg um die Festung Hüningen und brachte Basel wiederholt in gefährliche Situationen. In diesem Lichte erscheinen die Verträge von 1795 als blosse Etappen in der Kriegsgeschichte, als Waffenstillstände und Koalitionsbrüche, als Teile einer Kriegslogik. Ausser fünf preussischen Manufakturvasen für den Basler Stadtschreiber Peter Ochs, in dessen Haus die Verhandlungen angebahnt worden waren, brachte der Frieden der Stadt nur neue Schrecknisse.

Das Ausscheiden Preussens aus dem Kriegsgeschehen in Westeuropa kann als Vorbedingung für die französischen Erfolge gedeutet werden, die zum Waffenstillstand von Campo Formio 1797 führten, und damit zu einer Situation, in der eine militärische Besetzung der Eidgenossenschaft für Frankreich interessant, vielleicht gar notwendig wurde – mit allen weiteren Folgen für Basel und die Schweiz: Revolution 1798, Invasion, Helvetische Republik, die Schlachten bei Zürich 1799 ... Doch was die einen als Untergang der alten Eidgenossenschaft betrauerten, und noch betrauern, war für

Das ‹Basler FriedensCabinet›. Dem ‹Secretair› (Peter Ochs?) werden die Worte in den Mund gelegt: «Ihr Herren, lasst Euch sagen: Die FriedensUhr will schlagen». Anonym. Kolorierter Kupferstich, um 1795. ▷

Am 22.7.1795 schliessen die Vertreter Spaniens und Frankreichs in Basel Frieden. Anonym. Kupferstich auf einem Fächer, 1795. ▷

die andern die Befreiung aus einer überlebten, vernunftwidrigen Ordnung, die Morgenröte von Freiheit, Gleichheit, Bürgerrechten und liberaler Modernität für diese Stadt und dieses Land.

Kriegslogik und Friedenskultur

Basel hatte 1995 guten Grund, der Friedensverträge, die hier vor 200 Jahren geschlossen wurden, zu gedenken. Denn dass dies in Basel geschah, lässt sich nicht als Zufall abtun: Die neutrale Stadt zwischen den Fronten war zu einem Umschlagplatz der Ideen und Informationen geworden; hier gab es ausser Spionen auch vertrauenswürdige Bürger, die Frankreich als das Heimatland der Menschen- und Bürgerrechte verehrten, zu den Mächtigen in Frankreich enge Beziehungen pflegten und dennoch ihre Pflichten im Staatsdienst ihrer Heimatstadt treu erfüllten. Herausragend unter diesen Basler Reformfreunden war der damalige Stadtschreiber Peter Ochs. Wer immer über die Fronten des Krieges hinweg Beziehungen zu Frankreich knüpfen wollte, wandte sich an ihn, und in seinem Haus herrschte die aufgeklärte, weltoffene, dabei selbstverständlich frankreichfreundliche Stimmung, die das Vertrauen gedeihen liess, ohne das keine Diplomatie erfolgreich sein kann.

Ein Basler Stolz auf die Rolle der Stadt im Jahr 1795 wäre überheblicher Lokalpatriotismus, wenn wir die Erinnerung an jenes Jahr nicht zum Anlass nähmen, über die Diskrepanz zwischen den Friedenshoffnungen im Volk und den Utopien der Gebildeten einerseits und der Fortsetzung des Krieges mit seinen Greueln andererseits nachzudenken. Eine solche Besinnung wird auch nicht am Skandal vorbeigehen können, dass im Friedens-Gedenkjahr 1995 in Europa Krieg herrschte. Öffnen wir uns wieder den Utopien vom ‹Ewigen Frieden›, und nutzen wir das Jubiläum, um darüber zu diskutieren, wie sich unser Europa von der Logik des Krieges emanzipieren und zu einer Kultur des Friedens aufbrechen könnte.

Markus Kutter

Der Vater des Basler Friedens im Keller des Holsteinerhofes 200 Jahre später

Ochs erscheint auf der Kellertreppe.

Ein Knall.

Ochs:

I   Sie Schiessen?
        Nein, sie schiessen nicht.
Das war die Salve Euch zu Ehren.
Nun sitzt Ihr da im Kerzenlicht,
um Friedensfrüchte zu verzehren.
Seid Ihr bei Trost? Mit welchem Recht?
Wollt Ihr Euch etwa selbst belohnen?
O spätgeborenes Geschlecht,
hörst du vom Balkan die Kanonen?
Und weisst du, dass Geschichte nie
zu Ende kommt in Harmonie?

II   Ach Frieden!
      Hier in diesem Keller
– der Tag war lang, die Stunde spät –
begossen wir mit Muskateller
den Frieden ihrer Majestät
von Preussen und von Spanien mit
der Republik, die keiner schätzte.
Der erste Frieden, welch ein Schritt!
Nur war es leider nicht der letzte
in einem Krieg, in dem die Kronen
mit Frankreich auch der Freiheit drohten,
und umgekehrt die Epigonen
von Rousseau im Gewehr verrohten.
Sobald Ideen zu marschieren
beginnen, kann man nur verlieren.

III   Was wollte ich, Stadtschreiberlein
in einer Kaufmannsrepublik?
Ich wollte ihr zu Diensten sein,
zugleich Gehilfe fürs Geschick
der Welt da draussen, die Ideen
mit Waffen überzog und lähmte.
Sie liess es zu, dass im Geschehen
die Absicht sich der Folgen schämte.
Das Tun zerstörte, was als Ziel
gesetzt war, die Moral zerfiel.

IV   Was red' ich da?
      Der Mann hiess Schmerz,
er kam aus Kreuznach, will ich meinen.
Es war ganz einfach sein Kommerz
mit ausgesuchten alten Weinen,
der ihn nach Basel führte. Hier,
in diesem Keller, sagte er,
dass Preussens Generäle mir
die Ehre gäben, für ihr Heer
und für den König einen Frieden
mit Frankreichs Republik zu schmieden.

V   Das war's.
       Ich sagte: Ochs, bedenk'
es wohl. Die Revolution
ist für die Menschheit ein Geschenk.
Vergiesst sie Blut, wird sie zum Hohn.
Mach' diesen Auftrag dir zu eigen,
er steht der Stadt und dir wohl an.
Es gilt den Grossen jetzt zu zeigen,
was nur ein Schwacher leisten kann:
Einsicht, Vernunft und mit Vertrauen
an einer andern Zukunft bauen.

VI   Der Auftrag schien mir erst vermessen.
Doch dann begann ich zu verhandeln,
mit Frankreich, Preussen, Spanien, Hessen,
Venedig, Hamburg anzubandeln.
Das Resultat? Frankreich bekam
den Rhein als Grenze. Spanien blieb
vorerst verschont. Der Kaiser nahm
nurmehr mit Österreich vorlieb.
La France war länger nicht verdächtigt,
vielmehr als Partner gleichberechtigt.

VII   Kein sehr stabiler Friedensschluss,
ich weiss. In Weimar aber fand
der Goethe-Schiller-Genius
erst jetzt sein wahres Vaterland.
Noch weiter ostwärts ward von Kant
des Friedens Ewigkeit erkannt.

Ochs bewegt sich vor einzelnen Gästen vorbei.

VIII   Hier seh' ich Räte, Diplomaten,
Politiker verschiedner Rollen,
die dessen, was mir einst missraten,
in schönem Ernst gedenken wollen.
Gemach – mir geht es nicht um Ruhm:
Alles vergeht, was einst geschehen,
sogar mein Schatten ist postum,
mir geht es nur um das Verstehen.
Ihr glaubt, die Politik zu machen,
dabei macht Euch die Politik!
Die Lust auf lauter Nebensachen
entscheidet nie des Staats Geschick.
Fragt Euch, worauf Ihr ganz zu setzen
und mit ihm abzustürzen wagt –
dann will ich mich hier niedersetzen,
doch bitte vorher: Nennt es, sagt!
Ihr schweigt? Ihr scheint sogar erheitert?
Den Frieden denken – hirnverbrannt!
Ihr wisst, ich bin damit gescheitert,
und auch mein Staat hat sich verrannt.
Ich wollte Friedenskränze winden –
Napoleon hat sie zerrissen.
Ich wollte einen Staat erfinden –
wir selber haben ihn geschlissen.
Doch ist's der Staat, der Euch jetzt schützt.
Es ist der Frieden, den Ihr nützt.

Ochs bewegt sich Richtung Treppe.

IX   Schaut dieses stattliche Gemäuer,
in dem mich jeder Stein noch kennt:
Dies war mein Haus, nun ist es Euer,
vielleicht sogar ein Monument.
Hier lebten wir und weinten, lachten
und kamen miteinander aus,
hier hofften wir und litten, dachten –
es ist ein wunderbares Haus.
Wir musizierten mit Vergnügen
und stellten gar Kulissen auf.
Ein Leben war's in vollen Zügen
und Gäste fanden sich zuhauf –
wie heute, wo ich als der Vater
des Basler Friedens mir gefiel.
Ein kleiner Scherz, halt ein Theater,
bedeutet nichts und sagt doch viel.
Wollt Ihr, was war und ist, erkennen,
muss sich das Leben spiegeln können.
Theater als urbanes Glück…
Ich grüsse Euch – und geh' zurück.

Ochs geht wieder die Kellertreppe hoch.

Der Basler Friedensschlüsse von 1795 wurde mit mehreren Veranstaltungen gedacht. Am 16. März versammelte sich der Grosse Rat auf Einladung seines Präsidenten und seines Büros zu einer Gedenkstunde mit einer Rede des Historikers Christian Simon. Anschliessend fand im Holsteinerhof ein Essen mit Vertretern der Nachfolgestaaten des damaligen Friedensschlusses statt. Der obenstehende Text von Markus Kutter wurde für diesen Anlass verfasst. Im Spätsommer folgte eine Tagung zum Thema ‹Frieden und Krieg seit 1795 – Historische Friedens- und Konfliktforschung›. Am 23. November schliesslich wurde im Stadt- und Münstermuseum eine Ausstellung über den Basler Frieden eröffnet. Gleichzeitig erschien im Christoph Merian Verlag die Publikation: Christian Simon (Hg.), Basler Frieden 1795, Revolution und Krieg in Europa, Basel 1995.   (Red.)

Holger Jacob-Friesen

1595: «Des Rechtsgelährten Fäschen berühmte Kunstkammer»

Der Sammler Remigius Faesch (1595–1667)

Nichts verrät den Gelehrten in dem Porträt, das Bartholomäus Sarburgh 1621 von Remigius Faesch gemalt hat: Ein junger Kavalier mit grossen Augen und frischem Gesichtsausdruck, vornehm-zurückhaltend gekleidet gemäss der strengen Basler Kleiderordnung, die dem Luxus enge Grenzen setzte, die rechte Hand in die Hüfte gestemmt, die linke um den Korb eines Degens gelegt. Faesch war damals gerade von einer anderthalbjährigen Italienreise zurückgekehrt, die ihn unter anderem nach Venedig, Rom, Neapel und Florenz geführt hatte. Dort hatte er seine klassische Bildung vertieft und durch anschauliche Eindrücke bereichert.

1595 wurde Remigius Faesch als Sohn des vermögenden Basler Kaufmanns und späteren Bürgermeisters Johann Rudolf Faesch geboren. Der Vater war Weggefährte und Widersacher Johann Rudolf Wettsteins, der der gleichen Generation angehörte wie sein Sohn. Zunächst durchlief Remigius das Gymnasium und die Artistenfakultät der Universität und nahm anschliessend das Studium der Rechte auf. Nachdem er in Genf seine französischen Sprachkenntnisse verbessert hatte, reiste er 1614 nach Bourges, einem Zentrum humanistischer Jurisprudenz. Von dort aus wandte er sich, über Paris reisend, nach Deutschland und studierte in Marburg bei den bedeutenden Rechtslehrern Hermann Vultejus und Regner Sixtinus. Zurück in Basel, schloss er mit einer Dissertation über das Bündniswesen ab. Vielleicht ist Faeschs grosser Sammeltrieb auf seiner ausgedehnten Italienreise geweckt worden.[1] Ab 1621 scheint er die Heimatstadt nur noch für kleine Reisen verlassen zu haben. Stattdessen holte er sich die Welt ins Haus, weitete sein Kabinett zum Universum. 1628 wurde er zum Professor der Institutionen ernannt und nahm später die anderen beiden Lehrstühle für römisches Recht ein: den für Codex 1630–37, den für Pandekten ab 1637 bis zu seinem Tod. Dreimal war er Rektor der Universität und hatte in dieser Funktion harte Kämpfe mit dem Rat der Stadt zu bestehen, bei denen es um die Erhaltung der akademischen Freiheiten und Privilegien, insbesondere die autonome Gerichtsbarkeit der Universität, ging. Daneben wirkte er als angesehener Konsiliaranwalt für Privatpersonen und Fürsten, wie die Herzöge von Württemberg und die Markgrafen von Baden-Durlach. 1667 starb Remigius Faesch in Basel.

Die ‹Kunstkammer› als Abbild des Kosmos

Die Anfänge von Faeschs Sammeltätigkeit fallen in eine Zeit, als in Deutschland der Dreissigjährige Krieg tobte. Die Grenzstadt Basel blieb davon weitgehend verschont und konnte sich durch erfolgreiches ‹Stillesitzen› auch aus den innereidgenössischen Konflikten heraushalten.

Seit 1653 war die Sammlung, die ihr Urheber selbst ‹Museum› nannte, in einem grossen Haus am Petersplatz untergebracht. Machen wir einen imaginären Rundgang[2]: Im Erdgeschoss befand sich die etwa 5500 Titel umfassende Bibliothek. Im ersten Stock trat man zunächst in ein Vorgemach, an dessen Wänden gut 30 Gemälde hingen, meist mit Motiven aus dem Alten und Neuen Testament, darunter wichtige Werke von Hans Fries, aber auch eine Reihe von Kopien nach Holbein. In der Mitte des Raumes waren auf zwei Tischen Naturalien ausgebreitet: Muscheln und Schnecken wie Nautilus und Austern; Mineralien wie Bergkristall, Eisenerz, Amethyst, Marmor, Muschelkalk, Bernstein; Versteinerungen wie Ammonshörner und versteinertes Holz. Auch allerlei Tier-Objekte waren ausgestellt: «Zwey zerbrochene Aligater», ein Rhinozeros-Horn, vier «Schildkrötlin», ein Schnabel vom Vogel Tatu, ein Rückenwirbel von einem Wal, grosse Steinbockhörner, eine Säge vom Sägefisch.

Auf dieses Vorgemach folgte die grosse Kunstkammer. Hier hingen knapp 100 Tafel- und Leinwandbilder, fast ausschliesslich Porträts. Es lassen sich einige Gruppen feststellen: Bei der grössten handelt es sich um Humanisten (Dante, Boccaccio, Petrarca, Pico della Mirandola, Pius II., Pietro Bembo, Poliziano, Sadolet) und Juristen (Bartolus, Baldus, Douaren, Alciato); ferner hingen hier Darstellungen berühmter Renaissance-Künstler (Holbein, Dürer, Raffael, Michelangelo, Tizian), bedeutender Reformatoren (Luther, Melanchthon, Calvin, Zwingli, Bullinger) und mit Basel verbundener Persönlichkeiten (Oekolampad, Johannes Froben, Erasmus, Vesal). Künstlerisch herausragend waren Holbeins Doppelbildnis des Bürgermeisters Jakob Meyer und seiner Frau mit dazugehörigen Vorzeichnungen (diese Porträts waren alter Familienbesitz) und zwei Bilder Hans Baldungs: ‹Der Tod und das Mädchen› und ‹Der Tod und die Frau›. In diesem Raum war auch Faeschs umfangreiche Sammlung von Zeichnungen, Druckgraphik und illustrierten Büchern untergebracht. Das ‹Müntz Cabinet› mit mehreren tausend Münzen und Medaillen sowie zugehöriger Fachliteratur schloss sich an. Auch die Antiquarische Sammlung hatte hier ihren Ort. Sie enthielt antike – oder für antik gehaltene – Kleinplastik, Steine mit Inschriften, antiken Schmuck und Hausrat wie Lampen, Gefässe und Urnen aus Ton. Auf verschiedenen Schränken standen weitere Objekte, unter anderem kleine Renaissance- und Barockskulpturen sowie mehrere Erd- und Himmelsgloben. Ein chinesisches Lack-Buffet barg kunstvoll gearbeitete Löffel, Büchsen und Bildwerke aus China, Ringe mit arabischen Schriftzeichen und «eine alte Mumie von grüner Erde». In einem anderen Schrank war europäisches Kunsthandwerk untergebracht, darunter einige hervorragende, höfischer Ästhetik verpflichtete Stücke: gedrechselte Elfenbeinpokale und hauchdünne, ineinandergesteckte Becher aus Ahornholz. Eine bedeutende Sammlung kleiner, in Wachs bossierter Porträts und geschnitzter Spielsteine lagerte in Schubladen.

Dieses ‹Museum Faesch› mag zunächst heterogen wirken. Dahinter steht jedoch das Konzept einer enzyklopädischen ‹Kunstkammer›, in der sich Naturalia, Artificialia, Antiquitates und Exotica zu einem Abbild des Kosmos vereinen. Diese Sammlungsform, auch ‹Wunderkammer› oder ‹Kuriositätenkabinett› genannt, lebt aus

Bartholomäus Sarburgh. Bildnis des Remigius Faesch. Öl auf Leinwand, 1621.

der Neugierde auf die Vielfalt der Welt in ihrer ganzen räumlichen und zeitlichen Dimension. Gottes Schöpfung auf der einen Seite, menschlicher Geist und Kunstfleiss auf der anderen, sind die Pole, zwischen denen sich das Sammeln bewegt. Wie sehr Remigius Faesch sein Museum als Einheit verstand, beweist sein Testament, in dem es heisst, die Sammlung solle «ohnvertrennt und ohnsepariert» erhalten werden.[3] Erst mit der Eingliederung in das Universitätsgut im Jahre 1823 und dessen Aufteilung auf Spezialsammlungen ging diese Einheit verloren.[4]

Die Naturalien waren ein fester Bestandteil im Sammlungskonzept Faeschs[5]. Sie kamen aus den Bereichen der animalischen, vegetabilen und mineralischen Natur. Gerade die Grenzfälle scheinen Faesch interessiert zu haben: beispielsweise Versteinerungen und Korallen, also mineralisch verhärtete Tier- und Pflanzenrelikte; oder das ‹Bezoarsteinlin›, ein steinhartes kugeliges Gebilde, das durch Zusammenballung verschluckter Pflanzenfasern im Magen von Wiederkäuern entsteht. Auch ein sogenannter ‹Glossopeter› befand sich in der Sammlung. Dabei handelt es sich um ein pfeilspitzenartiges Objekt, wie es in vielen damaligen Kunstkammern aufbewahrt wurde. Glossopetren sind fossile Haifischzähne, wurden im 17. Jahrhundert aber – wie die griechische Bezeichnung andeutet – vielfach für versteinerte Natternzungen gehalten, denen man magische Wirkung zuschrieb.

Zum Idealbild der ‹Kunstkammer› gehörten Garten und Bibliothek. Zwischen seinen Pflanzen war Faesch genauso forschender Sammler oder sammelnder Forscher wie zwischen seinen Büchern. In seiner Bibliothek war zudem das Nichtsammelbare präsent: Die Welt der grösseren Tiere und Pflanzen, aber auch die Architektur.

Eine Sammlung in der Tradition des Humanismus

Remigius Faesch verkörpert die Kontinuität gelehrten Sammlertums in Basel, rund zwei Generationen nach Basilius Amerbach, Theodor Zwinger und Felix Platter. Wie sie war er Professor an der Universität und baute auf der geistigen Grundlage des Humanismus auf, wie seine ‹Ahnengalerie› berühmter Männer belegt.[6] Die im Museum Faesch ausgeprägte universale Weltsicht erinnert vor allem an Platters Kabinett[7], setzt aber auch ganz eigene Akzente. Indem sie einen spezifischen Kontext herstellt, der aus einer Ansammlung überhaupt erst eine Sammlung macht, ist sie eine schöpferische Leistung.

Im 17. Jahrhundert war das Museum Faesch am Petersplatz europaweit berühmt und wurde entsprechend oft aufgesucht. Das Besucherbüchlein enthält Namen von Durchreisenden aus ganz Europa[8]: Am 28.8.1655 trug sich der junge Anton Ulrich ein, Herzog zu Braunschweig-Lüneburg, später einer der grossen Barockfürsten, Verfasser heroisch-galanter Romane und Sammler. 1658 kam sein jüngerer Bruder Ferdinand Albrecht, auch er später ein leidenschaftlicher und eigenwilliger Sammler. Ihn beeindruckten, wie er in seiner Reisebeschreibung niederlegte, vor allem Faeschs Wachsporträts.[9] Samuel Pufendorf, der bedeutende Natur- und Völkerrechtler, besichtigte das Museum am 8. August 1664.

Auch nach Faeschs Tod riss der Strom der Besucher und Bewunderer nicht ab. Einige lobten die Sammlung in ihren Reisebeschreibungen[10], so der berühmte Pariser Arzt und Kunstkenner Charles Patin («un des plus beaux cabinets d'Allemagne») oder der Mönch und Diplomatiker Jean Mabillon. Der Kunsthistoriograph Joachim von Sandrart schrieb: «Seine Behausung ist inwendig mehr ein Pallast als ein Burgerliches Haus, auch sonst aufs allervernünftigste mit kunstreichen Gemählden und Bildhauerey, einer vornehmen Bibliothek und mit allerhand andern Raritäten ungemein und zierlich versehen, als hätte Minerva daselbst ihre Wohnung genommen.»[11] Die vielleicht schönste Würdigung aber verfasste Faesch selbst und bestimmte sie für sein Epitaph im Basler Münster[12]: «Remigius Faesch / Doktor der Rechte / Treu und ehrlich / Dessen einziges Vergnügen es war / Sich in Bücher zu vertiefen / Das Unbekannte zu erforschen / Die Wahrheit zu suchen / Die Altertümer hochzuschätzen / Das Gärtchen zu pflegen / In allem die Weisheit Gottes / Zu bewundern, zu verehren, anzubeten (…).»

Anmerkungen

1 Die Tagebücher, die Faesch auf seinen Reisen durch Frankreich, Deutschland und Italien führte, bezeugen sein lebhaftes Interesse an allen historischen und kunsthistorischen Sehenswürdigkeiten: Universitätsbibliothek Basel (UBB) AN VI 15a, O III 63.

2 Der Überblick beruht auf dem ‹Inventar C› (Emil Major, 1908), das erst 1772 angelegt wurde. Einige der Objekte könnten deshalb von Faeschs Erben erworben worden sein; in Grundzügen jedoch dürfte das Inventar sein eigenes Konzept widerspiegeln.

3 Hrn D. Remigii Fäschen Testament: UBB, E.J. IV 31 No. 8.

4 Viele der Altertümer und kunstgewerblichen Objekte sind heute im Historischen Museum Basel ausgestellt. Die Öffentliche Kunstsammlung Basel bewahrt einen Teil der Gemälde und der Graphik. Faeschs Bücher, zu denen auch rund 200 Handschriften zählten, gingen an die Universitätsbibliothek. Von den Naturalien lässt sich im Naturhistorischen Museum leider nichts nachweisen (freundliche Mitteilung von Dr. J. Arnoth).

5 Es ist bezeichnend, dass Emil Major 1908 diejenigen Inventarstellen, die Naturalien betreffen, gekürzt ediert hat, weil man sich damals nur für die künstlerischen Objekte interessierte.

6 Ein Grossteil der Bildnisse ist wohl in Faeschs Auftrag entstanden. Die meisten befinden sich im Depot der Öffentlichen Kunstsammlung; vgl. Paul H. Boerlin, Leonhard Thurneysser als Auftraggeber. Basel 1976, S. 148.

7 Das dort aufbewahrte Stück von dem Schiff, mit dem Sir Francis Drake die Welt umsegelt hatte, macht die weltumspannende Idee solcher Sammlungen deutlich.

8 UBB, AN VI 18; hier: fol. 8v, 32v, 76r, 161r. Für den Hinweis auf dieses Büchlein danke ich Herrn Prof. Dr. M. Steinmann.

9 Ferdinand Albrecht I., Herzog von Braunschweig-Lüneburg, Wunderliche Begebnüssen und wunderlicher Zustand in dieser wunderlichen verkehrten Welt (1678–80), ND Bern 1988, S. 17.

10 [Charles Patin], Relations Historiques et Curieuses de Voyages, En Allemagne, Angleterre, Hollande, Bohème, Suisse, etc. Rouen 1676, S. 120 ff. H. Herzog, Jean Mabillons Schweizerreise, [Übersetzung aus dessen lateinischer Reisebeschreibung], in: Taschenbuch der Historischen Gesellschaft des Kantons Aargau für 1900 (1901), S. 7.

11 Joachim von Sandrart, Teutsche Academie der Bau-, Bild- und Mahlerey-Künste. II/II (1679) ND Nördlingen 1994, S. 82. Der Text bezieht sich zwar auf Sebastian Faesch, meint aber natürlich auch dessen verstorbenen Onkel Remigius, den eigentlichen Schöpfer der Sammlung.

12 Übersetzt nach ‹Athenae Rauricae sive Catalogus Professorum Academiae Basiliensis›, Basel 1778, S. 121.

Literatur

Emil Major, Das Fäschische Museum, in: Öffentliche Kunstsammlung in Basel, LX. Jahresbericht N.F. 4 (1908), S. 1–69.

Fredy Groebli, Remigius Faesch (1595–1667), in: Librarium 20 (1977), S. 42–49.

Christian Müller

1495: Zum 500. Geburtstag des Bonifacius Amerbach

Die Bildnisse des Basler Juristen und Erben des Erasmus von Rotterdam

Der 500. Geburtstag von Bonifacius Amerbach (1495–1562) gab den Anstoss, auf das Wirken des Basler Juristen aufmerksam zu machen. Da Holbeins Bildnisse des Bonifacius und des Erasmus von Rotterdam aus der Öffentlichen Kunstsammlung Basel unverzichtbar für eine solche Ausstellung waren, lag der Gedanke nahe, diese in zwei Räumen der Altmeisterabteilung des Kunstmuseums Basel einzurichten. Die Präsentation[1] dauerte vom 26. August bis zum 5. November 1995 und wurde vom Publikum sehr positiv aufgenommen.

Erneuerer der Basler Universität

Bonifacius Amerbach wurde am 11.10.1495 als Sohn des gelehrten Druckers Johannes Welcker geboren, der aus dem fränkischen Amorbach stammte und sich daher ‹Amerbach› nannte. Nach dem Besuch der Schulen in Schlettstadt und Basel studierte Bonifacius Amerbach von 1513 bis 1519 in Freiburg/Br. bei Ulrich Zasius und von 1520 an in Avignon bei Andrea Alciato und Francesco Ripa. Hier promovierte er am 4. Februar 1525 zum ‹Doctor legum›. Noch im gleichen Jahr wurde er Professor für römisches Recht an der Universität Basel, deren Rektor er erstmals 1526, danach erneut in den Jahren 1535, 1540, 1551 und 1556 war. Während dieser Rektorate erwarb sich Amerbach grosse Verdienste bei der Wiedererrichtung und Reorganisation der Basler Universität und wurde 1535 Rechtsberater des Basler Rates. Darüber hinaus beriet er zahlreiche Privatpersonen sowie auswärtige Städte und Fürsten. Seine europaweite Bekanntheit beruhte vor allem auf dem Kontakt zu Erasmus von Rotterdam, mit dem er schon früh befreundet war. Als dieser 1536 starb, wurde Bonifacius Amerbach sein Erbe und Verwalter der Erasmusstiftung. Basilius Amerbach (1533–1591), sein einziger Sohn, folgte dem Vater beruflich nach. Er tat sich später als Kunstsammler hervor und begründete das ‹Amerbach-Kabinett›. Am 24.4.1562 starb Bonifacius Amerbach in Basel; er wurde im kleinen Kreuzgang der Kartause beigesetzt.

Holbeins ‹Der Mann mit dem Schlapphut›

Von Bonifacius Amerbach waren bisher drei gemalte Bildnisse bekannt: Holbeins Darstellung von 1519 und diejenigen von Christoph Roman und Jakob Clauser aus den Jahren 1551 und 1557. In Basel wurde jetzt Holbeins Kreidezeichnung ‹Der Mann mit dem Schlapphut› als Portrait des Bonifacius Amerbach aus dem Jahre 1525 vorgestellt.

Auf dieser Zeichnung erscheint Amerbach bartlos, wie auch auf den späteren Bildnissen. Sie ist eine Vorstudie für ein Gemälde, das vielleicht aus einem ähnlichen Grunde wie das Gemälde von 1519 entstehen sollte: um der Familie, falls er auf der Reise umkommen oder in Avignon der Pest zum Opfer fallen sollte, ein Erinnerungsstück zu hinterlassen.

Neue Forschungsergebnisse

Ein Infrarotreflektogramm[2] des Gemäldes von 1519 zeigt, dass Holbein die Inschrift, die Amerbach selbst entworfen hatte, auf dessen Wunsch noch einmal korrigierte. Der erste Teil hatte noch ähnlich wie im Entwurf gelautet: PICTA LICET FACIES, VIVAE NON CEDO, MEIQUE SVM DOMINI, IVSTUS SCRIPTA COLORIBVS... Nun findet sich die Formulierung: PICTA LICET FACIES, VIVAE NON CEDO, SED INSTAR SVM DOMINI, IVSTUS NOBILE LINEOLIS. OCTO IS DVM PERAGIT TPIETH SIC GNAVITER IN ME ID QVOD NATVRAE EST,

Hans Holbein d.J. Bildnis des Bonifacius Amerbach. Gefirnisste Tempera auf Tannenholz, 1519. ▷

Infrarotreflektogramm der Inschrift auf dem Bildnis von 1519. Deutlich sind die Korrekturen Holbeins zu erkennen. ▷

EXPRIMIT ARTIS OPVS.³ Die wichtigste Veränderung besteht in der Ersetzung des Wortes COLORIBVS durch LINEOLIS – statt ‹Farben› also ‹Linien›.

Vor kurzem kam ein weiterer Fund hinzu. Ueli Dill entdeckte in einem bisher nicht beachteten Konvolut in der Universitätsbibliothek Basel eine Gemäldeinschrift von der Hand des Bonifacius, die in unmittelbarem Zusammenhang mit dem Gemälde von 1519 steht. Amerbach notierte zunächst die oben erwähnte, definitive Textfassung. Danach entwarf er für ein anderes

Bildnis aus demselben Jahr eine zweite, die er ebenfalls in Majuskeln niederschrieb: NATVRAM FVERAT VT ARS IMITATA SAGACEM / BERBATI REFERENS SNGVLAR QVQEQVE SIMVL / SIC EADEM IMBERBEM NVNC AEMVLA SCRIPSIT AD VNGVM / SEPARATA VT POSSIM FALLERE VOCE DIV. / EVN. IDEM.PIC.EOD.ANNO NEMPE MDXIX REPINGEBAT.[4] Dem Text zufolge liess sich Amerbach also 1519 ein weiteres Mal von Holbein porträtieren, diesmal ohne Bart. Da beide Inschriften so deutlich aufeinander bezogen sind, ist vorstellbar, dass die beiden Gemälde das gleiche Format hatten. Zwar könnte man annehmen, die Vorstudie zu jenem zweiten Gemälde sei die Kreidezeichnung ‹Der Mann mit dem Schlapphut›. Dies ist jedoch stilistisch kaum möglich: Vergleichbare Kreidezeichnungen kennen wir im Werk Holbeins erst aus der Zeit um 1525/26, zum Beispiel die Studien, die er für die ‹Darmstädter Madonna› anfertigte. Als Vorstudie in dieser frühen Zeit kommt eher eine Silberstiftzeichnung in Frage, wie wir sie von den Bildnissen des Jakob Meyer zum Hasen und seiner Frau Dorothea Kannengiesser aus dem Jahre 1516 kennen[5]. Was aber spricht gegen die Vorstellung, dass Amerbach sich noch ein *drittes* Mal von Holbein porträtieren liess – vielleicht, wie vorgeschlagen, vor seiner Abreise nach Avignon im Jahre 1525? Die Kreidezeichnung ‹Der Mann mit dem Schlapphut› würde demnach, als Vorstudie zu einem weiteren Gemälde, den bartlosen Bonifacius Amerbach wiedergeben, kurz vor seiner Promotion im Februar 1525.

Hans Holbein d. J. Bildnis des Bonifacius Amerbach(?). Kreide auf Papier, 1525(?).

Anmerkungen

1 Zur Ausstellung erschien ein Katalog: Holger Jacob-Friesen/Beat R. Jenny/Christian Müller (Hg.), Bonifacius Amerbach, Zum 500. Geburtstag des Basler Juristen und Erben des Erasmus von Rotterdam, Ausstellungskatalog, Basel 1995.
2 Infrarotreflektogramm des Gemäldes von 1519, hergestellt vom Gemälderestaurator der Öffentlichen Kunstsammlung Basel, Peter Berkes.
3 «Obgleich ich nur ein gemaltes Gesicht bin, stehe ich doch dem lebendigen (Antlitz) nicht nach; vielmehr bin ich durch wahre Linien ein vollkommenes Abbild des Herrn: Während dieser acht drei Jahre umfassende Lebensabschnitte vollendet, zeigt das Kunstwerk mit grosser Fertigkeit in mir das, was mein natürliches Wesen ist.»
4 «Wie die Kunst das scharfsinnige Wesen nachahmend dargestellt hatte / des Bartträgers, indem sie alle Details zugleich wiedergab, / so hat sie auch den Bartlosen nun in Konkurrenz dazu aufs genaueste abgebildet, / sodass ich mit der Stimme, die man [beim Betrachten jeden Moment zu hören] erwartet, die Täuschung lange aufrechterhalten könnte.» «Denselben hat derselbe Maler im selben Jahr, nämlich 1519, noch einmal gemalt.» (Übersetzung: Ueli Dill).
5 Gewöhnlich gab Holbein die Personen auf seinen Vorstudien in der gleichen Grösse wieder wie auf den danach ausgeführten Gemälden.

Wirtschaft

Arbeitsfrieden dank Sozialpartnerschaft
50 Jahre Chemie-GAV

Die Sozialpartnerschaft als Garant des Arbeitsfriedens, lange Zeit eine der Grundlagen der wirtschaftlichen Prosperität der Schweiz, ist heute nicht mehr so selbstverständlich wie bisher. Das wirtschaftliche Klima ist rauher geworden, soziale Errungenschaften werden in Frage gestellt. Immer weniger Arbeitnehmer und Arbeitnehmerinnen unterstehen – aus verschiedenen Gründen – dem Gesamtarbeitsvertrag (GAV). Während die Gewerkschaften den GAV verteidigen, fordern zahlreiche Betriebe einheitliche Einzelverträge. Die Verhandlungen zwischen den Sozialpartnern werden härter geführt. Dessenungeachtet konnte 1995 das 50jährige Bestehen des Gesamtarbeitsvertrags zwischen den Basler Chemiebetrieben und den Gewerkschaften gefeiert werden.

Yolanda Cadalbert Schmid schreibt über den GAV aus der Sicht der Gewerkschaften; Willy Wehrli bewertet den GAV aus der Perspektive der Chemischen Industrie. *(Red.)*

Yolanda Cadalbert Schmid

Chemie-Gesamtarbeitsvertrag am Wendepunkt?

Begriffe wie ‹Sozialpartnerschaft› und ‹Arbeitsfriede› gelten als ‹typisch schweizerisch›. Immerhin betrachtet man die Sozialpartnerschaft aufgrund der vertraglichen Friedenspflicht als Grundpfeiler der produktiven Arbeitsbeziehungen. Diese Sozialpartnerschaft hat sich jedoch in den vergangenen Jahren, von der Öffentlichkeit unbemerkt, kontinuierlich verändert. Sie durchläuft 50 Jahre nach Abschluss des ersten Chemie-Gesamtarbeitsvertrages eine kritische Phase.

Soziale Unrast in den 40er Jahren

Die Entwicklung der Sozialpartnerschaft – besonders in der Basler Chemie – ist eng verbunden mit dem System der Gesamtarbeitsverträge (GAV), das in die 40er Jahre zurückreicht. Nicht zuletzt Arbeitskämpfe hatten die Sozialpartnerschaft damals ermöglicht. Der Abschluss des ersten Basler GAV am 1. Januar 1945 stand im Zeichen des Aufbruchs[1] und löste Hoffnung auf eine gerechte Gesellschaft aus. Die Not unter den Arbeiterfamilien war gross. Besonders miserabel ging es der Chemie-Arbeiterschaft, die verächtlich als ‹Lumpenproletariat› bezeichnet wurde. Die Löhne waren niedrig, die nicht ausgeglichene Teuerung betrug 1943 rund 50%. Gegen Ende des Krieges nahm der Unmut immer mehr zu, die Gewerkschaften erhielten immensen Zulauf. Es kam im Kanton Basel-Landschaft zu Streiks, was die Unternehmer zahlreiche Arbeitstage kostete.

Vom Lumpenproletariat zum privilegierten Arbeiterstand

Der erste GAV in der Basler Chemie brachte vielen Lohnabhängigen nach Jahrzehnten prekärer Instabilität eine Verbesserung ihrer materiellen Situation. Die Minimalstundenlöhne wurden auf 1.50 Franken für Männer und 0.95

Franken für Frauen festgelegt; geregelt wurden die Arbeitszeit (48 Stunden), Ferienansprüche (2–18 Tage), Sozialversicherungen, Koalitions- und Vereinsrecht, bis hin zum wichtigsten Punkt für die Unternehmerschaft: die Friedenspflicht! Die Vertragspartnerschaft verschaffte in der Folge beiden Partnern Vorteile: Der Arbeitnehmerseite garantierte sie die Anerkennung als Partner mit verbrieften Rechten, der Unternehmerseite Planbarkeit und Kontinuität.

Vorbildlich für die ganze Schweiz

Jahrzehntelang galt der Basler Chemie-GAV – neben den GAVs der Druckbranche und der Swissair – als ‹Top-Vertrag›, heute droht dem System der GAVs ein massiver Bedeutungsverlust. Anfänglich umfasste der Basler Chemie-GAV 80% der Belegschaft, ausgenommen waren lediglich die Administration und die Kader. In den 60er Jahren wurde dann die Arbeitsgruppe der Laborantinnen und Laboranten herausgelöst und erhielt Einzelverträge. Als ‹white collar›-Angestellte verfügten sie über grösseres soziales Prestige, verloren aber durch die Vereinzelung Schutz. In den nachfolgenden zwanzig Jahren schrumpfte der Geltungsbereich der Gesamt- und Kollektivverträge aufgrund der Umstrukturierung der Chemiebetriebe immer mehr, so dass 1995 nur noch eine Minderheit der Belegschaft Gesamtarbeitsverträgen unterstellt ist. Gleichzeitig haben die Arbeitsbedingungen von sogenanntem ‹GAV-Personal› und ‹Angestellten› sich immer mehr einander angeglichen; die traditionelle Unterscheidung in ungelernte GAV-Arbeitskräfte und qualifizierte Angestellte existiert nicht mehr. Fünfzig Jahre nach Abschluss des ersten Basler GAV scheint das Vertragssystem an einem Wendepunkt an-

Gegen Ende des Zweiten Weltkrieges wurde der Unmut der Arbeiterschaft immer grösser.

Der erste Chemie-GAV von 1945 brachte eine Verbesserung der materiellen Situation, gekoppelt mit der Friedenspflicht. ▷

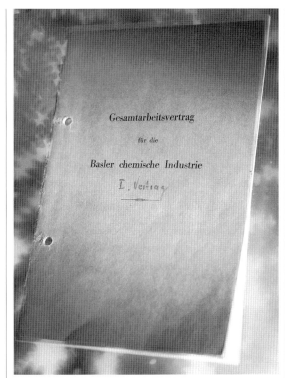

gelangt, von gewissen Seiten der Unternehmerschaft sogar dezidiert in Frage gestellt zu sein.

Die Wettbewerbsspirale dreht sich unerbittlich weiter

Die verschärfte Konkurrenz auf dem Weltmarkt und die Globalisierung der Chemiekonzerne zwingt heute die Unternehmen zur Flexibilisierung ihrer einheimischen Produktionen. Auch in der Chemiestadt Basel dreht sich die Wettbewerbsspirale unerbittlich weiter. Die Folge ist ein rasanter Konzentrationsprozess mit Beispielen wie ‹Sandoz-Gerber›, ‹Roche-Syntex› oder ‹Ciba-Chiron›. Im Herbst 1993 strich Roche rund ein Viertel aller 1700 Stellen der Basler Pharma-Forschung. Sandoz verlegte, um Lohnkosten zu sparen, einige Produktionen nach England und verselbständigte die gesamte Chemikaliendivision. Auch Ciba-Präsident Alexander Krauer wies 1995 öffentlich auf den bevorstehenden Abbau von 4000 Stellen hin. Die Basler Chemie-Konzerne, so scheint es, benötigen Basel nicht mehr – sie haben sich auf dem Weltmarkt eingerichtet.

Vor dem Irrglauben, wirtschaftliche Effizienz fordere keinen sozialen Preis, warnt jedoch der amerikanische Ökonom, Historiker und Militärstratege Edward Luttwak in seinem Buch ‹Weltwirtschaftskriege – Export als Waffe›: «Der entfesselte Effizienzwettlauf, der schrankenlose Wettbewerb zwischen den Unternehmen – sie drehen den Menschen durch den Fleischwolf.» Auch für die Schweiz sagt Luttwak eine soziale Verschlechterung, ähnlich derjenigen in den USA, voraus. Dort hatte man schon in den 70er Jahren mit der Deregulierung und Liberalisierung der Wirtschaft begonnen und verzeichnet heute einen sinkenden Lebensstandard: Zwei Drittel der US-amerikanischen Bevölkerung verdient Mitte der 90er Jahre weniger als Ende der 70er Jahre.

Basler GAV – ein Auslaufmodell?

Die Umstrukturierung der Arbeitsplätze veränderte auch die Personalstrukturen. In Basel untersteht dem GAV noch knapp ein Drittel des Personals. Die Strategie der Arbeitgeber ist mehrspurig, die Gangart härter geworden. Die Grundtendenz lautet: Weg vom GAV – hin zum Einzelvertrag. In vielen Bereichen ausserhalb der Chemie verstärken sich Bestrebungen, die GAVs zu ‹entschlacken›, indem – wie bei der Swissair – Löhne und Arbeitszeiten nicht mehr vertraglich, sondern innerbetrieblich geregelt werden. Manche Unternehmer, wie Christoph Blocher, schliessen nur noch mit Gewerkschaften, die ihnen genehm sind, GAVs ab, andere suchen ausschliesslich interne Regelungen mit ihren Personalorganisationen.

Historischer Schulterschluss

Während die Unternehmerseite mehr und mehr die Gesamtarbeitsverträge in Frage stellt oder flexibilisieren will, erstreben die Gewerkschaften eine Verstärkung der GAVs und eine Ausdehnung des Geltungsbereiches auch auf die Angestellten. Ihr Wunschziel lautet: Ein modernisierter GAV, ein Einheitsvertrag für GAV-Personal und Angestellte. Alarmiert durch den Personalabbau in der Chemie, rückten die Angestelltenorganisationen und die Gewerkschaften zusammen. Im Vorfeld der GAV'96-Verhandlungen gelang ihnen am 14. März 1995 ein historischer Schulterschluss; sie bildeten gemeinsam die Interessengemeinschaft (IG) ‹Einheitsvertrag›[2] und forderten den Verband Chemischer Industrieller (VBChI) zu Verhandlungen auf. Dieser jedoch verweigerte sogar ein informelles Gespräch – ein Verhalten, das die Präsidentin der Akademikervereinigung Sandoz und Delegierte im Dachverband der Angestelltenvereinigungen der Chemie (VSAC), Elisabeth Spreng, als ‹Affront› gegenüber den Angestellten bezeichnete[3].

Zwar waren im Herbst 1995 die Vertragsgewerkschaften noch nach ‹traditionellem› Muster in die GAV-Verhandlungen eingestiegen, wobei nicht die Löhne, sondern die Sicherung der Arbeitsplätze im Vordergrund standen (die zentralen Forderungen lauteten: Frühpensionierung, Arbeitszeitverkürzung, Ausbildungsurlaub, Elternurlaub und Beschäftigungsgarantien für Lehrlinge). Dennoch will die ‹IG-Einheitsvertrag› ihr eigentliches Ziel weiterverfolgen. Zur Zeit bestehen auf Unternehmensseite Vorstellungen eines – wenn auch ‹schlanken› – Einheitsvertrags. Dabei sollen Lohn und Arbeitszeit aus dem Vertrag gekippt und durch ein innerbetriebliches Reglement ersetzt werden. Dies kommt für die GBI und die IG-Einheitsvertrag nicht in Frage: «Wenn die GAVs ihre prägende Kraft für die Arbeitsbeziehungen verlieren, wächst die Gefahr der Verwilderung», zeigte sich GBI-Vizepräsident Hans Schäppi besorgt. «Eine zu starke Deregulierung schafft soziale Probleme, und dies wiederum ruft nach gesetzlichen Regelungen. Sie könnten womöglich weniger flexibel sein als diejenigen, die zur Zeit von Unternehmerseite in Frage gestellt werden.»

Anmerkungen

1 Den Vertrag unterzeichneten: Verband Basler Chemischer Industrieller (VBChI), Schweiz. Textil- und Fabrikarbeiterverband (STFV, später GTCP); Schweiz. Verband christlicher Textil- und Bekleidungsarbeiter (SVCTB); Schweiz. Verband evangelischer Arbeiter- und Angestellter (SVEA); Schweiz. Metall- und Uhrenarbeiterverband (SMUV); Landesverband Freier Schweizer Arbeiter (LFSA).
2 Die Zusammensetzung der ‹IG-Einheitsvertrag›: Angestelltenvereinigung Roche (AVR); Gewerkschaft Bau und Industrie (GBI); Verband Schweiz. Angestelltenorganisationen (VSAC).
3 Neue Gewerkschaft, Nr. 9, 9. Mai 1995.

Quellen

Edward Luttwak, Weltwirtschaftskrieg – Export als Waffe, Aus Partner werden Gegner, Reinbek bei Hamburg 1994.
Ernst Marti, Fünzig Jahre Textil- und Fabrikarbeiter-Organisationen 1903–1953, Zürich 1953.
Arbeitsfrieden – Realität eines Mythos', Gewerkschaftspolitik und Kampf um Arbeit – Geschichte, Krise, Perspektiven. WIDERSPRUCH-Sonderband, Zürich 1987.
Andreas Rieger, Vertragspolitik am Wendepunkt?, WIDERSPRUCH Nr. 27, Zürich 1994.
Charles Stirnimann, Der Weg in die Nachkriegszeit 1943–1948, Ein Beitrag zur politischen Sozialgeschichte des ‹Roten Basel›, Basel 1992.
Neue Gewerkschaft, GBI-Zeitungen, Nrn. 2/95, 8/95, 9/95, 10/95 und 12/95.
Industriepolitik für die chemische Industrie, Ein Konzept aus gewerkschaftlicher Sicht, Gewerkschaft Bau und Industrie (Hg.), ropress Basel 1994.

Willy Wehrli

Vom Gesamtarbeitsvertrag zum Einheitsvertrag

50 Jahre GAV-Chemie

Am 4. Januar 1945 unterzeichneten die Vertreter des Verbandes Basler Chemischer Industrieller (VBChI) und der Gewerkschaften den ersten Gesamtarbeitsvertrag (GAV). Die Nationalzeitung vom 5. Januar 1945 kommentierte: «Ein erfreuliches Abkommen, der Gesamtarbeitsvertrag in der chemischen Industrie... Die Einstellung der Arbeiterschaft zu diesem Ergebnis, insbesondere der Vertreter der Gewerkschaften, lautet: ein vorbildlicher Vertrag.» Der Vertrag regelte erstmals verbandsweit die Anstellungs- und Arbeitsbedingungen für alle im Kanton Basel-Stadt beschäftigten Arbeiterinnen und Arbeiter derjenigen Firmen, die dem Arbeitgeberverband (VBChI) angeschlossen waren. Herzstück bildete die absolute Friedenspflicht der Vertragsparteien während der Vertragsdauer.

Die Zeit der materiellen Verbesserungen

Die späten 40er und 50er Jahre waren durch zahlreiche wirtschaftliche Schwierigkeiten geprägt. In einzelnen Verbandsfirmen mussten sogar Entlassungen ausgesprochen werden, was zu harten Auseinandersetzungen unter den Vertragspartnern führte. Aber das Instrument ‹Gesamtarbeitsvertrag› bewährte sich.

Die schweizerische Wirtschaft der 60er und frühen 70er Jahre erlebte dagegen eine noch nie dagewesene wirtschaftliche Entwicklung, die auch die Gestaltung der Gesamtarbeitsverträge beeinflusste: Erhöhungen der Löhne und Sozialzulagen, automatische Anpassung der Löhne an die Lebenshaltungskosten, Einführung des Leistungslohnes, Verkürzungen der Arbeitszeit, Gewährung des vollen Lohnersatzes bei Krankheit und Unfall. Besonders zu vermerken sind die Einführung des Monatslohnes im GAV 1969–71 und erstmals auch nicht-materielle Regelungen wie Kündigung aus wirtschaftlichen Gründen, betriebliche Mitwirkung oder der Beitrag für Bildung und Vertragskosten im GAV 1972–74. Im GAV 1975–77 wurden neben realen Lohnerhöhungen der rückwirkende Teuerungsausgleich, die Einführung des Schichturlaubs und das Vorgehen bei Betriebsschliessungen vereinbart.

Gebremstes Wirtschaftswachstum

Die folgenden Vertragsperioden von 1978 bis 1992 standen im Zeichen eines gebremsten Wirtschaftswachstums. Mehrere Male wies der VBChI daher auf die Grenzen eines weiteren Ausbaus des Gesamtarbeitsvertrages hin. Zwei Verhandlungspunkte dieser Periode sind besonders erwähnenswert: Im GAV 1978–80 einigten sich die Vertragsparteien auf die schrittweise Angleichung der Frauenlöhne an diejenigen der Männer (Grundlohnstop für die Männer). Und ein Jahr danach vereinbarten sie in Folge der eidgenössischen Volksabstimmung vom 14.6.1981 (gleiche Rechte für Mann und Frau) die volle Angleichung der Löhne auf den 1.1.1984. Der Wetterwechsel, der sich am Wirtschaftshorizont abzeichnete, veranlasste den VBChI in den Verhandlungen 1983 zur Gegenforderung, den Teuerungsautomatismus aufzuheben. Nach harten Verhandlungen einigten sich die Vertragspartner, den rückwirkenden Teuerungsausgleich durch zwei Grundlohnanpassungen zu ersetzen.

Der GAV an der Schwelle zum dritten Jahrtausend

Der GAV-Chemie hatte sich zu einem Spitzenvertrag der schweizerischen Wirtschaft ent-

Ehemalige Fabrikationsstätte für Azo-Farbstoffe, vor 1950.
◁

wickelt, der 1990–92 eine Grenze erreichte. Der Vertrag wies eine Regelungsdichte auf, die kaum noch Verbesserungen zuliess. Probleme verursachten die verschiedenen Lohnautomatismen, Lohnvereinbarungen mit dreijähriger Gültigkeit, differierende Entwicklungen der Vertragsfirmen und ihre unterschiedlichen Vorstellungen zur Personalpolitik, aber auch die veränderten Personalstrukturen.

«Der GAV – ein Auslaufmodell?» lautete die Frage anlässlich einer Podiumsdiskussion der Gruppe Ciba der Gewerkschaft Bau und Industrie im Februar 1995. Der GAV ist kein Auslaufmodell. Er ist und bleibt ein wichtiges Instrument zur Gestaltung der Beziehungen zwischen Arbeitgebern und Arbeitnehmern. Wie auf anderen Gebieten aber ist die Entwicklung eines neuen Modells notwendig. Wir stehen vor grossen politischen und wirtschaftlichen Umwälzungen. Für die Schweiz als exportabhängiges Land ist die Öffnung der Märkte von entscheidender Bedeutung, sie erfordert rasches Reagieren auf die sich laufend verändernden Bedingungen im globalen Wettbewerb. Dieser Entwicklung müssen die sozialpartnerschaftlichen Instrumente Rechnung tragen. Wir brauchen ein neues GAV-Modell.

Als erster Schritt in diese Richtung fiel in den Verhandlungen zum Vertrag 1993–95 der automatische Teuerungsausgleich. Auch einigten sich die Vertragspartner auf jährliche Lohnverhandlungen mit Erlöschen der Friedenspflicht bei Nicht-Einigung. Offen bleibt die Option auf zwischenvertragliche Lohnverhandlungen in den einzelnen Firmen und auf firmenspezifische Lohnsysteme. Das neue Modell ruht auf folgenden Eckpfeilern:

– Einzelarbeitsverträge für alle Mitarbeiterinnen und Mitarbeiter,
– Aushandeln der materiellen Bedingungen (Entlöhnung, Arbeitszeit etc.) mit innerbetrieblich gewählten Personalvertretungen,

Heute steuern Prozessrechner die Farbstoffproduktion. ▷

– Abstützung der Rechte, Pflichten und Verfahren auf einen überbetrieblich abgeschlossenen Rahmenvertrag,
– 3-stufiges Modell zur Konfliktregelung bei innerbetrieblichen Verhandlungen (bei Nichteinigung Beizug der Personalverbände, bei erneuter Nichteinigung Aufhebung der absoluten Friedenspflicht bezüglich des strittigen Verhandlungspunktes).

Im Sommer 1993 wurde der Verband Schweizerischer Angestelltenorganisationen der Chemischen Industrie (VSAC) gegründet, um die Interessen der Angestellten gegenüber Arbeitgebern und öffentlicher Hand zu wahren. Eine gemeinsame Eingabe mit den Gewerkschaften an den VBChI im März 1995 schlug Verhandlungen über den Abschluss eines Einheitsvertrages für alle Arbeitnehmer der Chemie vor. Der VBChI lehnte ab, erklärte aber gleichzeitig den Willen zur Erneuerung des GAV-Chemie im heutigen Geltungsbereich.

Ich denke, die Zeit für Verhandlungen über einen Einheitsvertrag ist noch nicht reif, auch bei den Arbeitnehmern nicht – nahmen doch an einer von allen Arbeitnehmerverbänden organisierten Diskussion zum Thema ‹Einheitsvertrag› weniger als 100 Interessierte teil. Die Sozialpartnerschaft wird auch in Zukunft ihren Platz in unserer Gesellschaft haben. Vor allem die innerbetriebliche Partnerschaft wird markant an Bedeutung gewinnen. Sie ist Teil unseres föderalistischen Gesellschaftssystems, eines Systems, das davon ausgeht, möglichst viel Verantwortung auf unterer Ebene wahrzunehmen und nur das nach oben zu delegieren, was notwendig ist. Sozialpartnerschaft beginnt am Arbeitsplatz, im Team. Sie findet ihre Fortsetzung in den innerbetrieblichen Mitwirkungsgremien. Abgestützt auf überbetrieblich abgeschlossene Verträge, bewegt sie sich im Rahmen der verfassungsrechtlich und gesetzlich abgestützten staatlichen Bedingungen.

Wirtschaftsstandort Basel

Die Meldungen über den Stellenabbau in der Chemischen Industrie, die Auslagerung von Produktionsstätten und die verstärkte Globalisierung der international tätigen Konzerne geben Anlass zu verschiedenen Fragen zum Wirtschaftsstandort Basel: Wie sieht die Zukunft der Chemie in Basel aus? Welche Rahmenbedingungen sind nötig für ein investitionsfreundliches Klima? Welche Probleme sind hausgemacht, welche sind Folgen des Schweizer Alleingangs ausserhalb der Europäischen Union, und welche sind Konsequenzen der Weltmarktlage? Soll Basel verstärkt Branchen ausserhalb des Chemiesektors fördern, und wenn ja, welche? Wer soll in Basel und wie Wirtschaftsförderung betreiben? Solche Fragen wurden 1995 in einer Sondersitzung des Grossen Rates zum Thema ‹Wirtschaftsstandort Basel› aufgeworfen.

Edwin Meyer stellt die Diskussionsbeiträge der verschiedenen Branchenvertreter vor. Im Wortlaut sind danach die Vorträge von Alex Krauer, Präsident und Delegierter des Verwaltungsrates der Ciba-Geigy AG, und von Hans Schäppi, Vizepräsident der Gewerkschaft Bau und Industrie (GBI), wiedergegeben. Einen weiteren Beitrag zum Thema ‹Wirtschaftsstandort› liefert Daniel Hoffmann, Wirtschaftsredaktor bei der Neuen Zürcher Zeitung; er beschreibt die Situation der Basler ‹Chemischen› auf dem Weltmarkt. Markus Kobler referiert die Entwicklung der Wirtschaftsförderung und stellt das neue, gemeinsame Konzept beider Basel vor. Schliesslich plädiert Marc Keller vom Basler Gewerbeverband für die Ansiedlung neuer Technologien in Basel als Antwort auf den Strukturwandel in der Chemie. *(Red.)*

Edwin Meyer

Debatten über eine ungewisse Zukunft

Der Wirtschaftsstandort Basel steht seit den letzten Monaten des Jahres 1994 im Brennpunkt ausgedehnter Debatten. Dafür gesorgt hatten Hiobsbotschaften über den Beschäftigungsrückgang in der Chemischen Industrie. Sie machten klar, was zuvor in der Öffentlichkeit nur zögernd wahrgenommen worden war: Die Chemie, tragende Säule der regionalen Wirtschaft, erlebt einen Strukturwandel, dessen Auswirkungen für die Region weder vorübergehend noch schmerzlos bleiben. Und: Viele der massgebenden Faktoren sind von der Region selbst gar nicht beeinflussbar. Angesichts der Dominanz der Branche wirft ein Bedeutungsverlust des Chemiestandorts Fragen für den Wirtschaftsstandort auf, die so rasch nicht zu beantworten sind.

Die Region Basel und die Chemische Industrie

Zwar ist die Chemie keineswegs die einzige Branche, die wesentlich zur Wertschöpfung dieser – neben Zürich – bedeutendsten schweizerischen Wirtschaftsregion beiträgt. Gewicht kommt insbesondere auch den Bereichen Spedition und Handel sowie Banken und Versicherungen zu. Doch die Chemie erwirtschaftet rund 20 % des regionalen Sozialprodukts in den

beiden Basel sowie den aargauischen und solothurnischen Gebieten nördlich des Jura und ist damit mit Abstand der bedeutendste Wirtschaftszweig. Dieser Anteil erhöht sich markant, rechnet man weitere von der Chemie direkt oder indirekt generierte Wirtschaftsleistungen, etwa im Gewerbe, hinzu. Schliesslich entfällt von der – für den Wohlstand einer Region relevanten – Exporttätigkeit die Hälfte auf die Chemie, und dies in einer Region, deren Exportwirtschaft über ein Drittel zum regionalen Sozialprodukt beiträgt.

Schlüsselindustrie ist die Chemie auch, was die Arbeitsplätze anbelangt: 1994 beschäftigte sie in der Region über 34 000 Angestellte. Knapp die Hälfte davon arbeitete bei der Ciba, gut 10 000 bei Roche und mehr als 7000 bei Sandoz. Im Kanton Basel-Stadt entfällt fast die Hälfte der Arbeitsplätze im Industriesektor auf die Chemie. Der Aufwärtstrend der Beschäftigungszahlen war jedoch schon zu Beginn der 90er Jahre gebrochen: Waren die Zahlen bei den drei grossen Basler Konzernen in Basel oder in der Schweiz bis 1989 noch kontinuierlich angestiegen, kam es danach zu ersten Abbauprogrammen. So strich der Branchenleader Ciba zwischen 1990 und Ende 1993 in der Region Basel 3700 Stellen, bei Sandoz waren es über 400. Weitere Reduktionen waren eingeleitet, so namentlich bei Sandoz aufgrund von Produktionsauslagerungen nach Irland. Im Oktober 1994 kündigte Roche im Zuge der Übernahme des US-Pharmakonzerns Syntex den Abbau von weltweit 5000 Arbeitsplätzen an, davon mehrere hundert in Basel. Weitere Meldungen über Abbaumassnahmen in der Chemiebranche folgten 1995.

Die Zukunft ist ungewiss

Es war die Ankündigung von Roche, die in

Basel schliesslich in breiteren Kreisen zu Beunruhigung und Ängsten um die wirtschaftliche Zukunft führte, auch wenn der angekündigte Stellenabbau keineswegs allein Basel treffen sollte. Zwar war der Auszug der Chemie schon vorher ein regelmässig wiederkehrendes Diskussionsthema gewesen, so im Zusammenhang mit umstrittenen Investitionsvorhaben, der Gentechnologie oder Umweltschutz- und Sicherheitsauflagen in der Folge des Chemie-Unglücks von ‹Schweizerhalle›. Doch der Umstand, dass der Stellenabbau in den Konzernen bis dahin weitgehend über vorzeitige Pensionierungen und natürliche Abgänge erfolgt war, sowie wohl auch das in langen Jahren geprägte Bild von der Chemie als verlässlicher Wirtschaftsmotor der Region schienen die Blicke von weitergehenden Zusammenhängen vorerst abzulenken. Das Beispiel von Roche und Syntex indessen wies deutlich auf die globale Verflechtung der Chemischen Industrie hin. Bei den Chemie- und Pharmakonzernen hat der Standort Basel infolge der starken Auslandsexpansion während der vergangenen zwei Jahrzehnte relativ an Gewicht verloren.

Grundsatzdebatte zum Wirtschaftsstandort

Was tun, zumal neben der Chemie auch andere bedeutende Branchen der Region nicht eben ein zuversichtliches Bild vermitteln? Die Frage stand über einer Grundsatzdebatte, die der Basler Grosse Rat am 16. November 1994 durchführte, und die von den Sozialdemokraten veranlasst worden war. Die Aussprache war über weite Strecken von gegenseitigen Vorhaltungen geprägt, doch kristallisierten sich einige gemeinsame Ansatzpunkte heraus. So forderten alle Seiten ein besseres und effizienteres Standortmarketing. Die Bedingungen für die ansässigen Unternehmen, einschliesslich der Chemiekonzerne, sollten verbessert werden; langfristig sei allerdings auch eine Förderung kleinerer und mittlerer Unternehmen nötig. Genannt wurde insbesondere die Bio- und Gentechnologie. Einigkeit herrschte auch darüber, dass dabei der Universität erhebliches Gewicht zukomme. Im Vorfeld der Debatte hatten zudem auch die Basler Wirtschaftsverbände ein Thesenpapier vorgelegt.

An einer Sondersitzung des Grossen Rates am 1. April 1995 formulierten sechs Spitzenvertreter von Basler Wirtschaftsunternehmen sowie ein Gewerkschafts- und ein Universitätsvertreter ihre Erwartungen an den Wirtschaftsstandort Basel und damit an die Behörden des Stadtkantons. Zumindest für die jüngere Geschichte sei es eine Premiere, hielt Grossratspräsident Thomas Staehelin fest, dass sich Wirtschafts-, Universitäts- und Gewerkschaftsvertreter direkt an das Parlament richteten. Neben dem Verwaltungsratspräsidenten der Ciba-Geigy AG, Alex Krauer, und dem Vizepräsidenten der Gewerkschaft Bau & Industrie (GBI), Hans Schäppi, sprachen an der von den Freisinnigen initiierten Sitzung der Präsident der Basler Handelskammer und UTC-Verwaltungsratsdelegierte Gaudenz Staehelin, Wirtschaftsprofessor René L. Frey von der Universität Basel, Roland Rasi, Generaldirektor des Schweizerischen Bankvereins (SBV), Rolf Schäuble, Verwaltungsratspräsident der Bâloise-Holding AG, Bernd Menzinger, Verwaltungsratsdelegierter der Danzas Holding AG, und Emanuel Esser, Verwaltungsratsdelegierter von Preiswerk+Esser AG.

Natürgemäss stand die Qualität der Standortbedingungen als eine Voraussetzung für die Wettbewerbsfähigkeit im Zentrum der Ausführungen. Alex Krauer betonte, es gehe um die Kosten, die Innovation samt entsprechender Risiko-Akzeptanz und – damit zusammenhängend – die Mentalität, die Haltung gegenüber dem technischen Fortschritt. Basis der Wirtschaftsförderung seien gute Rahmenbedingungen, meinte auch Gaudenz Staehelin, so insbesondere bei den Steuern, aber auch etwa im Bewilligungswesen. Diese müssten allen gleichermassen zugute kommen; wenig hielt Staehelin von Massnahmen, die nur einzelne Unternehmen, wie etwa Neuzuzüger, bevorzugten. Nicht zu umgehen sei auch, das Netz staatlicher Regelungen auf dessen Standortqualität zu überprüfen. So sei bei jedem Beschluss die Frage der Wirtschaftsverträglichkeit zu stellen. Weiter nannte er das politische, soziale und kulturelle Klima und plädierte für Offenheit gegenüber Innovationen sowie für eine positive Grundhaltung von Behörden, Verwaltung und Öffentlichkeit gegenüber der Wirtschaft.

Eine wirtschaftfreundliche Haltung postulierte auch Roland Rasi. Er forderte eine niedrigere

Steuerbelastung natürlicher Personen, höhere Kontingente bei Arbeitsbewilligungen für Spezialisten aus dem Ausland sowie die Gesundung des Staatshaushalts, kritisierte aber auch das Basler Schulwesen. Rolf Schäuble legte aus der Sicht der Assekuranz das Schwergewicht auf eine für Unternehmen attraktive Besteuerung, aber auch auf die Deregulierung: Steuern und Standort seien «siamesische Zwillinge» im Entscheidungsprozess eines Unternehmens; einschränkende Marktregelungen und kantonale Marktabschottungen sollten beseitigt, gewerbliche Tätigkeiten des Staates privatisiert werden. Bernd Menzinger unterstrich insbesondere die Bedeutung einer regionalen Integration der Verkehrspolitik, des Wettbewerbs, wo immer möglich, sowie des Zugangs von Logistikunternehmen zu Strecken, Terminals und modernster Telekommunikation. Emanuel Esser als Vertreter eines mittelständischen Unternehmens der Baubranche kritisierte die Öffnung des öffentlichen Submissionswesens als in der Praxis oft nicht funktionierend und sprach sich für einen Ausbau der Wirtschaftsförderung und den Erhalt von Gewerbe- und Industrieland aus. René L. Frey verwies auf mögliche Beiträge der Universität zugunsten des Wirtschaftsstandorts, vor allem durch die Sicherung einer hochwertigen Ausbildung einschliesslich innovativer Grundlagenforschung, aber auch durch grössere Kooperation von Wirtschaft und Hochschule; gefördert werden müsse der Wissenstransfer mit mittleren und kleineren Unternehmen und die Entstehung von innovativen Ablegern von Grossfirmen und Universität, sogenannten Spin-off's. Weiter nannte er die Schaffung eines Instituts für Biotechnologie und für Genetik und rief zum «Mut zur Eliteförderung» auf. Einen Kontrapunkt setzte Hans Schäppi, der die Bedeutung der Standortfaktoren als Grund für Auslagerungen gegenüber weltweiten Strukturveränderungen relativierte. Auch Schäppi sieht wirtschaftlichen Handlungsbedarf, plädierte aber für einen gesellschaftlichen Konsens, einen sorgsamen Umgang mit Werten, die im menschlichen Potential begründet sind, und eine offene Praxis in Risikobereichen.

Standortfaktoren allein genügen nicht

Über das Erfordernis, die Rahmenbedingungen für ansässige wie für neue Unternehmen attraktiv zu gestalten, scheint grundsätzlich Konsens zu bestehen – viel mehr allerdings kaum. Der Umgang mit Risiken innovativer Technologien und deren Bewertung beispielsweise ist eine Kernfrage gesellschaftlicher und politischer Diskussion, die über die Frage nach Standortbedingungen für Wirtschaftsunternehmen hinaus eine grundsätzlichere Problematik berührt. Ähnliches gilt für den Umweltschutz. Gleichzeitig wurden in den letzten Jahren aber auch die Grenzen kantonaler Wirtschaftspolitik bei der Gestaltung des Wirtschaftsstandorts Basel offenkundig. Wenn Konzerne auf globale Wettbewerbsbedingungen reagieren, genügen – auf Kantonsebene beeinflussbare – Standortfaktoren allein offenbar nicht mehr, um den Erhalt bestehender Arbeitsplätze zu garantieren. Wie aber und mit welchen Alternativen wären entstehende Lücken dann zu schliessen? Und wie ist die von Wirtschaftsseite geforderte Akzeptanz unternehmerischer Tätigkeit zu erreichen, wenn Arbeitsplatzverluste zunächst vor allem Ängste vor sozialen Verschlechterungen auslösen? Dies sind die Fragen, die die Politik wohl noch auf längere Zeit hinaus beschäftigen müssen.

Alex Krauer

Plädoyer für eine gesunde Basler Wirtschaft

Gibt es nach dem Jahre 2000 in Basel noch eine Chemie? «Ja, selbstverständlich», lautet die Antwort – allerdings auf eine falsch gestellte Frage. Schwieriger ist die Antwort auf die richtig gestellte Frage, nämlich: Woraus wird die Chemie in Basel bestehen, und für wieviele Menschen wird sie nach dem Jahre 2000 noch Arbeit und Verdienst bieten? Wird die Basler Chemie weiterhin hier forschen, wird sie weiterhin hier produzieren, oder wird sie nur noch aus Konzernzentralen bestehen? Nur wenn sie weiterhin hier forschen und produzieren wird, werden die 35 000 Arbeitsplätze, die von der Chemie angeboten werden, erhalten bleiben. Wenn sich die Tätigkeiten der Chemie auf Konzernzentralen reduzieren, wird das nur noch einem Bruchteil der heute in der Chemie arbeitenden Menschen Arbeit und Verdienst erlauben.

Die Antwort auf diese Fragen hängt von der Wettbewerbsfähigkeit ab, und zwar auf der Unternehmens- und auf der Standortebene. Die Bankgesellschaft hat letzten Herbst eine Studie veröffentlicht. Danach liegt die Schweiz heute punkto internationaler Standortqualität zusammen mit den USA an erster Stelle; und aufgrund dieser Studie würden wir morgen – es ist nicht terminiert, was unter ‹morgen› zu verstehen ist – auf Platz neunundzwanzig abrutschen und befänden uns dann zwischen Ungarn und Polen.

Ob wir als Unternehmen und als Standort wettbewerbsfähig bleiben, hängt von drei Kriterien ab: Sind wir wettbewerbsfähig punkto Kosten, sind wir wettbewerbsfähig punkto Innovation, und sind wir drittens wettbewerbsfähig unter dem Aspekt der Befindlichkeit, der Mentalität, der Haltung, der Einstellung?

Zu den Kosten: Ohne Frage sind wir ein Hochkosten-Land; wir haben weltweit die höchsten Arbeits- und Fertigungskosten. Dies ist in einem gewissen Sinne die Kehrseite der Medaille unseres hohen Wohlstands. Zudem macht uns auch der teure Schweizer Franken zu schaffen. Um punkto Kosten wettbewerbsfähig zu bleiben, braucht es zwei Efforts. Einmal die kontinuierliche Verbesserung der Produktivität, das heisst, die gleiche Leistung ist mit weniger Aufwand zu erbringen. Zweitens haben wir kritisch zu hinterfragen, was wir uns überhaupt noch leisten können. Ich meine, die Chemie hat die Frage der Produktivitätsverbesserung angepackt, seit Jahren. Dieser Zwang zur Rationalisierung hatte unvermeidlicherweise negative Konsequenzen für die Arbeitsplätze. Wir als Unternehmen bemühen uns, diesen Stellenabbau so sozialverträglich wie möglich durchzuführen: keine Entlassungen, sondern Ausnutzung der natürlichen Fluktuation. Ich meine, der Staat ist nun zur Frage der Wettbewerbsfähigkeit des Standortes punkto Kosten ebenso gefordert. Es geht darum, die öffentlichen Dienstleistungen punkto Vereinfachung, Beschleunigung, Verbilligung ebenso kritisch zu hinterfragen, wie wir das in unserem Unternehmen tun. Der Staat muss mit den Steuergeldern haushälterisch umgehen. Das heisst: kostengünstige Lösungen suchen, die regionale Zusammenarbeit fördern, die Kantonsgrenzen sprengen, die Arbeitsteilung zwischen Staat und Wirtschaft generell überprüfen, privatwirtschaftliche Lösungen erkunden und vor allem die Gesetze und Verordnungen auf Zielkonformität und auf Verhältnismässigkeit überprüfen.

Ich möchte dieses Problem des Kosten-Nut-

zenverhältnisses oder der Überprüfung der Kostenfolgen für die Wirtschaft am Beispiel des Umweltbereiches noch belegen. Wir werden in einigen Monaten die neue Anlage für die Verbrennung von Sondermüll in Betrieb nehmen. Inzwischen erweist sich dieses Projekt als ein Verhältnisblödsinn. Es ist ein Rolls Royce, mit Auflagen und Kostenfolgen verbunden, die in keinem Verhältnis zum Nutzen für die Umwelt stehen. Die Betriebskosten betragen zweitausend Franken pro Tonne, das sind zwei Franken pro Kilo. Für zwei Franken pro Kilo werden heute in China Farbstoffe produziert. Die Entsorgung eines Kilos Sonderabfall aus der chemischen Industrie kostet somit in Basel ebenso viel wie die Herstellung eines Kilos Farbstoff in China. Man muss sich diese Proportionen vor Augen führen. Das ist zwar Geschichte, aber wir müssen aus der Geschichte lernen, es stehen weitere Projekte an: im Abwasserbereich für die Entsorgung von Phenolen, von nicht abgebauten organischen Kohlenstoffen und von Phosphaten. Auch hier zeichnet sich ab, dass Investitionen mit Kostenfolgen auf die Wirtschaft zukämen, die nicht den entsprechenden Nutzeffekt für die Umwelt bringen. Ich darf mir erlauben, zu diesen Projekten im Umweltbereich deutlich Stellung zu nehmen als Vertreter einer Firma, die den Tatbeweis erbracht hat, dass sie aufgeschlossen ist, wenn es um Umweltschutz geht.

Wir dürfen jedoch nicht nur Kosten sparen und mit Produktivität die Wettbewerbsfähigkeit erhalten, es braucht auch Innovation. Nachhaltiger wirtschaftlicher Erfolg braucht technische und wissenschaftliche Spitzenleistungen. Ich möchte hier wieder ein Beispiel anführen, das die Chemie sehr direkt tangiert, und dies mit der Frage formulieren: Weshalb ist Kalifornien, und nicht die Regio Basiliensis, die Wiege und das weltweite Center of Excellence der Biotechnologie? Weshalb sind in den letzten zehn Jahren in den USA 1400 Biotechnologie-Firmen entstanden, mit zehntausenden von Arbeitsplätzen? Weshalb ist das nicht in der Regio hier geschehen? Weshalb müssen die Basler Pharmafirmen für viel Geld diese Schlüsseltechnologie in Amerika zukaufen? Weshalb wird von den zwanzig heute bereits auf dem Markt befindlichen biotechnologischen Produkten nur ein einziges in Basel produziert, nämlich das Interferon bei der Firma Roche?

Antworten gibt es verschiedene. Die erste hat meines Erachtens mit dem Rollenverständnis und dem Freiraum der Universität zu tun. Die meisten dieser Biotechnologie-Firmen wurden von Universitätsprofessoren gegründet, die ihr Wissen in eine unternehmerische Tätigkeit umgesetzt haben. Mir ist kein Fall bekannt, dass das je in Basel oder in der Schweiz geschehen wäre. Ich meine, hier haben wir nun die Chance, mit dem neuen Universitätsgesetz einen grösseren Freiraum zu schaffen und der Universität ein Signal zu senden.

Ich erhoffe mir, dass dieses Universitätsgesetz nicht verwässert wird, und vor allem, dass auch der Universitätsrat, der eine wichtige Rolle spielt, nicht verpolitisiert wird. Im Zusammenhang mit dem Stellenwert der Ausbildung und der Wissenschaft möchte ich noch auf etwas hinweisen, was mir bei der Betrachtung der Rahmenrichtlinien, die nun für das 5-Jahres-Gymnasium vorliegen, aufgefallen ist: Da ist für Chemie während vier Jahren sage und schreibe nur eine Wochenstunde vorgesehen, und das in der Chemie-Stadt Basel. Auch das sind Signale, die im Zusammenhang mit der Frage der Innovation stehen.

Mit Innovation und mit dem Innovationsklima hat auch unser Verhältnis zum Risiko zu tun. Wir haben, meine ich, realitätsfremde, überholte Vorstellungen von den Risiken. Basel geht beispielsweise bei der Risikoeinstufung über Kriterien und Empfehlungen der Schweizerischen Kommission für biologische Sicherheit hinaus. So werden hier Mikroorganismen der Risikogruppe eins, die international als harmlos eingestuft werden, als stark risikobehaftet bezeichnet, und deren Herstellung wird mit zusätzlichen Auflagen verbunden.

Der dritte Punkt ist die Befindlichkeit, denn was auf der Kostenseite und in Bezug auf Innovation passiert oder eben nicht passiert, ist ja vor allem Ausdruck der Befindlichkeit. Statt Angst vor Veränderungen und Vollkaskomentalität braucht unsere Stadt eine Aufbruchstimmung, eine neue Einstellung auch zum technischen Fortschritt. Es geht nicht um einen Fortschritt um jeden Preis – auch da möchte ich nicht missverstanden werden –, aber doch weg von Nabelschau und Besitzstanddenken. Und hier sind natürlich auch das Parlament und die Politiker gefordert, Signale zu setzen und mit ihren Entscheiden und Beschlüssen den Tatbeweis zu erbringen, dass der Wille zum Wollen vorhanden ist.

Hans Schäppi

Perspektiven für den Wirtschaftsstandort Basel

Ich möchte zu Beginn die Ausgangslage skizzieren und anschliessend unsere Vorschläge zur wirtschaftlichen Entwicklung der Region darlegen.

Die Aktuelle Ausgangslage

Wichtigster Faktor in der Wirtschaftsstruktur unserer Region ist bekanntlich die Chemiebranche. Viele gewerbliche Zweige sind direkt oder indirekt von ihr abhängig. In den letzten Jahren indessen haben die in Basel ansässigen Chemiekonzerne ihre multinationale Ausrichtung deutlich akzentuiert. Produktionskapazitäten, aber auch Forschungseinrichtungen wurden und werden in die Nähe der Wachstumsmärkte auf den amerikanischen Kontinent und nach Asien verlagert. Dieser massive Abbau von Kapazitäten und Arbeitsplätzen in der Chemie wird durch die Neuansiedlung von Firmen jedoch nicht kompensiert. All dies schafft Probleme für die Bevölkerung, die mit einer schrumpfenden Zahl von Arbeitsplätzen und Erwerbsmöglichkeiten konfrontiert ist, aber auch für viele kleinere und mittlere Firmen.

Was aber ist die Ursache dieser Entwicklung? Wir alle kennen die offiziellen Verlautbarungen der Firmen, die uns glauben machen wollen, die Rahmenbedingungen am Standort und die Bevölkerung seien an allem schuld: Die Löhne seien zu hoch, die Bewilligungsverfahren zu schwerfällig, die Umweltauflagen zu rigide. Der eigentliche Grund für die Wahl ausländischer Standorte liegt jedoch in den weltwirtschaftlichen Strukturveränderungen. Darin stimmen wir mit dem Bericht des Regierungsrates zum ‹Wirtschaftsstandort Basel› vom 16. November 1994 überein. Die Standortwahl ist Teil der globalen Strategien der Konzerne, die sich auf dem Weltmarkt immer neu positionieren müssen, um ihre Vorherrschaft zu behaupten. Sie reagieren damit auf die Weltmarktkonkurrenz, an deren Verschärfung sie selber massgeblich beteiligt sind.

Der grösste Fehler, den wir begehen könnten, bestände darin, dass wir die Schuldzuweisung einiger Firmen an den Standort und an seine Bevölkerung zum Nennwert nehmen; dass wir uns folglich in einen Konkurrenzkampf mit unseren Nachbarregionen um die blosse Gunst der Firmenniederlassung einspannen lassen. Das hiesse dann beispielsweise, dass wir die Auflagen generell lockern und eine allgemeine Senkung des Lohnniveaus, wie sie von Firmenverantwortlichen gefordert wird, hinnehmen würden. Dies aber wäre in jeder Hinsicht falsch. Unser Grundsatz lautet vielmehr: «Qualitätssteigerung statt reine Kostensenkung!» Das heisst: Firmen, die hier ansässig sind oder werden, sollen von guten Rahmenbedingungen profitieren, aber sie sollen auch ihren Teil beitragen zur Sicherung der Arbeits-, Lebens- und Umweltqualität.

Wir haben unsere Position und unsere Vorschläge in der Studie ‹Industriepolitik für die Chemische Industrie› vom September 1994 ausführlich dargelegt. Mit dem massiven Arbeitsplatzabbau in den letzten Jahren ist auch die wirtschaftliche Monokultur – das heisst die Chemielastigkeit der Wirtschaft in unserer Region – in den Vordergrund gerückt. Daraus folgern wir, dass die Wirtschaftspolitik darauf ausgerichtet sein muss, diese Chemielastigkeit zu verringern und die Diversifizierung der Dienstleistungsaktivitäten zu fördern. Als Beispiele nenne ich Aktivitäten im Bereich Verkehrssysteme, Umwelttechnik, Recyclingver-

fahren usw. Sie sind, sofern sie sozial- und umweltverträglich sind und Arbeitsplätze schaffen, zu unterstützen. Auch muss in diesem Zusammenhang betont werden, dass die bisher dominierenden Chemiefirmen wie alle anderen Unternehmen eine Verantwortung für die in der Region entstandenen wirtschaftlichen Kapazitäten und Arbeitsmärkte haben. Sie sollen daher bei der Diversifizierungspolitik konstruktiv mitarbeiten.

Lösungsvorschläge für die wirtschaftliche Entwicklung in der Region

Der wirtschafts- und strukturpolitische Handlungsbedarf sei in vier Punkten zusammengefasst: Erstens brauchen wir eine tripartite Kommission, die breit verankert ist, um den gesellschaftlichen Konsens über die künftige Entwicklung der Region zu sichern. Zweitens brauchen wir in unserer Region klare wirtschaftliche Entscheidungsgrundlagen und fordern von den Konzernen eine offene Informationspolitik. Drittens müssen die heute noch bestehenden Grenzen und Hindernisse zwischen den Kantonen, aber auch im Dreiländereck, abgebaut werden; die Zusammenarbeit in der Region muss intensiviert werden. Und viertens müssen Forschung, Universität, künftige Fachhochschulen und andere Ausbildungseinrichtungen eine aktive Rolle übernehmen.

‹Tripartite Kommission›: Für unsere Region und für die Zusammenarbeit mit Baden-Württemberg und dem Elsass benötigen wir ein Organ für die wirtschaftspolitische Koordination und Willensbildung. Auch der Regierungsrat stellt in seinem Bericht über den ‹Wirtschaftsstandort Basel› fest, dass ein solches Gremium fehlt. Die tripartite Kommission muss offener zusammengesetzt sein als bereits bestehende Gremien, und sie muss die gesamte Region einbeziehen. In ihr sollen die politischen Instanzen und Behörden, die Gewerkschaften und die Arbeitgeberseite sowie zum Beispiel die Wissenschaft oder die Umweltverbände vertreten sein. Gute Erfahrungen mit solchen tripartiten Kommissionen hat man in der Region Genf gemacht. In die Kompetenz der Kommission fallen folgende Aufgaben: Sie prüft die Rahmenbedingungen und Entwicklungspotentiale in der Region: Wie wirken Gesetze und Vollzugspraxis? Ist die Qualität der Infrastrukturen, der Ausbildungs- und Forschungseinrichtungen ausreichend? Wo liegen die qualitativen Entwicklungspotentiale für neue wirtschaftliche Aktivitäten? Zweitens sind qualitative Zielsetzungen für die Regionalpolitik zu erarbeiten. Drittens sind strategische Schwerpunkte und Instrumente für eine regionale Wirtschafts- und Strukturpolitik zu erarbeiten. Und schliesslich sind auch Finanzierungsmöglichkeiten zu diskutieren, wie etwa Überbrückungsbeiträge für Beschäftigungs- und Umschulungsprogramme oder Starthilfen an Firmen, die diversifizieren und Arbeitsplätze schaffen wollen.

‹Offene Informationspolitik und Risikodialog›: Viele Firmen geben Entscheidungen von grosser Tragweite – zum Beispiel das Abstossen von Geschäftsbereichen – erst dann bekannt, wenn alle Weichen gestellt sind; das wirtschaftliche Risiko hat die Bevölkerung zu tragen. Diese Praxis ist nicht vertrauenerweckend. Ähnlich verhält es sich mit den Risiken und Belastungen, die als Folge der verfahrenstechnischen Forschung und Entwicklung für die Arbeitenden, für die KonsumentInnen und die Umwelt ständig neu entstehen. Wir erwarten erstens von den Firmen, dass sie offen und frühzeitig informieren. Ziel ist, die Transparenz zu verbessern und eine öffentliche Diskussion über akzeptable und nicht mehr akzeptable Risiken in Gang zu bringen. Von Regierung, Behörden und auch von den Firmen erwarten wir zweitens jede erdenkliche Anstrengung zur Erforschung, Kontrolle und Minderung aller Arten von Risiken. Drittens fordern wir für den Bereich der Gen- und Biotechnologie Sicherheitsregelungen, handhabbare Bewilligungsverfahren und endlich verbindliche gesetzliche Grundlagen. Die Industrie soll dadurch stabile rechtliche Rahmenbedingungen erhalten. Wo ein gesellschaftlicher Bedarf besteht, und wo die Risiken akzeptierbar sind, kann gentechnische Produktion durchaus sinnvoll sein (Beispiel: Medikamente wie Hirudin). Erforderlich sind aber in jedem Falle klare Regelungen, nicht Freibriefe für beliebige Eingriffe in Lebewesen und in ökologische Systeme. Es wäre sicher nützlich für die Akzeptanz gegenüber diesen Technologien, wenn die Chemiefirmen verbindlich erklären würden, was sie auf dem Gebiet der Gentechnologie auf keinen Fall machen werden, zum Beispiel Eingriffe in die Keimbahn – in Forschung und Produktion. In allen diesen Fragen sind wir entschieden für die Wahrung der demokratischen Mitsprachemöglichkeiten; gleichzeitig befürworten wir aber auch die Beseitigung bürokratischer Hindernisse und eine Verbesserung der Rechts- und Entscheidungssicherheit.

‹Abbau der Grenzen im Dreiländereck, engere Zusammenarbeit›: Für die Standortqualität ist entscheidend, dass die heute noch bestehenden Grenzen und Hemmnisse abgebaut werden. Nach wie vor bestehen grosse Hindernisse bei der gegenseitigen Anerkennung von Berufslehrgängen und Diplomen, bei der grenzüberschreitenden Mobilität von Personen, die sich in Ausbildung befinden, im öffentlichen Verkehr, bei den technischen Normen sowie bei den Gesundheits- und Umweltvorschriften – ganz zu schweigen von den Grenzkontrollen und Ausländerbestimmungen, die die Freizügigkeit von Personen einschränken. Sogar zwischen unseren Kantonen bestehen beträchtliche Unterschiede in den Regelungen. Auch setzen die zuständigen politischen Gremien ihre Prioritäten im Bereich Wirtschaftspolitik, Soziales und Gesundheitsversorgung, Hochschulpolitik usw. nach wie vor im Alleingang fest. Auf Behördenseite bestehen Doppelspurigkeiten – weshalb zum Beispiel nicht die Kräfte der Umweltbehörden der beiden Kantone zu einem einzigen Amt zusammenfassen, wodurch gezielter vorgegangen und unnötiger Koordinationsaufwand eingespart werden kann?

‹Aktivere Forschungs-, Technologie- und Bildungspolitik›: Ein wichtiges gewerkschaftliches Anliegen ist eine pluralistische Forschungs- und Bildungspolitik, die die wirtschaftliche Diversifikation in unserer Region unterstützt und Mitsprachemöglichkeiten für Bevölkerung und ArbeitnehmerInnen bietet. Abbaumassnahmen im Forschungs- und Ausbildungsbereich kommen für den Standort Basel einer Bankrotterklärung gleich. Ganz im Gegenteil ist in diesem Bereich ein Ausbau nötig. Wir schlagen folgendes vor:

– Die staatlich finanzierte Forschung darf sich nicht nur an den Interessen der grossen Konzerne ausrichten; nötig ist ein Forschungspluralismus, abgestimmt mit landesweiten und internationalen Programmen.

– In den letzten Jahren sind in den verschiedenen Branchen saubere, umweltgerechte und handhabbare technische Systeme entwickelt worden, die aber noch viel zu selten eingesetzt werden (geschlossene Kreisläufe, Recyclingtechnik). Dies sind die Technologien der Zukunft für unsere Region, die es zu fördern gilt.

– Zu überprüfen ist die Gestaltung der Berufslehren und Fachausbildungen in der Region; sie sind bisher stark auf die Chemische Industrie ausgerichtet. Auch sind berufliche Laufbahnmöglichkeiten für Frauen und weniger gut Ausgebildete zu schaffen.

– Zu prüfen ist schliesslich die Qualität der firmeninternen Aus- und Weiterbildung. Besondere Aufmerksamkeit verdient dabei der Aspekt der überbetrieblichen Anerkennung solcher Ausbildungsgänge.

In unserer Region lassen sich ganz gewiss noch grosse Entwicklungspotentiale finden. Zu den Potentialen zählen wir auch das soziale Klima, das Berufswissen, das Qualitätsbewusstsein oder den Unternehmungsgeist. Es sind sensible Werte, die sich nicht in Franken oder Marktanteilen beziffern lassen; umso schneller kann man sie aber mit unbedachten Massnahmen zerstören, beispielsweise mit Entlassungen und Lohnsenkungen, oder im öffentlichen Bereich mit diskriminierenden Lohnregelungen, oder mit Abbaumassnahmen im Sozialen, in Bildung und Kultur. Auch dafür gibt es leider in unserem Kanton genügend Beispiele.

Ich habe durchaus realistische Hoffnungen für den Wirtschaftsstandort Basel. Der gegenwärtige Umbruch ist auch eine Chance für neue, sozial- und umweltverträgliche Entwicklungen unserer Wirtschaft. Bedingung ist aber, dass wir uns nicht blind den scheinbaren ökonomischen Sachzwängen unterordnen, sondern alle unseren Handlungsspielraum wahrnehmen. Ich hoffe auch, dass Regierung und Parlament diesen Spielraum ausnützen, und dass der heute begonnene Dialog weitergehen wird.

Daniel M. Hofmann

Chemiestandort Basel –
Behauptung in der globalen Strukturkrise

Kaum ein schweizerischer Industriesektor ist so stark in den globalen Wettbewerb integriert wie die Chemie- und Pharmabranche. Die drei grossen Basler Konzerne erwirtschaften gerade 2 % ihres Umsatzes auf dem Heimatmarkt; die übrigen 98 % werden auf den Weltmärkten erzielt. Wer bestehen will, hat gar keine andere Wahl, als sich der Konkurrenz zu stellen. Da Wettbewerb immer neue Lösungen erzwingt, heisst das auch für die Basler, dass sie auf einen Strukturwandel reagieren müssen, der sich seit dem Beginn der neunziger Jahre rasant beschleunigt hat. Aus dem Verkäufermarkt ist ein Käufermarkt geworden.

Das bedeutet mit anderen Worten, dass sich die Unternehmen nicht mehr darauf verlassen können, hohe Gewinne aus dem Verkauf patentgeschützter Arzneimittel einzustreichen. Angesichts defizitärer Sozialhaushalte drängt vor allem die Politik immer mehr auf Kostendämpfung im Gesundheitswesen. Vorschriften zur Verschreibung von billigen Nachahmepräparaten (Generika), amtlich verordnete Preissenkungen sowie indirekte Preiskontrollen in Form von Rückvergütungslisten sind zunehmend die Regel. Auf die Preise zielt ferner der Druck von neuen Nachfragekonglomeraten, sei es durch Bildung von immer grösseren Spitalketten oder durch den Vormarsch der ‹Health Maintenance Organizations› (HMO). Einmal mehr scheinen die USA in beiden Entwicklungen bereits die grösste Wegstrecke zurückgelegt zu haben. Drittens drücken neue Konkurrenten auf die Preise. In dem Masse, wie Billiganbieter aus dem ehemaligen Ostblock und den ostasiatischen Schwellenländern in die Massenproduktion der Grundstoffchemie drängen und den Industrieländern Marktanteile abnehmen, versuchen die bedrohten Unternehmen, ihren Bestand durch Flucht nach vorne in eine höhere Wertschöpfung zu sichern. Beispiele für Unternehmen, die das Massengeschäft verlassen möchten und damit in Konkurrenz zu den bisherigen Pharmaherstellern treten, sind die amerikanische Firma Dow Chemical, Rhône-Poulenc (Frankreich) sowie die beiden japanischen Firmen Sumitomo und Tosoh. Hinzu kommt schliesslich der interne Kostendruck. Waren für die Forschung und Entwicklung (F+E) eines neuen Arzneimittels 1980 noch 100 Millionen Dollar aufzubringen, so dürften es heute rasch einmal 300 Millionen Dollar und im Jahr 2000 gar 500 Millionen Dollar sein.

Natürlich wird das Kostenmanagement in einem margenbedrohten Umfeld zur ersten Pflicht, und es macht auch vor den F+E-Aufwendungen nicht halt. Selbst ein Unternehmen wie Roche, das mit Forschungsausgaben von zuletzt 24 % am Pharmaumsatz unter den vergleichbaren Gesellschaften lange an der Spitze lag, sieht sich heute nach Sparmöglichkeiten um. Mittelfristig könnte, so ist aus der Konzernleitung zu hören, schon ein Anteil von 18 % ausreichen. Dabei scheint Roche noch zurückhaltend vorzugehen, wenn daneben ein Unternehmen wie Bristol-Meyers den Bestand an Wissenschaftern um ein Drittel und die Forschungsprojekte gar um die Hälfte schrumpfen lassen will.

Neben den Massnahmen zur Kostenreduktion, die sich ebenso auf das Marketing wie die Produktion erstrecken, verfolgen die Unternehmen im wesentlichen drei Strategien, um der globalen Herausforderung entgegenzutreten: Diversifikation, vertikale Integration und Innovation.

Auf Diversifikation setzen jene Unternehmen, die neben ihrer angestammten Pharma-Produktion in das Generika-Geschäft eindringen. Damit versuchen sie (wie etwa der Ciba-Konzern mit Geneva Generics in den USA), Einnahmeverluste aufzufangen, die nach dem Ablauf des Patentschutzes auf bisherigen Umsatzträgern entstehen. Gleichzeitig wollen sie aber auch am raschen Wachstum dieses Marktes partizipieren. Eine Variation zum gleichen Thema stellte 1994 der Erwerb von Gerber durch Sandoz dar. Sandoz hat sich damit nicht nur den grössten US-Produzenten von Baby-Food einverleibt; die Basler haben gleichzeitig den Boden für das offenbar lukrative Geschäft mit klinischer Ernährung planiert.

Die vertikale Integration hingegen sucht, wer den Vertrieb, bis hin zur Anwendung der Arzneimittel durch den Patienten, kontrollieren möchte. Das kann – wie bei der Übernahme von Medco durch Merck für sechs Milliarden Dollar im vorvergangenen Jahr – durch den Zukauf von Firmen geschehen, die als Verteiler von Pharmaprodukten erfolgreich waren. In die gleiche Richtung zielen Ansätze, den gesamten Krankenbereich – von der Diagnose bis zur Kur – unter dem Dach einer Gesellschaft abzudecken. Unter den Dienstleistungsträgern im Gesundheitswesen entwickelt sich mit solchen ‹Pharmacy Benefits Managers› (PMB) auf der Nachfrageseite ein potentes Gegengewicht zur Angebotsmacht der Pharmahersteller.

Die dritte Variante besteht in der Fokussierung auf den Pharmabereich. Damit soll eine kritische Grösse zusammengeführt werden, um angesichts der enormen F+E-Kosten einen vertretbaren Risikoausgleich zu gewährleisten. Das bisher klarste Signal in diese Richtung hat Roche gegeben. Mit der Integration der amerikanischen Syntex Corp. kommt die Firma auf

einen Pharma-Anteil am gesamten Konzernumsatz von 57%. Bei Sandoz waren es zuletzt 45%, bei der Ciba gar nur 28%. Die Syntex gelangte übrigens nicht zuletzt deshalb auf den Markt, weil den Amerikanern das Geld für die Entwicklung neuer Medikamente ausgegangen war, die das Mittel ‹Naprosyn› hätten ersetzen können; dessen Patentschutz war Ende 1993 ausgelaufen.

Die unterschiedlichen Reaktionen auf den globalen Strukturwandel zeigen, dass es keinen Königsweg zum Erfolg gibt. Aus den Beiträgen der evolutionären Ökonomie weiss man, dass auf dynamischen Märkten die Suche nach dem heiligen Gral der ‹besten Entscheidungen› vergeblich sein muss. Einige Entschlüsse mögen sich zwar im nachhinein als schlecht erweisen, aber ex ante existiert keine eindeutig überlegene Lösung. Legitimerweise reagieren deshalb die Unternehmen auf dieselben Marktsignale mit völlig unterschiedlichen Strategien. So betrachtet ist die Marktwirtschaft, wie die Mitbegründer der evolutionären Ökonomie, Richard Nelson und Sidney Winter, einmal schrieben, «ein Mittel zur Durchführung von Experimenten im Bereich des wirtschaftlichen und unternehmerischen Verhaltens». Langfristig wird man natürlich davon ausgehen müssen, dass Fehlentscheidungen bestraft und permanent gegen den Markt anlaufende Unternehmen verschwinden werden. Im vorneherein kann jedoch keiner der drei gegenwärtig verfolgten Strategien die innere Schlüssigkeit abgestritten werden. Damit ist – um auf die Basler Grossfirmen zurückzukommen – die Drei-Sektoren-Philosophie einer Ciba mit den Bereichen ‹Gesundheit›, ‹Industrie› und ‹Landwirtschaft› a priori ebenso plausibel wie die Konzentration von Roche auf den Pharmabereich.

Entscheidend ist in jedem Falle die effiziente

Führung. Die Frist zwischen Problemerkennung und -lösung ist kürzer geworden; um so wichtiger wird ein kreatives und konsequentes Entscheidungsmanagement. In diesem Punkt dürfte der innert kürzester Frist gefasste und umgesetzte Beschluss von Roche, im Zusammenhang mit der Übernahme der Syntex konzernweit 5000 Stellen abzubauen, neue Massstäbe gesetzt haben. Und unbestreitbar kühn war die Ankündigung von Sandoz, den Bereich ‹Industriechemikalien› mit einem Umsatz von immerhin 2,3 Milliarden Franken abzustossen, weil er mit der neuerdings gewählten Ausrichtung auf Gesundheit und Ernährung nicht mehr vereinbar war. Damit beweist Sandoz, dass historisch gewachsene Konstellationen nicht zu Bremsklötzen werden müssen.

Auch wenn der Erfolg einer Strategie erst nach Jahren erkennbar sein wird, können in der Zwischenzeit die Geschäftsabschlüsse und die Reaktion der Finanzmärkte einen Bewertungsmassstab liefern. Operative Margen zwischen 12,4% (Ciba) und 18% (Roche) dürfen sich auch international sehen lassen. Obwohl Quervergleiche über die Grenzen hinweg aus einer Reihe von systematischen Gründen hinken mögen: Der am ehesten noch mit der Ciba vergleichbare deutsche Pharmariese Hoechst hat beispielsweise für das Geschäftsjahr 1994 eine Betriebsmarge von weniger als 5% ausgewiesen. Einen weiteren Massstab liefert ein Bewertungsblatt der Analytiker von Goldman Sachs: Von den 30 erfassten Pharmaunternehmen aus England, dem europäischen Kontinent und Amerika werden nur gerade 16 als überdurchschnittliche Börsenwerte (‹Market Outperformer›) eingestuft; alle drei Basler Firmen gehören diesem Klub der bestklassierten Börsenwerte an.

Angesichts der Entlassungen, die im Zusammenhang mit der Integration der Syntex in den Roche-Unternehmensverbund ausgesprochen wurden, wurde die Erosion des Werkplatzes Basel oft als Kehrseite des Erfolgs dargestellt. Dies muss jedoch nicht der Fall sein. Wer hinter dem finanziellen Erfolg von Ciba, Roche und Sandoz nur die abgebauten Stellen sieht, der verkennt zu leicht, dass die Unternehmen nicht nur auf den globalen Wettbewerb reagieren, sondern ebenso auf die wirtschaftlichen Rahmenbedingungen im eigenen Land. Eine latente Fortschrittsfeindlichkeit und eine enorme Regulierungsdichte, nicht zuletzt im Umweltbereich, trüben die Attraktivität des Produktions- und Forschungsstandorts Basel. Wenn Ciba-Präsident Alex Krauer den erzwungenen Sondermüllofen auf dem Gelände des Unternehmens als Verhältnisblödsinn bezeichnet und darüber lamentiert, dass die Bürger zwar ein neues Medikament gegen die multiple Sklerose wollten, die Herstellung mittels Gentechnologie jedoch ablehnten, dann kritisiert er eine Mentalität in der öffentlichen Einstellung und im politischen Handeln, die den Erfordernissen des globalen Strukturwandels hinterherhinkt. Der Wettbewerb lässt sich weder bremsen noch kanalisieren, er schafft sich seine eigene Bahn. Wer meint, auf die Schweiz warte ein Sonderzüglein, verpasst den Anschluss.

Markus Kobler

Basler Wirtschaftsförderung mit neuen Impulsen

Wenn die wirtschaftliche Lage nicht besonders gut ist, gerät auf der Suche nach allfälligen Sündenbocken meistens auch die Wirtschaftspolitik unter Beschuss. In Basel, wo es seit der Rezession anfangs der 90er Jahre im wirtschaftlichen Getriebe ‹harzt›, konzentriert sich die ‹Ursachenforschung› ebenfalls auf die Wirtschaftspolitik. An prominenter Stelle steht dabei die Wirtschaftsförderung. Ihr widmete der Basler Grosse Rat im November 1994 einen grossen Teil seiner Debatte über den Wirtschaftsstandort Basel. In der Phase der Neukonzeption, in der sich die Wirtschaftsförderung zur Zeit befindet, sind in den Medien wiederholt Artikel und Leserbriefe zu finden, in denen die Politiker zu einer aktiveren Förderung der Wirtschaft aufgefordert werden. Deutlich erkennbar werden dabei die unterschiedlichen Meinungen darüber, was unter Wirtschaftsförderung genau zu verstehen ist. Deshalb soll im Folgenden kurz dargestellt werden, was Wirtschaftsförderung ist, welcher Instrumente sie sich bedient und wie sie sich in der Schweiz – unter besonderer Berücksichtigung der Kantone Basel-Stadt und Basel-Landschaft – bis heute entwickelt hat. Danach wird das neue Konzept für die Region Basel vorgestellt.

Nationale und kantonale Wirtschaftsförderung

Wirtschaftsförderung ist Teil der Wirtschaftspolitik. Während die *Wirtschaftspolitik* versucht, die *Rahmenbedingungen eines Standorts* so zu gestalten, dass die Wettbewerbsfähigkeit der ansässigen Unternehmen gestärkt wird und neue Unternehmen angezogen oder gegründet werden, steht bei der *Wirtschaftsförderung* die *Unterstützung einzelner Unternehmen* im Zentrum. Instrumente der in der Schweiz betriebenen Wirtschaftsförderung sind einzelbetriebliche Finanzierungshilfen (Bürgschaften, Zinskostenbeiträge, günstige Darlehen), Steuererleichterungen (beschränkt auf neu angesiedelte Unternehmen und während höchstens zehn Jahren), Bodenpolitische Massnahmen (Landabgabe, Erschliessungshilfe), Beratungstätigkeiten (Unterstützung bei Bewilligungen, Vermittlung von Räumlichkeiten und Kontakten, Förderung der Unternehmensgründung, Innovationsberatung) sowie Standortmarketing (Akquisition von neuen Unternehmen).

In der Schweiz findet Wirtschaftsförderung auf nationaler und kantonaler – sowie vereinzelt auch auf kommunaler – Ebene statt. Die nationale Wirtschaftsförderung begann in den 70er Jahren, ausgelöst durch die damalige wirtschaftliche Krise. Im Vergleich zu anderen Ländern ist sie mit äusserst bescheidenen Mitteln ausgestattet. Sie umfasst vorwiegend einzelbetriebliche Finanzierungshilfen und beschränkt sich auf Unternehmen in wirtschaftlich schwachen Regionen (Investitionshilfen für Berggebiete, Finanzierungsbeihilfen – ehemals ‹Bonny-Beschluss›, nun Bundesbeschluss zugunsten wirtschaftlicher Erneuerungsgebiete). Auf die Wirtschaftsregion Basel hat die nationale Wirtschaftsförderung bestenfalls marginale Wirkung, etwa dann, wenn im Ausland für den Unternehmensstandort Schweiz geworben wird.

Die Kantone lassen sich, was ihre eigene Wirtschaftsförderung betrifft, in vier Gruppen einteilen. Die erste Gruppe umfasst die Bergkantone; sie profitieren vor allem von nationalen Massnahmen zur einzelbetrieblichen Förderung und tragen selbst nur wenig zur Wirtschaftsförderung bei. Zur zweiten Gruppe gehören die französischsprachigen Jurakantone, wo im Zusammenhang mit der Uhrenkrise in den 70er Jahren nebst nationalen Hilfen von Anfang an auch bedeutende kantonale Mittel eingesetzt wurden; als ‹Spitzenreiter› gilt der Kanton Neuenburg mit über 10 Mio. Franken/Jahr (1994). Die dritte Gruppe umfasst die Mittellandkantone der deutschsprachigen Schweiz, unter anderem auch den Kanton Basel-Landschaft; ihre Wirtschaftsförderung fristet – mit Ausnahme von Solothurn und Bern – bisher ein stiefmütterliches Dasein. Zur vierten Gruppe schliesslich gehören diejenigen Kantone, die selbst wirtschaftliche ‹Schwergewichte› sind und eine Zentrumsfunktion ausüben (Zürich, Basel-Stadt, Genf, Zug). Hier entstand die Wirtschaftsförderung erst gegen Ende der 80er Jahre. Ihre Bedeutung ist, mit Ausnahme von Genf, weiterhin gering, man konzentriert sich vor allem auf Beratungstätigkeiten.[1]

Die Wirtschaftsförderung in der Schweiz ist zum grössten Teil staatlich. Während auf nationaler Ebene das Bundesamt für Industrie, Gewerbe und Arbeit (BIGA) für die Ausführung verantwortlich zeichnet, liegt die Kompetenz auf kantonaler Ebene meist bei den Kantonsregierungen. Eine gemischtwirtschaftliche Form der Wirtschaftsförderung kennen neben Basel-Stadt nur noch Appenzell Ausserrhoden (Stiftung), Obwalden (Verein) und das Wallis (Aktiengesellschaft).

Wirtschaftsförderung in der Region Basel

1987 wurde der gemischtwirtschaftliche Verein ‹Wirtschafts- und Innovationsberatung Basel-Stadt› (WIBS) gegründet. Die Trägerschaft teilten sich der Kanton, vertreten durch das Wirtschafts- und Sozialdepartement, und die Wirtschaft, vertreten durch den Gewerbeverband, die Handelskammer und den Volkswirtschaftsbund.[2] Wegen des Mangels an Gewerbeflächen und des ausgetrockneten Arbeitsmarktes gab es bis zu Beginn der 90er Jahre keine Notwendigkeit für eine aktive Wirtschaftsförderung. Die Tätigkeiten der WIBS bestanden ausschliesslich aus Beratung, insbesondere Mithilfe bei Bewilligungsverfahren und Kontaktvermittlung; einzelbetriebliche Finanzierungshilfe, bodenpolitische Massnahmen oder Standortmarketing gehörten nicht zum Instrumentarium. Just bevor 1993 die Rezession einsetzte und die Arbeitslosigkeit in der Region stark anstieg, wurde das Budget der WIBS im Rahmen eines generellen Subventionsabbaus reduziert: Die Mittel von damals schon bescheidenen 340 000 Franken wurden auf 260 000 Franken jährlich (1994) gekürzt. Hatte die WIBS bis anhin noch 2,3 Stellen, so waren es jetzt nur noch 1,7 Stellen. Zwar liess der wachsende wirtschaftliche Druck den Ruf nach einer aktiveren Wirtschaftsförderung zunehmend lauter werden; dies führte jedoch nicht zu einer breiten Diskussion und zu einem politischen Konsens über den einzuschlagenden Weg. Bei kaum einem anderen Thema klafften Ratschläge und Forderungen einerseits, Entscheide und Aktionen andererseits so weit auseinander. Ungenügende Perspektiven, mangelnde finanzielle Ressourcen und fehlende Unterstützung von Teilen der Trägerschaft bewogen den Wirtschaftsförderer, auf Ende Oktober 1995 zurückzutreten.

Ein wenig anders, in Grundzügen jedoch ähnlich präsentierte sich die Situation der Wirtschaftsförderung im Kanton Basel-Landschaft. Im Jahre 1980 als Reaktion auf die Schliessung eines grösseren Unternehmens gegründet, standen der staatlich organisierten Wirtschaftsförderung – basierend auf einem eigens verabschiedeten Gesetz – alle oben erwähnten Instrumente zur Verfügung. Sie war mit 1,3 Stellen ausgestattet, ihre Finanzierung erfolgte aufgrund von Regierungsratsbeschlüssen und wurde über einen speziellen Fonds abgewickelt (Stand 1995: 8 Mio. Franken). Trotz der zumindest auf dem Papier bestehenden Möglichkeiten wurden jedoch keine grossen Stricke zerrissen. Die Analyse einer privaten Beratungsfirma, die 1994 durchgeführt und nie veröffentlicht wurde, attestierte der basellandschaftlichen Wirtschaftsförderung Konzeptlosigkeit und brachte ihr negative Schlagzeilen ein. Der Delegierte für Wirtschaftsförderung trat auf Ende Februar 1995 zurück, seither ist die Stelle vakant.

Neukonzeption der Basler Wirtschaftsförderung

Diese lamentable Ausgangslage drängte eine gemeinsame Lösung für die Kantone Basel-

Stadt und Basel-Landschaft geradezu auf. Während einer Sitzung im Mai 1995, bei der neben den beiden Volkswirtschaftsdirektoren auch die Repräsentanten der Wirtschaftsverbände teilnahmen (Basler Handelskammer, Basler Volkswirtschaftsbund, Verband Basellandschaftlicher Unternehmen, Gewerbeverbände der beiden Kantone), wurde die Absicht zu einer Zusammenarbeit bei der Wirtschaftsförderung unterstrichen. Eine Arbeitsgruppe wurde mit der Erarbeitung eines Detailkonzepts betraut, das zusammengefasst folgende Punkte beinhaltet:

1. Die Kantone Basel-Stadt und Basel-Landschaft betreiben ab Anfang 1996 gemeinsam eine regionale Wirtschaftsförderung. Ein gemischtwirtschaftlicher Verein übernimmt die Trägerschaft. Dessen Mitglieder sind nebst den beiden Kantonen die oben genannten Wirtschaftsverbände.

2. Die Mitgliederversammlung des Vereins definiert alle drei Jahre einen Leistungsauftrag für die Wirtschaftsförderung, dessen operative Ausführung sie aber nicht beeinflussen kann, und stellt für den gleichen Zeitraum ein Globalbudget zur Verfügung. Als oberste Geschäftsführung wählt sie einen fünfköpfigen Vorstand, in dem beide Kantone vertreten sein müssen; dieser bestimmt den Delegierten der Wirtschaftsförderung und dient als dessen Kontrollorgan. Ausserdem bestimmt die Mitgliederversammlung den Ablauf der internen Berichterstattung über die Tätigkeiten der Wirtschaftsförderung.

3. Die eigentliche Wirtschaftsförderung besteht aus 3,3 Stellen. Für den Delegierten der Wirtschaftsförderung und für das Sekretariat stehen jeweils 100 Stellenprozente zur Verfügung; die verbleibenden 130% werden auf zwei Mitarbeiter aufgeteilt, wobei der eine für Basel-Landschaft, der andere für Basel-Stadt zuständig ist.

4. Wie bisher bei der WIBS bestehen die Aufgaben der Wirtschaftsförderung aus der Bestandespflege (z. B. Beratungstätigkeiten und Kontaktschaffung zwischen Wirtschaft und Verwaltung), der Förderung von Unternehmensgründungen sowie dem Technologie- und Wissenstransfer (Förderung von Spin-Offs aus Universität, Ingenieurschule und Industrie). Neu hinzugekommen ist das Standortmarketing im Ausland.

5. Das Jahresbudget beträgt 675 000 Franken, wobei die Zuwendungen der Vereinsmitglieder zu gleichen Teilen aus Basel-Stadt und Basel-Landschaft stammen sollen. Das Budget deckt nur den Personal- und Sachaufwand; für grössere Projekte, wie die Herausgabe eines Standortprospekts oder die Einrichtung eines Technoparks, müssen jeweils zusätzliche Mittel gesucht werden.

Am 29. November 1995 fand die Gründungsversammlung statt, die das Konzept verabschiedete und einen Geschäftsführer der Basler Handelskammer zum Vorstandsvorsitzenden wählte. Als nächste Schritte werden nun die Wahl des Delegierten der Wirtschaftsförderung und die Aufnahme der operativen Tätigkeiten im Laufe des Jahres 1996 folgen.

Beurteilung des neuen Konzepts

Wie die Realisierung des neuen Konzepts letztlich aussehen wird, lässt sich heute nicht sagen. Zum ersten Mal in der Schweiz legen zwei Kantone ihre Wirtschaftsförderung in dieser Form zusammen. Dies ist ein mutiger und wichtiger Schritt in die gewünschte Richtung, denn Wirtschaftsstandorte lassen sich immer weniger durch überholte politische Grenzen trennen. Gerade deshalb sollte eine regionale Wirtschaftsförderung in Basel aber nicht an den Landesgrenzen Halt machen, sondern die gesamte Wirtschaftsregion im Dreiländereck abdecken. Gleichzeitig muss sich die überkantonale Wirtschaftsförderung erst noch bewähren – der Raum Basel ist wirtschaftspolitisch alles andere als homogen. Als Problem könnte sich dabei herausstellen, dass der Kanton Basel-Landschaft Wirtschaftsförderungsgesetz und -fonds nicht abschafft und im Bedarfsfall – beispielsweise bei der Neuansiedlung eines Unternehmens, das neue Arbeitsplätze schaffen will – auf zusätzliche Instrumente zurückgreifen könnte. Diese Instrumente könnten von den Politikern auch dann eingesetzt werden, wenn der politische Druck im eigenen Kanton genügend gross ist – was rasch geschehen kann, zumal in keinem der beiden Kantone ein politischer Konsens über die Form der Wirtschaftsförderung gefunden und wichtige Interessengruppen bei der Ausarbeitung des neuen Konzepts nicht berücksichtigt wurden. Die nachträgliche Aufnahme von drei Arbeitnehmervertretern als Mitglieder ohne Stimmrecht spricht für sich.

Die Wirtschaftsförderung könnte aber auch aus den eigenen Reihen unter Druck geraten, wenn etwa ein Vereinsmitglied mit der Art der Wirtschaftsförderung nicht einverstanden ist. Die Organisationsform, die den direkten Einfluss der Trägerschaft auf die operativen Tätigkeiten verhindern soll und an das derzeit populäre ‹New Public Management› erinnert, ist an sich löblich, überzeugt aber ebenso, wie ein Supporter des FC Basel, der verspricht, drei Jahre lang keinen Einfluss auf den Trainer ausüben zu wollen. So betitelte die Basler Zeitung vom 30.11.95 sehr treffend die zu erwartende Zusammenarbeit mit «Basler Wirtschaftsförderung: Alle dürfen ein Wort mitreden». Es ist zu wünschen, dass unterschiedliche Interessen die neue Wirtschaftsförderung nicht ähnlich lähmen, wie dies in Basel-Stadt in der Vergangenheit beobachtet wurde.

Die neue Wirtschaftsförderung soll auf eine verbilligte Abgabe von Kapital und Räumlichkeiten verzichten, Steuererleichterungen sollen restriktiv gehandhabt werden. Dies ist lobenswert, sind doch diese Instrumente wegen ihrer wettbewerbsverzerrenden Wirkung ordnungspolitisch problematisch und zudem kostspielig. Da die bereitstehenden Mittel für die angestrebten Ziele kaum ausreichen werden, sollte die Wirtschaftsförderung konsequent als reine Koordinations- und Auskunftsstelle mit eigenem Budget betrachtet werden, die ihre Aufgaben so oft wie möglich nach aussen vergibt. Beispielsweise könnte die Beratung bei Unternehmensneugründungen von Treuhandfirmen durchgeführt werden, deren Dienstleistungen dann nicht kostenlos angeboten werden müssen. Das Standortmarketing, das in Basel als eine der vier Hauptaufgaben bezeichnet wurde, und für das im Kanton Neuenburg über 3 Mio. Franken jährlich bereitstehen, ist mit einigen 10 000 Franken kaum erfolgreich zu betreiben. Hingegen decken sich die Interessen des neuen Konzepts mit denen der ansässigen Immobilienfirmen, die derzeit alleine in Basel-Stadt etwa 60 000 m^2 an leerstehenden Büroflächen verwalten. Alles in allem bietet die neue Organisationsform genügend Flexibilität für eine kreative Wirtschaftsförderung. Wie sie im einzelnen aussehen wird, hängt nicht zuletzt von der Person ab, die als Delegierter gewählt wird.

Fazit

Wie schon erwähnt ist Wirtschaftsförderung ein Teil der Wirtschaftspolititk und sollte auch in diesem Zusammenhang bewertet werden. *Wirtschaftsförderung* allein hat als Standortfaktor nur eine marginale Bedeutung, sie kann die Vor- und Nachteile eines Standorts bestenfalls verstärken oder abschwächen. Häufig ist sie jedoch ein probates Mittel, um in einer wirtschaftlichen Krise Handlungsbereitschaft zu signalisieren und von entscheidenden wirtschaftspolitischen Problemen abzulenken, deren Lösung ungleich schwieriger wäre, weil sie wichtige Interessengruppen tangieren würde. Es ist einfacher, einzelnen Unternehmen Steuervergünstigungen oder Arbeits- und Baubewilligungen zu verschaffen, als über eine Sanierung des Finanzhaushalts das allgemeine Steuerniveau zu senken oder das Bewilligungsverfahren insgesamt zu straffen. Gerade hier, bei der *Wirtschaftspolitik,* muss in Zukunft das Hauptaugenmerk liegen. Die zunehmende Integration der Märkte in den letzten zehn Jahren und die fallenden Mobilitätsschranken verwandeln den Wettbewerb von Unternehmen je länger desto mehr in einen Wettbewerb der Standorte. Hier hat Basel noch einiges zu tun.

Anmerkungen

Danken möchte ich Toni Brauchle, René L. Frey, Rainer Füeg, Hanspeter Hess, Peter Knechtli, Richard Peter und Beat Wagner für wertvolle Hinweise sowie dem Förderverein des Wirtschaftswissenschaftlichen Zentrums (WWZ) der Universität Basel für seine Unterstützung.

1 Für eine synoptische Darstellung der kantonalen Wirtschaftsförderung vgl. Markus Kobler, Kantonale Wirtschaftsförderung in der Schweiz, in: Christoph Koellreuter et al., Standortattraktivität von Regionen in der Schweiz, Grundlagenbericht, Basel 1995.

2 Für eine ausführliche Darstellung der Basler Wirtschaftsförderung vgl. Richard Peter, Wirtschaftsförderung – Das Basler Modell, in: Basler Stadtbuch 1990, hrsg. von der Christoph Merian Stiftung, Basel 1991, S. 84–87.

Marc Keller

Das Basler Gewerbe zwischen Preisdruck und Innovationschancen

Seit 1990 ist es wissenschaftlich erhoben und erhärtet: Jeden dritten Franken verdient das Basler Gewerbe mit der Chemischen Industrie. Infolge dieser Verkettung sind auch die gewerblichen Unternehmer dem ‹rauhen Wind der globalen Marktwirtschaft› ausgesetzt. Sie müssen sich nicht nur ausländischer Konkurrenz erwehren; die von den grossen Auftraggebern – Chemie, Banken, Versicherungen, Kanton – getroffenen Massnahmen zur Kostensenkung haben den Druck auf die Unternehmerschaft massiv erhöht. Die Preise sind so tief gesunken, dass es längst nicht mehr selbstverständlich ist, dass im Gewerbe kostendeckend gearbeitet werden kann.

Die Folgen sind weitreichender, als man vielleicht meint, und erschöpfen sich nicht darin, dass die Unternehmerinnen und Unternehmer nun einfach weniger verdienen. Sinkende Preise leisten auch einer Dumping-Praxis mit massiven Rabatten Vorschub, was sich negativ auf die Qualität der Arbeit auswirkt. Die Reserven der Firmen werden angegriffen, Investitionen zurückgestellt, der Personalbestand wird reduziert. Die Arbeitsvorräte schwinden, und die Firmen jagen sich in zunehmender Nervosität und oft genug aus mangelndem Selbstvertrauen gegenseitig die Aufträge ab. Viele Auftraggeber nutzen die Situation und drücken ihrerseits die Preise. Schliesslich geraten auch die Löhne unter Druck, was zu sinkender Kaufkraft und Konsumverzicht der Betroffenen führt.

Der Druck auf die Arbeitnehmerschaft beschränkt sich nicht nur auf die gewerbliche Wirtschaft. Auch die erfolgreich agierende Chemische Industrie und die Dienstleistungsunternehmen reduzieren ihre Personalbestände. Wenn man bedenkt, dass auf jede eingesparte Stelle zahlreiche Arbeitnehmer kommen, die von Entlassung bedroht sind oder dies befürchten, kann man ermessen, wie weit und wie schnell sich ein allgemeines Gefühl der Unsicherheit verbreiten kann.

Gefährdung des Mittelstandes

In diesem Umfeld behaupten sich letztlich die ‹grossen› Gewerbebetriebe, die mit genügend Reserven, internen Rationalisierungsmassnahmen und mit zum Teil zu grosszügiger Bankunterstützung durchhalten können, bis die Zeiten besser werden oder die Konkurrenten aufgegeben haben, sowie die Klein- und Kleinstfirmen, die immer eine Marktnische finden. Gefährdet sind vor allem Firmen mittlerer Grösse. Damit trifft die geschilderte Entwicklung den Kern der wirtschaftlichen Stabilität in der Schweiz: den Mittelstand. Dies ist auch deshalb gravierend, weil gerade die mittleren und kleinen Unternehmen – immerhin 97% aller Betriebe in der Schweiz – eine wichtige Rolle als ‹Arbeitsplatz-Generatoren› spielen.

Ich erwähne dies alles nicht, um stellvertretend für das Gewerbe zu klagen, sondern um darauf hinzuweisen, dass das Problem mit dem Hinweis der Wirtschaftsprominenz auf die Zwänge der Globalisierung oder mit einer Belehrung über die positiven Effekte des Konkurrenzkampfes nicht erledigt ist. Es gibt immer auch eine andere Seite der Betrachtung. Wenn die Chemische Industrie argumentiert, die Löhne im Basler Gewerbe seien so hoch, dass man auf auswärtige Firmen abstellen müsse, ist zu bedenken, dass die Löhne unter anderem deshalb hoch sind, weil die Chemie ihre Facharbeiter früher vielfach dem Gewerbe abgeworben und das Gewerbe dadurch gezwungen hat, höhere Löhne zu bezahlen. Oder wenn führende Wirtschaftskreise möglichst rasche und umfassende Marktöffnungen verlangen, ist zu bedenken, dass der Preis dafür, zumindest kurz- und mittelfristig, einem Raubbau an der Substanz gleichkommt. Abgesehen davon hat noch niemand nachgewiesen, dass allein durch Deregulierung auch tatsächlich genügend neue Arbeitsplätze entstehen.

Gewinnmaximierung und Verantwortung

Mit zunehmender Deregulierung und Liberalisierung der Rahmenbedingungen nehmen die Handlungsmöglichkeiten der (grossen) Unternehmen zu, aber auch deren Verantwortung. Die Diskussion um die Deregulierung sollte gerade in Basel daher auch die Frage einschliessen, welche gesamtwirtschaftliche Verantwortung den Grossfirmen aus Chemie und Dienstleistung obliegt; sie sind ja nicht nur in ein globales Wirtschaftsgeschehen eingebunden, sondern stehen auch in lokalen Zusammenhängen und müssen sich die Frage gefallen lassen, wohin eine konsequent durchgesetzte Kostensenkungsstrategie mit Gewinnmaximierung – bei allen weltweit erzielten, erfreulichen Erfolgen – auf lokaler Ebene führt. Ein Gewerbeverband, der seine Aufgaben in einem übergeordneten Rahmen erfüllen will, muss diese Frage stellen dürfen.

Im Gegenzug wird der Gewerbeverband Basel-Stadt seine Kraft und seinen Einfluss geltend machen, um bei den Gewerbetreibenden Verständnis für unpopuläre Massnahmen seitens der grossen Auftraggeber (auch des Kantons) zu wecken. Er sperrt sich nicht gegen neue Entwicklungen, setzt sich aber dafür ein, dass sie schrittweise und kontrolliert ablaufen. Ein Beispiel für diese Aufgeschlossenheit gegenüber neuen und – auf den ersten Blick – für das Gewerbe bedrohlichen Entwicklungen ist die im Mai 1994 begonnene Öffnung im Basler Submissionswesen. Sie wurde aus übergeordneten Gründen nicht bekämpft, sondern mitgestaltet und mitgetragen, obwohl abzusehen war, dass das Gewerbe mit teilweise hohen Verdienstausfällen rechnen musste, da Staatsaufträge an die jeweils billigsten Firmen vergeben würden. Die Skepsis gegenüber einer allzu schnellen Marktöffnung resultierte aber nicht aus Angst vor Verlusten oder zunehmender Konkurrenz durch auswärtige Firmen. Man musste berücksichtigen, dass bei verminderten Einnahmen der Basler Firmen die Steuereinnahmen des Kantons sinken und dass die Marktöffnung nicht einseitig erfolgen darf: die Basler Firmen müssen auch auswärts ‹zum Zuge› kommen.

Vor allem darf nicht sein, dass Basler Firmen, die jahrzehntelang arbeitnehmerfreundliche Gesamtarbeitsverträge mit fortschrittlichen Löhnen und Sozialleistungen eingehalten haben, nun plötzlich und ohne Einschränkungen durch auswärtige Firmen Konkurrenz erhalten, die mit tieferen Löhnen operieren. Eine tragfähige Sozialpartnerschaft mag etwas höhere Lohnkosten mit sich bringen, trägt aber dazu bei, dass die Stabilität des Mittelstands, und somit auch der soziale Friede, erhalten bleibt. Mit ‹neuen Allianzen› muss versucht werden, die vermeintlichen Interessensgegensätze zwischen Arbeitgebern und Gewerkschaften und zwischen Unternehmern und Auftraggebern zu überwinden.

Was tun?

Für den Gewerbeverband Basel-Stadt bietet sich eine ganze Palette von Massnahmen zwischen harter Interessenvertretung, dem Versuch, Überreaktionen zu dämpfen, Sensibilisierungskampagnen, konkreten Hilfsprogrammen und dem hartnäckigen Bestreben, das Auftragsvolumen für seine Mitglieder zu erhöhen, indem neue Geschäftsfelder erschlossen werden. Der Frage, wie ein Dachverband seine – im übrigen ebenfalls unter Druck geratenen – Ressourcen optimal einsetzen soll, kommt ein immer grösseres Gewicht zu. Dass es dabei keine Patentrezepte gibt und das Nachbeten wirtschaftspolitischer Schlagworte allein nicht hilft, scheint klar zu sein. Es kann nur darum gehen, den angeschnittenen Problemkreis mit dem besten Mix an kleinen Lösungsschritten anzugehen. Oberstes Ziel ist die Erhaltung und Schaffung qualifizierter und angemessen bezahlter Arbeitsplätze, vor allem durch Förderung der Investitionstätigkeit in Basel und in der Region.

Dies ist eine Initiative des Gewerbeverbandes Basel-Stadt.

Mut rentiert. Jetzt.

Firma Schweiz.
Zum Melken muss man sie erst füttern.

Wirtschaft

Wirtschaftsforderung...

Da das Gewerbe direkt oder indirekt sehr stark von Aufträgen der Chemie abhängt, ist Wirtschaftsförderung zu einem guten Teil ‹Chemieförderung›; sie darf sich aber nicht darin erschöpfen. Nach wie vor stellt das regionale Gewerbe mehr Arbeitsplätze als die Chemische Industrie; nach wie vor bietet seine Vielfalt – allein dem Gewerbeverband Basel-Stadt sind 72 Berufs- und Interessenverbände angeschlossen – ein Potential an Know-how, das vermehrt genutzt werden sollte – es gibt eine Wirtschaft neben der Chemie! Dementsprechend umfassend muss ein Gewerbeverband sein Aufgabenportefeuille definieren, muss ‹Wirtschaftsförderung› nicht nur bestehende, sondern auch noch wenig bearbeitete Bereiche umfassen.

Sehr wichtig ist der Versuch, in möglichst allen Branchen das Auftragsvolumen zu vergrössern. Dabei sollen nicht ‹Beschäftigungsprogramme› lanciert, sondern Investoren, Hausbesitzer und Konsumenten ermutigt werden, geplante, zurückgestellte oder neue Investitionen zu tätigen. Drei wichtige Kampagnen hat der Gewerbeverband Basel-Stadt in dieser Hinsicht gestartet: Zunächst die auf nationaler Ebene lancierte Kampagne ‹Firma Schweiz› zur Förderung der Investitionstätigkeit. Aufgrund hunderter eigens gesammelter Investitionsmeldungen aus der Region für das Jahr 1994 konnte gezeigt werden, dass die Investitionstätigkeit Privater und des Kantons trotz Krise nicht zusammengebrochen ist – ein wichtiges Signal, um die Hektik des überrissenen Preiskampfes zu beruhigen. Dann wurde im Herbst 1995 die Kampagne ‹Fassaden- und Flachdachbegrünung› lanciert; damit wurde im europäischen Naturschutzjahr nachdrücklich auf die ökologischen und ökonomischen Vorteile der Gebäudebegrünung hingewiesen. Schliesslich startete man, ebenfalls im Herbst 1995, eine Energiespar-Kampagne, aus der Überlegung heraus, dass jede Investition zur Senkung des Energieverbrauchs von Gebäuden einen Auftrag für Dachdecker, Spengler, Heizungsmonteure, Isoleure, Baumeister, Elektriker, Architekten, Ingenieure, Solartechniker etc. auslöst.

Angesichts der Überkapazitäten, die heute in manchen Branchen bestehen, wäre es fahrlässig, den unvermeidlichen Strukturwandel, oder besser: Strukturabbau, hinzunehmen, ohne sich für neue Strukturen in anderen Bereichen einzusetzen. Gute Chancen bietet hier die Energie- und Umwelttechnik. Mit der Gründung des Schweizerischen Verbandes für Umwelttechnik bereits im Jahre 1989, dem Aufbau einer Abteilung ‹Umwelt› innerhalb der Geschäftsstelle sowie mit gezielten Kampagnen, Messebeteiligungen und neuen Formen der Zusammenarbeit mit Behörden auf nationaler und kantonaler Ebene setzt sich der Gewerbeverband Basel-Stadt für den Aufbau neuer Geschäftsfelder ein. Andere Möglichkeiten bieten die Telekommunikation, der Detailhandel und der weite Bereich ‹Graphik, Gestaltung, Werbung›.

...durch viele kleine Schritte

Neben den genannten Sensibilisierungs- und Motivationskampagnen hat der Gewerbeverband Basel-Stadt Projekte lanciert, die konkrete Hilfestellung bieten. Darunter finden sich das Pilot-Programm ‹Wiedereinstieg in den Büroberuf für Frauen›, das gemeinsam mit einigen interessierten Unternehmen gestartet wurde, sowie das Projekt ‹Gründung und Übernahme von Gewerbebetrieben›, das in Zusammenarbeit mit einer Grossbank und einer Stiftung Personen unterstützt, die eine Firma übernehmen oder gründen wollen, aber über zu wenig Eigenkapital verfügen. Gesamtschweizerische Beachtung fand schliesslich die Schaffung des ‹Basler Gewerberappens›. Bei dieser Vereinbarung zwischen den Baugewerbe-Verbänden und dem Baudepartement verzichten die Firmen bei Staatsaufträgen auf die Auszahlung von jeweils einem Prozent der Auftragssumme. Mit den Mitteln des so geäufneten Fonds werden zusätzliche Aufträge für das Baugewerbe geschaffen – bisher ein Wohnungsbau beim Dreirosen-Schulhaus, eine Fussgängerpasserelle zwischen Bahnhof SBB und Zolli sowie eine aus Sonnenenergie und einer Wärmepumpe gespeiste Heizanlage in einer Altbauliegenschaft des Kantons.

Mit diesem unvollständigen Rundgang durch die ‹Werkstatt› des Gewerbeverbandes Basel-Stadt wird deutlich, dass sich neben der Fokussierung auf das Kerngeschäft ‹Chemische Industrie›, die von anderen Verbänden und Institutionen propagiert wird, der Blick auf unzählige, im einzelnen kleine, aber aussichtsreiche Fenster zum Erfolg auftut. Diesen Erfolg quantitativ zu messen, ist zwar kaum möglich; sicher aber ist, dass es fahrlässig und fatalistisch wäre, nicht alles zu versuchen, auch die ‹Wirtschaft neben der Chemie› zu fördern.

Schlaglichter Wirtschaft

Rudolf Meyer

75 Jahre Schweizerische Bankgesellschaft in Basel

Die Wurzeln der Schweizerischen Bankgesellschaft (SBG) reichen ins Jahr 1862 zurück und befinden sich in der Ostschweiz. 1912 wurden die Vorgängerinstitute unter dem Firmennamen ‹Schweizerische Bankgesellschaft› zusammengelegt. Damit begann der Aufbau eines Filialnetzes in der ganzen Schweiz. Auch in den wichtigsten Grenzregionen gründete die SBG Filialen, insbesondere nach Ende des Ersten Weltkriegs. Die Basler Niederlassung wurde 1920 eröffnet, im selben Jahr wie diejenigen in Genf und Lugano. Die Basler SBG-Niederlassung ist heute nach dem Hauptsitz in Zürich und den Filialen in Genf und Lugano die viertgrösste in der Schweiz.

Von Beginn an befand sich die SBG an der Freien Strasse – zunächst in einem kleinen Bankgebäude, das später dem Modehaus ‹Maison Lehmann› weichen musste, ab 1930/31 im heutigen Hauptgebäude Freie Strasse 68/Ecke Streitgasse. 1920 existierte in Basel noch keine Agglomeration wie heute; dennoch hatte der Kanton bereits 140 000 Einwohner. Die umliegenden Gemeinden waren noch richtige Landgemeinden, und so plante niemand Bankfilialen ausserhalb des Stadtzentrums. Die beginnenden ‹Goldenen 20er Jahre› boten gute Voraussetzungen für eine Bankgründung: Der wirtschaftliche Aufschwung setzte ein, die Banken konnten diese Entwicklung durch ihr Kreditgeschäft fördern. Misst man die Grösse der damaligen Banken an ihren Bilanzsummen, dann waren dies allerdings sehr bescheidene Institute. Die Bilanzsumme aller Banken betrug weniger als 10 Milliarden Franken, rund 4 Milliarden entfielen auf die Grossbanken. Allein die SBG weist heute eine Bilanzsumme von über 300 Milliarden Franken aus.

Seit den 60er Jahren wuchs die SBG rasch zur grössten der Schweizer Grossbanken an. Auch in der Agglomeration Basel wurden laufend Filialen eröffnet. 1994 wurde die Regiobank beider Basel übernommen, die inzwischen vollständig in die SBG integriert ist. Damit ist die SBG in der Nordwestschweiz heute an 23 Standorten vertreten. In 75 Jahren gewachsen, misst sich ihre Bedeutung ebenso an den über 800 Mitarbeiterinnen und Mitarbeitern wie an

Die Basler Filiale der Schweizerischen Bankgesellschaft, um 1920.

ihren Bauten. So wurde rechtzeitig zu den Jubiläumsfeiern der vom bekannten Tessiner Architekten Mario Botta konzipierte Neubau am Aeschenplatz fertiggestellt. Nachdem 1986 für diesen neuen Standort ein Architekturwettbewerb durchgeführt worden war, hatte die Fertigstellung fast zehn Jahre gedauert. Das neueste Meisterwerk von Mario Botta, sein erster Bau in der Deutschschweiz, bietet in der Kulturstadt Basel eine zusätzliche Sehenswürdigkeit. Im neuen Botta-Gebäude werden laufend Architekturausstellungen präsentiert, ein Architekturshop bietet ‹Architekturtouristen› Souvenirs an. Eine weitere Attraktion ist die benachbarte renovierte ‹Stehlin-Villa› mit dem Restaurant ‹La Villa›.

Das neue Hauptquartier der SBG Basel beherbergt das sogenannte ‹Private Banking›, die Anlageberatung für private und institutionelle Kunden. Daneben bleibt die SBG aber auch an der Freien Strasse präsent; das dortige Gebäude wird renoviert, wobei die Ladengeschäfte an der Streitgasse und das ‹Café Huguenin› erhalten bleiben.

Die Schalterhalle der neuen SBG-Filiale am Aeschenplatz.

Fritz Friedmann

Abschied vom ‹Wollenhof›

Generationen von Baslerinnen haben den ‹Wollenhof› gekannt, der sich zuletzt an der Freien Strasse 11 befand. ▷

Seit den ersten Monaten 1996 ist der ‹Wollenhof› nur noch Erinnerung – ähnlich wie ‹Lismen›, mit dem dieses renommierte Fachgeschäft für Generationen von Baslerinnen zur wichtigen Bezugsquelle für Wollstrickgarne geworden war.

Gegründet wurde das Unternehmen vom vielgereisten Kaufmann Josef Sacher-Skillmann (1875–1962). Anno 1917 befand sich das Geschäft zunächst am Fischmarkt 10 und dann an der Freien Strasse 10 im Haus zum Eberstein; später erfolgte der Umzug in das Haus Nummer 11. Die 1936 ins Handelsregister eingetragene Einzelfirma wurde 1944 in eine Aktiengesellschaft umgewandelt. 1950 übernahm Ernst Maurer-Bucher, von 1981 bis 1991 Urs Peter Rinderer die Leitung. Inzwischen war die Aktienmehrheit an die Firma Schoeller-Albers in Zürich, später unter Almoda AG firmierend, übergegangen. Letzter Geschäftsführer an der Freien Strasse war der langjährige Mitarbeiter des Hauses, Daniel Freier.

Das Unternehmen kannte im Laufe seines Bestehens gute und weniger gute Zeiten. Gleichwohl bemühte man sich stets – mittels ansprechender Dekoration und wiederholter Umbauten – um ein hervorragendes Erscheinungsbild. Für besondere Ansprüche wurde 1985 die Boutique ‹Woliano› beim Münsterbergbrunnen eröffnet, die aber 1995 wieder geschlossen werden musste. Als das Interesse an Handarbeiten abzunehmen schien, verlegte man das Schwergewicht des Sortimentes auf Strickmode und Damenbekleidung. ‹Wolle› konnte man von nun an nicht mehr im Parterre, sondern im 4. Obergeschoss finden. Für viele Stammkundinnen war dies aber nicht mehr der Wollenhof – wobei zu unterstreichen ist, dass das Stricken allgemein stagnierte.

Die Nachricht von der bevorstehenden Schliessung im Sommer 1995 kam überraschend, zumal die Firma kurz zuvor die Nachbarliegenschaft Freie Strasse 9 (Bell-Filiale) erworben hatte, deren zwei obere Etagen der ‹Wollenhof› schon vorher angemietet hatte. Mit der Schliessung der traditionellen Firma ist ein nicht unbedeutendes Kapitel in der Geschichte des Basler Detailhandels abrupt beendet worden.

Peter F. Peyer

Die Geschichte und das Ende der Balair

Ende Oktober 1995 ging eine Ära zu Ende. Die ehemalige Basler Fluggesellschaft Balair, die zwei Jahre zuvor mit der Genfer CTA fusioniert hatte, musste ihre Tätigkeit einstellen.
Von Anfang an hatte die Balair vor der unlösbaren Aufgabe gestanden, gleichzeitig ‹Mutter› und ‹Tochter› der Swissair zu sein. Das Unternehmen, das rund siebzig Jahre lang die Geschichte des Schweizerischen Luftverkehrs mitgeprägt hatte, war nämlich zwei Mal gegründet worden: ein erstes Mal 1925 von Kreisen der Basler Wirtschaft, ein zweites Mal auf Initiative der Basler Regierung im Jahre 1953.

Die Balair als Vorgängerin der Swissair

Die erste Balair fusionierte bereits 1931 auf Druck des Eidgenössischen Luftamtes mit der Zürcher Ad Astra Aero zur neuen Swissair. Der Bund wollte damit Subventionen einsparen, die der älteren Ad Astra Aero zuflossen. Zu diesem Zeitpunkt hatte die Balair – im Gegensatz zu dem Zürcher Unternehmen – bereits den Sprung in die Gewinnzone geschafft. Sie verfügte über modernes Fluggerät und konnte mit ihren dreimotorigen Fokker F.VIIb Erfolge verbuchen. Vom Flugplatz Sternenfeld bei Birsfelden aus beflog sie die Linien nach Deutschland, für die andere Fluggesellschaften kein Interesse zeigten. Als erste Verbindung war die Strecke Basel-Freiburg/Br.-Mannheim eröffnet und später nach Frankfurt weitergeführt worden. Mit der Fusion im Jahre 1931 verlor Basel seinen ‹Home Carrier›, denn der Sitz der Swissair befand sich in Zürich. Balz Zimmermann, der erfolgreich die Geschicke der Balair geleitet hatte, wurde erster Direktor der Swissair.

Das erste Verkehrsflugzeug der Balair, eine Fokker-Grulich F-II, wird aufgetankt (1926).

Die (zweite) Balair nach dem Krieg

Der zweite Abschnitt der Balair-Geschichte beginnt im Juni 1948. Damals gründete die Basler Sektion des Aero-Club der Schweiz auf dem Sternenfeld eine Flugschule namens Balair. Als der Flugbetrieb in Birsfelden eingestellt wurde, zog auch die Flugschule auf den neuen Flughafen bei Blotzheim, der ein Jahr nach Kriegsende eröffnet worden war. Am 1. Februar 1953 fusionierten schliesslich die Genossenschaft Aviatik beider Basel und die Balair zur ‹Balair AG›.
Das Unternehmen, an dem sich der Kanton Basel-Stadt zu 60 % beteiligte, war allerdings noch keine Fluggesellschaft im eigentlichen Sinn. Man beschränkte sich auf Flugschulung und Flugzeugunterhalt und auf die Abfertigung der wenigen Maschinen, die nicht linienmässig

verkehrten. Obwohl die Balair zwischen 1954 und 1956 ihre Tätigkeit kontinuierlich ausbauen konnte, war sie weiterhin auf Kantonssubventionen angewiesen.

Mitte der 50er Jahre wurde Reisen mit dem Flugzeug auch für Durchschnittsbürger erschwinglich. Um vom gewinnversprechenden Charter-Geschäft profitieren zu können, kaufte die Balair 1957 zwei englische Vickers 610 ‹Viking›-Maschinen, die Ziele im Mittelmeerraum und in Nordeuropa anflogen. Für die weitere Expansion unterzeichnete die Balair zwei Jahre später mit der Swissair einen Rahmenvertrag, der eine 40%ige Beteiligung der Swissair und die Erhöhung des Aktienkapitals auf 4 Millionen Franken zur Folge hatte. Jetzt konnte die Flotte um zwei viermotorige DC-4 aus den Beständen der Swissair erweitert werden, mit denen die Balair erstmals auch Langstreckenflüge in die USA, nach Indien, Südamerika und Südafrika unternahm. Präsident des Verwaltungsrates war Hans Peter Tschudi; nach seiner Wahl zum Bundesrat folgte ihm F. Emmanuel Iselin. Die kaufmännischen Geschicke leitete Otto Gersbach, Kurt Herzog stand der technischen Abteilung vor.

Die erste Jahreshälfte 1960 stand unter einem ungünstigen Stern, denn im Mai stürzte eine DC-4 auf dem Flug von Khartum nach Dakar im Djebel Marra-Gebirge ab; zwölf Menschen kamen dabei ums Leben. Zu Jahresende fragte die UNO an, ob man einen Teil der Flotte für humanitäre Einsätze im Kongo zur Verfügung stelle. Dies war der Auftakt für eine Reihe von Sondereinsätzen im Dienst internationaler Organisationen wie der UNO und des Internationalen Komitees des Roten Kreuzes (IKRK). Bald traf man die Balair in den verschiedensten Krisenregionen der Welt an: in Biafra (1968–69), im Nahen Osten (1967–82), in Ostpakistan (1972), in Vietnam (1975) und in Angola (1975).

Zu Beginn der 60er Jahre wurde nach und nach das Langstreckengeschäft ausgebaut. Die Balair übernahm von der Swissair eine DC-6B und kaufte ihr erstes Turbopropflugzeug, eine Fokker F.27, die mit 48 Sitzplätzen den Anforderungen der Reiseveranstalter genau entsprach. Drei weitere Fokker F.27, die von der Swissair angemietet worden waren, wurden in deren Auftrag vor allem auf Inlandstrecken eingesetzt. Bald verdoppelten sich die Passagierzahlen auf 200 000, das Frachtvolumen nahm zu, eine Kapitalaufstockung wurde nötig. Als im September 1966 das Basler Stimmvolk eine weitere Beteiligung des Kantons ablehnte, musste sich die Balair, deren Leitung inzwischen Henry Moser übernommen hatte, finanziell noch stärker an die Swissair anlehnen.

Balair-Jets fliegen um die Welt

1968 begann auch für die Balair das Jet-Zeitalter. Als erstes wurde von der Swissair eine Convair CV-990 ‹Coronado› gemietet, die ihre Fluggäste doppelt so schnell wie bisherige Flugzeugtypen ans Ziel brachte; bald folgte mit der DC-9-33 der erste eigene Balair-Jet. Als ein Jahr später die Swissair beschloss, den Linien-

Von 1966 bis 1971 betrieb die Balair drei Fokker F.27 im Auftrag der Swissair.

verkehr mit den Fokker F.27 vorzeitig einzustellen, waren Entlassungen, vor allem beim Cockpitpersonal, die Folge. Eine neu angeschaffte DC-8-55, die sowohl als Passagier- wie als Frachtflugzeug betrieben werden konnte, verdrängte bald die ‹Coronado›. Auch die DC-6A/B-Maschinen wurden stillgelegt, nur eine einzige verblieb bis 1982 für Charterflüge und humanitäre Missionen im Dienst. Die Kapazitäten der Maschinen wuchsen weiter, und 1972 stiess mit der DC-8-63 ein Grossraumflugzeug hinzu, das 249 Passagieren Platz bot. Die dafür erforderliche Kapitalerhöhung auf 32 Millionen Franken wurde in vollem Umfang von der Swissair gezeichnet, die sich damit einen Mehrheitsanteil von 56% sicherte. Damals schrieb eine Basler Tageszeitung vorausschauend, das Ende der Basler Balair sei damit eingeleitet.

1973 stand im Zeichen der Energiekrise. Der Treibstoff verteuerte sich deutlich, das Geschäft stagnierte. Bald darauf gerieten die Chartertarife für den Nordatlantikverkehr unter Druck. Gleichwohl übertrafen die Erträge im Jahre 1976 erstmals die Grenze von 100 Millionen Franken. Eine Anleihe über 20 Millionen Franken half mit, eine DC-10-30 zu kaufen und von der Swissair eine DC-8-62 mit 180 Sitzplätzen zu übernehmen. Im internationalen Wettbewerb flog die Balair nun auf Erfolgskurs. Basel konnte von diesem Erfolg wenig profitieren, denn der Flugbetrieb wurde Schritt für Schritt nach Zürich verlagert. Einerseits wollten die Reiseveranstalter ihre Flüge ab Kloten offerieren, andererseits schien es sinnvoll, Balair und Swissair an einem Ort zu konzentrieren. In Basel trat die Balair daher fast nur noch als Abfertigungsgesellschaft auf. Lediglich ihre letzte DC-6A/B startete noch vom Flughafen Basel-Mulhouse aus und wurde vom technischen Dienst der Balair gewartet.

1978 begann eine schwierige Zeit. Die Zahl der Frachtcharterflüge ging stark zurück, die DC-8-55 musste aus der Flotte ausscheiden. Auch die Auslastung des Grossraumflugzeugs DC-10-30 wollte nicht gelingen – die amerikanische Deregulierungspolitik hatte bei den Nordatlantik-Verbindungen einen brutalen Preiskrieg entfacht. Als die Bilanz im Jahre 1982 einen Verlust von zwei Millionen Franken aufwies, verkaufte man die DC-8-62 und stellte stattdessen eine DC-9-81 in Dienst. Diese Maschine, die dreissig Sitzplätze weniger hatte, sollte vor allem Kurz- und Mittelstrecken befliegen; die Kapazitäten auf den Langstrecken wurden reduziert.

Ab 1983 begann man, die Flotte der Balair jener der Swissair anzugleichen. Dazu wurde die DC-9-81/82-Flotte erweitert und die grosse DC-8-63 durch einen Airbus A310 ersetzt. Auf organisatorischer Ebene war es bereits neun Jahre zuvor zur Gleichstellung des Balair-Cockpitpersonals mit jenem der Swissair gekommen – ein Schritt, der für das Basler Unternehmen zu einer entscheidenden Kostenfrage werden sollte: Das Pilotencorps galt mittlerweile als bestbezahltes Charterpersonal der Welt.

Der erste Jet war eine von der Swissair gemietete Convair CV-990 ‹Coronado›.
◁

Die Balair auf Erfolgskurs

1985 und 1986 waren die wohl erfolgreichsten Jahre in der wechselhaften Geschichte der Balair. Die Flotte bestand jetzt aus einer DC-10-30, einem Airbus A310-322, zwei DC-9-81/82 und einer DC-9-32. Als Henry Moser 1987 von seinem Posten zurücktrat, folgte ihm mit Fred Notter abermals ein ehemaliger Swissair-Mann. Er liess die grosse DC-10-30 durch drei kompakte Airbus A310-325 ersetzen, die in den neuen bunten Farben der Balair eintrafen. Das Unternehmen schien jetzt endgültig stabilisiert, zumal an Werktagen nicht ausgelastete Kapazitäten an die Swissair weitervermietet wurden, während an den stark frequentierten Wochenenden zusätzliche Swissair-Flugzeuge zum Einsatz kamen. Finanziell war man jedoch stark von der Muttergesellschaft abhängig: Von ihr bezog die Balair jährlich Leistungen in Höhe von 75 Millionen Franken, ohne auf günstigere Angebote ausweichen zu können.

Das kurze Leben der Balair/CTA

Zu Beginn der 90er Jahre wollte die Balair an ihre erfolgreiche Zeit auf dem Basler Flughafen anknüpfen und eröffnete eine wöchentliche Verbindung vom EuroAirport nach New York. Das Angebot wurde jedoch vom Publikum und von den Reiseveranstaltern nicht ausreichend wahrgenommen. Zwar entwickelte sich das Kurzstreckengeschäft ab Basel erfolgreich, gleichzeitig aber verdichteten sich Gerüchte einer Fusion mit der Genfer CTA, die ebenfalls zum Swissair-Konzern gehörte. 1993 fusionierten Balair und CTA – nicht ohne Probleme. Denn einerseits versuchte man, zwei völlig verschiedene Firmenkulturen miteinander zu verschmelzen, andererseits verliessen erfahrene Kader die Gesellschaft, und die Administration wurde auf Basel, Genf und Zürich verteilt. Aus politischen und steuerlichen Gründen gelangte die Geschäftsleitung nach Genf. Als noch die Basler Kantonalbank ihr Aktienpaket an die Swissair abtrat, die damit über eine $^2/_3$-Mehrheit verfügte, waren die Kleinaktionäre vollends enttäuscht. Bald darauf verschärfte die Deregulierung des Europäischen Luftraumes den Wettbewerb erneut – eine Voraussetzung, unter der die ‹Ehe› der beiden Swissair-Töchter nicht lange halten konnte. 1994 schloss die Balair/CTA mit einem zweistelligen Millionenverlust ab, worauf die Geschäftsleitung der Swissair das missglückte Joint-Venture vorzeitig abbrach.

Ein kleiner Trost für Balair-Freunde mag sein, dass das Kurzstreckengeschäft der Balair/CTA von der Crossair übernommen wurde, die sich inzwischen fest in Basel etabliert hat. Noch eine Weile werden auch die Airbus A310-325, die heute von der Swissair betrieben werden, die Balair-Farben in die Welt hinaustragen.

Literatur

Walter Borner, Balair – Geschichte der Schweizer Charter-Gesellschaft, Basel 1993.
Eugen Dietschi, Vom Ballon zum Jet, Basel 1971.
Theodor Stauffer, Über den Wolken muss die Freiheit wohl grenzenlos sein, Basel 1985

In den 60er und 70er Jahren unternahm die Balair rund um den Globus Sondereinsätze im Dienste internationaler Organisationen. ▷

Stadt und Gesellschaft

‹Wirkungsorientierte Verwaltungsführung› oder ‹Nachtwächterstaat›?

‹New Public Management› heisst ein heute geläufiger Begriff. Er bezeichnet eine wirkungsorientierte Verwaltungsführung. Die neue, in Staat und Bürgergemeinde praktizierte Unternehmensphilosophie soll auf der Basis von Leistungsvereinbarungen bürokratische Strukturen abbauen, die betrieblich-operativen Abläufe verbessern und aus dem Staat ein effizientes und bürgernahes Dienstleistungsunternehmen machen. Diese Strategien gehen einher mit den Sparmassnahmen und der Redimensionierung der staatlichen Aufgaben. In der Öffentlichkeit, vor allem aber beim Staatspersonal stösst das New Public Management nicht nur auf Zustimmung, sondern auch auf Skepsis, ja Widerstand. Bürgerrat Andreas Burckhardt skizziert am Beispiel der Bürgergemeinde der Stadt Basel die Ziele der öffentlichen Hand. Die Sicht des organisierten Personals vermittelt Regula Hofer. *(Red.)*

Andreas Burckhardt

Der Auf- und Umbruch zur ‹Bürgergemeinde 2000›

Die Bürgergemeinde der Stadt Basel hat in der Schweiz als Bürgergemeinde nicht nur deswegen eine einmalige Stellung, weil sie auch einige Aufgaben der fehlenden Einwohnergemeinde Basel wahrnimmt; sie hat in ihrer Organisationsform teilweise fossile Strukturen aus dem Ancien Régime übernommen. So wählt das Parlament, der Bürgergemeinderat, neben der Exekutive für jede Institution (Bürgerspital, Fürsorgeamt und Waisenhaus) vier oder fünf Mitglieder, in der Regel Bürgergemeinderäte, welche zusammen mit zwei Vertretern des Bürgerrates die jeweilige Institution leiten. Dies führt dazu, dass die Angehörigen dieser Kommissionen nachher ihre eigenen Beschlüsse als Parlamentarier wieder kontrollieren, was der Idee der Gewaltentrennung widerspricht. Durch diese Struktur muss zudem ein Geschäft in der Regel vier Instanzen durchlaufen: die Institutionsleitung, die betreffende Kommission, den Bürgerrat und schliesslich oft auch noch das Parlament. Diese Abläufe zu verbessern, war das Ziel der vom Liberalen Karl Heusler und vom Freisinnigen Hans Rudolf Labhardt im Jahr 1989 eingereichten Anzüge.

In allen Bereichen der Wirtschaft sind in jüngerer Zeit Überlegungen angestellt worden, wie Dienstleistungen effizienter und kostengünstiger erbracht werden können. Diese sich immer deutlicher abzeichnenden Veränderungen in Wirtschaft und Gesellschaft gehen auch an Verwaltungen des Gemeinwesens nicht spurlos vorüber: Sie sind ebenfalls gezwungen, ihre Verantwortlichkeiten und Arbeitsabläufe zu überdenken und neu zu regeln. Dass dieser Prozess vor dem Hintergrund der knapper werdenden finanziellen Mittel zwangsläufig noch beschleunigt werden muss, liegt auf der Hand.

Neues Verständnis von Diensten der Verwaltung

Die neue Philosophie vom ‹Dienstleistungsunternehmen Staat› ist in diesem Zusammenhang weit mehr als ein Schlagwort. Sämtliche Mitarbeiterinnen und Mitarbeiter einer Verwaltung sollen sich vermehrt bewusst sein, dass sie ihre Tätigkeit als Dienstleistung für die Mitbürgerinnen und Mitbürger ausüben. Die Frage, wie der Dienst für die Bevölkerung am effizientesten erbracht werden kann, steht dabei im Vordergrund, ganz im Sinne einer grösseren Bürgernähe. Dass zudem unter dem grossen allgemeinen Spardruck auch die Grundsatzfrage gestellt werden muss, welche Dienstleistungen in der bisherigen Form weiter erbracht werden müssen, oder ob diese eventuell abgebaut oder sinnvollerweise an eine andere, nichtstaatliche Trägerschaft abgegeben werden sollten, beherrscht derzeit wie kaum ein zweites Problem die Basler Politik und damit auch die Bürgergemeinde.

Bürgergemeinde ohne Steuern

Dass die Bürgergemeinde der Stadt Basel von all diesen Fragen und Problemstellungen besonders stark betroffen ist, hat verschiedene Gründe: Einmal hat sie bisher zu einem gewissen Teil die fehlende Einwohnergemeinde in der Stadt Basel ersetzt, kann aber – im Unterschied zu einer solchen – keine Steuern für ihre Leistungen erheben, die sie für das Gemeinwesen erbracht hat. Andererseits übernimmt der Kanton die Defizite von Fürsorgeamt und Waisenhaus, entweder direkt oder als Abgeltung für die erbrachten Leistungen. Für die Bürgergemeinde ist dieser Sachverhalt unbefriedigend. Denn der Schlüssel zum erfolgreichen Wahrnehmen von Aufgaben liegt in einer stärkeren Eigenverantwortung, und damit in einer grösseren Autonomie gegenüber dem Kanton. Wenn die Bürgergemeinde die Leistungen besser und effizienter als der Kanton erbringen kann, lohnt es sich für alle.

Kürzere Entscheidungswege

Die Organe der Bürgergemeinde der Stadt Basel sind, unter anderem gestützt auf die erwähnten Vorstösse, aktiv geworden. So wurde vom Bürgerrat eine externe Studie über Möglichkeiten der Verwaltungsreform in der Bürgergemeinde in Auftrag gegeben. Deren Ergebnis sowie weitere Überlegungen des Bürgerrates führten zum Antrag an den Bürgergemeinderat, versuchsweise das Waisenhaus mit seinen vergleichsweise einfachen Betriebsstrukturen analog der kantonalen Departements-Organisation vorerst bis Ende 1998 im Departementalsystem zu führen, um Erfahrungen zu sammeln. Der Bürgergemeinderat hiess dieses Vorgehen am 8. November 1994 gut.

Mit der Einführung des Departementalsystems ist das zuständige Mitglied des Bürgerrates – im Waisenhaus zur Zeit Frau Christine Heuss – als Departementsvorsteherin Trägerin der Exekutivgewalt. Die bisherige Verwaltungskommission hat noch beratende Funktion. Der Gesamtbürgerrat bleibt auch bei diesem Departementalsystem vorgesetzte Behörde. Damit findet, was das System betrifft, eine Annäherung an die kantonale Organisation statt – mit dem Unterschied, dass der Milizcharakter des Bürgerrates beibehalten wird.

Das Bürgerspital geht voran

Auch bei der mit rund 1200 Beschäftigten grössten Institution der Bürgergemeinde, dem Bürgerspital, sind entsprechende Schritte eingeleitet worden. Das Bürgerspital ist stärker als die anderen Institutionen der Bürgergemeinde darauf angewiesen, die nötigen Betriebsmittel selbst zu erwirtschaften. Dies geschieht über Taxen, Verträge mit Dritten (vor allem Kantone), sonstige Verträge insbesondere mit Versicherungen, Legate und den Beitrag des Kantons Basel-Stadt als Abgeltung für das im Jahre 1973 kostenlos abgetretene Areal des heutigen Kantonsspitals Basel sowie mit dem Ertrag aus dem Spitalvermögen. Die 1994 nach mehrjährigen, zähen Verhandlungen realisierte Ergänzung des grundlegenden Vertrages aus dem Jahre 1972 ermöglicht dem Bürgerspital das selbständige Überleben und ist gleichzeitig Verpflichtung zur Weiterführung dieser Aufgaben in effizienterer Form.

Als öffentlich-rechtliche Stiftung bildet das Bürgerspital Basel fast im Sinne einer Holdinggesellschaft das Dach für seine bisher sechs

---

Ein neues Logo für ein neues Selbstverständnis: Die Bürgergemeinde im Dienst der Basler Bürgerinnen und Bürger. ▷

BÜRGERGEMEINDE DER STADT BASEL

Alters- und Pflegeheime, das Rehabilitationszentrum Basel für Querschnittsgelähmte und Hirnverletzte (REHAB), die Chrischonaklinik und das Werkstätten- und Wohnzentrum Basel ‹Milchsuppe› (WWB).

‹Holbeinhof› und ‹REHAB› als Wegbereiter

Im Bürgerspital konnten effizientere Strukturen durch eine stärkere Dezentralisation bereits in zwei Fällen in die Wege geleitet werden. Das Alters- und Pflegeheim Leimenstrasse wird einer neuen, eigenständigen, vom Bürgerspital und dem Verein ‹La Charmille› gegründeten Stiftung ‹Holbeinhof› übergeben. Sie wird ein jüdisch/christliches Alters- und Pflegeheim am bisherigen Standort führen. Im November 1995 stimmte der Bürgergemeinderat auch der Verselbständigung des Rehabilitationszentrums für Querschnittgelähmte und Hirnverletzte (REHAB) zu.

Pensionskasse und Beamtenstatus

Zwei weitere Schritte für mehr Flexibilität sind bereits eingeleitet: Die Loslösung von der für die Bürgergemeinde nicht mehr finanzierbaren staatlichen Pensionskasse und die Aufhebung des Beamtenstatus.

Seit dem 1. Januar 1995 sind die Angestellten des Bürgerspitals bei einer privaten Pensionskasse versichert. Trotz unterschiedlicher Finanzierungsart – dem Wechsel vom sogenannten Leistungs- zum Beitragsprimat – wird bei der privaten Pensionskasse eine bei gleichen Voraussetzungen gleich hohe Altersrente erreicht. Zudem erlauben die neuen Bestimmungen, flexibler auf die individuellen Bedürfnisse der Versicherten einzugehen. Frauen ab dem 45. und Männer ab dem 50. Lebensjahr, die mindestens zehn Jahre der kantonalen Pensionskasse angehört hatten, konnten bei der staatlichen Pensionskasse bleiben. Diese private Pensionskassenregelung ist bei den Beschäftigten gut aufgenommen worden. Der Bürgerrat sieht nun auch bei den übrigen Angestellten der Bürgergemeinde eine Überführung in eine private Pensionskasse vor.

Im Sinne einer grösseren Flexibilität bei den Arbeitsbedingungen und für eine bessere Motivation der Mitarbeiter steht ausserdem auch die Aufhebung des Beamtenstatus in der Bürgergemeinde zur Diskussion, verbunden mit der Einführung eines zeitgemässen Leistungslohns. Damit sollen die Vorteile privatwirtschaftlicher Tätigkeit auch in der Bürgergemeinde stärker zum Tragen kommen.

Mit diesen Neuerungen bis zum Jahre 2000 ist die Bürgergemeinde für die Bewältigung der Zukunftsaufgaben gerüstet.

Regula Hofer

Deregulierung und Privatisierung – ein Bumerang?

Von der Kehrichtentsorgung über die Reinigungsarbeiten in Spitälern bis hin zur Ausrichtung von Sozialbeiträgen: Jede Dienstleistung und jeder Betrieb des Kantons Basel Stadt sowie der Institutionen der Bürgergemeinde wird genauestens unter die Lupe genommen oder gar von forschen Deregulierern zur Privatisierung angepriesen. In Betrieben und Dienststellen der einzelnen Departemente wird nach Leerläufen geforscht, es wird gestrafft, umdisponiert. Die Mitarbeiterinnen und Mitarbeiter spüren zunehmenden Leistungsdruck. Einige, die während Jahrzehnten ihren Dienst getan haben, genügen plötzlich nicht mehr, werden Opfer der Sparmassnahmen.

Zwar stellt sich der Verband des Personals öffentlicher Dienste (VPOD) nicht gegen notwendige Veränderungen der öffentlichen Verwaltungen. Im Gegenteil ist er bereit, daran konstruktiv mitzuwirken. Schliesslich sind sowohl die im öffentlichen Dienst Beschäftigten wie auch die Bevölkerung an optimalen Dienstleistungen interessiert. Gleichwohl beobachtet er als grösste Basler Gewerkschaft für das Staatspersonal ebenso wie viele Arbeitnehmerinnen und Arbeitnehmer die Deregulierungs- und Privatisierungs-Bestrebungen kritisch.

Was unter den Schlagwörtern ‹New Public Management›, ‹Deregulierung›, ‹Liberalisierung› und ‹Privatisierung› konkret verstanden werden kann und wie verschieden die Fälle beim Kanton Basel-Stadt, der Bürgergemeinde und den gemischtwirtschaftlichen Betrieben gelagert sind, zeigen einige Beispiele.

Im Bereich der Pensionskassen haben sich deutliche Veränderungen ergeben. So kündigten Institutionen der Bürgergemeinde ihre Verträge mit der Pensionskasse des Basler Staatspersonals und traten zu privaten Versicherungsgesellschaften über. Die Zentralwäscherei, das Theater Basel und der Zoologische Garten wechselten ebenfalls, bei teilweiser Verschlechterung der Leistungen, zu privaten Vorsorgeeinrichtungen. Diese Entwicklung trägt dazu bei, dass Millionen von Franken inzwischen lukrativ von privaten Versicherungsgesellschaften verwaltet und kontrolliert werden. Das Reglement der Pensionskasse des Basler Staatspersonals wurde revidiert, wobei das Rentenalter der Frauen um drei Jahre angehoben und die Hinterlassenenleistungen empfindlich verschlechtert wurden.

Vom Verwaltungs- ins Finanzvermögen überführt wird das staatliche Aktienkapital an der Zentralwäscherei Basel AG. Die Universität erhält weitgehende Autonomie, die Kindergärten von Riehen und Bettingen gehen an die Landgemeinden über, das ehemalige Paraplegikerzentrum, heute REHAB, soll von einer neugebildeten Aktiengesellschaft übernommen werden. Daneben kündigt die Genossenschaft der Messe Basel den Gesamtarbeitsvertrag für weit über 100 Mitarbeiter und Mitarbeiterinnen und verlangt Einzelarbeitsverträge. Bei den BVB wurde die Lenkzeitgutschrift, eine wichtige Gesundheitszulage für das Fahrdienstpersonal, halbiert. Zusatzleistungen wie Telefon- und Fahrtentschädigungen für Pikettpersonal wurden gestrichen. Und schliesslich zahlt das Staatspersonal das neue Lohngesetz – nach jahrelanger Diskussion endlich eingeführt – gleich selber und muss für zwei Jahre auf jeweils 1 % des Teuerungsausgleichs und einen Stufenanstieg verzichten. In mehreren Fällen wurden auch sozialpartnerschaftliche Gepflogenheiten missachtet, so beim Projekt ‹Rekabas› (Redimensionierung der Kantonsaufgaben im Kanton Basel-Stadt) oder bei der Privatisierung der Kehrichtentsorgung, wo Privatisierungspläne noch 1993 entschieden ausgeschlossen worden waren.

Machen Private alles besser?

Die Aufgaben des Staates sind kontinuierlich gewachsen. So gewährleistet der Staat seit dem 19. Jahrhundert beispielsweise die Versorgung mit sauberem Trinkwasser und unterhält das gesamte Kanalisationssystem. Spitäler und medizinische Dienste bieten eine umfassende Gesundheitsversorgung, das staatliche Schulsystem gibt allen Kindern eine Chance für eine gute Ausbildung.

Inzwischen haben die gestiegenen Defizite der öffentlichen Haushalte eine ausschliesslich finanzpolitische Betrachtungsweise der staatlichen Dienstleistungen verstärkt. Verschiedene Exponentinnen und Exponenten aus Politik und Wirtschaft gehen heute davon aus, dass private Unternehmen solche Dienstleistungen günstiger und effizienter erbringen können als der Staat. Dabei werden wichtige Aspekte ausser acht gelassen. Dies zeigt sich zum Beispiel in ‹erfolgreich deregulierten› Städten Englands und der USA: Das Gesundheitswesen ist nicht mehr für alle zugänglich, sondern nur noch für diejenigen, die über genügend Geld verfügen. Die Preise für Wasser und Elektrizität sind, insbesondere für die privaten Haushalte, deutlich gestiegen. Immer mehr Menschen fallen durch das soziale Netz.

Effizienter Staat. Ja, aber ...

Wie jeder private Anbieter soll auch der Staat seine Aufgaben zur Zufriedenheit der Kundinnen und Kunden – der Einwohnerinnen und Einwohner – erfüllen. Auch öffentliche Dienste müssen immer wieder erneuert, Abläufe und Dienstleistungen überprüft, die Nähe zu den Benützerinnen und Benützern gewährleistet werden. Angestellte und Gewerkschaften, die gleichermassen den öffentlichen Dienst nicht a priori unkritisch verteidigen, suchen daher gemeinsam mit den Sozialpartnern immer wieder die besten Lösungen für diese Dienstleistungen. Beispielhaft für Basel können genannt werden: die Psychiatriereform, die Weiterführung der Chrischona-Klinik durch das Bürgerspital (anstelle einer Vermietung an eine private Betreiberfirma), die Reorganisation des Arbeitsamtes. Eine Verschlechterung der Arbeits- und Anstellungsbedingungen – unter dem Vorwand, die Flexibilität und Leistungsfähigkeit verbessern zu wollen – lehnen die Gewerkschaften und Angestellten jedoch ab.

Gewinne werden privatisiert, Verluste sozialisiert

Zahlreiche Gründe machen Deregulierungen und Privatisierungen problematisch. So würde zum Beispiel bei einer Privatisierung der Keh-

Mit einer ‹Protestpause› von 15 Minuten wandte sich das BVB-Fahrpersonal gegen die Abschaffung der ‹Lenkzeitgutschrift›.

richtabfuhr ein staatliches Monopol durch ein privates ersetzt, da hier kein freier Markt existiert. Nach einer solchen Privatisierung hätten Volk und Parlament – insbesondere bei Investitionen – nichts mehr zu sagen. Monopolbetriebe müssen jedoch unbedingt demokratisch kontrolliert werden, um der Gefahr von Korruption und Willkür vorzubeugen. Zudem muss der Staat die Sicherheit und Umweltverträglichkeit garantieren, und die Kehrichtentsorgung darf nicht unerschwinglich werden.

Die traditionell fortschrittliche Förderung von Kunst und Kultur im Kanton Basel-Stadt verändert sich drastisch: Der Kanton baut beim Theater ab, schliesst zwei wichtige Museen, die sich durch ungewöhnliche Ideen und Ausstellungen hervorgetan haben (Museum für Gestaltung und Stadt- und Münstermuseum) und streicht Subventionen für Kleinkünstlerinnen und -künstler. Gleichzeitig fördert er den Bau eines teuren, kommerziell ausgerichteten Musical-Theaters.

Der Staat darf keine Nebenrolle spielen

Die Abbaumassnahmen könnten sich als Bumerang erweisen. Schliesslich ist es erst wenige Jahre her, dass beispielsweise in den Spitälern der Personalmangel beunruhigende Ausmasse annahm. Wer heute Gesamtarbeitsverträge durch Einzelarbeitsverträge ersetzt, denkt kurzsichtig. Sie flexiblisieren nicht nur die Anstellungsbedingungen, sondern gefährden auch den Arbeitsfrieden. Entschieden wehrt sich daher der Verband des Personals öffentlicher Dienste gegen die zunehmenden Abbaumassnahmen bei Arbeits- und Anstellungsbedingungen. Er setzt sich weiterhin für einen leistungsfähigen, aufgeschlossenen, demokratischen Staat ein, der seine Aufgaben in allen wichtigen Bereichen wie Bildung, soziale Sicherheit, Gesundheitswesen, öffentlicher Verkehr, Kultur, Energie, Umweltschutz, Ver- und Entsorgung wahrnimmt und sich nicht auf mittelalterliche Nachtwächterfunktionen einschränken lässt.

Roland Schlumpf

Politischer Erdrutsch

Überraschender Ausgang der Nationalratswahlen

Die Nationalratswahlen im Kanton Basel-Stadt haben einen überraschenden Ausgang genommen: Die sechs Mandate entfallen nicht mehr zu gleichen Teilen auf die bürgerlichen Parteien und die Linksparteien; vielmehr konnten die Sozialdemokraten dank einem markanten Zuwachs des Wähleranteils gleich vier Nationalratssitze erringen. Zwar vermochte die Sozialdemokratische Partei (SP) auch gesamtschweizerisch deutlich an Terrain zu gewinnen, doch ist ihr Vormarsch in Basel ausgeprägter als in allen anderen Kantonen.

Auf Grund der Ausgangslage war ein Sitzgewinn für die SP durchaus zu erwarten, trat doch Hansjürg Weder vom Landesring der Unabhängigen (LdU) nach zwölf Jahren im Nationalrat nicht mehr an; seine Partei gab den Sitz kampflos preis. Dass dieses Mandat wohl im linken Lager bleiben würde, war zu vermuten. Neben der SP spekulierten aber auch die Grünen, die zusammen mit anderen linken Gruppierungen in Listenverbindung mit der SP standen, auf die Weder-Nachfolge. Dass die SP neben dem ‹Weder-Sitz› allerdings gleich noch ein viertes Mandat – und damit eines aus dem bürgerlichen Lager – an sich reissen würde, hatte niemand erwartet. Die Beobachter der politischen Szene, sonst selten um Erklärungen verlegen, waren lange wortkarg, als sich nach der ersten Hochrechnung am frühen Nachmittag des Wahlsonntags der ungeahnte Erfolg der SP abzuzeichnen begann. Die Genossen selbst waren in ihrer Zufriedenheit sprachlos.

Veränderte politische Landschaft

Wer das ungewöhnliche und spektakuläre Ergebnis interpretiert, kommt zunächst einmal nicht um die Feststellung herum, dass der Ausgang um den vierten Sitz zugunsten der SP und zu Lasten der CVP ausgesprochen knapp war. Lediglich 350 Listen, oder 58 volle Stimmzettel, waren entscheidend. Es hätte also wenig gebraucht, und Hugo Wick wäre die zweite Abwahl nach 1987 erspart geblieben, die Aufteilung in drei linke und drei rechte Nationalratssitze hätte weiterbestanden, das gerne zitierte Gleichgewicht der politischen Kräfte wäre Basel erhalten geblieben.

Es ist verständlich, wenn das bürgerliche Lager unmittelbar nach der Niederlage zu wahlarithmetischen Analysen Zuflucht nahm. Proporzpech allein genügt indessen nicht, um das Ergebnis zu deuten. Andere Zahlen, nämlich die Stimmenanteile, zeigen, dass sich die politische Landschaft in Basel durchaus grundlegend verändert hat.

Auffallend ist die Zunahme der SP-Stimmen um gut 10 % auf 35,5 %. Bei den Bürgerlichen Parteien fällt der Rückgang der Freisinnig-Demokratischen Partei (FDP) von 15,8 auf 12,2 % auf; angesichts dieses Ergebnisses hat sich die Zielsetzung der Partei, einen zweiten Nationalratssitz zu erringen, als realitätsfremd erwiesen.

Es waren denn auch die fehlenden FDP-Stimmen, die zum Verlust des CVP-Sitzes führten. Die Christdemokraten erzielten nämlich mit 9,7 % der Listenstimmen annähernd das Ergebnis von 1991, während die Liberal-demokratische Partei (LDP) gar auf 14,9 % zulegen und sich damit als stärkste Kraft im bürgerlichen Lager etablieren konnte. Der Einbruch bei der FDP hingegen dürfte seinen Grund nicht zuletzt im starken Abschneiden der Parteien am rechten Rand des politischen Spektrums haben. Die erstmals angetretene Freiheitspartei erhielt

2,5 % Stimmenanteile, und die Schweizer Demokraten – zwar ebenfalls noch weit davon entfernt, ein Mandat zu erringen – konnten mit 6,9 % ihren Stimmenanteil gegenüber 1991 mehr als verdoppeln. Diese Durchlässigkeit zum rechten Rand hin ist wohl nicht zuletzt das Ergebnis einer eher diffusen freisinnigen Politik in Basel. Kontur erhielt sie in der jüngeren Vergangenheit fast ausschliesslich durch die rastlosen Bemühungen um eine Abgrenzung nach links, die auf die andere Seite hin bei weitem nicht mit dem gleichen Eifer vorgenommen wurde.

Aber auch die Rangliste der besten persönlichen Ergebnisse zeigt die Überlegenheit der sozialdemokratischen Kandidatinnen und Kandidaten. Helmut Hubacher erhielt einmal mehr die meisten Stimmen und liess alle anderen deutlich hinter sich. Der 69jährige, seit 1963 im Nationalrat, zeigt ebenso wenig Ermüdungserscheinungen wie seine Wählerinnen und Wähler. Nach Hubacher belegen die Sozialdemokraten Ruedi Rechsteiner und Remo Gysin die nächsten Plätze. Die mancherorts wegen ihres eindimensionalen feministischen Politisierens ungeliebte Margrith von Felten schaffte ihre Wiederwahl im Sog des SP-Erfolgs und liess ihre Parteikollegin Christine Keller deutlich hinter sich. Letztere wiederum vereinigte immerhin noch mehr Stimmen auf sich als die gewählten bürgerlichen Mandatsträger Christoph Eymann und Johannes Randegger.

Auswirkungen der kantonalen Politik?

Die sozialdemokratische Dominanz war auch eine Folge der geschickten Listenverbindung über das ganze linke Spektrum hinweg. Weiterhin hat die SP zweifellos – und wohl mindestens ebenso wie die Grünen – vom Rückzug von Hansjürg Weder profitiert. Schliesslich (oder wohl vor allem) sind ihr auch viele Stimmen der Demokratisch-Sozialen Partei (DSP) in den Schoss gefallen, die für die eidgenössischen Wahlen in Basel Forfait erklärt hatte.

Taktik, Konstellation und Arithmetik reichen indes als Erklärung für den starken SP-Auftritt nicht aus. Daneben gibt es noch politische Momente, die den sozialdemokratischen Erfolg begründen. Dazu gehört insbesondere die bürgerlich dominierte Regierung, die seit knapp vier Jahren unter dem Titel der Sanierung der Staatsfinanzen Entscheidungen durchsetzt, die offensichtlich von einer breiten Mehrheit nicht (mehr) goutiert werden. Wenn eine Regierung grosse und kostspielige Bauprojekte realisiert und gegen den degressiven Teuerungsausgleich Sturm läuft, gleichzeitig die verschiedensten Gebühren erhöht, Sozialausgaben kürzt und bei den Erziehungsausgaben knausert, dann bezieht sie in einer Art und Weise Position, die provoziert. Es sieht so aus, als ob die Baslerinnen und Basler diese Provokation mit dem Stimmzettel quittiert haben.

Klare Bestätigung für Ständerat Plattner

Der Ausgang der Ständeratswahl kann durchaus unter den gleichen Vorzeichen interpretiert werden. Der Sozialdemokrat Gian-Reto Plattner konnte mit dem ‹Bisherigen-Bonus› ins Rennen steigen, auch wenn der Physikprofessor in den vergangenen vier Jahren in Bern nicht für grosse Debatten sorgte. Die von allen bürgerlichen Parteien getragene Kandidatur von Thomas Staehelin (LDP) weckte Erinnerungen an 1991 wach, als sein Parteikollege Ueli Vischer im zweiten Wahlgang von Gian-Reto Plattner um nur gerade 34 Stimmen geschlagen wurde. Ein knapper Ausgang war auch in diesem Jahr zu erwarten. Das Ergebnis indessen war eine deutliche Niederlage für den 48jährigen Wirtschaftsanwalt. Thomas Staehelin konnte im Verlauf der Auseinandersetzung mit Gian-Reto Plattner kaum Profil gewinnen, sein wirtschaftszentrierter Wahlkampf stiess offensichtlich auf wenig Echo. Er schöpfte damit letztlich nicht einmal das bürgerliche Wahlpotential aus. Staehelin erhielt weniger Stimmen, als für die Nationalratswahlen bürgerliche Listen abgegeben wurden. So war es die schwache Kandidatur von Thomas Staehelin, die – neben den erwähnten Gründen für den sozialdemokratischen Erfolg in den Nationalratswahlen – für Gian-Reto Plattner eine deutliche Bestätigung brachte.

Dieter Wüthrich

Erneuerung im Gefängnis- und Strafvollzug

Der Waaghof löst den Lohnhof ab

Am 14. August 1995 wurde im Beisein zahlreicher Persönlichkeiten des öffentlichen Lebens der ‹Waaghof›, das neu erbaute baselstädtische Untersuchungsgefängnis zwischen Binningerstrasse und Innerer Margarethenstrasse, feierlich seiner Bestimmung übergeben. Das markante Gebäude, das ausser dem Gefängnistrakt auch die Staatsanwaltschaft Basel-Stadt beherbergt, die zuvor auf sechs verschiedene Standorte verstreut war, setzt das wohl sichtbarste Zeichen für eine ganze Reihe von Neuerungen im baselstädtischen Gefängnis- und Strafvollzugswesen. Diese Neuerungen betreffen sowohl das Polizei- und Militärdepartement (PMD), das zuständig ist für den Bereich der Untersuchungshaft, als auch den eigentlichen Strafvollzug, dessen Fäden im Justizdepartement zusammenlaufen.

Die nach aussen hin auffälligste Neuerung im Polizei- und Militärdepartement ist die Schaffung einer eigenständigen Hauptabteilung ‹Gefängniswesen›. Bisher war das Gefängniswesen eine Unterabteilung des Ressorts ‹Administrative Dienste› gewesen. Vor dem Hintergrund der bevorstehenden Unterzeichnung des Rücknahmeabkommens mit Deutschland und der vom Souverän gutgeheissenen Zwangsmassnahmen im Ausländerrecht sah sich das PMD veranlasst, das Gefängniswesen zu einer eigenen Abteilung mit klar definierten Leitungsstrukturen aufzuwerten.

Zum Leiter dieser neugeschaffenen Abteilung hat der Regierungsrat den bisherigen Direktor der Interkantonalen Strafanstalt Bostadel bei Menzingen, Hans-Jürg Bühlmann (geb. 1944), berufen. Bühlmann war zuvor bereits federführend bei der Entwicklung des Betriebskonzeptes für das neue Untersuchungsgefängnis gewesen. Ihm unterstellt sind die beiden Leiter des neuen Untersuchungsgefängnisses im ‹Waaghof› und der Vollzugsanstalt ‹Schällemätteli›.

Der Leiter der neugeschaffenen PMD-Abteilung ‹Gefängniswesen›, Hans-Jürg Bühlmann.

Im ‹Waaghof› sind vornehmlich männliche und weibliche Personen untergebracht, die aufgrund eines Haftbefehls in Untersuchungs- bzw. Sicherheitshaft genommen wurden, Untersuchungsgefangene der Militärjustiz, Militärdienstverweigerer aus Gewissensgründen und Personen, die eine kurzfristige Haft- oder Gefängnisstrafe zu verbüssen haben. Das ‹Schällemätteli› hingegen nimmt Personen auf, die sich im vorläufigen Vollzug befinden und ihre Strafe noch nicht in einer Vollzugsanstalt antreten können. Auch wer eine Haft- oder Gefängnisstrafe zu verbüssen hat oder sich in Vorbereitungs- bzw. Ausschaffungshaft befindet, wird im ‹Schällemätteli› untergebracht.

Durchgehende Beratung

Eine weitere Neuerung ist das Angebot einer durchgehenden Beratung aller Insassinnen und

Insassen durch die Bewährungshilfe – von der Untersuchungshaft über den Vollzug (bzw. Freispruch) bis zur Entlassung. Die Bewährungshilfe ist dem Justizdepartement unterstellt, was die Vernetzung zwischen Justizdepartement und PMD auch im Bereich ‹Soziale Integration› gewährleistet. Vor diesem Hintergrund und im Interesse einer verbesserten Koordination innerhalb des Justizdepartementes wurden die drei Bereiche ‹Strafvollzugsbehörde›, ‹Vollzugszentrum Klosterfiechten› und ‹Bewährungshilfe› zu einer einzigen Abteilung ‹Strafvollzug und Soziale Dienste› zusammengefasst. Seit Mitte 1995 ist zudem eine interkantonale Kommission zur Beurteilung von sogenannt gemeingefährlichen Straftätern dem Justizdepartement angegliedert. Die Kommission wurde nicht zuletzt infolge des Mordfalls ‹Zollikerberg› ins Leben gerufen, der gesamtschweizerisch Aufsehen erregte; damals hatte ein verurteilter Mörder während seines Hafturlaubes eine junge Frau ermordet. Der Kommission gehören nebst Basel-Stadt auch die Kantone Basel-Landschaft und Solothurn an. Schliesslich wurde das im Vollzugszentrum ‹Klosterfiechten› bestehende ‹Angebot› der ‹Halbfreiheit› um den Bereich ‹Halbgefangenschaft› erweitert.

Halbfreiheit – Halbgefangenschaft

Bei der sogenannten ‹Halbfreiheit› gehen die Inhaftierten nach Verbüssung von mindestens der Hälfte ihrer Strafe einer regulären Arbeit ausserhalb der Anstalt nach, sofern sie eine finden; dies soll eine stufenweise Rückfuhrung in die Freiheit gewährleisten. Bei der ‹Halbgefangenschaft› dagegen setzen Strafgefangene von Anfang an ihre bisherige Arbeit oder Ausbildung ausserhalb der Anstalt fort; nur die Ruhe- und Freizeit verbringen sie innerhalb der Anstaltsmauern. Während die ‹Halbfreiheit› als Massnahme zur *Resozialisierung* definiert wird, soll die ‹Halbgefangenschaft› von vornherein einer durch den Strafantritt bedingten *Entsozialisierung* vorbeugen.

Eine lange Geschichte…

Ob der Strafvollzug seinen eigentlichen Aufgaben – Schutz der Allgemeinheit vor Delinquenten, Verhinderung weiterer Straftaten, erfolgreiche Wiedereingliederung – erfüllen kann, hängt jedoch nicht allein vom Betreuungsangebot innerhalb der Strafanstalt ab. Grosse Bedeutung kommt auch dem baulichen und architektonischen Ambiente einer Strafanstalt oder eines Untersuchungsgefängnisses zu. Gerade diesbezüglich hatten in Basel-Stadt bis zur Eröffnung des ‹Waaghofes› nach übereinstimmender Meinung der Strafvollzugsbehörden und der politisch Verantwortlichen absolut unbefriedigende Zustände geherrscht. Insbesondere der altehrwürdige ‹Lohnhof› vermochte den heutigen Anforderungen an eine zeitgemässe, menschenwürdige Untersuchungshaft kaum noch gerecht zu werden. Das Problem, dass die Untersuchungsgefangenen im ‹Lohnhof› teilweise unter Bedingungen inhaftiert waren, die im krassen Widerspruch zu den Vorschriften der Europäischen Menschenrechtskonvention standen, war seit vielen Jahren bekannt. Doch Staates Mühlen mahlen bekanntlich häufig etwas langsam: Vom ersten Ratschlag betreffend ein Kreditbegehren bis zur Einweihung des ‹Waaghofes› vergingen fast fünfzehn Jahre.

Im August 1981 hatte der Regierungsrat dem Grossen Rat einen Projektierungskredit von 850 000.– Franken für einen Neubau vorgelegt; weitere 1,6 Millionen Franken beantragte er für bauliche Sofortmassnahmen im ‹Lohnhof›. Den baulichen Veränderungen stimmte das Parlament zwar im November des gleichen Jahres zu; das Konzept für einen Neubau hingegen wurde an eine 19köpfige parlamentarische Kommission überwiesen. Sie empfahl zwei Jahre später dem Grossen Rat erneut die Bewilligung des Projektierungskredites. Nun dauerte es noch weitere fünf Jahre, bis der Regierungsrat im Februar 1989 um Bewilligung eines Baukredites über 59 Millionen Franken nachsuchte, der im Mai 1989 dann vom Parlament bewilligt wurde. Zwar wurde gegen den Beschluss das Referendum ergriffen, doch im November 1989 folgten die baselstädtischen Stimmbürgerinnen und Stimmbürger mit 54,6 % Ja-Stimmen dem grossrätlichen Beschluss. Im Februar 1990 wurden die Planungsarbeiten in Angriff genommen, die Baueingabe folgte im Juni 1991, der Abbruch der alten Liegenschaften einen Monat später. Weitere zweieinhalb Monate später war Baubeginn. Nach Abschluss der gesamten

Arbeiten im August 1995 wurde eine Bauabrechnung vorgelegt, die wegen der Teuerung um 11 Millionen Franken höher ausfiel als vorgesehen.

Ein Gefängnis als architektonische Herausforderung

Nach den Plänen und unter der Verantwortung des renommierten Basler Architektenehepaares Katharina und Wilfrid Steib entstand an der Binningerstrasse ein leicht gekrümmter Gebäudekomplex, der sich dem Strassenverlauf anpasst und trotz seiner Schlichtheit und Funktionalität einen markanten städtebaulichen Akzent an der Heuwaage setzt. Seinen Funktionen entsprechend ist der ‹Waaghof› zweigeteilt. Die Räume der Staatsanwaltschaft liegen hinter der dominierenden Glasfront entlang der Binningerstrasse, von der aus man auch den gesamten Gebäudekomplex betritt. Im Zentrum des Gebäudes befindet sich das Untersuchungsgefängnis, das auf einer Bruttogeschossfläche von 8200 Quadratmetern (der Lohnhof war nur halb so gross) 145 Häftlingen Platz bietet.

Erstmals in der Schweiz wird im ‹Waaghof› versuchsweise das Prinzip der Gruppenhaft eingeführt. Nach einer Anfangsphase in Einzelhaft – wofür im ‹Waaghof› vier Stationen bereitstehen – wechseln die Delinquentinnen und Delinquenten in der Regel in eine der acht Gruppenhaft-Stationen. Maximal zwölf Insassen können sich in jeder Station vormittags frei bewegen, miteinander kommunizieren oder jederzeit wieder in ihre Zelle zurückkehren. Den Nachmittag und die Nacht verbringen sie wie bisher in ihrer verschlossenen Einzelzelle.

Licht, Transparenz und Funktionalität

Die Räumlichkeiten im gesamten Gebäudekomplex zeichnen sich durch helle Materialien und einen bewussten Einsatz des Tageslichts aus. Das Innenleben des ‹Waaghofes› lässt die Absicht erkennen, mit einer leichten und transparent-eleganten Konstruktion aus Sichtbeton, Naturstein, Glas, Stahl und Holz eine grosszügige und die Sinne ansprechende Situation zu schaffen. Aus Sicherheitsgründen sind die Zellentrakte und Zellen nur durch einen einzigen Zutritt von der dreistöckigen Eingangshalle her erschlossen. Ihrer Funktion entsprechend verfü-

△ Architektonische Akzente des Ehepaares Katharina und Wilfrid Steib, die für den Bau verantwortlich zeichnen.

◁ Horizontale Eisenlamellen und eine undurchsichtige, lichtdurchlässige Folie ersetzen die üblichen Fenstergitter.

Der alte Lohnhof hat ausgedient. Ein neues Gebäude beherbergt Staatsanwaltschaft und Untersuchungsgefängnis unter einem Dach.

Stadt und Gesellschaft

gen sie über ein hochentwickeltes Sicherheitssystem. Die übliche vertikale Vergitterung der Zellenfenster wurde ersetzt durch horizontale Eisenlamellen und Sichtblenden aus lichtdurchlässiger, undurchsichtiger Klebefolie. Die Standardmöblierung der Zellen ist schlicht und nimmt die Funktionalität des gesamten Gebäudekomplexes auf.

Kunst am Bau

Eher unüblich für ein Untersuchungsgefängnis dürfte die Kunst am und im Bau sein, wie sie von sechs Basler Künstlerinnen und Künstlern im ‹Waaghof› geschaffen wurde. Hannes und Petruschka Vogel, die für das Gesamtkonzept verantwortlich zeichnen, wollten nach eigenem Bekunden gemeinsam mit den Künstlerinnen und Künstlern Barbara Maria Meyer, Karim Noureldin, Selma Weber und Vivian Sutter in dem Gebäudekomplex eine Stimmung von Sommer, Sonne und Licht entstehen lassen.

Alle Bemühungen des verantwortlichen Architektenpaares, einen ‹Knast mit menschlichem Antlitz› zu bauen, können aber letztlich nichts an der Tatsache ändern, dass der ‹Waaghof› von jenen, die morgens hierher zur Arbeit fahren und abends wieder nach Hause zurückkehren, anders wahrgenommen wird als von denen, die hier meist Wochen, manchmal auch Monate hinter verschlossenen Türen und Gittern verbringen müssen. Diesen Unterschied brachte Hans-Jürg Bühlmann, der Leiter der Abteilung ‹Gefängniswesen› im PMD, bei seiner kurzen Ansprache zur der Einweihung des ‹Waaghofes› mit folgenden Worten auf den Punkt: «Auch architektonisch anspruchsvoll eingeschlossen zu sein bedeutet letztlich, eingeschlossen zu sein.»

Die Kunst am Bau – eher unüblich für ein Untersuchungsgefängnis.

Daniel Küry

‹Basel natürlich›

Naturschutz im Stadtraum

Auf die Frage «Was verstehen Sie unter Naturschutz?» werden die meisten Leute antworten: «Schutz von Amphibienweihern», «Hochmoorschutz», allenfalls «Mähen von Blumenwiesen». Die Frage, welche Aufgaben Naturschutz in einem Stadtkanton übernehmen könnte, ist nur berechtigt. Noch viel zu oft wird Naturschutz im Stadtraum gleichgesetzt mit den Bestrebungen, die bis vor rund zehn Jahren üblich waren: Damals wurden Grünflächen unter Schutz gestellt, und das Betreten wurde verboten; damit schien der Naturschutzauftrag im wesentlichen auch schon erfüllt. Inzwischen hat sich das Bewusstsein für Landschaft und Natur entscheidend gewandelt. Man stellte fest, dass Tiere, Pflanzen und Organismen sowohl in ländlichen Gebieten – Wiesen, Wäldern und Ödland – als auch in typisch städtischen Lebensräumen bedroht sind. Zunächst wurde der Rückgang der Arten bei auffälligen Pflanzen und Amphibien beobachtet.

Perlen der Natur im Grau der Stadt

Als typisch städtische Naturräume gelten Bahn- und Hafenareale, Strassenborde, alte Mauern, Kiesflächen und Lagergelände, kurz: all jene Flächen, die wenig oder gar nicht genutzt und auch als ‹Niemandsland› bezeichnet werden. Sie beherbergen eine vielfältige Flora und Fauna. Aber auch auf gepflegten Flächen wie Parkanlagen, Baumscheiben, der Umgebung von Schulhäusern und Spitalgebäuden, Gärten und Vorgärten kommen seltene und gefährdete Tiere und Pflanzen vor. Einige Stadtbasler Naturräume haben nationale Bedeutung, bedingt durch die geographische Lage und den Untergrund: Im niederschlagsarmen, warmen Klima wachsen auf den trockenen Böden, die über Rheinschotter gelagert sind, zahlreiche Pflanzenarten, die für die Schweiz einmalig sind. Dazu zählen die Rheinische Flockenblume oder das Behaarte Bruchkraut. Ähnliche Vegetationstypen finden wir allenfalls noch im Wallis oder im Tessin. Der spezifischen Vegetation entsprechend finden wir auch seltene Tierarten wie die Gottesanbeterin oder die Blauflüglige Sandschrecke, die sonst nur noch in den wärmsten Lagen der Schweiz leben.

Der Rhein als Lebensader

Welche Bedeutung der Rhein als Lebensader und als Naturraum für Basel, für die Schweiz, ja für ganz Europa hat, wird oft vergessen. Einerseits liefert er das lebenswichtige Wasser: unsere Trinkwasserreserven reichen nur deshalb noch aus, weil sie mit Rheinwasser angereichert werden. Zugleich waren der Basler Rheinabschnitt und seine Zuflüsse früher für den Lachs oder den Maifisch einige der wenigen Lebensräume in der Schweiz. Das gleiche trifft auch auf verschiedene Arten der Stein- und der Köcherfliegen zu, die bis vor kurzem nicht nur am Rhein, sondern in ganz Europa als ausgestorben galten. Internationale Schutzprojekte für den Lachs, oder auch die Tatsache, dass früher verschwundene Kleintiere inzwischen wieder anzutreffen sind, unterstreichen die Bedeutung des Rheins als Natur- und Lebensraum.

‹Normalfall› Landgemeinden

Die Gemeinden Riehen und Bettingen entsprechen landschaftlich noch am ehesten dem gesamtschweizerischen Durchschnitt. Hier steht der Schutz der ‹üblichen› Lebensräume sowie gefährdeter Arten im Vordergrund. Als Teil des Biotopschutzes müssen Hecken, Blumenwie-

Die Gottesanbeterin *(Mantis religiosa)* besiedelt nur die wärmsten Zonen der Schweiz: Genfersee, Wallis, Tessin und die Region Basel. ▽

sen, Weiher, Fliessgewässer mit Ufern und Auen, Wälder, Streuobstwiesen, Einzelbäume und geologische Objekte wie Dolinen oder Hohlwege geschützt und erhalten werden. Beim Artenschutz der Vögel stehen die Heckenbrüter im Vordergrund. Seltene Blumenarten und Schmetterlinge auf Wiesen, Amphibien und Kleintiere in Weihern und Bächen, der Feldhase im unteren Wiesental oder die Schlingnatter auf Bahnarealen müssen geschützt werden.

Der lange Leidensweg der Natur

Im Jahre 1962 wurde der Naturschutz in der Schweizer Bundesverfassung verankert. Im Stadtraum von Basel tat sich allerdings bis etwa 1985 nur wenig. Die Naturschutzverbände (z. B. Basler Naturschutz) waren vor allem ausserhalb des Stadtkantons aktiv, die Natur in den Siedlungsgebieten blieb den Grünplanern überlassen. Spontane Natur – das heisst Natur, die ohne menschliche Eingriffe entsteht – galt allgemein als ungepflegt und unschön. Diese Sichtweise wurde erstmals mit dem Basler Natur-Atlas von 1985 relativiert. Darin waren alle wertvollen Objekte im Kanton Basel-Stadt kartiert und hinsichtlich ihres Wertes und ihrer Gefährdung beurteilt. Da die umfangreiche Kleinarbeit von Privaten (Basler Naturschutz) geleistet werden musste, blieb sie jedoch zunächst unverbindlich. Erst im Rahmen von Umweltverträglichkeitsberichten entwickelte sich der Basler Natur-Atlas zu einer Pflichtlektüre für Planer und Architekten. Schritt für Schritt begannen Fachkreise, die Existenz wertvoller Natur im Stadtkanton wahrzunehmen. Inzwischen sind viele der 1985 inventarisierten Objekte bereits verschwunden. Erst 1992, als eine Fachstelle für Naturschutz geschaffen und der Stadtgärtnerei angegliedert wurde, begann ein neuer Abschnitt für den Naturschutz in Basel.

Naturschutz im Stadtraum

Für den Naturschutz in Basel war 1995 ein Schlüsseljahr. Als einer der letzten Kantone erhielt Basel-Stadt am 1. Juli 1995 ein Naturschutzgesetz. Die rechtlichen Voraussetzungen für den Naturschutz im Stadtkanton waren damit geschaffen. Ein Naturschutzkonzept hält die Ziele des Naturschutzes fest und schreibt die wichtigsten Strategien zur Umsetzung fest. Es nimmt auf die städtischen Lebensräume und die hier vorkommenden Arten besonders Rücksicht. Im Stadtgebiet werden keine neuen Schutzgebiete vorgeschlagen, sondern sogenannte ‹Vorranggebiete› bezeichnet – wertvolle Lebensräume, in denen seltene Arten besonders häufig vorkommen. Nur ausserhalb der Siedlungen soll Naturschutz weiterhin als ‹Reservatschutz› betrieben werden. Da die typische

Stadtflora und -fauna ohne menschliche Aktivität nicht existieren kann, wird in den ‹Vorranggebieten› die Nutzung nicht generell ausgeklammert; entscheidend ist jedoch, wie und wie intensiv die Flächen genutzt werden.

Als Beispiel sei eine Kiesfläche mit zahlreichen trockenheits- und lichtliebenden Pflanzen und Tieren genannt. Ist die Nutzung durch Fahrzeuge zu intensiv, dann werden die Pflanzen zerstört, bevor sie ihre Blätter ausbreiten und blühen können. Bleibt dagegen der Raum mehrere Jahre lang ungenutzt, dann wachsen im Laufe der Zeit Sträucher, die die Flächen überschatten; die Lebensbedingungen der ursprünglich vorhandenen Pflanzen und Tiere verschlechtern sich, bis diese ganz verschwinden. Für jede Art von Lebensraum muss also das richtige Mass an Nutzung festgelegt werden. In unserem Beispiel wäre die optimale Nutzung ein *gelegentliches* Befahren der Kiesfläche durch Fahrzeuge.

Indikator ‹Kinderspiel›

Naturnahe Flächen im Stadtraum werden oft von Kindern genutzt. Verlassene, unversiegelte, von Erwachsenen selten genutzte Flächen sind attraktive Orte für Abenteuer- und Erlebnisspiele. In meiner eigenen Kindheit war dies eine verlassene Gärtnerei: Obstbäume, eine grosse Wiesenfläche und Kiesflächen boten vielseitige Erlebnisse. Erst der Aushub für den Bau von Wohnblöcken setzte diesem Erlebnisraum ein Ende. Zwar entstehen immer wieder neue brachliegende Flächen, doch ist in den letzten zwanzig Jahren ein genereller Rückgang von ‹Niemandsland› zu beobachten, weil die Phasen zwischen zwei unterschiedlichen Nutzungen inzwischen möglichst kurz gehalten werden.

Natur ist Lebensqualität

Die Umsetzung von Naturschutzanliegen in Stadträumen erfordert ein besonderes Instrumentarium. Gerade in Siedlungen sind Verbote oder die Sperrung für Bewohnerinnen und Bewohner nicht die vorrangigen Massnahmen. Bei der Gestaltung naturnaher Lebensräume muss mit Landeigentümern, Architekten, Planern und Ausführenden verhandelt und diskutiert werden. Flächen, wo solche naturnahe

Lebensräume entstehen können, bieten sich fast überall. So bildet der als Lichtraum gesetzlich vorgeschriebene Gebäudeabstand bedeutende unbebaute Areale. Auf ihnen sollte die Nutzung so gestaltet werden, dass wieder mehr Flächen als Ruderalflächen genutzt werden können.

Europäisches Naturschutzjahr

Um die Bevölkerung zur Förderung spontaner Natur vor der Haustür zu motivieren, wurde im Europäischen Naturschutzjahr 1995 die Veranstaltung ‹Basel natürlich› mit einem breiten Angebot an Führungen, Referaten, Exkursionen und Aktionen organisiert. Den Höhepunkt bildete ein Naturmarkt auf dem Barfüsserplatz. Das grosse Informations- und Beratungsangebot, das hier geboten wurde, stiess auf reges Interesse, und auch das Exkursionsprogramm war sehr beliebt. Die Trägerschaft reichte von der Stadtgärtnerei mit der Kantonalen Naturschutzfachstelle und dem Naturhistorischen Museum über die Universität mit ihrem Studiengang ‹Natur-, Landschafts- und Umweltschutz› (NLU) zu den privaten Natur- und Umweltschutzvereinen, naturkundlichen Fachgesellschaften und Basler Bioläden.

Inzwischen sind an verschiedenen Stellen der Stadt die ersten Resultate sichtbar: Baumpatenschaften wurden übernommen, die Anzahl naturnaher Gärten und Grünanlagen hat zugenommen. Vor allem eines lässt berechtigte Hoffnungen für die Zukunft zu: Die Trägerorganisationen haben verstanden, dass sie nur gemeinsam den Naturschutz populär machen können. Naturschutz im Stadtraum ist eine anspruchsvolle, gesellschaftliche Aufgabe und verlangt eine fundierte, vielschichtige Öffentlichkeitsarbeit. Wenn die Bevölkerung den Sinn und Nutzen des Naturschutzes für die eigene Lebensqualität erkennt, wird sie sich dafür einsetzen.

◁
Zwei
Mauereidechsen
(Podarcis muralis)
beim Sonnenbad.

Von der alten zur neuen Wettsteinbrücke

Wo sich heute der Wettsteinplatz und die Brücke befinden, wurde noch in den 1860er Jahren Landwirtschaft betrieben.

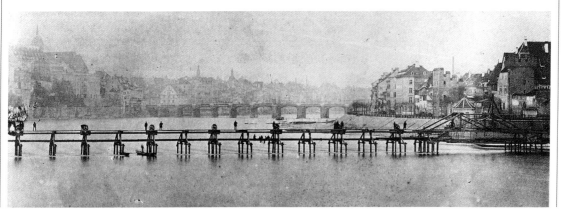

Bau der ersten Wettsteinbrücke (1877). Nach dreijähriger Bauzeit konnte die Brücke 1879 eingeweiht werden.

Die Wettsteinbrücke um 1930. ▷

Die vier Wahrzeichen wurden bei der Verbreiterung der Brücke (1936–39) entfernt. Einer der Basilisken kehrte nach längerem Exil im Tierpark Lange Erlen 1995 wieder auf die Brücke zurück. ▷

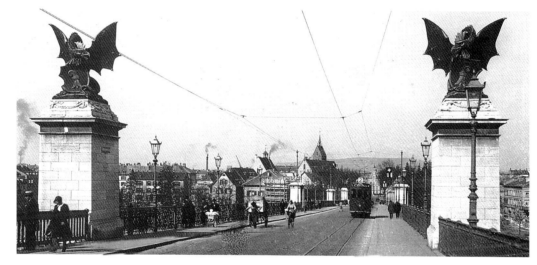

Von 12,6 auf 21,5 Meter verbreitert, prägte sie das Stadtbild bis zu ihrem Abbruch. ▷

Stadt und Gesellschaft

△△
Die neue Wettsteinbrücke des Architekturbüros Bischoff+Rüegg und des Ingenieurbüros Aegerter & Bosshardt. Nach vierjähriger Bauzeit wurde die Brücke am 1. September 1995 offiziell eingeweiht.

△
Das unterlegene Neubauprojekt von Santiago Calatrava, dem auch heute noch viele nachtrauern.

Niggi Schoellkopf

Ein Fest für die neue Wettsteinbrücke

Kaum hatten Regierungsrat Christoph Stutz das weiss-schwarze Band durchschnitten und der Kranführer am Grossbasler Brückenkopf die Hülle, die den Basilisken verdeckte, hochgezogen, begann an beiden Seiten der reichbeflaggten Wettsteinbrücke ein dreitägiges Volksfest. Die Organisatoren hatten zwei Festplätze geschaffen: Im Grossbasel waren zwischen dem Bankenplatz und dem Deutschritterhaus an der Rittergasse 16 Festbeizli, im Kleinbasel rund um das Bürgerliche Waisenhaus 28 Beizli errichtet worden. Wie eigentliche ‹Dorfplätze› präsentierten sich der Theodorskirchplatz und das weite Hofareal des Waisenhauses. Hier herrschte auch an allen drei Tagen, vom 1. bis zum 3. September, Hochbetrieb. Zu den 44 von den Vereinen und Cliquen äusserst originell dekorierten Festwirtschaften mit ihrem reichhaltigen kulinarischen Angebot gesellten sich noch rund 50 Verkaufsstände: ein bunter Bazar. Der Turnverein St. Josef organisierte am Samstagmorgen eine Rhystaffette, an der sich zahlreiche Jugendliche im 6. bis 9. Schuljahr beteiligten. Der Schweizerische Ingenieur- und Architektenverein schrieb unter der Jugend einen Brückenmodell-Wettbewerb aus.

Der Sonntagmorgen begann mit einem ökumenischen Festgottesdienst in der St. Theodorskirche, dem auch Mitglieder von Regierung, Behörden und Organisationskomitee beiwohnten. Nach dem Gottesdienst formierte sich ein bunter Corso vom Wettsteinplatz über die Brücke zum Barfüsserplatz, wo die BVB ihr 100-Jahr-Jubiläum ebenfalls mit einem Volksfest feierten. Trachtengruppen, Musikcorps, Pfeifer und Trommler, Bannerträger der Basler Zünfte, Turnvereine sowie Gruppen aus dem Markgräflerland schritten dem nachfolgenden Tramcorso voran. Dichtgedrängt – wie an der Fasnacht – verfolgte das frohgestimmte Publikum das seltene Schauspiel. Hatte sich Petrus am Freitag und am Samstag von der besten Seite gezeigt, so liess er am Sonntag kurz nach Schluss des Festumzuges die Schleusen öffnen und sorgte dafür, dass die vielen tausend Zuschauer in die Festbeizli flüchteten und sie bis zum offiziellen Schluss um 18 Uhr besetzt hielten.

Oldtimer am Corso auf der neuen Wettsteinbrücke ▽

Schlaglichter Stadt und Gesellschaft

Roland Schlumpf

Ein gesellschaftspolitisches Lehrstück: die KVA

Die geplante Umwandlung der KVA in eine Aktiengesellschaft hat viel Staub aufgewirbelt. Der Abbruch der alten Anlage.
◁

Der Kanton Basel-Stadt braucht eine neue Kehrichtverbrennungsanlage (KVA). Im Sommer 1994 hatte der Grosse Rat das entsprechende Projekt, das den aktuellen Anforderungen des Umweltschutzes und den Kehrichtmengen gerecht wird, genehmigt. Es verlangt eine Investition von 380 Millionen Franken. Die Dimension erschreckt, entspricht sie doch etwa dem Staatshaushalt des Kantons Jura. Nicht, dass hier mit zu grosser Kelle angerichtet wird – Kehrichtverbrennungsanlagen dieser Grössen haben ihren Preis. Entsprechend waren die Kosten im Kantonsparlament auch kaum umstritten. Sie machen aber deutlich, was eine urbane Gesellschaft heute im Bereich Abfall anrichtet und was sie für die Entsorgung der Siedlungsabfälle aufzuwenden hat.

Weniger als ein Jahr später legte das Baudepartement ein redimensioniertes Projekt mit vorerst zwei statt drei Brennlinien vor. Das Mengengerüst reduzierte sich von 270 000 Tonnen auf 247 000 Tonnen. Einerseits zeigen die Vermeidungs- und Verwertungsstrategien in Basel-Stadt offenbar Wirkung, andererseits fallen Abfälle aus dem Elsass weg, weil dort inzwischen ebenfalls eine neue Verbrennunganlage geplant wird. Dank dieser Reduktion kostet die Anlage ‹nur› noch 300 Millionen Franken.

Von grundsätzlicher gesellschaftpolitischer Bedeutung ist der Weg, den Regierung und Grosser Rat für die Finanzierung, den Bau und den Betrieb der neuen Kehrichtverbrennungsanlage gewählt haben. Nicht die Staatskasse bringt die Investitionskosten auf, sondern die einst für Abwasserprojekte im Raum Basel gegründete ‹Pro Rheno AG›, die den neuen Namen ‹Regionale Entsorgung Dreiländereck AG› (‹Redag›) erhalten hat. Der Kanton Basel-Stadt erhöht seinen Anteil am Aktienkapital, das 50 Millionen Franken beträgt, auf 80 Prozent. Die privatrechtliche Aktiengesellschaft, nun mehrheitlich im Besitz des Kantons Basel-Stadt, wird auf dem Kapitalmarkt das Geld für den Bau der neuen KVA aufnehmen. Die Finanzierungskosten werden dadurch zwar nicht geringer; als Vorteile aber nannte die Regierung die Transparenz der Rechnungslegung, die Möglichkeit einer Beteiligung Dritter und das Know-how der übrigen Aktionäre.

Die linken Kräfte im Grossen Rat kritisierten die im Vergleich zur staatlichen Finanzierung teurere Kapitalbeschaffung. Sie sei nur dann sinnvoll, wenn später auch der Betrieb der KVA privatisiert werde. Was von Sozialdemokraten und Gewerkschaften zunächst nur befürchtet und von der Regierung in Abrede gestellt wurde, war bereits ein Jahr später Realität: Im Juni 1995 hatte das Parlament über die Privatisierung der Kehrichtverbrennung zu entscheiden. Als Begründung führte die Regierung Mehrwertsteuer-Einsparungen von fünfzehn Millionen Franken an. Dieser Sachverhalt wurde zwar von der zuständigen Bundesstelle bestritten; dennoch folgte der Grosse Rat der Argumentation der Regierung. Baudirektor Christoph Stutz bezeichnete die Auseinandersetzung um die Mehrwertsteuer als ‹Nebenkriegsschauplatz›; dies kam dem Eingeständnis gleich, die steuerlichen Überlegungen lediglich vorgeschoben zu haben.

Damit wurde die Grundsatzdiskussion, ob, wann und wie Staatsbetriebe zu privatisieren sind, umgangen. Sie war auch nicht mit einem Referendum nachzuholen, das die Sozialdemokraten und die Gewerkschaften ergriffen. Die Stimmbürgerinnen und Stimmbürger schafften aber immerhin Zeit und Raum dafür, indem sie am 19. November 1995 die Zustimmung zu dieser Teilprivatisierung verweigerten: Mit 56,5 % Nein-Stimmen erteilten sie den Plänen der Regierung und des Grossen Rates eine klare Absage.

Fritz Friedmann

Das ‹Gesellschaftshaus› im Gundeli

Was den Kleinbaslern ihr Café Spitz, das ist den ‹Gundeldingern› ihr ‹Casino›. Am 3. Mai 1995 wurde das neue ‹Begegnungs- und Kulturzentrum› festlich eingeweiht.

Im Gundeldinger Quartier, das etwa gleich viele Einwohner zählt wie die Stadt Solothurn, herrscht seit langem ein lebendiges Vereinsleben. Das erste ‹Gundeldinger Casino› wurde im Jahre 1900 eröffnet und bot mit seinem grossen Saal jährlich 80 bis 100 Veranstaltungen Gastrecht. Als im Jahre 1980 der private Besitzer das Haus verkaufen wollte, begann im Quartier unter Führung prominenter Vereinspräsidenten eine Aktion zur Rettung des Casinos. Die ‹Gundeldinger Casino AG› entstand und wurde Eigentümerin der alten und später Bauherrin der neuen Liegenschaft; jeweils beteiligte sich der Kanton Basel-Stadt.

Das neue Gebäude, Fixpunkt am Tellplatz, wurde nach Plänen der Architekten Thomas Schnyder und Hanspeter Christen erstellt. Es besticht durch klare Architektur und eine gelungene Kombination von verschiedenen Baumaterialien: Beton, Stahl, Holz und Glas. Besondere Aufmerksamkeit wurde der Belichtung und einer guten Akustik im Konzert- und Theatersaal im 3. Untergeschoss geschenkt. Je nach Bestuhlung finden dort 350 bis 450 Gäste Platz. Weitere Schwerpunkte bilden die Restaurants auf zwei Ebenen sowie das Boulevardcafé. Ausserdem umfasst das Gebäude Läden, Büros und Wohnungen. «So wird das Gundeli zur Stadt», sangen an der Eröffnung die Geladenen – und die rege Nutzung der verschiedenen Angebote beweist, wie notwendig dieser Neubau war.

Markanter Schwerpunkt am Tellplatz: das neue Gundeldinger Casino. ▷

Georg Kreis

Der jüngere Bruder in der Steinenvorstadt

Der jüngere ‹Bruder› der alten Basler Bannerträger in der Steinenvorstadt.

Im vergangenen Jahr ist nach rund einjähriger Abwesenheit die Brunnenfigur des Webernbrunnens in der Steinenvorstadt in restauriertem Zustand wieder aufgestellt worden. Bei der 1672 geschaffenen Figur des Bannerträgers handelt es sich um die Wiederaufnahme eines Motivs, das schon im 16. Jahrhundert in der ganzen Schweiz und im Süddeutschen Raum in Mode gekommen und auch in Basel häufig anzutreffen war. Lange zuvor schon hatten Bannerträger als Wappenhalter auf Münzen und Glasscheiben existiert. 1511 war am neuen Rathaus ein Bannerträger aufgestellt worden, der das Glockengehäuse überragte. Einige Jahre später folgte auf dem Kornmarkt, in zwei Fassungen von 1530 und 1545, ein weiterer Bannerträger; er befindet sich heute auf dem Martinskirchplatz vor dem Staatsarchiv. 1672 folgte der jüngste ‹Bruder›, der jetzt gerade restauriert wurde. Die gleiche Figur malte Hans Brock 1608/09 an die Fassade des hinteren Rathauses. Eine Weiterführung des Motivs findet man als Gemälde am neuen Rathausturm von 1904.

Die Figur des Kriegers repräsentiert als Idealgestalt den stolzen Anspruch einer Kommune auf Wehrhaftigkeit, und damit auf Souveränität und Gerichtshoheit. Bemerkenswerterweise wurden alle diese anonymen Figuren im Laufe der Zeit individualisiert und erhielten vom ‹Volksmund› eine historische Persönlichkeit zugeordnet. So wurde aus dem Bannerträger am Basler Kornmarkt Henman Sevogel, der als baselstädtischer Held der Schlacht von St. Jakob an der Birs von 1444 in die Geschichte eingegangen war; aus seinem ‹Bruder›, dem Bannerträger in der Steinenvorstadt, wurde ein Oswald von Thierstein, ein Held aus der Zeit der Burgunderkriege; und der Zuger Bannerträger von 1541 wurde zu Peter Kolin, einem Helden aus der Schlacht von Arbedo im Jahre 1422.

Das Bedürfnis, diesen zeitlosen Symbolfiguren historische Persönlichkeiten zuzuschreiben, nahm gegen Ende des 19. Jahrhunderts derartig zu, dass sogar Bannerträger geehrt wurden, die eigentlich auf der ‹falschen› Seite gestanden hatten. So wurde eine Sockelfigur in Zofingen dem legendären Ortshelden der Schlacht von Sempach von 1386, Nikolaus Thut, gewidmet – einem Gefolgsmann der Habsburger. Und der Zürcher Bannerträger aus dem Jahre 1574 galt später als Bürgermeister Rudolf Stüssi, der als Held in der Schlacht von St. Jakob an der Sihl 1443 gekämpft hatte – gegen die Eidgenossen.

Peter Bachmann

‹Velo-City Conference '95› in Basel

Im September 1995 fanden sich 450 Fachleute aus aller Welt zum 8. Velo-City-Kongress in Basel ein. Alle zwei Jahre wird diese Konferenz von der ‹European Cyclists' Federation› in einer radfahrerfreundlichen Stadt durchgeführt. Die Velo-Infrastruktur und das soziale Velo-Klima in den beiden Basel erreichen heute internationale Spitzenklasse. 1995 feierte die ‹IG Velo› ihr zwanzigjähriges Bestehen, im gleichen Jahr hätte das Veloroutennetz, für dessen Realisierung der Grosse Rat 25 Millionen Franken bewilligt hatte, fertiggestellt sein sollen. Die ‹Velo-City Conference› gab der ‹Velostadt Basel› neuen Auftrieb: mehrere Radverbindungen wurden fertiggestellt, ein Velo-Stadtplan erschien im Buchhandel.

Das Motto des Kongresses ‹Das Velo – ein Symbol für nachhaltigen Verkehr› wollte darauf aufmerksam machen, dass ein Kollaps der Biosphäre droht, der von den Menschen durch exzessiven Energieverbrauch verursacht wird. Das Ökosystem könnte zusammenbrechen, wenn der Rest der Erdbevölkerung den Lebensstil der Europäer, Nordamerikaner und Japaner übernähme; ein Klimawandel mit unvorhersehbaren Folgen ist zu befürchten. Eine nachhaltige Entwicklung verlangt die wesentliche Reduktion des Verbrauchs von fossilen Brennstoffen. Weil beim Fahrrad für Betrieb und Herstellung sehr wenig Energie benötigt wird, ist es – anders als das Automobil – auf Dauer umweltverträglich, also ein ‹nachhaltiges Verkehrsmittel›.

In der Schweiz wird die Hälfte aller Erdölprodukte für den Verkehr verwendet. Erhebliche Einsparungen sind möglich, wenn mehr Fahrten mit dem Velo statt mit dem Auto unternommen werden. Das Umsteigen aufs Velo war daher das Hauptthema des Kongresses; daneben wurden Fragen der Infrastruktur, der Sicherheit, der Gesundheit und der Kombination Velo/öffentlicher Verkehr diskutiert. Wenn dank neuer Erkenntnisse die rechtlichen, wirtschaftlichen und technischen Rahmenbedingungen für das Radfahren in vielen Ländern verbessert werden, ist dies ein wichtiger Schritt in Richtung ‹nachhaltiger Verkehr› – und der Zweck der ‹Velo-City Conference '95› wäre erreicht.

Eröffnung der Veloroute Basel-Riehen. ▷

Hansjörg Marchand

Basler Sport- und Ferienheim ‹Morgenholz› 1895–1995

Wenn ein Ferienheim für Jugendliche sein 100jähriges Bestehen feiern kann, so ist dies Anlass, dankbar Rückschau zu halten, aber auch Verpflichtung für den Trägerverein, vorausschauend zu planen in einer sich rasch verändernden Welt.

Der Gründervater des Heims auf der Alp ‹Morgenholz›, der legendäre Adolf Glatz (1841–1926), war ein dem Turnen und dem Jugendsport verbundener Schulmeister an der Realschule Basel. In den 1890er Jahren sah er sich nach einem Ferienstützpunkt für Bergwanderungen mit seinen Turnern um. 1894 wurde er im Niederurner Alpental im Kanton Glarus fündig. Dort konnte er nach einer erstaunlich kurzen Vorbereitungszeit bereits im Juli 1895 mit einer ersten Knabenkolonie das neu erbaute Holzhaus beziehen.

Das Ferienlager im Haus ‹Morgenholz› für Basler Buben aus der Realschule, später aus den Gymnasien und heute aus allen Basler Schulen blieb für manche Knaben, die aus bescheidenen Basler Familien stammten, während Jahrzehnten die einzige Möglichkeit, gesunde Alpenluft zu schnuppern. Für viele wurde das ‹Morgenholz› zum Innbegriff für Jugendferien überhaupt; unzählige Ehemalige versammeln sich immer wieder auf der Alp anlässlich einer Seniorenwoche, die alle zwei Jahre durchgeführt wird, und halten ihre Erinnerungen wach.

Der Verein ‹Ferienheim Morgenholz› sorgte nicht nur dafür, dass das Heim technisch und baulich der modernen Zeit angepasst wurde – Elektrizität und Telefon wurden eingebaut –, sondern dass seit den 1980er Jahren auch Mädchen ihre Ferien auf der Alp verbringen können. In Hinblick auf das 100. Jubiläum ermöglichten im vergangenen Jahr treue ehemalige ‹Morgenhölzler› mit grosszügigen Spenden und persönlichem Einsatz den Bau einer einfachen Spielhalle aus Holz. Die Aufrichte fand, gleichzeitig mit der 100-Jahr-Feier, am 6. August 1995 auf der Alp statt. Neben den anwesenden Regierungsvertretern der Kantone Glarus und Basel-Stadt feierte eine Schar illustrer Gäste das Jubiläum.

Ferienheim Morgenholz (1000 Meter über Meer) ob Niederurnen/GL.

Anmerkung

Eine Festschrift, die anlässlich des Jubiläums entstand, schildert detailliert die Geschichte des Heims.

Peter A. Preiswerk

150 Jahre Paedagogia Basiliensis

Gut 100 Aktive und Altmitglieder feierten am Samstag, dem 17. Juni 1995, das 150jährige Bestehen ihrer Schülerverbindung, der Paedagogia Basiliensis[1]. Es begann mit einem Apéritif in den Vischer-Gärten an der Rittergasse, wo Regierungsrat Prof. Dr. Hans-Rudolf Striebel die Glückwünsche der Behörden sowie einen silbernen Becher überbrachte. Nach einem Umzug durch die Innenstadt würdigte Altmitgliederpräsident Prof. Dr. Adrian Staehelin im Merian-Saal des Café Spitz die Ziele der Verbindung und übergab als Geschenk der Altmitglieder der Activitas eine neue Fahne. Zum Abschluss des Jubiläums fand am Abend im ‹Löwenzorn› ein Festcommers statt.

Was ist und was will die Paedagogia Basiliensis? Gegründet wurde sie auf Vorschlag von Jacob Achilles Mähly[2] durch neun Schüler des Paedagogiums[3]. Getreu der Devise ‹Litteris et Amicitiae› bezweckt sie die Weiterbildung ihrer Mitglieder. Die Pflege der Freundschaft fördert auch die gegenseitige Toleranz. Dadurch wird die Verbindung, die sich früher vor allem aus Schülern des Humanistischen Gymnasiums zusammengesetzt hat, zu einer eigentlichen «Schule fürs Leben»[4]. Bereits im Sommer 1845 wurden das blau-weiss-blaue Band der Cerevis, im Winter 1845/46 eine weisse ‹Vereinsmütze› eingeführt. Erst seit einer folgenschweren Verwechslung mit der Verbindung Zofingia werden blaue Mützen getragen. Die Stellung der Paedagogia Basiliensis blieb bis in die 1920er Jahre mehr oder weniger unangefochten, auch wenn es hin und wieder Differenzen mit Lehrern oder Rektoren gab. Dann aber musste sich die Verbindung mit der Pfadfinder- und anderen Jugendbewegungen auseinandersetzen, was zu ersten Suspendierungen führte. Nach dem Zweiten Weltkrieg erlebte sie nochmals eine eigentliche Blüte, die bis in die 50er Jahre dauerte. Obwohl die Entwicklung der letzten Jahrzehnte für das Verbindungswesen allgemein nicht eben einfach waren und es nicht immer leicht fiel, neue Mitglieder anzuwerben, begeistern sich immer wieder Gymnasiasten für die Paedagogia und ihre Ziele, wobei gewisse äusserliche Anpassungen nicht ausbleiben konnten. So blicken denn die Mitglieder der ältesten und traditionsreichsten Basler Schülerverbindung mit Optimismus in die Zukunft.

Die Activitas der Paedagogia Basiliensis am Jubiläumstag.

Anmerkungen

1 Um 1830 muss bereits eine Vorgänger-Verbindung am Paedagogium bestanden haben, die aber aktenmässig nicht genau nachzuweisen ist.
2 Jacob Achilles Mähly (1828–1902). Lehrer am Paedagogium, 1875–1890 Ordinarius für Lateinische Sprache und Literatur.
3 Paedagogium: die beiden letzten Klassen des Gymnasiums. Die neun Professoren der Philosophischen Fakultät waren verpflichtet, hier einen Teil ihres Pensums zu absolvieren, wovon die Gymnasiasten nicht wenig profitierten. Zu den bekanntesten Lehrern zählen Jacob Burckhardt und Friedrich Nietzsche.
4 Mündlich überlieferter Ausspruch von Wilhelm Wackernagel (1806–1869), Professor für deutsche Sprache, Förderer der Paedagogia.

Literatur

Peter A. Preiswerk, Paedagogia sey's Panier, Aus der Geschichte einer Basler Gymnasialverbindung, Basel 1995.

Regio

Im Alleingang
Die Folgen des EWR-Neins von 1992

1992 lehnte der eidgenössische Souverän den Beitritt zum Europäischen Wirtschaftsraum (EWR), und damit auch weitergehende Schritte in Richtung EU-Vollmitgliedschaft, ab. Nach dem Beitritt Schwedens, Österreichs und Finnlands zur EU ist die Option EWR für die Schweiz obsolet; der Alleingang ist noch etwas einsamer geworden. Zur Zeit setzt die Schweiz auf bilaterale Verhandlungen mit der EU. Unabhängig von der nationalen politischen Lösung des Problems reagiert die regionale Wirtschaft auf Standortvorteile und -nachteile, muss sich der grenzüberschreitende Wissenschaftsbetrieb neu orientieren, die regionale Politik anpassen. Welche Konsequenzen hat das Schweizer EWR-Nein auf die regionale Wirtschaft, auf den Transfer von wissenschaftlichem Know-how, auf die regionale Politik? Diese Fragen haben wir Rainer Füeg von der Basler Handelskammer, Beat Münch von der Universität und Georg Kreis vom Europa-Institut gestellt. *(Red.)*

Rainer Füeg

Die Auswirkungen des Abseitsstehens vom EWR in der Nordwestschweiz

Am 1. Januar 1993 wurde der EU-Binnenmarkt ‹vollendet›, am 1. Januar 1994 trat der EWR in Kraft. Er besteht weiterhin, auch wenn Österreich, Finnland und Schweden inzwischen Vollmitglieder der EU geworden sind. In einem Raum mit 370 Millionen Konsumenten gelten somit neue Bedingungen für das Wirtschaftsleben. Die Schweiz steht mittlerweile als einziges Land in Westeuropa ausserhalb dieses Wirtschaftsraums, ist aber trotz allem mit ihm in vielfältiger Hinsicht verbunden: Der EWR ist mit Abstand ihr wichtigster Export-, aber auch Beschaffungsmarkt.

Die Frage nach den wirtschaftlichen Konsequenzen des Schweizer ‹Nein› zum EWR am 6. Dezember 1992 ist nicht eindeutig zu beantworten. Da die Auswirkungen des Nichtbeitritts von jenen der Rezession und des wirtschaftlichen Strukturwandels nicht zu trennen sind, bleibt letztlich immer ein Spielraum für Interpretationen.

Beim Abschätzen der Konsequenzen des Nicht-Beitritts zum EWR wurde immer betont, weder Beitritt noch Abseitsstehen würden kurzfristige Folgen nach sich ziehen, weil die von der Integration bzw. Nicht-Integration zu erwartenden Effekte an sich mittel- bis längerfristig sind. An diesen Aussagen hat sich nichts geändert. Die kontinuierliche Weiterentwicklung des Binnenmarkts, in dem sich die vier Freiheiten im Personen- Waren-, Kapital- und Dienstleistungsverkehr immer mehr durchsetzen, führt aber schrittweise und automatisch zu Diskriminierungen für Firmen, die daran nicht teilhaben – auch wenn die Schweiz in vielen Bereichen den sogenannten ‹autonomen Nachvollzug› realisiert und ihre Regeln des Wirtschaftslebens denjenigen der EU mehr und mehr anpasst. Was

△
Schmerzlich empfunden wird das EWR-Nein in der Region Basel, die eng verflochten ist mit ihren Nachbarn Deutschland und Frankreich.

damit nicht erreicht werden kann, ist die automatische Anerkennung dieser neuen Regeln durch die EU.

Firmen mit Standort ausserhalb des EWR sehen sich daher weiterhin mit nicht-tarifären Handelshindernissen konfrontiert, die für Konkurrenten innerhalb des EWR weggefallen sind. Sie müssen ihre Produkte – auch wenn sie europäische Normen erfüllen – im EWR ein zweites Mal prüfen lassen. Sie kommen auch nicht in den Genuss der Dienstleistungsfreiheit – ein Grund, weshalb eine Basler Bank weiterhin weder im Elsass noch in Südbaden eine von Basel aus geführte Filiale betreiben kann.

Die regionalen Firmen sind vom EWR-Entscheid betroffen

Verschiedene Umfragen der Wirtschaftsstudie Nordwestschweiz und der Basler Handelskammer haben die Auswirkungen des Abseitsstehens der Schweiz auf unsere Region erforscht. Rund ein Drittel der Firmen in der Nordwestschweiz verspürt konkrete Auswirkungen, die eindeutig auf den EWR-Entscheid zurückzuführen sind. Vor allem für Unternehmen aus der Exportwirtschaft sind die Auswirkungen negativ, sei es bezüglich der Entwicklung von Geschäftsbeziehungen, beim Grenzübertritt, im öffentlichen Beschaffungswesen der EU-Staaten, bei der Beschäftigung von ausländischen Spezialisten, und noch deutlicher beim Einsatz von Schweizern innerhalb der EU. Nicht zu vergessen sind die Impulse, die EG-Fördermittel auslösen könnten, und die jetzt ausbleiben.

Transport- und Speditionsbetriebe sowie Grosshandelsfirmen, aber auch Firmen mit Zweigniederlassungen jenseits der Grenze, haben grössere Probleme beim Grenzübertritt, vor allem im Verkehr mit Frankreich. Zwar sind dort keine neuen Vorschriften in Kraft getreten, aber offenbar werden die bestehenden Regelungen restriktiver ausgelegt als bisher. Dies lässt sich teilweise auf die innenpolitischen Probleme Frankreichs im Sommer 1995 zurückführen; nach wie vor fehlt aber auch der freie Zugang zum EU-Verkehrsmarkt (Cabotageverbot).

Für die Textilindustrie ist das Hauptproblem der ungelöste ‹Passive Veredelungsverkehr›, wo gravierende Diskriminierungen im Vergleich zu Konkurrenten mit EU-Standort zu finden sind. Weil sich die EU selbst noch zu keiner Lösung durchgerungen hat, bleibt das Spezialproblem ‹Schweiz› erst recht liegen.

Die Notwendigkeit der Zollabfertigung an der Schweizer Grenze führt (im Zusammenhang mit Just-in-time-Konzepten und wegen des administrativen Aufwands) dazu, dass die Schweiz als Verteilzentrum innerhalb Europas immer weniger in Betracht kommt. Ergebnis ist die Verlagerung von Teilen der Produktion und der Logistik, nicht nur bei internationalen Grossunternehmen, sondern mehr und mehr auch bei kleinen und mittleren Unternehmen.

Durch die weiterhin bestehenden Unterschiede in der Landwirtschaftspolitik bleiben auch die grossen Preisdifferenzen im Lebensmittelbereich bestehen, die in erster Linie zu einem Kaufkraftabfluss aus der Nordwestschweiz führen, den der Detailhandel immer stärker spürt.

Andere Probleme der Firmen lassen sich indessen nicht auf den EWR-Entscheid zurückführen. Die schwieriger gewordenen Marktverhältnisse sind in erster Linie konjunkturell bedingt oder hängen mit strukturellen Veränderungen in der Europäischen Wirtschaft zusammen. Die Öffnung Mittel- und Osteuropas bewirkt zudem einen gewissen Druck auf die traditionellen westeuropäischen Märkte durch neu hinzukommende Kapazitäten und preisliche Wettbewerbsvorteile der neuen Konkurrenten.

Andererseits meldeten einige wenige Firmen auch Verbesserungen durch das Abseitsstehen; es sind dies vor allem Firmen aus Branchen, deren Markt infolge der ausgebliebenen Grenzöffnung weiterhin einigermassen geschützt bleibt, so etwa in Teilen der Nahrungsmittelindustrie, bei den Zulieferanten der Bauwirtschaft, bei einzelnen Importeuren. Auch die in der Vermögensverwaltung tätigen Betriebe spüren seit 1993 positive Effekte. Dies ist auch darauf zurückzuführen, dass das Schweizer ‹Nein› zum EWR im Ausland als ‹Nein› zur EU und ihren Vorstellungen über die Wirtschafts- und Währungsunion verstanden wurde. In einem gewissen Ausmass fliesst daher heute zusätzliches Geld für Vermögensanlagen in die Schweiz. Vor allem in Mittel- und Osteuropa wird die Schweiz offenbar als sicherer betrachtet als Luxemburg, ebenso in Deutschland, wo das Vertrauen in eine gemeinsame Währung nicht überall gross ist. Der daraus resultierende Aufwertungsdruck auf den Schweizer Franken hat andererseits die Exportwirtschaft vor grosse Probleme gestellt.

Reaktionen der regionalen Unternehmen

Der Einstieg in den EWR bzw. die bessere Verankerung darin erfolgen insbesondere mittels Auf- und Ausbau von Firmenkooperationen. Interessanterweise wählen vor allem Dienstleistungsunternehmen, aber auch das Gewerbe diesen Weg. Daneben haben viele Firmen in den vergangenen drei Jahren ein eigenes Standbein im EWR entweder aufgebaut oder erworben oder bereits vorhandene Niederlassungen ausgebaut, vor allem in der Oberrhein-Region. Auch Auslagerungen gehen zu mehr als der Hälfte in diesen Raum, nur wenige Firmen siedelten sich weiter entfernt an. Dies dürfte ein klarer Hinweis darauf sein, dass diese Massnahme eher zur Abwehr einer drohenden Diskriminierung ergriffen wurde als aus Marktbearbeitungsgründen.

Ob Kooperation, Aufbau eines Standbeins im EWR oder Auslagerung – in jedem Fall bedeuten diese Entscheidungen, dass Arbeitsplätze nicht in der Nordwestschweiz geschaffen und potentielle Investitionen nicht hier getätigt werden, sondern im Ausland. Dies lässt sich vor allem bei den grossen Konzernen feststellen und zahlenmässig deutlich illustrieren: Noch zwischen 1988 und 1990 wuchsen die sechs grössten Firmen unserer Region auf dem Gebiet der Nordwestschweiz stärker als ausserhalb.

Seither nahm der Personalbestand weltweit um knapp 1% zu, während er in der Nordwestschweiz kontinuierlich sinkt. Zumindest teilweise lässt sich also das gegenwärtige Fehlen von Wachstumsimpulsen mit der ungenügenden wirtschaftspolitischen Integration der Schweiz in den EWR erklären.

Politische Auswirkungen

Immer häufiger werden Fragen, die für die Europäische Wirtschaft wichtig sind, in Brüssel diskutiert. Die Schweiz wird dabei vielleicht noch angehört, hat aber weniger Gewicht als früher; zunehmend fehlt ihr die Legitimation für das Lobbying. Das Ausland hat vor der Schweiz und den Schweizer Unternehmen weniger Respekt, Misstrauen ist feststellbar. Bisweilen wird die Schweiz auch von Arbeitsausschüssen und Gesprächen mit EU-Vertretern ausgeschlossen. Zur Verschlechterung des wirtschaftspolitischen Klimas hat allerdings nicht nur der negative EWR-Entscheid beigetragen, sondern in noch viel stärkerem Masse eine ganze Serie von Volksentscheiden in den vergangenen Jahren, besonders das ‹Ja› zur Alpeninitiative.

Auswege aus dem Dilemma

Zu direkten und messbaren Nachteilen hat die Ablehnung des EWR-Beitritts zwar erst in wenigen Bereichen der regionalen Wirtschaft geführt; in grösserem Umfang aber wurden durch das Abseitsstehen Chancen verpasst. Dies wird in unserer Region, die eng mit ihren Nachbarn in Südbaden und im Elsass verflochten ist, besonders schmerzlich empfunden. Letztlich wird die Schweiz nicht umhin können, sich zu entscheiden: Entweder will sie ausserhalb von EU/EWR bleiben, was ein entsprechendes wirtschaftspolitisches Umdenken und vor allem einige Anstrengungen zur Verbesserung der Standortbedingungen erfordert. Oder sie akzeptiert die Freizügigkeit im Personenverkehr mit der EU und sagt damit auch ‹Ja› zum Binnenmarkt. In diesem Fall bietet der nachträgliche Beitritt zum EWR grössere Vorteile als bilaterale Verhandlungen, die im grossen und ganzen zwar ‹EWR-ähnliche› Verhältnisse schaffen, für die weitere Entwicklung aber weit komplizierter zu handhaben sein werden. Entsprechend liegen ja auch heute – beinahe drei Jahre nach der EWR-Abstimmung – keinerlei konkrete Ergebnisse aus bilateralen Verhandlungen vor.

Georg Kreis

Kantone zwischen Stagnation und Aufbruch

Am 6. Dezember 1992 sprach sich die Region Basel für den Beitritt der Schweiz zum Europäischen Wirtschaftsraum EWR aus. Dass die Stadt Basel eine solche Entwicklungschance erkannte und bejahte, erstaunte nicht: Alle grösseren Schweizer Städte hatten mit Ja-Mehrheiten reagiert, selbst Luzern inmitten der eher konservativen Innerschweiz und Winterthur am Rande der traditionell reaktionären Zone des Zürcher Hinterlandes. Das zustimmende Votum des Kantons Basel-Landschaft dagegen hob sich deutlich vom dominierenden Nein-Trend der meisten Landgebiete ab, die zwar weitgehend verstädtert und zersiedelt, mental aber nicht urbanisiert sind.

Dass die Region Basel besonders integrationsfreundlich ist, wird gerne mit der unmittelbaren Erfahrbarkeit des europäischen Auslandes in Verbindung gebracht. Diese Erklärung jedoch reicht nicht aus. Auch andere Kantone haben entsprechende Anschauung vor ihren Türen: 16 der 26 Kantone sind Grenzkantone. Die meisten unter ihnen unterscheiden sich aber in mindestens zweierlei Hinsicht von der Region Basel: Erstens bestehen nicht immer so intensive historische, kulturelle und wirtschaftliche Beziehungen zum Ausland, und zweitens haben diese Kantone, weil nicht vom Jurakamm isoliert, nicht derart schwache Verbindungen zum ‹Rest› der Schweiz.

Die Basler Offenheit gegenüber dem Europäischen Ausland schien sich nach der Abstimmung noch weiter entfalten zu wollen. Die Idee ‹OWR statt EWR› (OWR gleich ‹Oberrheinischer Wirtschaftsraum›) zirkulierte. Sie musste, sofern sie jemals ernst gemeint war, inzwischen allerdings einer nüchterneren Einschätzung Platz machen. An einer Tagung von gesamtschweizerischem und europäischem Format[1], die am 27. Oktober 1995 im Kongresszentrum der Messe Basel stattfand, stellte der Präsident der Regio Basiliensis, Peter Gloor, in seinem Eingangsvotum fest: «Für die Grenzkantone zeichnet sich eine gewisse Stagnation in den grenzüberschreitenden Beziehungen ab.» Die rege Beteiligung – u. a. der aussenpolitischen Kommission des Ständerates unter Präsident René Rhinow – bezeugte immerhin ein bemerkenswertes Interesse für die Frage, welche Rolle die Kantone im künftigen Europa einnehmen sollen. Man könnte sogar die These aufstellen, das Scheitern der Öffnung auf Bundesebene habe die Öffnung auf den Kantonsebenen befördert, und damit sei der abgebremste ‹Aufbruch des Bundes nach Europa› kompensiert worden.

Bezeichnet dieses Wort vom ‹Aufbruch› nun das tatsächliche Geschehen oder lediglich ein Programm? Der Aufbruch der Kantone war zunächst vor allem ein innenpolitischer – nicht nach Europa, sondern nach Bern. Im Gegensatz zum ‹Kontaktgremium›, das vom Bundesrat einberufen werden muss, wurde die im Oktober 1993 gegründete ‹Konferenz der Kantone› (KdK) als selbständiges Organ eingerichtet. Die Kantone hatten bemerkt, dass sie die EWR-Verhandlungen verschlafen hatten, und reagierten auf den bundesrätlichen Europa-Aufbruch. Leicht und schnell erwirkten sie ein Mitspracherecht in dessen künftigen Verhandlungsrunden. Dem Nationalrat wie dem Ständerat gelang es ebenfalls, eine gewisse Einflussnahme auf die Verhandlungsführung der Exekutive sicherzustellen.

In beiden Fällen wurde zu Recht ein Informations- und Konsultationsrecht gefordert, betreffen doch manche Geschäfte auch Kantonskompetenzen und bestehendes Landesrecht. Ein ‹Mitwirkungsgesetz› und später die neue Bundesverfassung (Entwurf Art. 44,3) sollen nun die kantonale Mitwirkung an der Gestaltung der Aussenbeziehungen garantieren. Die Kantone unterhalten inzwischen auch eine dauernde Vertretung im Integrationsbüro der Bundesverwaltung (EVD/EDA). Dessen Leiter, der Botschafter Bruno Spinner, bezeichnete an der Basler Tagung die Mitwirkung der Kantone ausdrücklich als ‹Mehrwert› im Verhandlungsprozess, weil dadurch die Sachkompetenz verbessert werde.

Ihren Mitwirkungswillen begründeten die Kantone auch mit dem Argument, sie könnten dann die Verhandlungsergebnisse gegenüber dem Souverän besser mittragen. An dieses Versprechen wird man sich erinnern müssen. Die Kantone hatten ja bereits die EWR-Vorlage ‹mitgetragen› und sich allesamt für den EWR-Beitritt ausgesprochen, allerdings ohne den erhofften Erfolg. Wie das Verhalten zeigt, tendieren viele Parlamentarier dazu, ‹oben› gerne dreinreden zu wollen, sich ‹nach unten› aber nur wenig zu engagieren. So betonte auch René Rhinow, die innenpolitische Mitwirkung bei aussenpolitischen Geschäften dürfe die Handlungsfähigkeit nicht lähmen.

Das Europainstitut der Universität Basel

Europa beschäftigt alle, auf unterschiedliche, ja entgegengesetzte Weise. Seit 1992 existiert im Basler Dreiländereck mit dem Europainstitut der Universität ein Kompetenzzentrum für Fragen der europäischen Integration. Eine Grosszügigkeit von unschätzbarem Wert war in diesem Zusammenhang eine herausragende Schenkung: Frau Jenny-Rose Galliker-Koechlin schenkte dem Institut bzw. der Universität Basel ihr Elternhaus an der Gellertstrasse 27 und übernahm zugleich die Kosten von mehreren Millionen Franken für den auf die Institutsbedürfnisse ausgerichteten Umbau. *(Red.)*

Der ‹Aufbruch› führte die Kantone aber nicht nur nach Bern; sie unterhalten jetzt in Brüssel eine eigene Informationsstelle und beteiligen sich beinahe vollzählig an der ‹Versammlung der Regionen Europas› (VRE). Bundesrat Flavio Cotti betonte in seiner Basler Rede, man habe die Kantone gebeten, Fälle zu nennen, in denen der Bund die ‹kleine Aussenpolitik› der Kantone durch eine nicht-liberale, engstirnige Praxis behindert habe; kein einziger Fall sei jedoch angeführt worden. Im übrigen zog der Chef des Departements für Auswärtige Ange-

Das neue Domizil des Europainstitutes der Universität Basel. ▷

legenheiten (EDA) aus dem Bestehen älterer und dem Entstehen jüngerer grenzüberschreitender Regionen (in Basel und Genf, im Jura, im Tessin, im Bündnerland und am Bodensee) den Schluss, der Aufbruch sei bereits in vollem Gange.

Nationalrat Ernst Mühlemann, Mitglied des Bodenseerates und Präsident der aussenpolitischen Kommission des Nationalrates, regte an, eine Dachorganisation der schweizerischen Segmente der sechs grenzüberschreitenden Arbeitsgemeinschaften zu schaffen, und zwar unter der Federführung der Nordwestschweiz. Nicht weniger erstaunlich ist, dass der Europa-Ausschuss der Konferenz der Kantone, der die bilateralen Verhandlungen mit der EU begleitet, von einem Basler Magistraten, Regierungsrat Ueli Vischer, präsidiert wird.

‹Konferenz der Kantone›, ‹Verein der Regio-Vereine› – solche Zusammenschlüsse dürfen natürlich nicht Selbstzweck sein. Letztlich zählt allein der *output* an tatsächlich Geprägtem und Mitgestaltetem. Ihre Ideen und Perspektiven haben die Kantone und die regionalen Arbeitsgemeinschaften naheliegenderweise zuerst auf eine institutionalistische Art formuliert: Man gründete Vereine, berief Konferenzen ein, verlangte (und verlangt noch immer) Kompetenzen und Anerkennung. Wichtig ist jedoch, dass diese Schritte nicht schon den grössten Teil der Phantasien und Energien verbrauchen. So sah Christian J. Haefliger, Geschäftsführer der Regio Basiliensis, im Ausbau der Kooperation und in der Schaffung zusätzlicher Gremien vor allem ein Mittel, das nicht nur zur Überbrückung, sondern zur Abschaffung bzw. Restrukturierung der veralteten Kantonsgrenzen beiträgt. Und der erfolgreiche Regio-Unternehmer und Präsident der Regio Freiburg, Georg Endress, empfahl dem Basler Publikum, bei grenzüberwindenden Beziehungen alles als erlaubt zu betrachten, was nicht ausdrücklich verboten sei. Botschafter Spinner, Mitglied der FDP, setzte noch eins drauf, indem er ermunternd in den Saal rief: «Grenzüberschreitung ist immer ein Stück revolutionäre Tätigkeit.» Der verbale Elan der verschiedenen Redner erinnerte daran, dass Grenzlagen vielleicht mehr Entwicklungspotential innewohnt als Einschränkung – zumal wenn sie durch die Interreg-Programme der EU gefördert werden.[2] Jedenfalls hatte man den Eindruck, dass sich ein innerschweizerischer Referent plötzlich benachteiligt fühlte, weil sein Kanton nur von miteidgenössischen Ständen umgeben ist und keinen Zugang zum Ausland hat.

Anmerkungen

1 Veranstalter der Tagung ‹Der Aufbruch der Kantone nach Europa› waren das Europainstitut an der Universität Basel unter der Verantwortung von Stephan Kux, die Schweizerische Gesellschaft für Aussenpolitik und die Regio Basiliensis. Das Patronat lag bei der ‹Versammlung der Regionen Europas› (VRE). An der Tagung sprachen, neben den im Artikel Erwähnten, unter anderem: Fritz Hopelmeier, Präsident des Landtags von Baden-Württemberg, zum Thema ‹Die Stellung der deutschen Bundesländer in der EU›; Ulla Kalbfleisch-Kottsieper vom Ausschuss der Regionen über den Aufbau der Regionen Europas; Oskar Zipfel, Kabinett der für die Regionalpolitik der EU zuständigen Kommissarin Monika Wulf-Mathies, zum gleichen Thema; Luc Van den Brande, Präsident von Flandern und Vizepräsident der VRE zum Thema ‹Europa zwischen Integration und Regionalismus›.

2 Die Schweiz beteiligt sich mit 24 Mio. Franken am aktuellen ‹Interreg II›-Programm.

Beat Münch

Schweizer Forschung im Abseits?

Seit 1992 hat sich die Zahl der Projekte mit Schweizer Beteiligung, die innerhalb der Forschungs-Rahmenprogramme der Europäischen Union durchgeführt werden, mehr als verzehnfacht: Wurden damals noch 61 Anträge gezählt, so waren es im vergangenen Jahr bereits mehr als 900. Allein aus Basel gingen in Bern 35 Gesuche für Projektbeteiligungen ein; ihre Gesamtsumme betrug mehr als 16 Millionen Franken. Es scheint, dass die Forscherinnen und Forscher mit ihren Projektanträgen, die sie gemeinsam mit europäischen Partnern nach Brüssel schicken, zumindest im Bereich der Wissenschaft das knappe ‹Nein› der Schweizer Stimmbürgerinnen und Stimmbürger nach Kräften widerlegen wollten. Unterstützt werden sie dabei vom Bund, der sich bereits vor der EWR-Abstimmung einen Kredit von 477 Millionen Franken zur Beteiligung an den EU-Forschungsprogrammen vom Parlament bewilligen liess. Der ansehnliche Betrag blieb nach dem 6. Dezember 1992 im Land und finanziert seither die Schweizer Beteiligung an der EU-Forschung, die auf der Grundlage eines weiterhin gültigen Kooperationsvertrages aus dem Jahre 1986 noch immer möglich ist, aber von Brüssel nicht mitfinanziert wird. Bis Mitte 1995 hatte der Bund rund 133 Millionen Franken für abgeschlossene und laufende Projekte bewilligt.

Eine Vollbeteiligung am laufenden 4. Forschungs-Rahmenprogramm der EU würde die Schweiz aufgrund ihrer wirtschaftlichen Leistungsfähigkeit rund 620 Millionen Franken kosten; das wären 3,4 % der gesamten Programmkosten. 1994 hat das eidgenössische Parlament auf Antrag des Bundesrates den Beitrag an die EU-Forschung um 554 Millionen Franken aufgestockt. Damit wäre die Ausgangslage für die Verhandlungen über ein bilaterales Forschungsabkommen – auch nach dem Abstimmungsergebnis vom 6. Dezember 1992 – durchaus günstig. Das Interesse an einem solchen Abkommen liegt dabei keineswegs einseitig auf Schweizer Seite. Die Kommission in Brüssel ist ihrerseits an der Schweiz als wissenschaftlich und wirtschaftlich potenter Partnerin interessiert und hätte auch gerne für EU-Forscher erleichterten Zugang zu Nationalen Forschungs- (NFP) und Schwerpunktprogrammen (SPP).

‹Parallélisme approprié› als Hemmschuh

Dass die Verhandlungen noch nicht zum Abschluss gekommen sind, liegt vor allem am Prinzip des ‹Parallélisme approprié›, an dem die EU festhält. Das Prinzip besagt, dass ohne Fortschritte in den Dossiers ‹Land- und Luftverkehr› sowie ‹Personenverkehr› auch im Bereich ‹Forschung› kein Vertrag zustande kommen kann. Der schleppende Gang der Verhandlungen hatte unter anderem zur Folge, dass der Schweiz der ‹Erasmus›-Vertrag, der vor allem die studentische Mobilität förderte, gekündigt wurde. Verhandlungen für einen Beitritt zum Nachfolgeprogramm ‹Sokrates› will die EU offensichtlich erst nach erfolgreichem Abschluss der bilateralen Verhandlungen aufnehmen. In der Zwischenzeit muss auch hier der umständliche und teure Weg von Einzelabsprachen mit EU-Ländern gegangen werden. Ähnliches gilt für das Programm ‹COMETT› zur Förderung des Wissens- und Technologietransfers zwischen Hochschule und Wirtschaft durch gemeinsame Aus- und Weiterbildung: Die Mitte 1995 ausgelaufenen Verträge wurden nicht mehr erneuert, der Zugang zum Folgeprogramm ‹Leonardo› bleibt der Schweiz vorläufig verwehrt. So kann z. B. die Universität Basel ihre Ausbildungspartnerschaft Hochschule/Wirtschaft, die sie gemeinsam mit den oberrheinischen Partneruniversitäten von 1992 bis 1995 unter dem Titel ‹Eucor-Chemipharm› erfolgreich betrieben hatte, trotz Anerkennung aus Brüssel nicht weiterführen. Das Bundesamt für Bildung und Wissenschaft will nun mit Überbrückungsmassnahmen dafür sorgen, dass die geleistete Aufbauarbeit nicht vollständig im Sand versickert.

Bezüglich der Forschung, die im 4. Rahmenprogramm stattfindet, führt das EWR-Nein also zunächst dazu, dass die Schweiz gleichsam als ‹silent partner› weiterhin an Projekten mitarbeiten kann, soweit sie ihre Teilnahme selbst finanziert. Dies mag manchen gar nicht so schlecht erscheinen, ist doch damit gewährleistet, dass die gesprochenen Kredite vollständig der Forschung im eigenen Land zugute kommen. Die

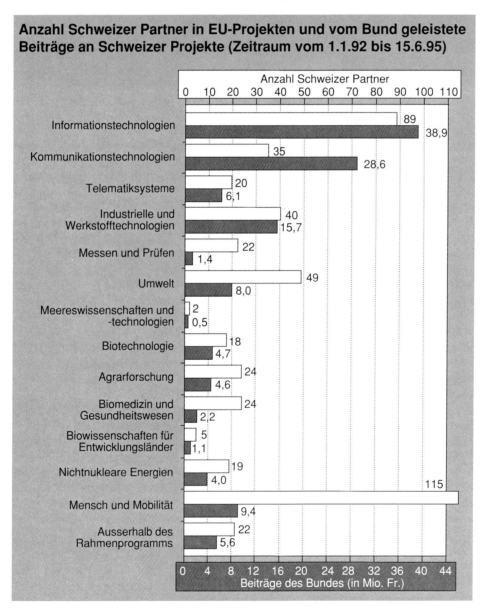

Nachteile dieser Art von Beteiligung dürfen jedoch nicht vergessen werden: Bei der Planung und Auswahl der Themen, die in ein Rahmenprogramm aufgenommen werden sollen, können Schweizer Forscher zur Zeit nicht mitreden. Ihr Zugriff auf die Forschungsresultate ist zudem beschränkt, was wiederum negative wirtschaftliche Auswirkungen haben kann.

Forschung – Motor für die Wirtschaft

Das Hauptziel der Forschungs-Rahmenprogramme der EU ist die Verbesserung der Wettbewerbsfähigkeit der Europäischen Wirtschaft im globalen Markt. Erreicht werden soll dies durch Beseitigung von Hindernissen im Binnenmarkt mit Hilfe europaweiter Standardisierung und Normierung. Auch die Kooperation von Universitäten, Forschungszentren und Industrie, insbesondere bei kleinen und mittleren Unternehmen (KMU), soll gefördert werden. Richteten sich die Projekte am Anfang hauptsächlich auf den Bereich ‹Hochtechnologie› aus, so werden nun in bescheidenem Masse auch die Themen ‹Gesellschaft› und ‹Umwelt› als bestimmende Faktoren einer Entwicklung berücksichtigt, die über die rein wirtschaftlich ausgerichtete Europavision hinausgeht. Entscheidend ist dabei die Anwendung des sogenannten ‹top-down›-Prinzips: Die förderungswürdigen Forschungsgebiete bzw. Fragestellungen werden zentral festgelegt und bestimmen für mindestens vier Jahre die Subventionsflüsse.

Im Gespräch mit Schweizer Forschern und Forscherinnen, die Erfahrung mit EU-Projekten haben, wird immer wieder deutlich, dass der Beteiligung an der EU-Forschung grosse Bedeutung beigemessen wird, auch wenn bisweilen der administrative Aufwand zuerst abschreckend wirkt. Als Vorteile werden vor allem die Erweiterung der Beziehungsnetze innerhalb Europas und der Zugang zu den Forschungsresultaten der Partner genannt, der vertraglich garantiert ist – wobei letzteres für die Schweiz derzeit eben nur in eingeschränktem Masse gilt. Ein wichtiger Punkt ist weiterhin, dass mit der Forschungszusammenarbeit oft die Erschliessung neuer Märkte einhergeht. Unterstrichen wird die wirtschaftliche Bedeutung der grenzüberschreitenden Forschung durch die Beobachtung, dass industrielle Produkte zunehmend in Zusammenarbeit entwickelt werden. «Am Ende dieses Jahrhunderts gibt es wahrscheinlich kein marktfähiges industrielles Produkt mehr, das vollständig in einem einzigen Unternehmen entwickelt worden ist», formulierte dies pointiert Antonio M. Taormina, der Leiter der Koordinationsstelle für schweizerische Beteiligungen an internationalen Forschungsprojekten (KBF) anlässlich einer Pressekonferenz im August 1995 in Bern. Infolge der Globalisierung der Märkte und der immer schnelleren technologischen Entwicklung werden die Kosten für Forschung und Entwicklung nicht nur für kleine und mittlere, sondern auch für grosse Unternehmen zum Problem. Nicht umsonst arbeitet beispielsweise die pharmazeutische Industrie daran, die Einführungszeit eines Medikamentes von ca. zwölf auf acht Jahre zu verkürzen. In dieser Situation ist die internationale Zusammenarbeit das einzige Rezept, um Kosten und Risiken zu verteilen. Zudem zeigt sich gerade am Beispiel Basel, dass Grosskonzerne ihre Forschungsabteilungen zunehmend dorthin verlegen, wo das Umfeld für die Konzentration von Forschung und Produktion günstiger erscheint als bei uns. Die heimische Industrie investiert ihre Mittel für Forschung und Entwicklung immer häufiger im Ausland. Aus dieser Sicht muss ein Abseitsstehen von der europäischen Forschungszusammenarbeit als eine langfristig gefährliche Strategie betrachtet werden, die einer Schwächung des Werk- und Denkplatzes Schweiz gleichkäme.

Integration in die europäische Forschungslandschaft

Die Zeit drängt: Das 4. Rahmenprogramm läuft schon seit zwei Jahren und wird Ende 1998 abgeschlossen sein, die Gespräche für die nächste Runde haben bereits begonnen – ohne die Schweiz. Da und dort wird bereits die Frage laut, ob eine Vollbeteiligung am gegenwärtigen Programm überhaupt noch sinnvoll ist. Eigentlich hatte man beim Bund gehofft, spätestens Ende 1995 dabei zu sein – ein Termin, der inzwischen verstrichen ist. Um in der aktuellen Situation wenigstens die gezielte Aufarbeitung der Information über die EU-Forschung, und damit die Beteiligung der Schweiz an den ausgeschriebenen Projekten, zu erleichtern, eröffnete das Bundesamt für Bildung und Wissenschaft unter dem Namen ‹SwissCore› (Contact Office for Research and Higher Education) ein Informations- und Verbindungsbüro in Brüssel. Die operationelle Verantwortung wurde dem Schweizerischen Nationalfonds übertragen. Dies darf als Zeichen für die Absicht des Bundes gewertet werden, die Integration der Schweiz in Europa im Bereich der Forschung voranzutreiben.

Nach dem EWR-Nein hatte sich die Diskussion ganz auf die Beteiligung am 4. Forschungs-Rahmenprogramm konzentriert, das mit 13,1 Milliarden ECU (rund 18,5 Milliarden Franken) sicherlich reich dotiert ist. Dabei darf jedoch nicht vergessen werden, dass die Schweiz auch an anderen gesamteuropäischen Forschungsinitiativen, wie etwa ‹Eureka› und ‹Cost›, beteiligt ist. Diese Programme sind föderalistischer ausgerichtet und hängen nicht von der EU ab. Im Gegensatz zum zentralistischen Ansatz, der auch von Forscherinnen und Forschern oft mit Skepsis betrachtet wird, basieren die geförderten Projekte auf dem ‹bottom-up›-Prinzip: Die Vorschläge gehen von Hochschulen und Unternehmen aus und werden national finanziert. Die Förderungskredite hierfür nehmen sich allerdings relativ bescheiden aus, der Bund stellt pro Jahr jeweils rund 10 Millionen Franken bereit. Darüberhinaus beteiligt sich die Schweiz mit 39 Millionen Franken pro Jahr am CERN, dem weltweit grössten Forschungszentrum für Teilchenphysik, und mit 110 Millionen Franken pro Jahr an der Europäischen Raumfahrtorganisation ESA.

Die Folgen des EWR-Neins auf die Forschung können zum Jahreswechsel 1995/1996 am besten als ‹erfolgreiche Schadensbegrenzung› umschrieben werden. Die meisten Fäden, die schon vor der Abstimmung geknüpft worden waren, sind nicht zerrissen; sie sind allerdings gespannt. Dem Wunsch vieler Forscherinnen und Forscher nach festen Stricken, an denen gemeinsam mit europäischen Partnern kräftig gezogen werden kann, entsprechen sie noch nicht. Auch 1996 werden sich alle Blicke voller Erwartungen nach Bern und Brüssel richten.

Leonhard Burckhardt

Der Universitätsvertrag mit dem Kanton Basel-Landschaft

1995 wird zweifellos als ein Epochenjahr in der Geschichte der Universität Basel in Erinnerung bleiben: In diesem Jahr stimmten die Parlamente beider Basler Halbkantone dem Universitätsvertrag, der in jahrelanger Arbeit ausgehandelt worden war, zu. Sie machten damit den Weg nicht nur zu einer erhöhten finanziellen Beteiligung von Baselland an der Universität, sondern auch zu einer umfassenden Reorganisation unserer Hochschule frei. Die seit dem ersten Universitätsvertrag von 1975 in Gang gekommene Zusammenarbeit der beiden Basel gewinnt nun eine neue Qualität: Vom Aufbau der Universität bis zu den Entscheidungswegen, von der Mittelbeschaffung und Rechnungslegung bis zu den Personalkategorien – kein Baustein des Gebäudes ‹Hochschule› blieb unberührt.

Die Vorgeschichte des Abkommens reicht bis ins Jahr 1969 zurück. Damals wurde an Stelle der gescheiterten Wiedervereinigung eine Politik der Partnerschaft eingeleitet, die zu einer engen Zusammenarbeit der beiden Basel in vielen Bereichen führen sollte. Als Früchte dieser Zusammenarbeit funktionierten die beiden Universitätsverträge von 1975 und 1984 im wesentlichen nach dem Prinzip, dass Baselland einen Beitrag an die Universität zahlte und als Gegenleistung Vertreter in wichtige Entscheidungs- und Aufsichtsgremien entsenden konnte.

Schon in den späten 80er Jahren wurde deutlich, dass dieser Zustand unbefriedigend war. Der schwerfällige Aufbau der Universität führte zu langen Entscheidungswegen, der Mittelfluss war nicht transparent, eine übersichtliche Planung fast unmöglich. Baselland musste den Eindruck gewinnen, in eine ineffiziente Organisation zu investieren, die in veralteten Strukturen verharrte. Demgegenüber empfand Basel-Stadt, die Kosten für die steigenden Studierendenzahlen, die sich hauptsächlich aus dem Nachbarkanton speisten, würden mit dem relativ bescheidenen Betrag nicht abgegolten. Im Wintersemester 1984/85 übertraf die Anzahl der Baselbieter Studierenden erstmals diejenige der Stadt; seither hält der Trend unvermindert an. Im Jahre 1993 beliefen sich die Gesamtausgaben für die Universität auf circa 445 Millionen Franken, wovon Basel-Stadt 275 und Baselland 45 Millionen Franken trugen; der Rest wurde von dritter Seite, hauptsächlich vom Bund, beigesteuert. Mit Blick auf die Ebbe in der Staatskasse wollte und konnte die Stadt diese Last nicht mehr allein tragen.

Schon 1991 hatte das gemeinsame Interesse beider Basel an einer hochwertigen akademischen Ausbildung und einer intakten, leistungsfähigen Universität in der Region zur Wiederaufnahme von Verhandlungen geführt. Grundlage war der Bericht der Firma Hayek, die auf Anregung von Baselland Strukturen und Leistungen der Universität analysiert hatte. Er hatte eine Vereinfachung der Entscheidungswege an der Universität, eine Erweiterung der Trägerschaft und eine Neugliederung der universitären Institutionen empfohlen.

Vieles davon ist in den neuen Universitätsvertrag eingeflossen. Im wesentlichen enthält er drei Facetten: eine finanzielle, eine strukturelle und eine politische. Zum einen erklärt sich der Kanton Baselland bereit, seinen jährlichen Beitrag an die Universität auf rund 75 Millionen Franken – mit Indexierung für die folgenden Jahre – zu erhöhen; das ist eine Zunahme von 30 Millionen Franken. Dafür erwartet er, dass die fünf traditionellen Fakultäten bestehen bleiben und dass seine Studierenden ungehinderten Zugang an die Universität erhalten. An die Verwendung der Mittel im Rahmen des Uni-Budgets sind keine weiteren Bedingungen geknüpft, ausser dass 10% der BL-Mittel (1996 also 7,5 Mio.) in einen Erneuerungsfonds fliessen sollen, aus dem der Nachhol- und Entwicklungsbedarf der Uni gedeckt werden soll.

Erstmals seit 500 Jahren Autonomie

Epoche machen wird der Vertrag aber weniger dieses Geldes wegen – so erfreulich der Zufluss neuer Mittel für Basel-Stadt sein mag –, sondern weil er das Gesicht der Universität stark verändern wird. Erstmals in ihrer 500jährigen Geschichte wird die Universität eine Institution mit eigener Rechtspersönlichkeit, und ihr wird weitgehende Autonomie gewährt. Die laufenden Mittel werden ihr – gekoppelt an einen generellen Leistungsauftrag – von nun an global zugesprochen; über deren Verwendung entscheidet sie im wesentlichen selbst. Damit sie den neuen Spielraum adäquat nutzen kann, werden alte Institutionen, wie die Kuratel oder der Erziehungsrat, aber auch die 1975 geschaffene Regierungsrätliche Delegation, abgeschafft bzw. ihrer Kompetenzen im Universitätsbereich entledigt. Deren Aufsichts- und Entscheidungsbefugnisse gehen weitgehend an den neuen Universitätsrat über, die eigentliche Klammer, die die Universität mit beiden Kantonen verbinden soll. Der Rat besteht aus 9 von den Regierungen gewählten Mitgliedern (6 BS, 3 BL), die der Universität nicht angehören, aber deren Fachbereiche abdecken. Rektor und Verwaltungsdirektor der Universität sowie der Sekretär des Universitätsrats sind mit beratender Stimme beteiligt. Der Universitätsrat wird in Zukunft die wesentlichen Entscheidungen wie Berufungen und Neuschaffung bzw. Schliessung von Fächern fällen. Die Stellung des Rektorats als Universitätsleitung wird erheblich gestärkt. Weiterhin werden Departemente eingerichtet, die fächerübergreifend die Interessen verwandter Institute zusammenfassen, die Planungen koordinieren und den Mitteleinsatz bündeln sollen.

Politisch bedeutet diese Neustrukturierung, dass Regierung und Grosser Rat von Basel-Stadt sich auf die Festlegung genereller strategischer Ziele beschränken und alljährlich einen globalen Betrag sprechen werden, mit dem die Universität die Vorgaben erreichen soll; auf eine Entscheidung bei Detailfragen wird verzichtet. Die Universität bleibt weiterhin eine Institution des Stadtkantons, an der sich jetzt aber das Baselbiet – quasi als grösster Minderheitsaktionär – materiell, rechtlich und politisch wesentlich stärker beteiligt als bisher. Mehr denn je ist die Basler Alma mater jetzt auch eine Universität der ‹Landschäftler›.

Zwar wurde damit noch nicht die Universität beider Basel geschaffen, aber der Vertrag markiert einen bedeutenden Schritt in diese Richtung. Das kommt auch im Vertragstext zum Ausdruck, in dem die beiden Kantone festlegen, die Zusammenarbeit, bis hin zu einer Mitträgerschaft, weiter ausbauen zu wollen. Zukunftsperspektiven sind also deutlich aufgezeigt, wenn sich auch die beiden Kantone einstweilen vor allem um die Erhöhung der Beiträge Dritter bemühen wollen.

Ein wichtiger Entschluss in Baselland

Volk und Behörden des Kantons Basel-Landschaft mussten einen weiten Weg gehen, um an diesen Punkt zu gelangen. Schliesslich ist es nicht selbstverständlich, dass sie eine namhafte, in der Staatsrechnung deutlich spürbare Zusatzbelastung auf sich nehmen, um eine Institution, die der Stadt gehört, durchzufüttern. Besonders erstaunlich ist, dass der Vertrag ohne spürbaren Widerstand genehmigt wurde. Das mag an der guten Vorbereitung durch die beiden Regierungen und die begleitenden Parlamentskommissionen gelegen haben, die offenbar den gerade noch erträglichen Kompromiss gefunden hatten. Es zeigt aber auch, dass die Akzeptanz der Universität im Baselbieter Volk gross ist, dass ihr Wert erkannt wird und dass die Notwendigkeit einer qualifizierten akademischen Ausbildungsstätte in der Region besteht. Nicht zuletzt wurde die positive Grundstimmung gewiss auch durch die Veranstaltung der Uni-Messe im Herbst 1994 in Liestal gefördert, an der viele Institute ihre Tätigkeit vorstellten, und durch die Gründung eines Fördervereins in Baselland, der still, aber effizient Werbung für die Universität macht.

Hoher Besuch am Stand der Mineralogie: Regierungsrat Hans-Rudolf Striebel, Bundesrätin Ruth Dreifuss, Regierungsrat Peter Schmid und Pro-Rektor Luzius Wildhaber auf der Uni-Messe im Herbst 1994. ▷

Am Vorabend der Eröffnung ist in der Militärhalle in Liestal alles bereit. ▷

Bei aller Freude über die gelungene Einigung ist freilich nicht zu übersehen, dass das Abkommen die Universität vor grosse Herausforderungen stellt, bei denen nicht klar ist, ob sie problemlos bewältigt werden können. Auch sind einige Fragen, insbesondere die zukünftige Entwicklung der Medizinischen Fakultät, noch ungelöst. Die neuen Gremien der Universität – hauptsächlich Universitätsrat und Departemente – werden ihre Rollen erst finden müssen. Werden sie die Dynamik, die man sich von grösserer Autonomie und Flexibilität erhofft, tatsächlich entwickeln können? Verbessern die Umstrukturierungen die Situation der einzelnen Universitätsangehörigen überhaupt, oder wird lediglich alter Wein in neuen Schläuchen feilgeboten? Ist die Universität durch die zusätzlichen Mittel für die Zukunft gerüstet? Kann sie die internen Verteilungskämpfe, die bislang von der Regierung als Schiedsrichter entschieden wurden, in eigener Regie lösen? Wird sie endlich mehr Professorinnen berufen und damit einem Postulat des Vertrages nachleben?

Innovationsschub an den Fakultäten

Immerhin haben der Verhandlungsprozess und seine Implikationen an der Universität bereits rege Aktivitäten ausgelöst. Man hat die Chance erkannt, die der Innovationsschub bietet. So wurde eine konsolidierte Universitätsrechnung erstellt und damit die lange gewünschte Transparenz in finanziellen Dingen mindestens teilweise hergestellt. Die Gliederung in Departemente ist erfolgt. Die Arbeiten am Universitätsgesetz und am Universitätsstatut, die die Vorgaben des Universitätsvertrages verwirklichen sollen, werden die neuen Strukturen mit Leben füllen. Ganz nebenbei kommen auch alte, einst heiss diskutierte Postulate – wenn auch in abgeschwächter Form – zum Durchbruch, wie das Prinzip der Mitbestimmung aller Gruppen an der Universität. Die Universität bemüht sich um eine Öffnung gegenüber Dritten, arbeitet verstärkt mit Hochschulen im In- und Ausland zusammen und will mit der Wirtschaft, wo dies möglich und sinnvoll ist, kooperieren.

Auch an der Medizinischen Fakultät ist diese Aufbruchstimmung spürbar. Diese Fakultät ist nur schwer vergleichbar mit den übrigen, weil ihre Lehrgänge und Kapazitäten stark mit der Politik der restlichen Schweiz verzahnt sind und ihre wichtigsten Ausbildungsstätten, die Universitätskliniken, gleichzeitig und primär der Gesundheitsversorgung der Bevölkerung dienen. Aus baselstädtischer Sicht sind Nutzen und Lasten im Spitalbereich noch ungleich verteilt. Hier ebenfalls einen Ausgleich zu finden und zugleich die Fakultät zu erhalten, ist eine Aufgabe, die wegen der vielfältigen Funktionen und komplexen Verflechtungen der Medizinischen Fakultät nur mit Geduld zu lösen sein wird. Der gute Wille aller Beteiligten, der bereits den Universitätsvertrag möglich machte, ist hier besonders gefordert.

Alles in allem gibt der Universitätsvertrag Anlass zum Optimismus. Bereits heute gilt er als geglücktes Beispiel für die Überführung einer staatlichen Hochschule in die Autonomie. Dass zwei Kantone in Hochschulfragen so eng zusammenarbeiten wie die beiden Basel, ist ohne Vorbild. Und kaum eine Bürgerschaft wäre wohl bereit, so grosse Mittel an eine Institution eines fremden Kantons zu sprechen wie die basellandschaftliche. Dies alles sollte, im Verein mit der traditionellen Bindung der Baselstädter an ihre Universität, Gewähr bieten für eine gedeihliche Zukunft.

Schlaglichter Regio

Dominik Heitz

Kunst und Wohnen auf dem Berowergut

Seit 1976 war das Berowergut an der Baselstrasse 77 im Besitz der Gemeinde Riehen und wurde ab 1980 von dieser und deren Kommission für Bildende Kunst als Ausstellungsgebäude genutzt. Doch mit dem Abstimmungsentscheid der Riehener Bevölkerung im Juni 1993, auf dem Areal des Gutes das Beyeler-Museum zu bauen, wurde auch entschieden, das aus dem Jahre 1641 stammende, spätgotische Herrschaftsgebäude der Beyeler-Stiftung zu überlassen, die die Liegenschaft für ihre Museumszwecke sanieren und nutzen will.

Vorausblickend hatte deshalb der Gemeindrat schon 1993 angedeutet, er fasse die zum Berowergut gehörenden Ökonomiegebäude als Ersatz für die bald fehlenden Ausstellungsräume ins Auge. Die Hochbauabteilung wurde mit der Ausarbeitung einer Machbarkeitsstudie beauftragt, aus der hervorging, dass sich das Vorderhaus für Ausstellungen eignet, während im Hinterhaus Wohnungen dienlicher wären. Für die Ausstellungsräume der Kommission für Bildende Kunst wären Räume in der Grössenordnung von 200 bis 240 Quadratmetern zu schaffen; auch wären ein Workshop, zwei bis drei Familienwohnungen und einfache Künstlerateliers in geeigneter Weise vorzusehen.

Bereits damals stand indes die DSP dieser Idee kritisch gegenüber. Sie bezeichnete eine derartige Sanierung der Ökonomiegebäude als zu teuer und schlug andere Örtlichkeiten für Ausstellungen vor. Doch ein entsprechender Anzug fand keine Gnade vor dem Einwohnerrat. Zwei Jahre später, im März 1995, hiess Riehens Legislative sogar einen Projektierungskredit von 291 000 Franken gut; danach sollten die in der Schutzzone stehenden Ökonomiegebäude des Berowergutes für fünf Millionen Franken saniert werden – für Ausstellungsräume, für Wohnungen und für Ateliers.

Die DSP mochte diesen Entscheid nicht akzeptieren und brachte unter dem provokativen und irreführenden Titel ‹Kein weiterer Kunst-Tempel für 5 Millionen› ein Referendum zustande. Irreführend war der Titel allein schon deshalb, weil für den sogenannten ‹Kunst-Tempel› (die Ausstellungsräume) bloss 1,9 Millionen veranschlagt waren; der Rest von 3,1 Millionen war für Wohnungen und Ateliers vorgesehen. Zudem sollte nicht über fünf Millionen, sondern nur über den Projektierungskredit von 291 000 Franken abgestimmt werden.

Wie beim Referendum zum Beyeler-Museum formierte sich auch diesmal rasch ein Kreis prominenter Befürworterinnen und Befürworter – das Komitee ‹Riehen sagt ja zur Renovation der Ökonomiegebäude›. Es korrigierte die Behauptungen der DSP – und hatte Erfolg. Mit deutlichem Mehr wurde das Referendum am Wochende des 24./25. Juni 1995 abgelehnt.

Damit besteht nun die Chance, auf dem weitläufigen Berowergut nicht nur ein internationales Kunst-, sondern auch ein kleines, lokales Kultur- und Wohnzentrum entstehen zu lassen.

Kirchen

Markus Ries

Krise und Neuanfang im Bistum Basel

Der Bischof nimmt Abschied

Wie ein Donnerschlag aus heiterem Himmel brach am 2. Juni 1995 die Nachricht herein, der Bischof von Basel habe sein Amt niedergelegt, weil eine Frau von ihm ein Kind erwarte. Mit dieser überraschenden Mitteilung endete die Amtszeit des Bischofs Hansjörg Vogel, die nur 14 Monate zuvor am 4. April 1994 begonnen hatte. Betroffenheit machte sich breit; denn an die Person des fröhlichen, menschennahen Oberhirten hatte man grosse Hoffnungen geknüpft. Mit seiner Arbeit hatte er innerhalb kurzer Zeit viel Vertrauen gewonnen und manch ermutigendes Zeichen gesetzt.

Hansjörg Vogel war seit fünf Jahren Pfarrer von Bern St. Marien gewesen, als ihn am 14. Januar 1994 das Basler Domkapitel zum Bischof wählte.[1] Vorausgegangen war ein bis dahin einzigartiges Selektionsverfahren. Aufgrund der Ergebnisse einer breit angelegten Umfrage hatte das Wahlgremium ein detailliertes Anforderungsprofil erstellt. Trotz solch sorgfältiger Vorbereitung war die Wahl belastet von einem bedenklichen Zwischenfall: Die in der Diözesankonferenz zusammengefassten Regierungsvertretungen der zehn zum Bistum Basel gehörenden Kantone, die jeweils unmittelbar vor der Wahl in die engere Kandidatenliste Einsicht nehmen, sprachen gegen einen der vom Domkapitel ins Auge Gefassten ein Veto aus. Wie sich im nachhinein herausstellte, war diese Massnahme nicht durch ein öffentliches Interesse begründbar. Sie geriet daher in Willkürverdacht und erschütterte massiv das Vertrauen in die Diözesankonferenz als staatliche Behörde.[2]

Am Tag von Bischofsweihe und Amtsantritt bekannte sich Bischof Vogel zu einem ausgeprägt dialogischen Führungsstil. Als Leitwort wählte er den Satz: «Der Glaube kommt vom Gehörten» (Röm 10,17), und er strich heraus, welch grosse Bedeutung er gerade im kirchlichen Dienst dem Hören beimesse, nämlich dem Hören auf die biblische Botschaft, auf die Menschen, auf die Gruppierungen in der Kirche und auf die verschiedenen christlichen Bekenntnisse.[3] Dieses Amtsverständnis, das auf gemeinsames Handeln ausgerichtet war, verwirklichte Vogel in einem betont kooperativen Leitungsstil. Umso mehr musste sein unvermittelter Abschied schmerzen: Im Frühsommer 1995 unterbreitete Hansjörg Vogel dem Papst die Bitte um Entlassung aus dem Amt; seine bischöflichen Aufgaben nahm er vorerst weiterhin wahr. Die Demission wurde nach ihrer Annahme der Schweizer Bischofskonferenz, dem bischöflichen Leitungsgremium und schliesslich in einer Radiomitteilung den Glaubenden und der weiteren Öffentlichkeit bekanntgemacht. In einem Abschiedsbrief erläuterte der Bischof den Seelsorgerinnen und Seelsorgern seinen Schritt und erklärte, er bedürfe einer Zeit der Zurückgezogenheit, um sich für seine Zukunft neu zu orientieren.[4]

Eine vielseitig bewegte Amtszeit

In seiner Tätigkeit als Bischof hatte Hansjörg Vogel zunächst an die bestehenden Gegebenheiten angeknüpft.[5] Er bestätigte die bischöflichen Vertreter im Ordinariat, in den Regionaldekanaten und im Bereich der Firmspendung, und er führte auch die Pfarreibesuche im bisherigen Rahmen und Rhythmus fort. An Reform dachte er zunächst im Bereich der Kommunikation. Er forcierte deshalb die Vorbereitung eines bistumsweiten Glaubensfestes im Jahr 1997. Zudem wollte er für seine direkte Verkündigungsarbeit mit den traditionellen bischöflichen Hirtenworten eine grössere Nähe zu den Lebenswelten der Gläubigen herstellen und gab die Absicht bekannt, solche Schreiben künftig in Zusammenarbeit mit den Adressaten zu formulieren.[6]

Sehr rasch musste Hansjörg Vogel erfahren, dass bei der Gestaltung des kirchlichen Lebens auf überregionaler Ebene oftmals weniger seine kreative Einflussnahme als vielmehr die amtlich-oberhirtliche Reaktion gefragt war – und dies gleich von mehreren Seiten. Anfang Mai 1994 sorgte der Stadtpfarrer von Baden für landesweites Aufsehen, als er seine Absicht bekanntgab, wegen bevorstehender Heirat vom Amt zurückzutreten. In der Pfarrei bildete sich eine Initativgruppe, die an ihrem Seelsorger – zumindest noch für eine Übergangszeit – festhalten wollte. Ihre Vertreter protestierten gegen das Vorgehen, wie es zwischen Pfarrer und Bischof vereinbart worden war; sie ergriffen in Gottesdiensten das Wort und organisierten eine Petition. Der Bischof wurde aufgefordert, nach Baden zu kommen und sich vor der Öffentlichkeit zu verantworten. Vogel folgte der Einladung und stellte sich dem Gespräch. Darin ging es auch um die Zölibatsvorschrift, und der Bischof bekannte sich in einem engagierten Votum zur Aufnahme des Dialoges in der gesamten Kirche, forderte aber gleichzeitig auch zu Geduld und Solidarität auf.

Zu reagieren hatte Hansjörg Vogel auch auf Unruhe unter den Gläubigen, die verursacht war durch zwei Verlautbarungen der Römischen Kurie. Bei der ersten handelte es sich um eine Verschärfung der Aussage über die Unmöglichkeit, Frauen zu Priesterinnen zu weihen (22. Mai 1994), bei der zweiten ging es um den Ausschluss wiederverheirateter Geschiedener vom Kommunionempfang (14. September 1994).[7] In beiden Fällen nahm Vogel vermittelnd Stellung und wies auf die prinzipielle Möglichkeit zur Weiterentwicklung kirchlicher Positionen hin.[8]

Die vielfältigen Spannungen, in die der Bischof auf solche Weise geriet, hinterliessen ihre Spuren. Dies zeigte sich etwa im bischöflichen Schreiben zu Weihnachten 1994 mit seiner eher bedrückten Lagebeurteilung: «Auch die Situation in unserer Kirche verschärft sich (…) Auf der einen Seite spitzt sich die ungeduldige Erwartung vieler unserer Kirchenmitglieder nach Neuerungen zu. Auf der anderen Seite haben viele Angst, wir stünden in einem Ausverkauf des Glaubens.»[9] Wie schwer die Belastungen drückten, wurde erstmals andeutungsweise sichtbar, als entgegen öffentlicher Ankündigung am 4. April 1994 kein Hirtenbrief erschien. Zwei Monate später war der Bischof nicht mehr im Amt.

Sorge um die Neubesetzung

Mit dem Rücktritt trat erneut das Domkapitel in die Verantwortung für das Bistum. Es entschloss sich zu raschem Handeln, verzichtete auf eine neuerliche Befragung der Gläubigen und setzte die Wahl eines neuen Bischofs auf den 30. Juni an. Gegen dieses Vorhaben schritt die Römische Kurie ein: Sie wünschte eine Zeit der Besinnung und der Busse und verlangte eine Verschiebung des Termins. Das Domkapitel lenkte ein und verlegte den Wahltag auf den 21. August.[10]

Die Bewegung, die der Rücktritt des Bischofs vor allem in den Reihen der kirchlichen Amtsträgerinnen und Amtsträger ausgelöst hatte, belastete die Wahlvorbereitungen des Domkapitels. Zwei der Geistlichen, die 1994 in die engere Wahl gezogen worden waren, erklärten öffentlich, sie stünden für das Amt des Bischofs nicht zur Verfügung. Kritische Signale kamen auch von Mitgliedern der Diözesankonferenz: Auf informellen Kanälen und über die Presse wurden Andeutungen verbreitet, dass gegen den 1994 abgelehnten Luzerner Regionaldekan möglicherweise erneut ein staatliches Veto ergehen könnte.[11]

Trotz der vielfältig angespannten Lage verlief die Wahl selbst ohne Misstöne. Die Kandidatenliste, die sechs Namen enthielt, wurde von den Behördenvertretern nicht beanstandet.[12] Bereits im ersten Wahlgang kam im Domkapitel das geforderte absolute Mehr zustande: Neuer Bischof von Basel wurde Kurt Koch, Theologieprofessor und Hochschulrektor in Luzern. Der Gewählte, 1950 geboren, ist in Emmenbrücke aufgewachsen. Nach einem Vikariat in der Berner Pfarrei St. Maria war ihm

1989 der Lehrstuhl für Dogmatik und Sakramententheologie an der Theologischen Fakultät Luzern übertragen worden. Durch zahlreiche Publikationen und eine vielseitige Vortrags- und Lehrtätigkeit hat er sich in weiten kirchlichen Kreisen als kreativer, vermittelnder Theologe hohes Ansehen erworben.

Der Name des neuen Bischofs musste aufgrund einer 1967 getroffenen Vereinbarung vorerst geheimgehalten werden. Auch er selbst war verpflichtet, so unauffällig als möglich seiner gewohnten Arbeit nachzugehen. Es war jetzt Sache des Heiligen Stuhls, nach einem traditionellen Verfahren festzustellen, ob der Gewählte die rechtlichen Anforderungen erfülle, und die Ausfertigung der päpstlichen Wahlbestätigung vorzubereiten. Dieser Vorgang nahm unerwartet lange Zeit in Anspruch und gab damit Anlass zu Spekulationen und Mutmassungen. Die Lage spitzte sich zu, als – einmal mehr – die vereinbarte Geheimhaltung nicht funktionierte und durch Indiskretion der Name des Gewählten in den Medien bekannt wurde. Gegen den profilierten Theologen formierte sich eine verdeckte Opposition. Sie versuchte, durch direkte Intervention in Rom im letzten Moment das Verfahren aufzuhalten. Das Manöver schlug jedoch fehl, und Papst Johannes Paul II. bestätigte Kochs Wahl zum Bischof auf den 7. Dezember 1995.[13]

Kurt Koch, Bischof von Basel

In ersten Äusserungen gab Bischof Koch seine Bereitschaft zu erkennen, einen neuen Anfang zu setzen. Mit einer öffentlich verlesenen und allen Seelsorgerinnen und Seelsorgern zugestellten Grundsatzerklärung erläuterte er seine Vorstellung über die künftige Amtsausübung. Er umriss sie in vier Prioritäten als Dienst am Evangelium, an den Seelsorgerinnen und Seel-

«Christus hat in allem den Vorrang» (Kol 1,18). Seit Dezember 1995 ist Kurt Koch neuer Bischof des Bistums Basel.

sorgern, an der kirchlichen Einheit und an der Gesellschaft.[14] Damit bekannte er sich zu einem Bischofsideal, das in erster Linie regligös geprägt und auf die Glaubensverkündigung ausgerichtet ist. Entsprechend wählte er als bischöfliches Leitwort den Satz: «Christus hat in allem den Vorrang» (Kol 1,18). Den aktuellen kirchlichen Problemen und Streitigkeiten setzte er damit einen betont spirituellen Akzent entgegen. Ausdrücklich erklärte sich der neue Bischof dazu bereit, sein «Leben und Wirken dafür einzusetzen, dass Christus in der Ortskirche Basel wie in der Weltkirche den Primat behält und, wo nötig, zurückerhält.»[15]

Anmerkungen

1 Zum Folgenden siehe: Hansjörg Vogel, Erfahrungen im Bischofsdienst, in: SKZ 64 (1996), S. 32–38; Stephan Leimgruber, Bischof Hansjörg Vogel (1994–1995), in: Ders. (Hg.), Die Bischöfe von Basel 1794–1995 (im Druck); Markus Ries, Ein neuer Bischof für das Bistum Basel, in: Basler Stadtbuch 1994, Basel 1995, S. 94–97. – Zum Evaluationsverfahren des Domkapitels: Hermann Schüepp/Franz Wigger, Ergebnisse der Umfrage zur Bischofswahl im Bistum Basel, in: SKZ 162 (1994), S. 203–207. (SKZ = Schweizerische Kirchenzeitung.)

2 Unter Hinweis auf ihr internes Entscheidungsprozedere, zu dem jeweils kein offizielles Protokoll geführt wird, lehnte es die Diözesankonferenz ab, auf die Vorwürfe überhaupt einzutreten. Hingegen gab sie einige

Monate später bekannt, sie habe «das Mitwirkungsverfahren bei Bischofswahlen neu geregelt». Siehe die entsprechende Pressemitteilung vom 29. Juni 1995, in: SKZ 163 (1995), S. 425.

3 Vgl. Rolf Weibel, Miteinander hörende Menschen sein, in: SKZ 162 (1994), S. 84–86.

4 «Für mich wird die kommende Zeit eine Zeit der persönlichen Klärung, wie mein Weg weitergehen soll. Dazu will ich mich in die Stille zurückziehen, um mich selber neu zu finden.» Abschiedsbrief des Bischofs Hansjörg Vogel an die Gläubigen des Bistums Basel, in: SKZ 163 (1995), S. 366 f.

5 Zum Folgenden siehe: Leimgruber, Bischof Hansjörg Vogel (wie Anm. 1).

6 Vgl. Rolf Weibel, Kirche im Bistum Basel auf dem Weg in die Zukunft, in: SKZ 163 (1995), S. 65–68, bes. S. 67 f.

7 Apostolisches Schreiben über die Priesterweihe vom 22. Mai 1994, in: SKZ 162 (1994), S. 335 f.; Schreiben der Römischen Kongregation für die Glaubenslehre an die Bischöfe der katholischen Kirche vom 14. September 1994, ebd. S. 596–598 (Übersetzungen).

8 «Nach meiner Einschätzung hat das Apostolische Schreiben [über die Priesterweihe] mehr neue theologische Fragen aufgeworfen, als es alte gelöst hätte. – Als Bischof nehme ich den Entscheid des Papstes ernst. Gleichzeitig halte ich jedoch fest: Die gemeinsame Suche nach einer Sozialgestalt der Kirche, die dem Evangelium entspricht, muss weitergehen. Die Stellung der Frau in der Gesellschaft ist im Umbruch. Dies hat Folgen für die Kirche, für ihre Theologie und ihre Praxis, die wir heute noch nicht abschätzen können.» Hansjörg Vogel, Den ganzen Auftrag der Kirche in Blick bekommen (Stellungnahme vom Juni 1994), in: SKZ 162 (1994), S. 348 f. – Hansjörg Vogel, Zur seelsorglichen Begleitung von wiederverheirateten Geschiedenen im Bistum Basel (Stellungnahme vom 27. Januar 1995), in: SKZ 163 (1995), S. 72 f.

9 Hansjörg Vogel, Rundschreiben an die Seelsorgerinnen und Seelsorger zu Weihnachten 1994, Bischöfliches Archiv Solothurn.

10 Siehe: Bischofswahl im Bistum Basel – Neuer Wahltermin (Pressemitteilung des Basler Domkapitels vom 26. Juni 1995), in: SKZ 163 (1995), S. 407.

11 Ein Mitglied der Diözesankonferenz hatte vor der Wahl erklärt, eine erneute Portierung des Luzerner Regionaldekans Rudolf Schmid «könnte in der Konferenz eine gewisse Nervosität verursachen. Ich kann mir vorstellen, dass dies bei gewissen Kollegen nicht gut ankommen würde». Luzerner Zeitung, 21. August 1995, S. 18. – Ähnliche Schlüsse ergeben sich aus den Bilanzen, die aus der Rückschau gezogen wurden: «Weil zweitens nicht zu erkennen war, dass die Diözesankonferenz eine bindende Zusicherung geben würde, Regionaldekan Rudolf Schmid diesmal als genehm auf der Liste zu belassen, hat ihn das Domkapitel ‹schweren Herzens› nicht auf die neue Liste gesetzt, um ihm die Belastung einer erneuten Streichung zu ersparen.» Rolf Weibel, Kurt Koch, Bischof von Basel, ebd. S. 726–731, hier S. 726.

12 Die Kandidatenliste des Domkapitels enthielt folgende Namen; Hans Baur, Pfarrer von Bern Heilig Kreuz; Walter Bühlmann, Regens des Priesterseminars St. Beat in Luzern; Kuno Eggenschwiler, Regionaldekan des Kantons Solothurn; Max Hofer, Leiter des Bischöflichen Pastoralamtes in Solothurn; Kurt Koch, Theologieprofessor an der Hochschule Luzern; Bernhard Schibli, Pfarrer von Aesch BL. Siehe: Ebd. S. 736.

13 Siehe: Weibel, Kurt Koch (wie Anm. 11). – In der unmittelbaren Rückschau wirkten die Verhinderungsversuche offenbar geradezu als «Denuntiationswelle», die «nach Rom gerollt» ist. Ebd. S. 727.

14 Vgl. ebd. S. 727–731.

15 Kurt Koch, Rundschreiben an Klerus und Gläubige im Bistum Basel vom 1. Adventssonntag 1995, Bischöfliches Archiv Solothurn.

Schlaglichter Kirchen

Michael Raith

Gottesdienst im Gefängnis
Die ökumenische Gefängnisseelsorge

Schon Jesus weist auf die Bedeutung des Besuchs Gefangener hin (Matthäus-Evangelium 25,36). In Basel war die Gefängnisseelsorge ab 1670 dem Pfarrer am Waisenhaus übertragen. Anlässlich der ‹hinkenden Trennung› von Kirche und Staat im Kanton Basel-Stadt 1910/11 blieb der «Dienst von Geistlichen an den ... Gefängnissen», wie die Kantonsverfassung in Paragraph 19b ausdrücklich festhält, eine mit allgemeinen Staatsmitteln zu subventionierende Aufgabe. Von 1950 bis 1974 wirkte ein vollamtlicher, vom Staat besoldeter Pfarrer an den Basler Haftanstalten. In dieser Zeit predigte bekanntlich manchmal Karl Barth von der Kanzel der Kapelle des 1864 bezogenen ‹Schällemätteli›-Gefängnisses.

Seither hat sich vieles geändert. Das Durchschnittsalter der Gefangenen ist gesunken, der Ausländeranteil gestiegen. Häufigstes Delikt sind heute die früher seltenen Gesetzesverstösse im Zusammenhang mit Drogen. Rund 250 Gefängnisplätze stehen in Basel-Stadt zur Verfügung, sie werden pro Jahr von etwa vier- bis fünftausend Menschen belegt. Ihrer Betreuung widmen sich über hundert Mitarbeitende. Die Gefängnisseelsorger kommen nur mit einem Bruchteil der inhaftierten Männer und Frauen in Berührung, dies vor allem wegen sprachlicher und kultureller Grenzen. Trotzdem werden Jahr für Jahr einige hundert Gefangene besucht, Gespräche geführt, Briefe gewechselt, Demarchen unternommen und etwa alle drei Monate Musikgottesdienste gefeiert; gut zwei Drittel bis drei Viertel der Insassinnen und Insassen nehmen jeweils daran teil.

Seit 1993 ist die Gefängnisseelsorge neu geregelt: Die Evangelisch-reformierte und die Römisch-Katholische Kirche teilen sich diese Aufgabe. Für die Betreuung der Männer stehen 70, für diejenige der Frauen 20 Stellenprozente zur Verfügung. Derzeitige Stelleninhaber sind die katholische Laientheologin Anne Lauer-Reisinger und der reformierte Pfarrer Michael Raith. Ihnen obliegen neben den seelsorgerischen Aufgaben im Waaghof- und im Schällemätteli-Gefängnis auch Tätigkeiten im Informations-, Schulungs- und Vernetzungsbereich.

Die katholische Laientheologin Anne Lauer-Reisinger und der reformierte Pfarrer Michael Raith.

Walter Erny, Jürg Meier

Seit 100 Jahren in der Schweiz und in Basel: die Neuapostolische Kirche

Neuapostolische Kirche – was ist das überhaupt? Diese Frage mag sich schon mancher Betrachter der Eingangspartie des Neuapostolischen Gotteshauses am Petersgraben 45 gestellt haben. Etwas weniger augenfällig befindet sich im Hof der Breisacherstrasse 35 im Kleinbasel eine weitere architektonisch gelungene Kirche. In den dreissiger Jahren des letzten Jahrhunderts kamen gläubige Menschen in England, Schottland und Deutschland zur Überzeugung, dass – wie in der Urkirche – das Apostelamt wieder wirken müsse. Aus dieser Bewegung entwickelte sich die Neuapostolische Kirche, zu der sich heute weltweit etwa zehn Millionen Menschen bekennen. Sie bemühen sich um ein von Toleranz und Achtung gegenüber Andersgläubigen getragenes christliches Denken und Handeln und erwarten die Wiederkunft Christi, wie sie in Johannes 14,3 angekündigt ist.

Wie zur Zeit der ersten Apostel werden die drei Sakramente Wassertaufe, Heilige Versiegelung (Geistestaufe) und Heiliges Abendmahl gespendet. Ein Schwerpunkt liegt in der *Eigenverantwortung:* Im Sinne Christi trägt der Gläubige die Verantwortung für sein Handeln selbst. Alle Seelsorger sind Laien ohne theologisches Studium und üben, von wenigen Ausnahmen abgesehen, ihre Tätigkeit ehrenamtlich, also unentgeltlich aus. Die Neuapostolische Kirche wird ausnahmslos durch freiwillige Spenden ihrer Mitglieder finanziert.

In der Schweiz wurde die erste Gemeinde 1895 in Zürich gegründet, Basel folgte ein Jahr später. Auf Schweizer Boden bestehen heute in der unmittelbaren Umgebung Basels (‹Bezirk Basel›) acht Kirchgemeinden mit etwa zweitausend Mitgliedern. Kam man in den Anfängen in sehr bescheidenen Versammlungsräumen zusammen, so besitzen heute die meisten der gegen dreihundert Kirchgemeinden in der Schweiz eigene Kirchengebäude, die allen Interessierten für einen unverbindlichen Besuch offen stehen.

Aussenansicht der Neuapostolischen Kirche im Kleinbasel, Breisacherstrasse 35. ▷

Sabine Vulić

Gebremster Reformwille in der Evangelisch-reformierten Kirche

Mit 46 gegen 33 Stimmen entschied die Synode der Evangelisch-reformierten Kirche Basel-Stadt am 28. April 1995, der vom Kirchenrat anvisierten Totalrevision der Kirchenverfassung aus dem Jahre 1911 den Todesstoss zu versetzen. Damit zog sie einen Strich unter den Erneuerungsprozess, der im November 1993 in ihrem eigenen Auftrag mit grossem Elan in Angriff genommen worden war.

Mit einem ‹Meinungsbildungsprozess›, an dem sich weit über 1000 engagierte Kirchenmitglieder, aber auch etliche kirchenferne Interessierte in rund 60 Arbeitsgruppen beteiligten, hatte das Projekt ‹Verfassungsrevision› im Frühling 1994 einen fulminanten Start genommen. Die Teilnehmer dieser ersten Runde sprachen sich deutlich für eine neue Verfassung aus, die sowohl den Visionen als auch den Realitäten der Evangelisch-reformierten Kirche gerecht werden sollte. Trotzdem entschied sich die Synode im Sommer 1994 nur zögernd zu einem grundsätzlichen Ja zur Totalrevision. Im November wurde eine Aussprachesynode eingeschoben.

Der Kirchenrat unter Präsident Georg Vischer hatte sich von Anfang an mit Nachdruck für die Totalrevision ausgesprochen. Er beauftragte eine juristische Expertenkommission, als Diskussionsgrundlage einen Verfassungsentwurf auszuarbeiten. Parallel dazu setzte die Synode eine eigene Kommission ein, um die Optionen Total- und Teilrevision gegeneinander abzuwägen. Im Verlaufe der entscheidenden Synode vom 28. April 1995 zeichnete sich schon bald ab, dass eine Mehrheit der Synodalen nicht genug Handlungsbedarf sah, den arbeitsintensiven Prozess einer Totalrevision in Angriff zu nehmen. Was an dem alten, formalistischen Papier unbedingt geändert werden müsse, solle

Damit die Kirche im Dorf bleibt, bleibt die Reformierte Kirche ohne Reform.
◁

der Wirklichkeit im Rahmen von Teilrevisionen angepasst werden, lautete der Tenor der ausgesprochen konzentriert und ohne Polemik geführten Plenumsdiskussion.

Mit dem Verzicht auf eine Totalrevision hat die Evangelisch-reformierte Kirche eine Chance vertan, ihre Position und ihre Aufgaben in der Gesellschaft öffentlich zu diskutieren, sich auf die Zukunft auszurichten und neues Profil zu gewinnen.

Kulturschaffende im Basler Stadtbuch

Literatur

Michèle M. Salmony

Gabrielle Alioth: Die Heimat im Kopf

Natürlich kenne ich sie alle, den Stubenmeister, die Männer mit den hohen Hüten, den engelsgesichtigen Stadtschreiber, die Gauklerin und das Mädchen am Pranger. Ich kenne sie.
Natürlich kenne ich Gabrielle Alioth: Auf der Kohlenbergtreppe, im Schulzimmer Homer und Ovid übersetzend (Jacques Brel), auf der Klagemauer (Leonard Cohen), in der Eisfabrik bei Frau Bickel (Beatles und Land des Lächelns), auf dem Petersplatz im Park Sonne tankend vor der nächsten Vorlesung (Georges Brassens), in der BAK[1] (stell' endlich deinen Computer ab, ich habe Durst), in Strassburg vor dem Münster, am Bahnhof-für-immer vor elf Jahren, in Rosemount am Fluss jetzt. Ich kenne ihre Sprache: Musik, die über monströse Abgründe schwingt, über existentielle Schrecklichkeiten des Lebens hinwegsingt. Keine Silbe zuviel, kein Konsonant, der holpert – Lyrik eigentlich, und nicht Prosa. «Traumverlorener Erzählton», «Wortwahl, die fesselt durch ihre Behutsamkeit», «in Worte von glanzvoller Schlichtheit gefasst» – so oft wird diese Sprache in Rezensionen gepriesen, was soll ich neu erfinden? Als Geschichtenschreiberin hat sie ihre Sprache gefunden, unverkennbar *ihre* Sprache in ‹Der Narr›, in ‹Wie ein kostbarer Stein› und in ‹Die Arche der Frauen›. Ihre Sprache, derer man nicht müde wird, und für die man ihr dankbar ist, denn die Inhalte sind erschreckend, grausam, traurig, beklemmend – Geschichten über die Mühsal und Unfähigkeit des Menschen zu lieben, sich mitzuteilen, zu leben. Ob weit weg im Brokat des Mittelalters oder weit weg am Fluss auf der Insel, sie kommt ganz nah an die Lesenden und berührt sie dort, wo es weh tut, in ihrer Sprache aber, die lindert und tröstet. In ihren Zeilen trifft Grausamkeit auf Schönheit.

«Denn von Hause aus, sehen Sie, bin ich Volkswirtin, und in der trockenen Luft zwischen Bildschirm und Printer hat man mir beigebracht, die Realität in Zahlen zu fassen, in Gleichungen und Modelle, mit denen man spielen kann, wie mit elektrischen Eisenbahnen.»[2] Sie ist auch Journalistin und scharfzüngige Rednerin.
Ich kenne sie. Ich könnte sie jederzeit anrufen und fragen: «Hör mal, diese Anna, ich bin mir nicht sicher, aber ist das die X oder die Y? Mensch, weisst Du noch...» Ich kenne ihre Figuren, die anders oder gar andere sind, als jene, die ich kenne. Habe ich mich klar ausgedrückt? «All die Unvollkommenheiten, Zufälligkeiten und Sinnlosigkeiten der Wirklichkeit lassen sich am Schreibtisch in Bestimmung verwandeln, in Bedeutung und Absicht. So dient die Fiktion denn nicht der Aufhebung der Realität sondern ihrer Verbesserung, ja in gewisser Weise wird die Fiktion zur Rache an der Realität.»[3] Und so ist alles, was sie schreibt, und so ist alles, was wir tun, autobiographisch. Ich erkenne mich im buckligen Narren ihres ersten Romans. Und ich kenne Leute, die Gabrielle noch nie gesehen haben, und sie erkennen sich ebenfalls in diesem Narren. Und das ist, nebst ihrer Sprachkunst, ihre Webkunst: Realitäten (historische und zeitgenössische) durch ihre Erzählstruktur derart zu verweben, dass am Ende die Wahrheit einzig in der Fiktion liegt, die Sie, mich und den Herrn dort drüben auf dem Gehsteig meint.
Irland ist weit weg – eine Insel am Rande Europas, pflegt Gabrielle Alioth zu sagen. Sie sitzt jetzt an ihrem Schreibtisch, und ich sehe sie, den Bleistift zwischen Daumen und Zeigefinger wippend zum Fenster hinausschauen, über den

Garten zum Fluss runter. Jeden Tag. «Auch geschriebene Sätze füllen die Stille, brechen das Schweigen, und in der Auseinandersetzung mit ihnen ist man unverletzlich.»[4] Und so hat sie die folgende Geschichte erfunden, und ich kenne keine der Figuren, den Stubenmeister nicht, die Männer mit den hohen Hüten, den engelsgesichtigen Stadtschreiber, die Gauklerin und das Mädchen am Pranger, ich kenne sie alle nicht. Und ich werde Gabrielle anrufen und sagen: «Gefällt mir, Deine Geschichte. Aber einmal könntest Du ja wirklich über mich schreiben. Übrigens, hast Du gewusst, dass sie die EPA abgerissen haben und den Rebetez und das Versicherungsgebäude am Aeschenplatz? Die neue Wettsteinbrücke ist fertiggebaut, und bei uns in der Strasse haben sie einen Baum gefällt. Wann kommst Du endlich mal wieder? Ich hab eine neue Kneipe entdeckt. Ich möcht' mal wieder so richtig eine Nacht mit dir durchzechen.»

«Wer fort geht, kehrt auch zurück, und sei es auch nur an jenen Ort in unserer Erinnerung. Die Heimat im Kopf lässt sich nicht verlieren, auch wenn uns nichts Konkretes – Menschen, Sprache – mehr an sie bindet.»[5]

Gabrielle Alioth (1995).

Anmerkungen

1 Basler Arbeitsgruppe für Konjunkturforschung.
2 Gabrielle Alioth, Von Zahncrème und Glashäusern, in: Herbert Herzmann (Hg.), Literaturkritik und erzählerische Praxis, Deutschsprachige Erzähler der Gegenwart, Tübingen 1995, S. 195ff.
3 Ebd.
4 Ebd, S. 197.
5 Gabrielle Alioth, Post-babylonische Versprechen, Thesen aus dem freiwilligen Asyl [recte: Exil], in: Uwe Westphal/Fritz Beer (Hg.), Exil ohne Ende, Das PEN-Zentrum deutschsprachiger Autoren im Ausland, Gerlingen 1994, S.102.

Gabrielle Alioth

Bilder einer Stadt

Er sah die Stadt zum ersten Mal von dem Hügel im Osten aus. Seine Kleider waren immer noch feucht, und der schafige Geruch des trocknenden Tuches trieb ihm die Tränen in die Augen. Oder war es der Wind, der ihm die Tränen in die Augen trieb?

Der Regen war erst gegen Morgen verstummt, während er im Stall der Frauen lag. Er hatte sich glücklich gepriesen, dass sie ihn aufgenommen hatten nach den Tagen und Nächten in dem tropfenden, quellenden Wald. Mehrere Male hatte er gedacht, er habe sich im Zwielicht der Bäume verirrt, gehe seit Stunden im Kreis, und im nächsten Moment werde ein wildes Tier ihm den Weg versperren. Er verwünschte seine Vermessenheit, die ihn verleitet hatte, den Pfad über die Hügel zu nehmen, anstatt dem Fluss zu folgen – nur um die Stadt zuerst aus der Höhe zu sehen, noch bevor er sie betrat.

Der Wind trieb graue Schwaden über die Ebene. Der Fluss war ein helles Band, breiter und ruhiger nun, ohne Wunsch, sein Bett zu verlassen, und für einen Augenblick fragte er sich, ob es wirklich der gleiche Strom war, den er vor Tagen tosend über die Felsen stürzen sah. Hatte er sich doch im Wald verirrt?

Er kannte die Türme der Stadt von dem Holzschnitt in der Chronik. Darauf liegt die Mauer eng um die Häuser. Das Münster sitzt auf einem zerfurchten Felsen. Aus seinem rechten, noch unfertigen Turm ragt eine mächtige Winde, die wie ein Galgen über den Giebeln baumelt. Das Wasser ist in flachen, gleichmässigen Wellen zwischen die Ufer gezeichnet.

Der Fluss in der Ebene verschwand hinter den Dächern. Die Stadt schien braun aus dieser Entfernung, Zinnober und Umbra.

Er kehrte in den Stall zurück und begann, seinen Sack zu packen. Das Leder war immer noch dunkel vor Feuchtigkeit. Er betastete die kleinen Leinenbeutel, die er auf dem Stroh ausgebreitet hatte. Wie durch ein Wunder waren die Pulver trocken geblieben. Zinnober und Umbra würde er mischen für die Stadt.

Die Frau, die ihn am Abend zuvor in den Stall gelassen hatte, brachte ihm Brot. Wieder meinte er zuerst, sie sei ein Kind, so zierlich war ihre Gestalt unter der Kutte. Ihre Augen waren älter, mit grossen, dunklen Pupillen. Oder war es das Weiss, das heller war?

«Du wirst die Stadt malen» sagte sie, und er nickte, als wäre es eine Frage gewesen. Er hätte gerne gewusst, ob früher auf dem Hügel tatsächlich nachts ein Feuer brannte, und auf den anderen beiden, im Norden und Süden der Stadt. Aber er wagte nicht, das Schweigen zu brechen. Später versuchte er, sich an ihren Mund zu erinnern. Sie hatte breite Lippen gehabt, die sich, auch wenn sie lächelte, an den Seiten ein wenig neigten, und dann schien ihm ihr ganzes Gesicht aus weichen, ovalen Linien zu bestehen.

Er folgte ihr quer durch den Wald den Hang hinab. Das Laub war lichter nun über ihnen, und manchmal liess die Sonne die Blätter erstrahlen. Dann schien ihm ihr weisses Gewand von den Farben des Regenbogens gefleckt. Wie lange ging er schon hinter ihr? Er hatte vorgehabt, einzelne Häuser zu malen, Ansichten von Kirchen und Plätzen, die er den Bürgern verkaufen konnte, wie in den Städten zuvor. Nun aber entstand ein anderes Bild vor seinen Augen: Zeilen von Firsten, Türme, Treppen, die zum Fluss hinunter führten, Kähne am Ufer. Jeder Teil der Stadt war auf diesem Bild zu sehen und wie sie zusammengehörten, und im Himmel darüber spiegelte sich das weiche, rötliche Braun. Das hatte die Frau gemeint, als sie ihn auf dem Hügel oben hiess, die Stadt zu malen.

*

Jede Stadt erinnerte den Maler an seine eigene. In jener Nacht, bevor er sie verlassen hatte, war er noch einmal durch ihre Gassen gegangen. An jeder Ecke klebte ein Stück Vergangenheit; wenn er sie zusammenfügte, ergäbe sich eine Landkarte seiner Jugend. Irgendwo kam er an einem halbfertigen Haus vorbei. Dass er es nicht mehr vollendet sehen würde, kam ihm mit einem Mal wie eine Strafe vor.

In der gleichen Nacht stand er frierend neben dem Wagen. Das Lachen der Freunde wurde lauter, die Worte auf seinen Lippen unaussprechbar. Der Fuhrmann hiess ihn aufsitzen, und ihre Züge verschwammen. Wie ein Kind, das feuchte Gesicht in seine Hände vergraben, versuchte er zu verstehen, was geschehen war.

Es war so einfach gewesen, den Entschluss zu fassen. Er blieb im Moment ohne Folgen, und der Maler tat Dinge gerne zum letzten Mal. Er besuchte noch einmal den alten Lehrer. Nun, wo er sicher war, dass er gehen würde, glaubte er, die Erinnerung an die Nächte in der Werkstatt ertragen zu können. Der Schein der Kerze war auf die unfertigen Altartafeln gefallen. Stunde um Stunde hatte er die Klumpen im Mörser zerrieben, um dann beim ersten Licht des Morgens die Farben zu mischen. Jedesmal war ein anderer Ton entstanden, wenn das Pulver sich im Eigelb löste, so sehr er sich auch an die Masse hielt, und der Alte hatte ihn verflucht. Eines Nachts entdeckte er, dass er die Schönheit des Altars nicht mehr sah, und auch seine Hände waren gefühllos geworden.

Der Fuhrmann setzte ihn vor einer Herberge ab. Die Wirtin füllte die Becher zur Hälfte. Zwischen den Essensresten krochen Käfer über den Tisch. Sein Blick wanderte zu seinem Sack neben dem Stuhl. Die anderen Gäste prosteten sich zu. In der Nacht glaubte er sich auf einem schlingernden Schiff. Er wusste, nach einer Weile würde ihm übel werden, und von nun an gäbe es nur noch Inseln.

Am nächsten Tag erkannte er, dass der Moment des Abschieds schon unerreichbar weit zurücklag. Er würde auf anderen Wagen fahren, in anderen Herbergen sitzen, aber die Entfernung zu seiner Stadt würde sich nicht mehr vergrössern.

*

Am Fuss des Hügels war die Frau verschwunden. Hatte sie sich verabschiedet, ihm noch den Weg beschrieben? Immer wieder lenkten überschwemmte Wiesen ihn in andere Richtungen.

Zwischen den kleinen Äckern vor der Stadt standen Hütten. In so einer Hütte war er geboren, und er kannte den Geruch von gekochten Rüben, der aus ihren Türen drang. Vor einer der Hütten sass ein altes Paar. Er war versucht, sie nach dem Weg zu fragen. Sie würden ihm zu essen anbieten, von der lauwarmen Suppe auf ihrem Herd. Mit einer heftigen Geste verscheuchte der Mann die Fliegen, die ihn und die Frau umkreisten. Wüssten sie den Weg?

Eine Weile folgte er drei verhüllten Frauen, bis sie in einen Pfad einbogen, der auf einen Hof zuführte. Auf dem Dach wehten zwei unterschiedliche Banner. Die Gestalten davor dünkten ihn verkrümmt, schwerfällig in ihren Gesten, und als er begriff, dass es ein Spital war, meinte er, Stöhnen zu hören. Vielleicht waren die Gesichter der Frauen von weissem Schorf bedeckt. Dann sah er den Wachturm. ‹Durch mich führt der Weg in die leidende Stadt ...›

*

Er betrat die Stadt am Mittag durch das östliche Tor. Die Häuser waren hier niedriger als auf der anderen Seite des Flusses. Beim Gehen schaute er in ihre Fenster. In einer Stube sass eine ärmliche Frau am Spinnrad, und er musste lachen. Die Stadt war in allen Landen für ihre feinen Gewebe bekannt, und für den Reichtum, den sie damit erwarb.

Die Strasse führte ihn an eine Mauerecke. Dahinter musste ein Kloster sein, ein Garten vielleicht. Er glaubte, ein Singen zu hören. In dem Moment, als er die Augen schloss, stellte er sich vor, er sei in seine eigene Stadt zurückgekehrt. Seine Hände würden zittern. Er hörte ihre Stimmen in dem hellen Dialekt, und sie sagten noch immer das Gleiche. Würden sie ihn fragen, wo er gewesen war? Sähen sie ihm an, dass er nicht mehr zu ihnen gehörte?

Er roch die keimende Gerste auf der Tenne

einer Brauerei. Der Bach in der Strassenmitte bog nach rechts ab in eine Gasse. Die Häuser darin waren schmal und hoch, mit schrägen Dächern. Aus einem lächelte die Frau mit dem ovalen Mund auf ihn herab. Dann bemerkte er, dass ihr Haar blond und kurz war, und auch das Gesicht war nicht dasselbe. Als er sich nach einigen Schritten wieder umwandte, war die Fremde verschwunden.

Die Brücke tauchte unvermittelt auf, in einer Lücke zwischen den Häusern. Er bemerkte das Licht zuerst, ein Stück Himmel, dann erst sah er die hölzernen Planken. Vor dem letzten Haus stand eine Gruppe von Leuten um einen Weibel herum, der ein Urteil verlas. Er war sicher, seinen Namen zu hören, aber die Umstehenden beachteten ihn nicht. Schon beim ersten Schritt auf die Brücke umfing ihn die Kühle des Flusses. Die Balken schwankten unter den vorbeifahrenden Wagen, er fühlte sich leicht mit seinem Sack voll Pulvern und Pinseln. Er war ein Fremder, und die Leute hier würden in seinen Bildern nicht nach den Strichen des alten Lehrers suchen, und nicht nach den Spuren seiner Vergangenheit.

Er blickte auf die Häuser am anderen Ufer, blau und weiss. Er würde sie wie die kostbaren Steine einer Krone malen, Malachit und Achat, und das Münster in ihrer Mitte als einen geschliffenen Granat.

Noch am gleichen Tag kehrte er über die Brücke in den niedrigen Teil der Stadt zurück. Aus den oberen Fenstern ihrer Häuser müsste das geschwungene Ufer gegenüber zu sehen sein. Gewiss war es richtig, in der engen Gasse nach einem Anfang zu suchen. Stehen ihre Fundamente nicht gar auf heidnischen Mauern?

In einem Hinterhof sassen Schatten um ein Feuer herum. Er blieb im Torbogen stehen und lauschte ihren Stimmen. Sie erzählten von belagerten Städten und Irrfahrten auf dem Meer, und eine Weile folgten ihm die Worte auf seinem Weg. Dann nahm er eine Kammer in einem Haus weiter oben am Fluss, von wo aus der Blick mit der Strömung zu den Landestegen am anderen Ufer treibt. Wer konnte sagen, wo der richtige Ort war, um mit dem Bild der Stadt zu beginnen?

*

In der Nacht träumt ihm, er gehe über den Marktplatz. In einer Ecke steht ein Mädchen am Pranger. Er will die Vorübergehenden nach ihrem Vergehen fragen, aber sie verstehen ihn nicht. Mit einem Mal weiss er, wer sie ist. Der Wind rüttelt an den Läden, wie er erwacht.

*

Der Maler ging durch die Strassen der Stadt. Jeden Morgen nahm er sich vor, mit dem Bild zu beginnen, aber wenn er in der Dämmerung in seine Kammer zurückkam, schwankten die Häuser vor seinen Augen. Die Mauern rutschten, die Giebel neigten sich, aus den Dachstöcken schlugen Flammen.

Es hiess, sie hätten die Stadt sogleich wieder aufgebaut, auf den Trümmern, unter denen ihre Kinder, ihre Eltern begraben lagen, als wäre nichts geschehen. Manche wollten zuerst noch an einen anderen Ort, wo der Fluss schmäler, die Erde fester war; aber dann blieben sie doch. Die Risse in den Mauern des Münsters flickten sie mit eisernen Klammern, selbst ihr Glücksrad, über der Pforte zu den Linden hinaus, zwangen sie wieder zusammen. Zwischen den Säulen darunter steht noch jetzt der heilige Lukas, Schutzherr der Maler, mit leeren Augen, geblendet vielleicht von dem Unglück, das an seinem Namenstag die Stadt erschütterte.

*

In der Mittagshitze steigt der Maler manchmal die Treppe hinter dem Münster zum Fluss hinab. Je näher er dem Wasser kommt, um so schneller fliesst es an ihm vorbei. Wie viele Jahre hat er nicht mehr an das Mädchen aus dem Traum gedacht? Der Wind reisst ihr Gesicht auseinander.

*

Er sprach bei der Zunft zu Safran vor. Die Krämer sassen im Hof vor vollen Tellern und tranken aus buckligen Humpen. Neben dem Zuber mit den Weinflaschen lag ein Hund mit einem aufgetriebenen Bauch. Seine Augen waren blutunterlaufen. Die Krämer deuteten auf die bemalten Scheiben im oberen Stock und folgten dem Fremden mit abschätzigen Mienen. Der Seckelmeister in der Herrenstube fragte, was er denn male. Im ersten Moment wollte er auf die Kacheln des Ofens deuten und sagen, er kenne den Meister. Aber dann erinnerte er sich an den

Tod, der lachend das Geld des Bürgers nimmt, nach dem Arm des eiligen Krämers greift und dem Ratsherrn die abgelaufene Sanduhr zeigt. In einer Hafenschenke im Norden hatte der berühmte Mann die Blätter vor ihm ausgebreitet und ihm von einer Stadt erzählt, in der Geiz und Neid regierten und Engstirnigkeit die Künste frieren liess.

Der Seckelmeister schüttelte den Kopf: «Ihr gehört nicht zu uns.» Und während der Maler die breite Treppe wieder hinunterstieg, dachte er an die Umrisse der Stadt. Vielleicht hätte er sie gleich vom Hügel aus zeichnen sollen, vage, wie er sie in der Ferne sah, bevor ihre Häuser sich mit Gesichtern füllten.

Im Hof ging ein Schauer nieder. Jammernd versuchten die Krämer, ihre Teller ins Trockene zu bringen. Schon nach wenigen Augenblicken schwamm der Boden in braunen Pfützen. Ungeachtet des kalten Gusses suchte sich der Maler einen Weg zwischen ihnen hindurch. Der Hund knurrte. Er griff in eine der überfliessenden Schüsseln und warf ihm einen Knochen zu.

Die Zunft der Maler war im Haus zum Himmel. Dort schrieb man seinen Namen in ein Buch. Der Stubenmeister nickte, als er seine Geburtsstadt nannte, und der Maler hatte das Gefühl ihn anzulügen. Gewiss dachte der freundliche, rothaarige Mann an die Kirche, die sie in den letzten Jahren gebaut hatten, die neuen Häuser und die Bewohner, die der Maler längst nicht mehr kannte. Die Stadt seiner Herkunft lag in der Vergangenheit.

Die Zunftbrüder am Tisch luden ihn zum Trinken ein, aber dann redeten sie weiter, als wäre er nicht da. Einer war beim Wechsler gewesen. Der hatte den Schuldbrief auf einen alten Lumpen geschrieben, weil ihn das Papier reute. Weil auch der Tag ihn reute, sagte ein anderer, empfing er seine Schuldner sogar, wenn er auf der Latrine sass. Sein Haus hatte zwei Treppen, da er den Anblick seiner Frau nicht ertrug. Ihr Gesicht war weiss und faltenlos, und sie trank Branntwein. Das Gelächter rollte über den Maler weg, während sich die Geschichten in endlosen Kreisen drehten. Erst als der rothaarige Stubenmeister sie zum Aufbruch mahnte, fragte einer der Zünftler, was er denn in der Stadt wolle, und ein anderer wünschte ihm Glück.

Auf dem Heimweg ging er ein Stück weit dem Fluss entlang. In den Häusern neben dem Münster brannten die letzten Lichter. Es mussten grosse Räume sein, Säle mit vielarmigen Leuchtern, in denen die frommen Herren der Stadt Zaren und Sultane empfangen wollten. Das Wasser zog den Widerschein der Lichter auseinander. Zornige Gesichter erschienen, die Züge des alten Lehrers. «Wirklichkeit! Was kümmert mich die Wirklichkeit! Du musst die Stadt malen, die alle Städte enthält. Nur ein Narr will wissen, ob sie fünf oder sieben Türme hat.» Mürrisch hatte er seine Entwürfe beiseite gelegt und Kirchturmspitzen mit Kreuzen darauf gezeichnet, eine Mauer mit Scharten und Streben und einem Wassergraben.

*

Am nächsten Morgen setzte der Maler mit der Fähre zum höheren Ufer über. Das Boot lag tief im Wasser unter seinem Gewicht, und in der Mitte des Stromes schien es für lange Zeit zu verharren. Über ihm leuchteten die Ziegel der Kirchen in der Morgensonne. Wie die Schuppen eines Tieres, dachte er, und mit einem Mal war er voller Zweifel, ob es ihm gelingen würde, die Stadt zu malen, mit ihren Kämmen und Krallen und den Fahnen, die sich nachlässig am Himmel schlängelten.

Im Rathaus schickten sie ihn über Treppen und Gänge zur Stube des Schreibers. Vor der Türe zögerte er. Die Kammer drinnen lag in weissem Dunst. Zuerst meinte der Maler, es sei Rauch. Überall lagen Abschriften, Briefbücher und Faszikel. Der Schreiber musterte ihn unter krausen Brauen. Nach einer Weile schloss er den Band vor sich auf dem Tisch; weisser Staub stieg auf, drehte sich in Wirbeln und verteilte sich in der Luft. Während er sprach, blickte der Maler auf die Schubladen an den Wänden, unzählige, gleiche Fächer mit den gleichen, eisernen Griffen. Der Schreiber kannte jedes Haus in der Stadt. Seine linke Hand strich über den krausen, grauen Bart.

Es war Abend, als der Maler das Rathaus wieder verliess, durch eine kleine Pforte, die ihm der Schreiber zeigte. Über Stiegen gelangte er in unbekannte Gassen. Er las die Namen der Häuser über den Türen. Hinter jeder lag ein Teil der Stadt, unerreichbar hinter Schloss und Riegel, und die dunklen Fenster blickten wie die hohlen Augen einer Larve auf ihn herab. Im Schatten einer Toreinfahrt sieht er sich plötzlich selbst mit dem Mädchen aus dem Traum. Auch das Gesicht des Schreibers hatte etwas verborgen, unter den krausen Haaren, und er stellte sich vor, darunter die Züge eines Engels zu sehen, oder eines Dämonen.

Mit einem Mal stand er auf dem Platz vor dem Münster. Hier hatten die Rüstungen der Ritter in der Sonne geglänzt und die Spitzen ihrer Speere und Lanzen. War das Klirren ihrer Schwerter bis in die Stuben der Bürger gedrungen, oder waren die Bewohner aus anderen Gründen auf die Gassen gerannt, um die adligen Herren mit Pfeifen und Trommeln aus der Stadt zu prügeln?

*

Seine Hände, seine Arme spüren sie, und in dem Moment, als er erwacht, wünscht er nichts sehnlicher, als das Mädchen wirklich zu halten. An diesem Tag meinte er, sie in den Gesichtern der Stadt zu erkennen. Die Leute in den Gassen waren ihm alle vertraut. Wie lange war er schon hier? Auf dem Tisch in seiner Kammer lagen Entwürfe. Er war dem Ufer entlang gegangen und hatte beobachtet, wie die Häuser in der Krümmung des Flusses auftauchten und wieder verschwanden. Überall fehlte ein Teil. Die Tage flossen ineinander.

*

An einem Abend führte ihn der Schreiber den alten Graben entlang. Sie waren sich sicher gewesen, Auserwählte zu sein in ihrer Stadt an der Biegung des Flusses, auch als die Beulen unter ihren Armen aufplatzten und das Beben sie lebendig unter ihren Häusern begrub. Sie bauten eine neue Mauer, weiter draussen, um die Vorstädte, die einst wie Stacheln aus der Stadt gewachsen waren. Dazwischen lagen Gärten und Wiesen, befestigt nun, von Büchsen- und Stachelschützen bewacht. Die Stimme des Schreibers schnarrte. Wenn ihre Verbündeten sich vor den Toren mit den Feinden schlugen, standen die Bürger in den Wehrgängen und schauten zu. Später holten sie die Kanonen der Besiegten in die Stadt, um sie auf ihren eigenen Bastionen aufzustellen.

Auf einem Feld trafen sie eine Gruppe gelehrter Männer. Da bewölkt das Laub der Bäume den Himmel, und sie stehen mit ihren hohen Hüten zwischen den schlanken Stämmen. Der Schreiber stellte die Herren dem Maler vor. Einer war taub, einer sprach in Zahlen, und einer zeichnete Kurven in den Sand. Ihre Gesichter waren bleich, als wären sie Särgen entstiegen. Einer stand mit einem Glas in der Hand auf einer Kiste, und nach jedem Wort nahm er einen Schluck. Einer behauptete, er könne in eine Zukunft sehen, in der die Felder nur noch gute Ähren trügen, der Fluss in allen Farben glänzte und die Menschen ohne Hoffnung stürben. Der Schreiber grinste verstohlen.

Sie gingen durch den Gestank, den der Wind aus den Hinterhöfen herübertrug. Die Stadt war nicht weitergewachsen. Die Kardinäle waren bald wieder abgereist, der grämliche Gelehrte war an Gicht und Galle gestorben, und die einheimischen Bader hatten den eifrigen Arzt aus der Stadt getrieben, als er ihre Kranken mit seinen neuen Kuren zu heilen begann.

Seither blieben die Städter unter sich. Andere Brücken führten nun über den Fluss in den Süden. Die Münzstätte wurde wieder geschlossen, und zu den Messen im Frühjahr und Herbst kamen die Kesselflicker aus der Gegend und die Zuckerbäcker.

Der Bürgermeister, der im Palast des Dogen gewesen war, steckte die Gelder der Stadt in den eigenen Sack. Zum Schluss, lachte der Schreiber, bleibt nur das Bild des Meisters von ihm: sein dicker Hals zwischen verzierten Säulen, und zwischen seinen speckigen Fingern hält er eine goldene Münze. Sie sassen allein in der Stube zum Himmel, und während der Schreiber von der Stadt erzählte, meinte der Maler, auf einem steilen Pfad in eine Schlucht hinabzusteigen. Ab und zu kam der Stubenwirt und füllte ihre Becher. Nach einiger Zeit brachte er einen Teller mit gekochten Pilzen.

In dieser Nacht träumt der Maler, er gehe durch einen dürren Wald, und wie er einen der verkrümmten Zweige berührt, vernimmt er die Stimme des Stubenmeisters. Später, als er die Stadt längst verlassen hatte, hörte er, der freundliche rothaarige Mann habe an einem Morgen sein Leben beendet; und der Maler versuchte sich an den Geschmack des Gerichtes zu erinnern.

*

Conrad Morand. Das Basler Stadtbild am Rhein. Um 1553.

Die Farbe der Stadt veränderte sich. Während der Maler ihre Winkel erkundete, verdunkelte sich der Zinnober, ungeschützt vor dem Licht, und zwischen den geschwärzten Flächen formten sich grelle Flecken.

In einer der Vorstädte hatten Gaukler eine Bühne errichtet. Er wartete am Morgen inmitten der Städter auf den Beginn der Vorstellung. Eine Frau spielte alle Rollen. Schon am gleichen Nachmittag war die Bühne wieder verschwunden, und einige Zeit später meinte er, die Frau auf der Strasse zu sehen, im Kleid einer Bürgerin. War alles Täuschung gewesen?

Er zeichnete nachts, wenn die Stadt in der Dunkelheit lag, um die Bilder in seinem Kopf deutlicher zu sehen. Aber schon am nächsten Morgen zerriss er die Blätter wieder. Sollte er auf den Hügel zurückkehren und sie von dort aus zu malen versuchen, als hätte er sie nie betreten?

Die Luft in den Gassen war schwer, und jedes Haus mahnte ihn an sein Versagen. Er blieb den Tag über in der Kammer. An den Nachmittagen versank er in einen dumpfen Schlaf, aus dem er mit klopfendem Herz erwachte. Einmal kehrte er zu den Gelehrten auf dem Feld zurück, und sie schickten ihn zu einem, der nach den Wurzeln der Bäume grub. Der sagte, die Träume der Menschen seien alle gleich. Der Maler dachte an das Mädchen. Eines Tages hatte er die Stadt, in der sie lebte, verlassen – aus Willkür, weil seine Bilder fertig waren, er wusste nicht mehr, weshalb.

Unvermittelt überfiel ihn Übelkeit und folgte ihm auf seinen Gängen. Aus den Häusern drang Gelächter; auch wenn er in seiner Kammer ihre Fassaden zu zeichnen versuchte, hörte er es. Die Gassen verschoben sich hinter seinem Rücken. Sie straften jeden Strich, den er malte, Lügen; jede Linie war Trug.

Eines Abends stand er mit seinem Sack an der Schifflände und wartete auf den Flösser. Aus der Trinkstube drang wüstes Grölen. Die Nacht war kalt, wie jede Nacht, in der er ging. Hatte er sich damals von dem Mädchen verabschiedet? Er hatte sich nicht überlegt, was nach seiner Abreise mit ihr geschehen würde, und mit einem Mal schien es ihm, sie müsse tatsächlich am Pranger gestanden haben. Als der Flösser endlich kam, war sein Gesicht blutbeschmiert. Er hatte es eilig.

Die Strömung zog das Floss auf den Fluss hinaus. Der Maler sass zwischen Kisten und Ballen und blickte zurück auf die schwarzen Wellen, Täuschungen und Enttäuschungen, vergessene Versprechen. Plötzlich griff er nach seinem Sack, Stiften, Federn, einem Stück Papier und begann, die Stadt zu zeichnen, die in der Dunkelheit an ihm vorüberglitt, ein Haus neben dem anderen, zu beiden Seiten des Flusses, so, wie kein ruhendes Auge sie jemals sehen könnte.

Er zeichnet die Kirchen, die in der Nacht verschwinden, die dunklen Fenster, die leeren Kähne, und die Hügel dahinter, auf denen einst Feuer brannten. Er zeichnet die Stadt, wie er sie aus immer grösserer Entfernung sieht, bis ihre Umrisse sich verwischen, nur ein Stück Himmel über ihr bleibt und ein paar Sterne.

Photoessay

Christian Roth

Forschende mit neuem Gesicht

Das Friedrich Miescher-Institut

Da kommt man hin und versteht zunächst einmal gar nichts von dem, was hier erforscht wird: ‹Signal transduction› und ‹gene regulation› auf den Gebieten Tumorbiologie, Neurobiologie und Pflanzenentwicklung. Einfacher ausgedrückt: im Friedrich Miescher-Institut werden Zellstrukturen studiert und analysiert.

Dutzende von Wissenschaftlern, Doktoranden und Postdoctoral-Fellows arbeiten in ihren Labors, ohne psychischen Druck, wie mir schien, gewissenhaft und ohne Stressbelastung. Keines der Klischees, denen wir in manchen Sciencefiction-Filmen begegnen, wurde mir hier bestätigt, nichts von Männern und Frauen in Schutzanzügen, die irgendwelche Zombies kreieren. Die Forschenden arbeiten in Labors, die kaum anders aussehen als traditionelle Chemielabors. Mit dem genauen Blick auf ihre Arbeit begann ich, auch ihre Tätigkeit zu verstehen.

Diese Forschenden und ihr Institut ins Bild zu bringen, war für mich eine grosse Herausforderung. Dabei war ich in der Wahl der formalen Mittel vollkommen frei. Im Zentrum sollten die Menschen stehen, die hier arbeiten – denn Menschen mit all ihren Facetten zu zeigen, ist mir als Fotograf ein grosses Anliegen.

Um den Forschenden am Friedrich Miescher-Institut bei ihrer Arbeit visuellen Ausdruck zu geben, habe ich ihre Gesichter mit Aufnahmen verschiedener Zellen oder Zellstrukturen verbunden. Diese ‹Gebilde›, die bereits als eigenständige Abbildungen schön sind, erscheinen wie graphisch eindrücklich gestaltete Strukturen. Ich projiziere sie mit einem Diaprojektor auf die Köpfe der Wissenschaftler und schuf so die nachfolgenden Portraits: Die Forschenden zeigen sich mit einem neuen Gesicht.

Lokalisation von verschiedenen Proteinen in Nervenzellen in Kultur. ▷

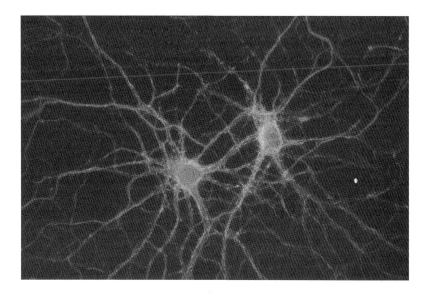

Das Friedrich Miescher-Institut an der Maulbeerstrasse.

Das Friedrich Miescher-Institut an der Maulbeerstrasse.

Robert Hartel. Doktorand. Nervenzellen.

Daniela Gerosa. Laborantin. Nervenzellen.

Dr. Jörg Hagmann. Postdoctoral Fellow. Diagramm.

Beat Ludin. Doktorand. Nervenzellen.

Dr. med. Shuo Lin. Gastwissenschaftler. Nervenzellen.

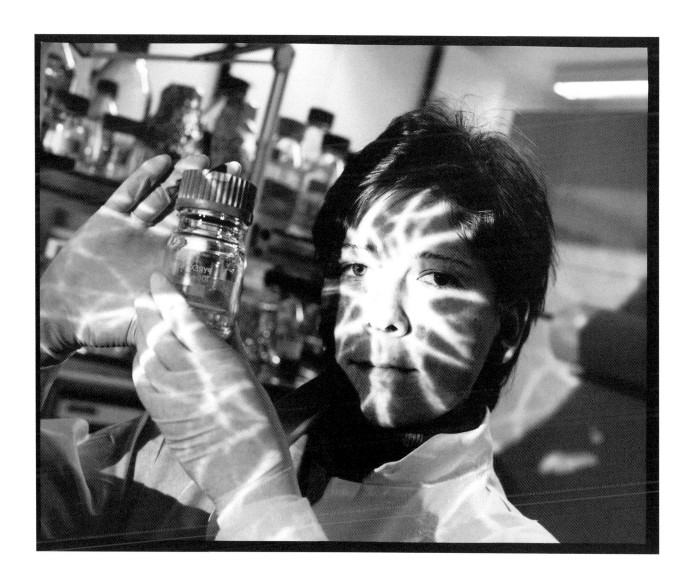

Barbara Majewska. Praktikantin. Nervenzellen.

Hanspeter Schoeb. Diplomand. Samen von Tabakpflanzen.

Corinne Fründt. Doktorandin. Samen von Tabakpflanzen.

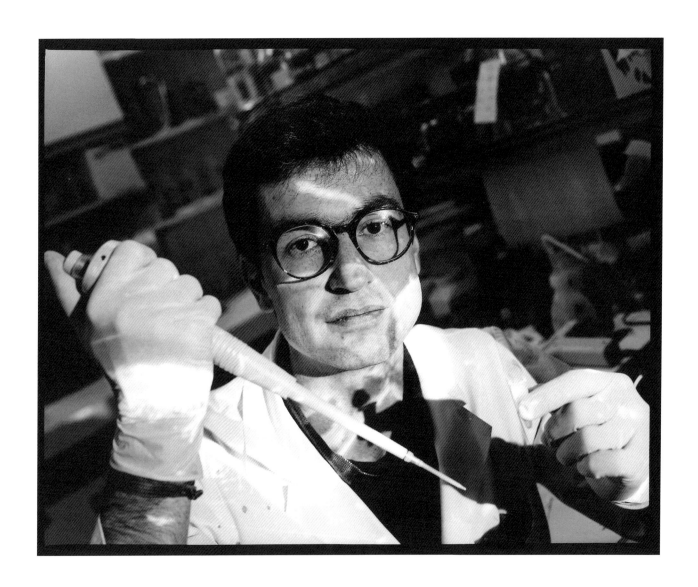

Alain Denis Meyer. Doktorand. Samen von Tabakpflanzen.

Prof. Dr. Max M. Burger. Direktor des FMI. Nervenzellen.

‹Edition Kunst der 90er Jahre› – die Vorsatzblätter des Stadtbuches 1989–1999

Zwei Arbeiten von Carlo Aloe setzen diesmal die ‹Edition Kunst der 90er Jahre› im Basler Stadtbuch fort. Wie in den vergangenen Jahren sind die beiden Vorsatzblätter als Originalgraphiken im Format 60 x 80 cm erhältlich. Pro Vorsatzblatt wurde eine Auflage von 100 Stück hergestellt: Die Nrn. 1–50, arabisch numeriert, sind für den sofortigen Verkauf bestimmt; die Nrn. I–L, römisch numeriert, werden in eine Editionsmappe gelegt, die alle Vorsatzblätter von 1989 bis 1999 enthält und im Jahre 2000 erscheinen wird.

(Red.)

Oliver Wick

Carlo Aloe: Quotidien

Texturen des Alltäglichen

Herausragendes Merkmal der Bilder und Grafiken des in Basel lebenden Künstlers Carlo Aloe ist die malerische Textur, die Belegung der Bildfläche mit Zeichen und Chiffren, die sich in überbordender Fülle miteinander verweben und einander vielschichtig überlagern. Die Einzelelemente verschmelzen zu einem räumlichen Ganzen, dem keine einheitliche Perspektive mehr eigen ist. Ausgangspunkt der Arbeiten bildet ein vom Künstler angelegter motivischer Fundus, eine Sammlung von Skizzen, die mittels eines altertümlichen Projektors beliebig vergrössert und auf die Leinwand übertragen werden können. In der künstlerischen Eigenart dieser Skizzen wie im Prinzip der Multiplizierbarkeit und Übertragung lässt sich ein sehr persönlicher Umgang mit der Sprache der Fumetti und der Pop Art erkennen. Durch Überblendung verlieren die Einzelbilder einerseits ihre Gebundenheit an die Fläche, werden zusehends durchscheinende, räumliche Liniengitter; anderseits wird ihre gegenständliche Lesung und klare Ortung suspendiert. Gerade deshalb hat die Wahrnehmung der malerischen Geschlossenheit vor einem Fragmentieren und Benennen der Einzelteile zu stehen.

In diesem paradoxen Wechselspiel von gegenstandsgebundener Linie und räumlicher Auflösung siedelt Aloe seine Bildlichkeit an. Simultanes Auftauchen und Entschwinden der einzelnen Bildgegenstände im malerischen Ganzen beschleunigt er, indem er Linien mit unterschiedlich zeichnender Kraft ausstattet: nicht nur scharf ausgrenzendes Schwarz, sondern auch ätherisches Blau, signalhaftes Rot, schwindendes Gelb und Braun, dezente Grün- und Grautöne sind die Farbwerte, mit denen er sein Gewebe spinnt, dessen Linien sowohl markant bezeichnen als auch sich verflüchtigen. Die Farbe einer Umrisszeichnung bleibt stets einheitlich. Die solchermassen konturierten Gegenstände werden sowohl – unter Betonung der Binnenform – mit einzelnen Farbwerten ausgefüllt als auch – unter Missachtung der Kontur – eingebunden in grössere Farbflächenzusammenhänge. Ausgespartes Leinwandweiss wird wichtiges Gestaltungsmittel, um Gegenstandsteile und Umraum zusammenzubinden.

In seinen beiden Graphiken für die ‹Edition Kunst der 90er Jahre› trägt Aloe den veränderten künstlerischen Mitteln Rechnung. Der reiche, zuweilen überbordende Farbklang der Bilder wird bewusst beruhigt. Je drei Grundfarben bestimmen das einzelne Blatt; hellgrün, zitronengelb und blau im einen, orange, türkis und goldgelb beim anderen. Ein Farbton, grün bzw. orange, schliesst sich jeweils annähernd zu einer Ebene und bindet die zeichnerische Vielfalt der Linien zusammen. Diese ‹Folie›, die weder Hinter- noch Vordergrund ist, wird von den weiteren, kontrastierenden Farben in beiden Richtungen durchbrochen. Dort, wo bei der Malerei die malerische Strukturierung wirksam wird, setzt Aloe bei seiner Graphik aufgebrochene Flächenteile in ein wechselvolles Gegeneinander.

Einzeln betrachtet sind die Bildmotive zu einfachsten Formen erstarrt: Flugzeugstereotypen und Space-Shuttles verweisen silhouettenhaft auf naive Zukunftseuphorie und Ferienträume; Autoschlangen durchfahren nach allen Richtungen eine Bilderwelt, in der Pfeile und Hinweisschilder vergeblich versuchen, den Menschenmassen in ihrer Sucht nach grenzenloser Mobilität Einhalt zu gebieten. Motorrad, Velofahrer und Rollstuhl, Kanonendonner, Krieg, Tod und Hungerskelett scheinen als ‹offensichtliche Selbstverständlichkeit› mit dazuzugehören. Ungläubig staunt ein Hund aus dem Drohnen und Lärmen, dem Rasen und Eilen, in dem Anklänge an ein vertrautes Basler Stadtbild auftauchen. All dies spinnt ein hintersinniges Bedeutungsgeflecht, in dem es jedem selbst überlassen bleibt, sich in eigene Assoziationen und Erinnerungen zu versenken. Eingebunden in ein Jahrbuch, verstärkt sich der zeitgeschichtliche Aspekt dieser Motive, erinnern sie an selbst erlebte Alltagswirklichkeit und lassen gemeinhin Verdrängtes wieder zu Bewusstsein kommen.

Zum Teil handelt es sich um jene Agentur- und Werbebilder, die, CNN-vermittelt, unauslöschlich in ein global einheitliches Bildgedächtnis eingegangen sind. Je mehr sie zu Chiffren von gewählt unsäglicher Banalität reduziert werden, desto spürbarer wird des Künstlers Freude an ihrem gestalterischen Wert, an ihrer für das Bildganze wesentlichen Ästhetik. So wenig die Überblendungen und Arrangements bar inhaltlicher Zufälligkeit sind, so virtuos erfolgt ihre Fügung zu bildnerischer Einheit – zu malerischer Schönheit.

Carlo Aloes Bildwelten meinen kein Abbild. Ihre Räumlichkeit verdichtet sich zu keinem Ort, zu keiner Landschaft und keiner städtischen Architektur, ist auch nicht Stilleben. In Anlehnung an einen Werktitel aus den 80er Jahren – ‹Esquisses de paysages› – bleiben sie mehr Skizze denn Landschaft: Sie sind souveräner Entwurf einer Gestaltung, fliessende Textur, die im Sinne der gestalterischen Mittel Linie, Farbe, Fläche als ‹abstraktes› Äquivalent und sensible, zuweilen ohnmächtige wie traurige Reaktion auf eine medienüberflutete, globale Alltagswirklichkeit zu lesen ist – quotidien!

Technik: Mehrfarbenserigraphie, gedruckt auf BFK Rives, 270 g/m^2. Arni Siebdruck, Basel.
Titel: Quotidien.

Carlo Aloe, geboren 1939 in Neuchâtel, lebt und arbeitet seit 1962 in Basel.
Gruppenausstellungen u.a.: 1970 Kunsthalle Basel, Das offene Museum (Katalog); 1971 Baukunst Köln, Der Geist des Surrealismus (Katalog); 1972 Kunsthalle Basel, 11 junge Basler Künstler (Katalog); 1982 Paris, 27ème Salon de Montrouge; 1995 Galerie Anton Meier, Genf, Paysage mental, paysage vécu.
Einzelausstellungen u.a.: 1965/68/71 Galerie Katakombe, Basel; 1966 Galerie Pater, Mailand; 1974 Space, Wiesbaden; 1976/80 Stampa, Basel; 1981 Galerie der Stadt, Kornwestheim; 1981 Kunstmuseum Luzern (Publikation); 1982 Kunsthalle Basel (Katalog); 1986/88/89 Galerie Littmann, Basel; 1994/95 Galerie Tony Wüthrich, Basel.

Kultur

Zwei Museen müssen schliessen

Im Zuge der Sparmassnahmen und der Redimensionierung der Staatsaufgaben beschloss der Regierungsrat, zwei Museen, das Stadt- und Münstermuseum sowie das Museum für Gestaltung, zu schliessen. Mit dem Stadt- und Münstermuseum verliert Basel nicht nur sein einziges Museum im Kleinbasel, sondern auch sein Forum für Stadtgeschichte. Wurde diese Schliessung vor allem von Kleinbaslerinnen und Kleinbaslern sowie von Geschichtsinteressierten kritisiert, so stiess die Schliessung des Museums für Gestaltung im In- und Ausland auf harsche Kritik. Der Protest richtet sich in Basel gegen den Kulturabbau im allgemeinen, aber auch gegen eine lediglich finanzpolitische Optik und eine Politik der punktuellen Einsparungen. Immer wieder wurde eine klare kulturpolitische Strategie gefordert, die in einer Zeit notwendiger Budgetkürzungen die Sparmassnahmen im Kontext aller staatlicher Kulturangebote sieht.

Raphael Suter beschreibt chronologisch die Ereignisse um die Museumsschliessungen, Siegfried Rietschel, Direktor des Staatlichen Museums für Naturkunde in Karlsruhe und Präsident des Deutschen Museumsbundes, wertet den Entscheid als Aussenstehender. *(Red.)*

Raphael Suter

Die Schliessung zweier Museen stösst auf Widerstand

Am Abend des 19. Aprils 1995 meldete das Basler Erziehungsdepartement per Fax: «Basel erhält ein neues Museums-Leitbild.» Offenbar hatten auch die staatlichen Kulturverantwortlichen inzwischen gelernt, positive Meldungen an den Anfang zu setzen, denn erst einige Zeilen weiter hiess es: «Das Stadt- und Münstermuseum und das Museum für Gestaltung werden geschlossen.» Die Meldung war überstürzt veröffentlicht worden, nachdem die Regierung realisiert hatte, dass die von ihr bereits mehr als eine Woche zuvor gefällten Entscheide einem Teil der Medien durch verschiedene Quellen bekannt gemacht worden waren. Eine für den folgenden Tag angesetzte Medienkonferenz wurde deshalb abgesagt. Das Vorgehen der Regierung – insbesondere aber des damaligen Vorstehers des Erziehungsdepartementes, Hans-Rudolf Striebel – dokumentierte die Kurzsichtigkeit, mit der die Sparbeschlüsse gefällt und anschliessend in die Öffentlichkeit getragen wurden. Einzig aus Spargründen, aber ohne ein Schliessungskonzept, ohne genaue Berechnungen über den Umfang der durch die Schliessung möglich werdenden Einsparungen, ohne konkrete Vorschläge für den Verbleib der Sammlungen und ohne eine Aufstellung der unvermeidlichen Folgekosten, sollten zwei renommierte Museen über die Klinge springen.

Der Entscheid der Regierung überraschte nicht nur die betroffenen Mitarbeiterinnen und Mitarbeiter der beiden Häuser, sondern auch die vom

Regierungsrat für die Erarbeitung des neuen Museums-Leitbildes eingesetzte Expertengruppe. Diese hatte sich nämlich deutlich gegen die Schliessung des Museums für Gestaltung ausgesprochen. Über eine Schliessung des Stadt- und Münstermuseums war im Expertenkreis schon gar nicht diskutiert worden, denn die Regierung selbst hatte im Rahmen eines Zwischenberichts des ‹REKABAS›-Sparprogramms im April 1994 die Schliessung des Klingental-Museums abgelehnt. Auf diesem Entscheid basierend, hatten sich die Museumsexperten für eine Angliederung an das Historische Museum ausgesprochen.

Die Regierung folgte dieser Empfehlung, ging aber noch einen Schritt weiter und entschied, dass die Räume im kleinen Klingental nicht mehr für Ausstellungen zur Stadtgeschichte genutzt werden dürfen. Die Sachmittel und die Konservatorenstelle sollen an das Historische Museum gehen.

Von diesen einschneidenden Beschlüssen erfuhren die Betroffenen erst aus den Medien. Im Museum für Gestaltung hatte niemand ernsthaft mit einer Schliessung gerechnet, zumal die Besucherzahlen und die Resonanz auf die Ausstellungen in den vergangenen Jahren sehr positiv waren. Zudem hatten das Erziehungsdepartement und die Leitung des Museums für Gestaltung gemeinsam ein Konzept mit einem Sparpotential von einer halben Million Franken entwickelt, das eine Stillegung der Sammlungen, aber ein Weiterführen des Ausstellungsbetriebes und der Bibliothek vorsah; dieses Konzept lehnte jedoch der Regierungsrat ab. Völlig vom Entscheid der Regierung überrascht wurde die Konservatorin des Stadt- und Münstermuseums; eine Schliessung war nach dem klaren Bekenntnis der Regierung im ‹REKABAS›-Zwischenbericht nicht einmal als Möglichkeit erörtert worden.

Der Beschluss der Basler Regierung, zwei Museen zu schliessen, wurde nicht zuletzt vor dem Hintergrund der Bewerbung als ‹Kulturstadt Europas› im Jahr 2001 von verschiedenen Seiten heftig kritisiert. Die Medien verurteilten die bloss auf Sparüberlegungen basierenden Massnahmen, und der zuständige Erziehungsdirektor Hans-Rudolf Striebel musste sich – kurz vor seinem frühzeitigen Rücktritt aus der Regierung – Desinteresse gegenüber kulturellen Anliegen und Untätigkeit im Regierungskollegium vorwerfen lassen.

Vollends deutlich wurde der Protest im Juni 1995, als die Regierung ihre Sparbeschlüsse konkretisierte: Auf den 31. März 1996 sollte das Museum für Gestaltung, per 30. Juni 1996 das Stadt- und Münstermuseum, durch Angliederung an das Historische Museum, geschlossen werden. Viel mehr als die Schliessungstermine war damit aber noch nicht bekannt. Was mit den einzelnen Sammlungsteilen in den beiden Museen genau geschehen sollte, blieb unklar. Im Zusammenhang mit dem Museum für Gestaltung gab es erst vage Ideen, wie die Überführung der Plakatsammlung ins Staatsarchiv, die Eingliederung der Bibliothek in die Universitätsbibliothek, die Übergabe der Kinematographen-Sammlung Hoffmann als Leihgabe an die Basler Zeitung, die Überführung der Textilsammlung ins Historische Museum. «Damit sind alle Bereiche ausserhalb des Ausstellungsbetriebes geregelt», hiess es in der Medienmitteilung des Regierungsrates vom 26. Juni 1995 optimistisch. Als die Vorschläge genauer unter die Lupe genommen wurden, zeigte sich bald, dass sie unrealistisch waren.

In derselben Medienmitteilung nahm die Regierung die Schliessung des Stadt- und Münstermuseums zumindest teilweise wieder zurück: «Die Sammlung der Münsterskulpturen und der übrigen romanischen Skulpturen soll in Räumen am bisherigen Standort bleiben und auf Anfrage oder für Führungen zugänglich bleiben.» Es wäre technisch auch unmöglich gewesen, die tonnenschweren Originalskulpturen ohne das Einreissen von Wänden aus dem Klingental zu entfernen. Erst am 28. Juni 1995 – also zwei Monate nach der Veröffentlichung des Schliessungsbeschlusses – erhielt der Direktor des Museums für Gestaltung, Bruno Haldner, die schriftliche Mitteilung des Erziehungsdepartementes, das Museum werde geschlossen. Inzwischen hatte sich in weiten Bevölkerungskreisen heftiger Protest gegen die Museumsschliessungen geregt. Schon im Mai hatten 150 Teilnehmerinnen und Teilnehmer der ‹Kulturtage› eine Resolution an die Regierung für ein Kultur-Sparmoratorium unterschrieben. Im Juni wurde eine Petition mit

Das Stadt- und Münstermuseum: Dem Auge fern, dem Herzen ewig nah! ◁

Das Museum für Gestaltung: Geschlossen. ◁

mehr als 22 000 Unterschriften (mittlerweile sind es über 25 000) zur Erhaltung des Museums für Gestaltung und des Stadt- und Münstermuseums an den Grossen Rat eingereicht. Am 9. September 1995 fand schliesslich ein Protesttag gegen die Sparmassnahmen im Kulturbereich statt.

Der Druck auf die Regierung nahm im Verlauf des zweiten Halbjahres 1995 auch auf politischer Ebene stark zu. In ihrem Mitte September veröffentlichten Bericht kritisierte die Geschäftsprüfungskommission (GPK) des Grossen Rates das Vorgehen der Regierung hart. Bei den Museumsschliessungen habe keine parlamentarische Auseinandersetzung stattfinden können. «Die Regierung beharrte darauf, kulturpolitische Entscheide von oben und hinter verschlossenen Türen zu treffen. So wurde die Schliessung des Museums für Gestaltung sowie des Stadt- und Münstermuseum am Vortag, bevor die Petition für die Erhaltung dieser Museen mit 22 000 Unterschriften eingereicht wurde, definitiv beschlossen. Die Auseinandersetzung fand in diesem Fall nicht statt. Zurück blieb ein Scherbenhaufen», hiess es im GPK-Bericht.

Vor allem private Gruppierungen versuchten, wenigstens Teile dieses Scherbenhaufens wieder zu kitten. Ein Verein der ‹Freunde des Klingentalmuseums› bildete sich, um die Räume des Stadt- und Münstermuseums für stadtgeschichtliche Ausstellungen zu erhalten. Mittlerweile gehören ihm über 400 Mitglieder an, die das einzige Museum im Kleinbasel retten wollen. Der Verein bezweifelt, dass das Historische Museum personell und infrastrukturell in der Lage sein wird, sich künftig vermehrt der Stadtgeschichte anzunehmen. Über eine Stiftung soll deshalb ein Ausstellungsbetrieb im Klingental finanziert werden, der die Stadtgeschichte ins Zentrum stellt.

Für das Museum für Gestaltung engagieren sich gleich mehrere Kreise auf verschiedenen Ebenen. Der ‹Freundesclub des Museums für Gestaltung› möchte den Ausstellungsbetrieb in seiner bisherigen Form sichern, und eine Gruppierung um den Basler Gewerbeverband sucht nach geeigneten Lösungen für die Sammlungen und die Bibliothek.

Hoffnungen hatten diese Kreise in den neuen Vorsteher des Erziehungsdepartementes, Stefan Cornaz, gesetzt, der schon kurz nach seinem Amtsantritt versprach, das umstrittene Dossier der Museumsschliessungen nochmals zu prüfen. Doch auch Stefan Cornaz stellte sich hinter die Entscheide. «Aufgrund der Abklärungen und Gespräche bin ich der Meinung, dass es keinen Grund gibt, auf die Regierungsratsbeschlüsse im Grundsatz zurückzukommen», erklärte der neue Erziehungsdirektor am 29. November 1995. Erstmals legte er auch Zahlen über die mit den Schliessungen verbundenen Einsparungen vor. Danach könnten rund 1,9 Millionen Franken durch Schliessung des Museums für Gestaltung eingespart werden, auch wenn die Bibliothek an ihrem bisherigen Ort bleibt. Ganze 90 000 Franken lassen sich einsparen, wenn der Ausstellungsbetrieb im Stadt- und Münstermuseum eingestellt wird. Konkrete Vorschläge von Drittseite für die Erhaltung von Sammlungsteilen und der Ausstellungsbetriebe will Stefan Cornaz zumindest ernstnehmen. Dieses Vorgehen empfiehlt auch die Petitionskommission des Grossen Rates, die es bedauern würde, wenn Rettungsversuche durch Private nicht einmal eine Chance bekämen. Die verschiedenen Gruppierungen wurden vom Erziehungsdepartement aufgefordert, ihre Finanzierungsmodelle so schnell als möglich vorzulegen, denn an den Schliessungsterminen will die Regierung unbedingt festhalten.

Klare Verhältnisse im baselstädtischen Museumswesen will nun auch eine ‹Museums-Initiative› schaffen, die am 4. Dezember 1995 von einem überparteilichen Komitee lanciert wurde. Basierend auf dem von der Regierung verabschiedeten Museums-Leitbild sollen die gesetzlichen Grundlagen der Museen endlich geregelt werden. Künftig soll die Regierung nicht mehr über Schliessungen und Zusammenlegungen von Museen selbständig entscheiden können. Die Initiative hat nicht zuletzt aber auch zum Ziel, das Museum für Gestaltung und das Stadt- und Münstermuseum zu erhalten. Sollte sie von der Stimmbevölkerung angenommen werden und die beiden Museen, trotz des laufenden politischen Prozederes, inzwischen wie geplant geschlossen worden sein, dann müssten die beiden Häuser gegen den Willen der Regierung wiedereröffnet werden.

Siegfried Rietschel

Museen nur bei vollen Kassen?

Darf man, vom Badischen her zum Nachbarn über den Zaun schauend, unverblümt das dortige Geschehen kritisieren? Ich denke wohl, gleichen sich doch die Probleme hüben wie drüben immer mehr, und gehören wir doch ein und demselben Kulturkreis an.

Damals, als ich als Tbc-geschwächter Dreizehnjähriger 1948/49 einige Monate in Basel leben durfte, trennte die deutsch-schweizerische Grenze zwei Welten. Basel erschien mir als Sinnbild von Wohlstand, bürgerlichem Gemeinsinn und – daraus entspringend – allgegenwärtiger Kultur. Heute muss man sich fragen, hüben wie drüben, ob Bewahrung und Pflege von Kultur denn nur im Wohlstand möglich sein soll. Und man muss sich eingestehen, dass es bei uns nicht an Wohlstand fehlt, auch nicht an Geld – dass aber den öffentlichen Händen zu viel Geld durch die Finger rinnt. Also spart man an der Kultur, schliesst Museen und Theater.

Dabei wird meist auf der Basis von Fehlkalkulationen der kulturelle Gürtel enger geschnallt und, um die eigentlichen Ursachen zu verbergen, der Rock zugeknöpft. Die von politischer Seite vorgeschobenen Begründungen liegen schon nach den ersten Unterrichtsstunden in Mengenlehre bloss. Wer eben mehr ausgibt als er hat, zu erwartende Einnahmen höher und unausweichliche Ausgaben wider besseres Wissen niedriger veranschlagt, gilt landauf landab als unsolide. Ihm bleibt nur das Spargebot, das meist dem Sparwillen zuwiderläuft, und das an den schwächsten Gliedern durchzusetzen ist, unter anderem an der Kultur. Nur zu gerne wird dabei die Pflichtaufgabe der Kulturförderung – sofern diese nicht der Repräsentation dient – zum entbehrlichen ‹Luxus› erklärt.

Zweifellos gibt es mehr Museen, als einer gewinnorientierten Gesellschaft zuträglich sind. Die Museen selbst bestärken zu Recht diese Auffassung. Einzelne grosse Ausstellungen zeigen sogar, dass die Museen in der medienorientierten Gesellschaft gut mithalten können. Der Schluss lautet dann: Museen könnten Geld erwirtschaften, es müssen nur zugkräftige Ausstellungen her und viele zahlungswillige Besucher. Der Haken ist: Diese Zuschauer beginnen, bei schmäler werdenden privaten Geldbeuteln abzuwägen zwischen Museum und Biergarten, Museum und Kaufladen, Museum und Vergnügungspark, Museum und Kino. Es ist also kein Ausweg aus der Finanzmisere gefunden, wenn das Museum auch noch den Biergarten oder die Cafeteria, den Kaufladen oder den Museumsshop, das Kino oder den Vergnügungspark zu bieten versucht. Die eigentliche Aufgabe bei der Vermittlung von Museumsgut – die Bildungsaufgabe – droht dabei neuerdings im Gewinnstreben unterzugehen. Leidtragende sind insbesondere jene, die auf preiswerte Bildungsangebote angewiesen sind: sozial Schwache, Familien mit Kindern.

Noch nie in der Geschichte haben Eintrittsgelder die Betriebskosten von Museen gedeckt. Sie werden es weder heute noch in Zukunft können. Sie *sollen* es auch gar nicht, sind doch die Schausammlungen nur ein Teilbereich der Museumsaufgaben und das Eintrittsgeld, so überhaupt gefordert, eher einer Schutzgebühr vergleichbar – auch wenn es neuerdings zum Regulativ des Besucherstromes hinsichtlich Quantität und Qualität wird.

Die Museen haben in der Vergangenheit viel getan und unternehmen weiterhin vieles, um die Schwellenangst vor ihren Toren zu mindern. Der Zulauf, den sie erhielten, verlockt zugegebenermassen dazu, jetzt die finanziellen Schwellen anzuheben. Aber es wäre schlimm, wenn wir die Museen nicht mehr als Türen zur Vergangenheit, zur Geschichte, zur Natur, zur Technik, zu uns selbst und zu anderen Völkern begreifen würden, wenn sie nicht mehr Orte wären, an denen wir einen Teil unserer eigenen Identität finden und begreifen könnten. Diese Identität wird materiell gestützt und bewahrt durch die Sachzeugnisse, die Generationen den Museen zur Aufbewahrung, Pflege und Vermittlung als Gemeingut übergaben, im Vertrauen darauf, dass das Gemeinwesen sie erhält und nutzt.

Wo wären wir denn, hätten während der letzen zweihundert Jahre die Museumsschätze in privaten Sammlungen geruht oder wären als kommunaler und staatlicher Besitz eingeschlossen gewesen wie die amerikanischen Goldreserven in Fort Knox? Nicht nur die Wissenschaft als Produkt der Forschung, sondern insbesondere die allgemeine Bildung als Produkt von Anschauung, Erkenntnis und Wissensvermittlung wäre erheblich ärmer.

Wer gar glaubt, dass man die Schliessung von Museen durch Neueröffnungen kompensieren kann, weiss nichts um die Aufgaben von Museen. Er verwechselt sie mit Wirtschaftsbetrieben, die bei schlechter Geschäftslage Bankrott anmelden dürfen. Auch hat er nicht verstanden, dass Museen spätestens seit der Französischen Revolution zu Einrichtungen bürgerlichen Gemeinsinnes wurden, zu zentralen Bestandteilen unserer Kultur, die schlimmstenfalls durch Kriege, nicht aber durch Kämmerer bedroht sein sollten.

Schaue ich über den Zaun, so denke ich, dass sich Basel, Messestadt und Zentrum der internationalen Gross-Chemie, auch die Gretchenfrage zur Kultur stellen muss. Bei der Antwort liegen die Museen gewichtig in der Waagschale – Kulturstadt Europas 2001 oder nicht.

Kulturbegriffe und Kulturkonzepte

Der Verteilungskampf um die staatlichen Gelder für die Kultur hat eine Diskussion über das Kulturverständnis im allgemeinen, die Organisation der staatlichen Kulturförderung, die staatlichen Kulturinstitute und die Subventionsempfänger ausgelöst. Im Vordergrund standen das seit langem ersehnte Kulturleitbild des Erziehungsdepartementes, dessen Inhalte und Intentionen Thomas Morscher erläutert, sowie das in diesem Stadtbuch abgedruckte Kulturleitbild einer privaten Gruppe. Letzteres erhebt vor allem die Forderung nach einem Kulturintendanten. Da das staatlich subventionierte Kulturangebot der Stadt auch in einem regionalen Kontext zu sehen ist, beschreibt Niggi Ullrich, Kulturbeauftragter des Kantons Basel-Landschaft, die Kulturpolitik des Nachbarkantons. Einleitend in das Thema beleuchtet Hans Saner die Bedeutungsvielfalt des Begriffs ‹Kultur›. Die drei Kulturkonzepte kommentiert Christian Fluri. *(Red.)*

Hans Saner

Die Grenze. Die Schranke. Der Rand

Die Natur gibt den Menschen wie allen Lebewesen das Leben; aber sie gibt ihnen nicht die Lebensform. Die Art und Weise, wie die Menschen als Individuen, als Mitglieder einer Gruppe und einer Gesellschaft inmitten der Natur leben, ist ihre Kultur: das Insgesamt ihres Werks, das alle Belange des menschlichen Lebens und selbst die Natur gestaltend durchformt.

Kultur ist insofern fast alles – keineswegs nur die Kunst oder die symbolische Vergegenwärtigung des Lebens, keineswegs bloss das qualitativ Ausserordentliche oder das sorgsam Gepflegte. Kultur ist der Ruhm *und* die Schande der Menschen, das Erhabene *und* das Lächerliche, das Gepflegte *und* das Vernachlässigte, und zwar sowohl in der symbolischen Lebensdarstellung als in der strukturellen Lebensorganisation als in der materiellen Lebensbewältigung. Sie hat ihre Grenze nicht innerhalb des menschlichen Handelns, sondern am Rohmaterial der Natur, vor der Pflege durch die Menschen, und an all jenem, was sich dem menschlichen Zugriff entzieht.

Kultur hat Grenzen

Eine Kultur ist die schöpferische Manifestation einer Gesellschaft, ihrer Gruppen und Individuen an einem bestimmten Ort und zu einer bestimmten Zeit. Jede einzelne Kultur ist begrenzt wie die Gesellschaft, die sie hervorbringt, Sie ist ganzheitlich, aber nicht einheitlich. Sie gleicht nicht einem durchgestalteten Bild, sondern eher einem Patchwork, dessen Teile, aus der Distanz betrachtet, eine gewisse Ähnlichkeit miteinander haben, aus der Nähe aber sehr unterschiedlich sein können. In multikulturellen Gesellschaften scheint beinahe jede Ähnlichkeit verloren zu gehen. Am selben Ort und zur selben Zeit leben nun Gruppen mit unterschiedlichen Lebensformen, stossen wie zufällig aufeinander oder gehen aneinander vorbei oder bekämpfen sich gegenseitig. Aus der Distanz betrachtet scheinen die interkulturellen Differenzen dann sehr gross zu sein; aus der Nähe erkennt man jedoch, dass sie kaum grösser sind als die *intra*kulturellen Differenzen. Wir nehmen sie lediglich anders wahr.

Können die Angehörigen einer bestimmten Kultur die Grenzen ihrer Lebensform erkennen? Das scheint fast unmöglich zu sein. Denn sie stehen selber in dem, was sie erkennen sollen. Ihre Lebensform ist für sie nicht als Objekt gegenwärtig, sondern als Umgreifendes, aus dem sie erkennen, erfahren, leben. Es ist und bleibt der Wahrnehmungs- und Erkenntnishorizont, den man vor sich herträgt und deshalb nie selber erfassen kann. Daraus entsteht so leicht die Täuschung, die eigene Kultur sei unbegrenzt wie die Weltkultur, ja, sie sei eigentlich diese selber.

Dennoch sind zwei Wege zur Erkenntnis der Grenzen unserer Kultur denkbar. Wer eine Kultur verlässt, sieht sie fortan von aussen. Nun kann er ihre Grenzen erkennen. Aber wie verlässt man die eigene Kultur? Wenn überhaupt, so ist dies nur in lang andauernden Lebensprozessen möglich, es sei denn, dass auch so etwas wie gesamtkulturelle Konversionen existieren, die vermutlich nur in schweren Krisen erfolgen könnten. Der andere Weg ist die Kommunikation mit Menschen aus anderen Kulturen. Indem man das Andere ihrer Lebensform entdeckt und ihre Grenzen zu sehen vermag, erkennt man indirekt auch die Grenzen der eigenen Kultur.

Das ist die grosse Chance einer interkulturellen Welt. In ihr können nicht bloss einzelne Menschen, die entweder mit anderen Völkern lebten oder andere Kulturen systematisch erforschten, sondern relativ grosse Gruppen die Grenzen der eigenen Kultur erkennen. Genau dann öffnen

Die Eingrenzung des Kultur-Begriffs teilt das gesellschaftliche Leben in ‹Kultur› und ‹Nicht-Kultur›. (Theater Basel: ‹Theodora›.)
▽

sich diese Grenzen auch und können überschritten werden. Wir erfahren dies in unserer Individualkultur täglich, indem wir neue Erfahrungen machen oder einfach etwas lernen und dadurch nun einiges oder manches in der Welt neu zu sehen vermögen. Dieses persönliche Transzendieren verändert aber noch nicht die Kultur einer ganzen Gesellschaft. Erst wenn diese als Ganzes die anderen Lebensformen – nicht bloss tolerierend, sondern respektierend und in einer Haltung der Achtung – zur Kenntnis nimmt, hat sie die Chance, zum Grenzbewusstsein ihrer selbst zu kommen – als Anfang einer kulturellen Gerechtigkeit, die nicht bloss Selbstgerechtigkeit ist.

Leitbilder – ohne Blick auf die Kulturen?

Es muss nachdenklich stimmen, dass die Baslerischen Leitbilder der Kultur wortlos an den Problemen der interkulturellen Welt vorbeigehen, obwohl diese heute an erster Stelle der wissenschaftlichen Diskurse über Kultur stehen. Diese Leitbilder haben die Welt, von der sie reden, nicht neu angeschaut, sondern so, wie man sie in Basel immer schon gesehen hat: auf dem primären Fundament dessen, was war statt dessen, was ist. Das kulturelle Grenzbewusstsein von Basel-Stadt hat gerade einmal Basel-Land entdeckt und umgekehrt. Dficile est satiram non scribere!

In praktisch allen Kulturwissenschaften hat sich heute die Ganzheitlichkeit des Kultur-Begriffs durchgesetzt. Aber die Kultur-Leitbilder und die politischen Ämter für Kultur tun sich schwer damit. Denn man kann nicht über alles reden, sondern bestenfalls über manches, und man kann nicht alles fördern, sondern vielleicht einiges. Die Kulturförderung grenzt die Kultur aus pragmatischen Gründen ein. Sie erreicht dies theoretisch durch einen verengten Kultur-Begriff und praktisch durch die Förderung eines Teils der Kultur, den sie mit Hilfe dieses verengten Begriffs zur Kultur insgesamt erklärt. Eben dadurch, vermute ich, gefährdet sie die Kultur und auch das, was sie darunter versteht. Eine klare Eingrenzung der Förderungs-Programme wäre jederzeit möglich, ohne den weiten Kultur-Begriff aufzugeben. Man müsste einfach übereinkommen, welchen Bereich der Kultur man fördern will, zum Beispiel die Künste, und sollte dann auch von einem ‹Leitbild zur Förderung der Künste› reden. Das wäre begrifflich eine saubere Lösung. Sie würde auch vor der Zweckentfremdung der Kredite bewahren. In der Regel aber gehen die Kulturförderungsprogramme anders vor: Sie sagen ‹Kultur› und meinen überwiegend, aber nicht ausschliesslich ‹Kunst›. Den etwas weiteren Kultur-Begriff füllen Sie dann auf, wie einen Sack, in dem es noch etwas Platz hat, zum Beispiel für ‹Denkmalpflege›, für ‹Erwachsenenbildung› oder ‹Sport›, für ‹Pflege der Sitten und Gebräuche›, der ‹Dialekte und Trachten› usw. Der Clottu-Bericht ist das unrühmliche Beispiel dafür. An das neugeschaffene, vielgliedrige kleine Monster, das nun ‹Kultur› heisst, kann man dann die Gelder fast beliebig verteilen. Vor allem findet man immer ein anderes, ebenso förderungswürdiges Projekt, um ein riskantes oder von einer unliebsamen Person vertretenes verhindern zu können. Der unklare Kultur-Begriff gehört zum Instrumentarium einer repressiven Politik; er ist eine General-Legitimation für jedes Veto.

Nicht-Kunst oder Nicht-Kultur

Selbst wenn die Kulturpolitiker nicht die geringsten zensorischen Nebenabsichten hätten, wäre eine Eingrenzung des Kultur-Begriffs nicht ungefährlich. Denn sie teilt das gesellschaftliche Leben in Kultur und Nicht-Kultur und die Menschen in Kulturschaffende und andere. Ist also Politik ein kulturloses Metier und Strassenmusik Kultur? Und ist der mittelmässige Maler Kierkekant ein Kulturschaffender, der exzellente Bäcker Meierhans aber nicht? Diese Aufteilung schmeichelt zwar denen, die als Kulturschaffende anerkannt sind, aber nur, weil sie in ihrer Eitelkeit nicht sehen, was mit ihnen getrieben wird. Wenn nämlich auf der Vermessungskarte des gesellschaftlichen Lebens die Kultur als Eigenbereich, gleichsam als Kanton, eingetragen wird – wo wird sie dann zu stehen kommen? Etwa im Zentrum? Dieser Platz ist besetzt von der Wirtschaft. Die angrenzenden Standorte sind reserviert für die übrigen grossen Sub-Systeme der Gesellschaft: die Politik, die Armee, das Bildungswesen, die Kirchen, die Freizeit-Lobby. Die Kultur wird also exakt dort zu finden sein, wo in der kartographischen Vermessung der Schweiz die Region Basel heute steht: an der Grenze und draussen am Rand, zerrissen in zwei Halb-Kantone: die Kunst und das diffus Zugesellte. Am Rand des gesellschaftlichen Lebens stehen dann auch die sogenannten Kulturschaffenden. Das zeigt sich in ihrer Versorgung mit sozialen Dienstleistungen, staatlichen Geldern und Jobs. Jeder Solitärbereich der Kultur leistet ihrer Marginalisierung Vorschub. Er ist bereits die Katastrophe, die er verhindern möchte, und die sich lange vor der Verknappung und Verteilung der öffentlichen Mittel in unserem kartographierenden Verstand ereignet.

Beschränkte Kultur ist ohne (Grenz-)Bewusstsein

Die Eingrenzung des Kultur-Begriffs entspringt also nicht dem Grenzbewusstsein einer Kultur, sondern der Beschränktheit der Kulturpolitiker und der Kulturförderungskonzepte. Sie errichtet Schranken, die nicht überschritten werden können, sondern das Ende eines Weges markieren, an dem es nur noch den Stillstand oder das Zurückweichen zu geben scheint. Es sei denn, man bringe die Cleverness und die List auf, sie zu umgehen. Kulturelle Schranken sind dazu da, umgangen zu werden. Wo dies nicht mehr geschieht, entstehen nicht bloss begrenzte, sondern beschränkte Kulturen. Im übrigen ist eine beschränkte Kultur nicht dasselbe wie eine Kultur mit beschränkten Mitteln. Nicht jede Beschränkung der Mittel muss proportional zur Beschränkung einer Kultur führen – ein probater Weg zu ihrer Förderung ist sie gewiss nicht. Kultur kann auf vielen Wegen marginalisiert werden:

– Wenn vergessen wird, dass sie nicht bloss die Kultur einer Schicht, sondern die einer Gesellschaft ist, dann verliert sie ihre bürgerliche Qualität im Interesse einer anderen. Nun bemächtigen sich ihrer die selbsternannten Exzellenzen der Kultur, die männerbündlerischen Vereinigungen, das Pseudo-Patriziat oder die Geldaristokratie. Eine Kultur aber, die nicht in der Breite einer Bevölkerung verwurzelt ist, stellt sich an den Rand, den sie für die Mitte hält.

– Wenn vergessen wird, dass sie immer eine Dreiheit von Pflege, Vermittlung und Transzendieren der Kulturbestände ist, dann gehen entweder ihre innovativen Qualitäten verloren oder ihre Gründung in einer bestimmten Tradition oder ihre lebendige Aneignung als permanente Aufgabe. Einen Bestand aber kann man nur pflegen durch Vermittlung und Aneignung; und alle Aneignung erfährt erst ein gesteigertes Interesse durch die neue Produktion von Kultur. Kulturförderung fördert deshalb gleichzeitig die Schaffung, die Vermittlung und die Erhaltung von Kultur – und nur in dieser engen Verknüpfung dient sie ganzheitlich einer Lebensform.

– Wenn gar vergessen wird, dass auch das Brot, das wir backen, die Strasse, die wir bauen, die Zeitungen, die wir drucken, die Kleider, die wir nähen, die Worte, die wir wechseln, ein Stück Kultur sind, das der Pflege, der Vermittlung und der Innovation bedarf, dann befindet sich die Kultur nicht bloss am Rand, sondern sie stürzt in den Abgrund, in die zynische Entzweiung: hier die Verrohung – dort die Pflege. Das wäre immer noch eine Kultur, allerdings eine, die man nicht länger tradieren sollte.

Niklaus P. Ullrich

Zeitgenössische Kunst- und Kulturförderung im Kanton Basel-Landschaft

«Kunst ist der permanente Versuch, mit der Anmut mangelnder Vernunft die Bedeutung des Unnützlichen zu artikulieren!» (Gerta Haller)

Kontext 1995

Am 31. März 1995 veröffentlichte der Regierungsrat des Kantons Basel-Landschaft fristgerecht – so hatte es ihm der Landrat 1990 aufgetragen – seinen ‹Bericht 1990–1994 und Perspektiven 1995–2000 zur zeitgenössischen Kunst- und Kulturförderung im Kanton Basel-Landschaft›. Bericht und Perspektiven platzten mitten hinein in eine virulente öffentliche Diskussion über die Neukonzeption eines staatlichen Kulturleitbildes, die in der Stadt Basel vor dem Hintergrund drohender rigoroser Subventionskürzungen bei einigen renommierten Basler Kulturinstitutionen stattfand. Die heiss geführte Debatte lief pikanterweise parallel zum Bewerbungsverfahren der beiden Basler Kantone als ‹Kulturstadt Europas› im Jahre 2001 – einem partnerschaftlichen Projekt par excellence! Noch im Juni 1995 genehmigte der Landrat Bericht und Perspektiven und gab endgültig grünes Licht für die Umsetzung der kulturpolitischen Ziele der nächsten Jahre.

Die kulturpolitische Situation im Baselbiet – ein Versuch

Zeitgenössisches Kunst- und Kulturschaffen im Kanton Basel-Landschaft kann nicht als Reproduktion oder Duplikat der städtischen Zentrumskultur verstanden werden. Gerade weil die Stadt Basel als kulturelles Zentrum von der Region akzeptiert wird, soll sich Kulturförderung im Baselbiet den eigenen vielfältigen Realitäten und Wünschen öffnen. Kultur im Baselbiet kann nicht als ‹ländliche Kultur› etikettiert werden. Spezifisch (basel-)ländliche Kultur gibt es per definitionem gar nicht, wie an einer Veranstaltung der Stiftung Mensch–Gesellschaft–Umwelt über ländliche Identität in Liestal im Juni 1994 übereinstimmend festgestellt wurde. Vielmehr existieren heute starke Wechselwirkungen zwischen der professionellen Kunst (in der Stadt) und der Laien- und Volkskultur (in der Agglomeration). Die traditionellen Inhalte kommen längst in technischer und – was das Marketing betrifft – professioneller Manier daher. Was in der Stadt kulturell geschieht, hat – nicht zuletzt auch wegen der Kabelnetzwerke – längst die Vororte und die Dörfer erreicht.

Vor dem Hintergrund dieser Entwicklung ist es nötig, dass der Kanton Basel-Landschaft über Förderstrukturen verfügt, die den veränderten Ansprüchen der Kulturschaffenden, der Vermittler und des Publikums gerecht werden können – um so mehr, als das kulturelle Zentrum der Region ausserhalb des Kantons liegt. Der Kanton Basel-Landschaft ist heute nicht der einzige und massgebende Kulturförderer im Baselbiet; aber er hat zweifellos eine bedeutende Rolle im Baselbiet und in der Region Basel übernommen.

Die heutigen Förderstrukturen und die zur Verfügung stehenden finanziellen Mittel sind wirksame Instrumente geworden. Sie helfen, das dynamische Spannungsfeld zwischen den Akteuren, dem Publikum, dem baselstädtischen Zentrum und den Gemeinden aktiv und bedürfnisgerecht mitzugestalten. Eine wichtige Voraussetzung für die Sinnhaftigkeit und den angestrebten Erfolg der kantonalen Kunst- und Kulturförderungspolitik im zeitgenössischen Bereich waren zweifellos die Bekenntnisse zu den Prinzipien der Qualitätsförderung und zur Absage an das Rasensprenger-Prinzip bei der Mittelvergabe. Sie garantieren, dass die zeitgenössische Kunst- und Kulturförderung nach inhaltlichen, regionalen und prioritären Gesichtspunkten praktiziert werden kann.

Chance für einen ‹contrat culturel› zwischen Stadt und Agglomeration?

Die basellandschaftliche Kunst- und Kulturförderungspraxis kennt weder eine ausgesprochen basellandschaftliche noch eine auf Basel-Stadt ausgerichtete Optik. In ihrem Zentrum steht die Region als historisch gewachsener und zusammenhängender Kulturraum.

Ein lebendiger und qualitätsorientierter Kulturbetrieb in der Landschaft wird ohne ein starkes Angebot in der Stadt nicht möglich sein. Heute besteht zwar im Baselbiet ein eigenständiges und reiches kulturelles Angebot; es ersetzt aber die Programme der Stadt nicht, auch wenn es originäre und komplementäre Möglichkeiten bietet. Auffällig ist immerhin, dass Publikum und Akteure von Programmen im Baselbiet fast immer aus jenen Kreisen stammen, die auch die Kulturangebote in Basel-Stadt in Anspruch nehmen.

Die kulturpolitischen Anstrengungen des Kantons Basel-Landschaft lassen sich nicht allein an den Leistungen der baselstädtischen Institutionen messen. Sie können aber auch nicht einfach nur an sich selbst gemessen und ausschliesslich innerhalb des Baselbiets sinnvoll beurteilt werden. Anzustreben wäre vielmehr eine kulturpolitische Partnerschaft, die nicht in erster Linie von ‹buchhalterischen› Gesichtspunkten geprägt ist, sondern gegenseitige Mitbestimmungs- und Mitgestaltungsrechte vorsieht. Vorstellbar wäre etwa der Abschluss eines ‹contrat culturel› der Kantone Basel-Landschaft und Basel-Stadt, in dem festgehalten wird, welche strukturellen Einrichtungen, Institutionen und Programme für diese Region unverzichtbar sind und mit Blick auf die kulturelle Ausstrahlung gemeinsam gefördert und getragen werden sollen. Wünschbar wäre die Ausweitung der partnerschaftlichen Kulturförderung, über die gemeinsamen Fördergremien und -kredite hinaus, z.B. in Form von Pilotprojekten und -veranstaltungen in den neuen Kunstbereichen oder in Nischenbereichen (u. U. in Kooperation mit Veranstaltern). Dies wäre Kulturpolitik als gemeinsame Angelegenheit, fernab von unfruchtbaren Spar- und Entlastungsszenarien, die immer einen kulturpolitischen Dissens hinterlassen.

Ausdruck dieser Grundsätze ist der vorbildliche Ansatz für die Bewerbung der beiden Basler Kantone als Kulturstadt Europas ‹Basel 2001›.

Zeitgenössische Kultur hat in Baselland einen hohen Stellenwert. (Skulptur von Enzo Cucci.)
▽

Die gesetzlichen Grundlagen als Basis einer kulturpolitischen Dynamik

Wenn die Diskussion um politisch abgestützte Kunst- und Kulturförderung beginnt, und wenn dafür auch noch öffentliche Mittel veranschlagt werden sollen, erschallt umgehend der Ruf nach den gesetzlichen Grundlagen ...

Der Kanton Basel-Landschaft befindet sich in dieser Hinsicht (zum Glück) in einer beneidenswerten Lage. Mit dem Kulturartikel der Kantonsverfassung aus dem Jahr 1984 und dem Gesetz über die Leistungen und Beiträge zur Förderung kultureller Bestrebungen – nota bene – aus dem Jahr 1963 ist die konstitutionelle und gesetzliche Ebene für die zeitgenössische Kunst- und Kulturförderung geschaffen. Sie hat zur kulturpolitischen Dynamik im Kanton beigetragen. Dank dieser Grundlage muss sich zeitgenössische Kunst- und Kulturförderung nicht immer wieder neu legitimieren. Kulturpolitik ist Sache des Staates und gehört a priori zum Aufgabenkatalog des Kantons Basel-Landschaft.

Die Förderpraxis und ihre Prinzipien

Neben den Strukturen und dem lieben Geld braucht es in der zeitgenössischen Kunst- und Kulturförderung Kriterien. Sie müssen inhaltlich und nach prioritären Gesichtspunkten definiert sein, und sie müssen transparent sein!

Erstes Prinzip: Qualitätsförderung. Unsere Gesellschaft steht an der Schwelle zur sogenannten Kulturgesellschaft. Die Kultur wird in jeder aus ihr selbst heraus formulierten Wirkungsabsicht neutralisiert durch pausenlose Betriebsamkeit. Es droht die Stillegung der Kultur bei forciertem Betrieb. Anstelle der Maxime ‹Kultur für alle› tritt zunehmend die Losung ‹Kultur für alles›. Erkennungsmerkmal dieser ‹Kultur für alles› ist das medienwirksame Ereignis, das – auf Dauer – die permanente Beschleunigung des Betriebs einfordert. In ihr ist scheinbar alles möglich; wo aber alles möglich ist, ist auch alles egal.

Kunst- und Kulturförderung im Kanton Basel-Landschaft muss folglich nach dem Grundsatz der Qualitätsförderung funktionieren. Das ist ihre Stärke. Dieser Grundsatz macht die Entscheide anfechtbar – Qualitätsentscheide sind immer subjektiv, sind Ermessensentscheide. Deshalb gehört zur Kunst- und Kulturförderungspolitik des Kantons Basel-Landschaft unter anderem, dass die Förderung ‹öffentlich› gemacht wird. Die federführende Erziehungs- und Kulturdirektion steht zu ihren Entscheiden, sie stellt sie zur Diskussion und bekennt sich klar zu einem zweiten Grundsatz: Qualitätsförderung heisst, auch ‹nein› sagen zu können. Dabei gilt es zu beachten, dass bei der projektorientierten Förderung Ja/Nein-Entscheide kein Präjudiz für vorangegangene oder weitere Projektbeiträge darstellen. Jedes Projekt wird einzeln und unabhängig von anderen beurteilt.

Zweites Prinzip: Fördern – Bewahren – Vermitteln – Austauschen. Diese vier Grundsätze bilden den Raster jeder Kunst- und Kulturförderung. Auch der von den Schweizer Stimmbürgerinnen und Stimmbürgern im Juni 1994 abgelehnte Verfassungsartikel über die Kulturförderung hatte sich darauf abgestützt. Wird die Kunst- und Kulturförderung – wie im Kanton Basel-Landschaft – durch Qualitätsentscheide geleitet, stellt sich die Frage einer Gewichtung dieser vier Prinzipien eigentlich nicht. In der Praxis kann sich die quantitative Bedeutung jedoch verschieben, abhängig von der aktuellen Gesuchslage, vorhandenen Räumen und Infrastrukturen, saisonal, oder von spürbaren, überregionalen resp. internationalen Trends.

Arten der Förderung

Die Kunst- und Kulturförderung im Kanton Basel-Landschaft ruht auf vier Säulen mit sehr unterschiedlichen Charakteren und Zielbereichen.

Projektförderung: Sinnvoll ist es, möglichst viele Mittel für die ungebundene Projektförderung zur Verfügung zu haben, um rasch und flexibel auf innovative Projekte reagieren zu können. Die Projektförderung ist administrativ aufwendig und erfordert grosses Know-how der Fördergremien.

Institutionelle Förderung: Auf der Basis von vertraglich festgelegten Subventionen können professionelle Veranstalter und Produzenten mittel- und langfristig planen und ihre Mittel effizient einsetzen. Die für die Subventionen bereitgestellten Mittel sind allerdings gebunden und stehen einer situativen und innovations-

△
Die Förderpraxis orientiert sich in erster Linie an künstlerischen Gesichtspunkten. (Freies Theater der MIR-Karawane.)

orientierten Kunst- und Kulturförderung nicht mehr zur Verfügung. Die Subventionen weisen heute den grössten Budgetanteil aus; immerhin ist die institutionelle Förderung administrativ leicht zu bewältigen.

Personenförderung: Sie hat eine hohe Publizität, weil sie Personen direkt und nicht projekt- resp. betriebsorientiert unterstützt. Neben den Kulturpreisen werden ungebundene Förder- und Werkbeiträge ausgerichtet, die den Kunstschaffenden für eine bestimmte Zeit eine gewisse materielle Sicherheit garantieren.

Förderung der räumlichen und infrastrukturellen Rahmenbedingungen: Diese Förderung hat Investitionscharakter. Ihre Mittel sind wohl am effizientesten eingesetzt, weil mehrere Nutzniesser gleichzeitig und auf längere Zeit hinaus davon profitieren können.

Die Akteure der basellandschaftlichen Kunst- und Kulturförderung

Flache Hierarchie, direkte Kontakte, kurze Amtswege sind das Ziel. Die heutige Organisationsform mit ihren engen Wechselbeziehungen zur Politik hat sich bewährt. Der Kulturrat und die Fachgruppen, gewählt vom Regierungsrat, profitieren von der Nähe zur politischen Exekutive. Umgekehrt ist die Politik direkt über die Förderpraxis orientiert. Die Amtswege bleiben kurz, eine ‹schlanke› Struktur mit flacher Hierarchie ermöglicht direkten Kontakt.

Kulturrat und *Fachgruppen* sollten dabei nicht Träger von politischen oder Verbandsinteressen sein. So hat der Regierungsrat bisher darauf geachtet, dass ein ausgewogenes Verhältnis zwischen Kunstschaffenden, kulturinteressierten Persönlichkeiten und Fachleuten besteht. Es macht Sinn, qualifizierte Persönlichkeiten von ausserhalb der Region Basel für eine Mitarbeit zu gewinnen. In allen Fachgruppen steht der direkte Kontakt zu den Gesuchstellern im Vordergrund. Sowohl ablehnende wie auch positive Entscheide werden begründet und von einem Mitglied der zuständigen Fachgruppe mitunterzeichnet. Damit bekennt sich die Erziehungs- und Kulturdirektion offen zu ihren Förderkriterien und macht sie öffentlich und transparent.

Die Fachgruppen der klassischen Bereiche ‹Bildende Kunst›, ‹Literatur› und ‹Musik› befassen sich im wesentlichen mit der Projektförderung und Werkvermittlung. In den Bereichen ‹Tanz, Theater› sowie ‹Film, Video, Fotografie› nehmen die Fachgruppen ihre Aufgaben in gemeinsamen Fachausschüssen mit Basel-Stadt wahr; da die einzelnen Kunstszenen klein sind, erscheint es vernünftig, die Förderung partnerschaftlich mit Basel-Stadt zu betreiben. Eine Besonderheit ist die Fachgruppe ‹Kulturprojekte›. Sie hat für die Kulturförderung des Kantons die eigentliche Vordenkerrolle inne. Hier werden Projekte evaluiert, Informationsstrategien vorbereitet und Qualitätskriterien der Förderpolitik erörtert.

Als Drehscheibe, als ‹go-between› zwischen den Fördergremien und der Politik einerseits und den Kulturschaffenden und -produzenten andererseits fungiert die von der Erziehungs- und Kulturdirektion beauftragte *Hauptabteilung Kulturelles*. Sie ist federführende Geschäftsstelle für alle anstehenden Fragen im Kunst- und Kulturförderungsbereich. Daneben tritt sie auch als Initiantin oder Veranstalterin eigener Projekte in Erscheinung (Landkino, Wintergäste, Konzerte, spezielle Wettbewerbe oder Ausstellungen, Theatergastspiele, Kulturelles in Schulen). Diese (Nischen-) Projekte dienen bewusst der Profilierung der kantonalen Kunst- und Kulturförderung und ergänzen die Angebote der privaten und kommunalen Veranstalter im Baselbiet. Voraussetzung für eine Legitimation sind allerdings professionelle Qualität, Exklusivität, die Zugänglichkeit für das breite Publikum und die Verhältnismässigkeit bezüglich der Kosten.

Ein nicht unbedeutendes Instrument für die Transparenz und das Controlling ihrer Praxis und Politik steht der Erziehungs- und Kulturdirektion mit der ‹Info-Gazette Kulturelles› zur Verfügung. Sie informiert Kunst- und Kulturschaffende, die interessierte Öffentlichkeit aus Politik und Wirtschaft sowie die kantonale Verwaltung über die Aktivitäten der kantonalen Kulturförderung, über die Vergaben, über grössere Kulturprojekte im Kanton und ausserhalb. Die Info-Gazette erscheint vier Mal jährlich in einer Auflage von 1500 Exemplaren und kann abonniert werden. Sie ist auch in anderen Kantonen zum Vorbild für Kulturkommunikation geworden.

Perspektiven 2000

Die nächsten fünf Jahre werden zeigen, ob der Kanton Basel-Landschaft im Bereich der zeitgenössischen Kunst- und Kulturförderung auf dem richtigen Weg ist. Der (Neu-) Start im Jahr 1995 war – wenn man den Medien und den Reaktionen aus der Kunstszene und der Fachwelt Glauben schenken darf – vielversprechend, zum Teil gar wegweisend.

Die jetzt gültige Förderpraxis hat sich dabei von Anfang an nicht ausschliesslich an finanziellen Kriterien, sondern vor allem an künstlerischen und inhaltlichen Gesichtspunkten orientiert. Das soll und wird in den nächsten Jahren, nicht zuletzt angesichts der knappen finanzpolitischen Rahmenbedingungen, nicht anders sein. In diesem Sinne wird der Kanton Basel-Landschaft seine zeitgenössische Kunst- und Kulturförderungspolitik nach qualitätsorientierten Massstäben weiterentwickeln. Ein rascher und boomender Ausbau des Kulturbudgets zur Deckung aller Ansprüche und Begehrlichkeiten liegt nicht im Bereich der aktuellen Möglichkeiten; er würde jedoch auf Grund der formulierten kulturpolitischen Ansprüche und künstlerischen Notwendigkeiten auch wenig Sinn machen.

Thomas Morscher

Leitbilder oder Leidbilder?
Staatliche Kulturpolitik in Diskussion

Ein Blick zurück

Nach der letzten kulturpolitischen Gesamtschau der Basler Regierung, dem ‹Bericht über die staatliche Kulturförderung im Kanton Basel-Stadt› im Juli 1986, konnten der Kulturszene wichtige Impulse verliehen und nachhaltige positive Veränderungen eingeleitet werden. So etablierten sich mit staatlicher Hilfe mehrere Chöre, Orchester, Konzertveranstalter und Ausbildungsstätten (Basler Madrigalisten, basel sinfonietta, Knabenkantorei, Internationale Gesellschaft für Neue Musik IGNM, Serenata, Musikwerkstatt). Die Kulturwerkstatt Kaserne entwickelte sich vom Zentrum experimenteller Kultur zum professionellen Kulturbetrieb mit internationalen Gastspielen und Festivals, und aus dem fruchtbaren Korn der alten Stadtgärtnerei erwuchsen der ‹Werkraum Schlotterbeck› und in dessen Nachfolge ‹Bell› und ‹Warteck pp›. Ausgebaut wurden auch die Dienstleistungen für die Museen, insbesondere im Bereich der zentralen Werbung und der Museumspädagogik. Die Zusammenarbeit mit dem Kanton Basel-Landschaft wurde intensiviert und institutionalisiert, unter anderem durch Schaffung gemeinsamer Förderkredite und -gremien im Bereich Film, Video und Fotografie sowie bei Theater und Tanz.

Entsprechend dem Ausbau der staatlichen Kulturförderung erhöhten sich auch die laufenden kantonalen Ausgaben in diesem Bereich von 85 Millionen Franken im Jahre 1985 auf 135 Millionen Franken im Jahre 1993. Das Einvernehmen in der Kulturpolitik zwischen den beiden Basler Halbkantonen führte auch zu einem verstärkten finanziellen Engagement des Baselbiets, welches seine festen Beiträge an die Kulturveranstaltungen in der Stadt von 60 000 Franken im Jahre 1985 auf über 5 Millionen Franken im Jahre 1995 erhöhte.

Angesichts der bedrohlichen Staatsverschuldung im Budget 1993 setzte der Regierungsrat im Herbst 1992 den Sparhebel an, auch im Kulturbereich. Im Sinne der regierungsrätlichen ‹Legislaturziele 1993–1996› wurde für die Kulturförderung ein Sparkonzept beschlossen, das bis 1997 umzusetzen sei. Das Konzept sieht einen Rückgang der baselstädtischen Kulturausgaben von rund 10 % des Volumens von 1993 vor. Der Ausgleich durch zusätzliche Beiträge des Kantons Basel-Landschaft ist dabei nicht berücksichtigt.

Durch die Sparvorgaben wurden bedeutende Umwälzungen in Gang gesetzt, an denen die Bevölkerung, vor allem beim Theater Basel und bei den beiden grossen Sinfonie-Orchestern, grossen Anteil nahm. Die Kultur wurde schlagartig vom selbstverständlichen zum kontrovers diskutierten Thema. Die Kritiken an den Sparvorgaben der Regierung waren mitunter massiv – Engstirnigkeit, mangelndes Kulturbewusstsein und vor allem kulturpolitische Konzeptionslosigkeit waren die häufigsten Vorwürfe. Dies führte schliesslich zum parlamentarischen Auftrag (Anzug Dr. Leonhardt Burckhardt und Konsorten) an den Regierungsrat, für Basel ein kohärentes und zukunftsweisendes Kulturkonzept zu erarbeiten. Man wollte – gerade auch in Sparzeiten – «die ganze Wurst sehen, nicht bloss die einzelnen Scheibchen!»

Leitbild-Prozesse

Im September 1994 begann eine vom Regierungsrat eingesetzte Expertengruppe unter der Leitung von Cyrill Häring, das im Programm

‹REKABAS-Museen› vorgesehene ‹Leitbild für die Basler Museen› zu erarbeiten.

Der Abteilung Kultur des Erziehungsdepartementes kam die Aufgabe zu, ein Leitbild für die Förderung des zeitgenössischen Kulturschaffens zu entwerfen. Die Arbeiten wurden im Sommer 1994 aufgenommen und zielten von Anfang an auf die grösstmögliche Einbindung aller am Kulturleben Basels interessierten Personen und Institutionen. Im Vordergrund stand, einen Prozess auszulösen, Kultur und ihre staatliche Förderung zur Diskussion (wenn nicht zur Disposition) zu stellen; ein Konzept auf Papier – als Zwischen-Dokumentation des zukunftsgerichteten Prozesses – war ein erwünschtes Nebenprodukt.

Ein erster Roh-Entwurf der Abteilung Kultur wurde mit den Kulturschaffenden in den verschiedenen Fachkommissionen des Erziehungsdepartementes besprochen. Zahlreiche Streichungen, Umformulierungen, Ergänzungen waren die Folge intensiver Auseinandersetzungen mit und unter den einzelnen Mitgliedern. Ende November 1994 nahm die vom Erziehungsdepartement eingesetzte ‹Arbeitsgruppe Kulturleitbild› ihre Arbeit auf. Dieser Gruppe gehörten, mit einer Ausnahme, verwaltungsunabhängige Fachleute an, die nicht als Vertreter oder Vertreterinnen einzelner Kultursparten die Kulturszene repräsentieren, sondern als kulturpolitisch engagierte Persönlichkeiten eine Gesamtschau vermitteln sollten.

Das Interesse der Öffentlichkeit, darunter auch die Medien, am Entstehungsprozess des Kulturförderleitbilds wuchs innert kurzer Zeit deutlich. Es bildeten sich Schatten- und Parallel-Gruppierungen, die – zur Unterstützung resp. aus Misstrauen gegenüber der ‹offiziellen› Arbeitsgruppe – eigene Konzepte formulierten. Dass kurz vor der Veröffentlichung des staatlichen Entwurfes eine private Gruppe um Markus Kutter – mit einem geschickt inszenierten ‹Mediencoup› – ein eigenes Leitbild präsentierte, konnte seitens des Erziehungsdepartementes als Erfolg gewertet werden. Der Ansatz, das Engagement möglichst grosser Kreise zu wecken, hatte sich als richtig erwiesen.

Das offizielle Leitbild, das im Februar 1995 der Öffentlichkeit vorgestellt wurde, fand in der Presse ein gutes Echo. Die Tatsache, dass der Regierungsrat das Papier nur im Entwurf in die Vernehmlassung gegeben hatte, spielte keine entscheidende Rolle. Endlich hatte man und frau eine – zumindest offiziöse – Stellungnahme zur künftigen Kulturpolitik des Kantons.

«Kulturstadt statt Kultur!?»

In die Kultur-Diskussion kam Ende Januar 1995 eine völlig neue Perspektive. Die Absicht wurde verlautbart, die beiden Basel könnten sich gemeinsam für das Jahr 2001 um den Titel ‹Kulturstadt Europas› bewerben. Plötzlich ging es nicht mehr nur um Kultur in Basel und der Region, sondern um Basler Kultur in Europa. Jene, die bereit waren, in der Idee mehr als einen Marketing-Gag zu entdecken, gelangten zuweilen von der Nabelschau zur Selbstreflexion. Die Idee setzte neue Gedanken in Bewegung. Skepsis und Kritik waren bezüglich der ‹Kulturstadt Europas› anfänglich nur gedämpft zu vernehmen.

Hitzige Stimmung kam dann aber schnell auf, als die Regierung im April 1995 das Museumsleitbild verabschiedete und dabei entschied, das Museum für Gestaltung zu schliessen sowie das Stadt- und Münstermuseum ins Historische Museum zu integrieren. Im allgemeinen Trubel um diese Einschnitte in die Basler Museumslandschaft ging die inhaltliche Diskussion um das Museumsleitbild völlig unter. Die beiden Kulturabteilungen in Basel und Liestal, welche die Bewerbung als ‹Kulturstadt Europas› vorzubereiten hatten, gerieten mit ihrer Arbeit plötzlich unter massiven Rechtfertigungsdruck. Die regionale Dimension der partnerschaftlichen Bewerbung beider Halbkantone wurde in der Hitze des städtischen Gefechtes kaum mehr wahrgenommen. Bewerbung als ‹Kulturstadt Europas› und Museumsschliessungen – das wollte nicht zusammengehen.

Auch der Entwurf zum Kulturförderleitbild erschien plötzlich in einem anderen Licht, und die weitere öffentliche Diskussion darüber fand unter neuen Vorzeichen statt. Die ‹öffentlichen Kulturtage› in der Kulturwerkstatt Kaserne Anfang Mai wurden denn auch zu einer entsprechend eindrücklichen Veranstaltung – vom flammenden Aufruf Alexander Pereiras, dem Verwaltungspapiertiger «Zähne einzusetzen», über lebhafte Gruppenarbeiten bis zur emo-

△
Der Staat schafft Voraussetzungen für eine lebendige Kultur – die Ausgestaltung liegt bei den Kulturschaffenden.

tionsgeladenen Schlussdiskussion im Plenum mit Verabschiedung einer Anti-Spar-Resolution zuhanden des Regierungsrates.

Da der Regierungsrat jedoch auf seine Spar-Beschlüsse nicht zurückkommen wollte, verebbten auch die Wellen des Protestes nicht. In zahlreichen Schreiben an die Regierung, in Leserbriefen und an öffentlichen Kundgebungen, in Petitionen und Resolutionen wurde dem Unmut Luft gemacht. Der Entwurf zum Kulturförderleitbild geriet dabei zeitweise in den Hintergrund – was angesichts der realen kulturpolitischen Situation auch nicht erstaunen konnte. Die Kritik an den Sparmassnahmen wurde vielfach zum Anlass genommen, die ‹unhaltbaren Zustände› bei der staatlichen Verwaltung im allgemeinen und im Erziehungsdepartement im besonderen anzuprangern. Der Ruf nach dem starken Mann, in Gestalt des ‹Kulturintendanten›, und nach den vielbesagten ‹Visionen› des Kulturdirektors erschallte und liess das Bild Münchhausens, der sich und sein Kulturross am eigenen Zopf aus dem Sparsumpf zieht und in das trockene Kulturzentrum reitet, als plastische und greifbare Lösung erscheinen. Soweit das ‹Leitbild für die staatliche Kulturförderung› angesprochen war, war es nun als allumfassendes ‹Kultur-Konzept für Basel› gefordert.

Wessen Kultur, wessen Verantwortung?

Damit war die grundsätzliche Frage gestellt nach der Verantwortung für die städtische Kultur als solche. Zur Verantwortung des Staates hält der offizielle Entwurf zum Leitbild fest: «Die Förderung der Kultur ist ... eine Staats-

Auch bei den Sinfonieorchestern wurde Kultur zum kontrovers diskutierten Thema.

aufgabe von verfassungsmässigem Rang.» Die Staatsorgane, allen voran die Mitglieder der Regierung, sind damit in die Pflicht genommen, Kultur zu fördern und zu ermöglichen. Der Respekt vor kulturellem Schaffen und die Sorge um die Vielfalt des kulturellen Lebens sind Voraussetzungen, um diese Pflicht zu erfüllen. Der Staat muss zudem seine Strukturen so einrichten, dass die kulturellen Initiativen nicht *bürokratisch verwaltet,* sondern *flexibel gefördert* werden. Die öffentliche Reflexion hilft dabei, allfällige Defizite zu erkennen, Restrukturierungen konkret zu durchdenken und damit die Flexibilität zu gewährleisten.

Der Einfluss des Staates muss aber dort seine Beschränkung finden, wo die Frage nach der Form, dem Inhalt und letztlich der Ausstrahlung des Kulturschaffens gestellt ist. Dies erscheint in bezug auf Mitglieder eines Regierungskollegiums als Binsenweisheit. Wie aber steht es mit den von der Regierung eingesetzten staatlichen Kulturbeauftragten? Ist das aktive Interesse für private Initiativen und das konstruktive Eingehen darauf Inhalt ihres Auftrags, oder sollte ihr Auftrag zudem das *Gestalten* («statt verwalten») *der Kultur* umfassen? Dieses vordergründige Spiel um Worte birgt in seinem Grunde elementare Fragen des Gesellschaftsverständnisses und der Verantwortlichkeit des und der Einzelnen für die (Kultur-)Gemeinschaft.

Mit ihrer Wahl werden Politiker regelmässig zu ‹Hoffnungsträgern› hochstilisiert, und es ergeht – auch im Kulturbereich – an sie die Aufforderung, inhaltliche ‹Visionen› zu entwickeln. Dies macht oft deutlich, dass jene, die nicht bereit sind, ihre Hoffnungen selber zu tragen, auch keine eigenen ‹Visionen› entwickelt haben. Die allseitige Frustration bei Ausbleiben des delegierten Aufbruchs ist vorprogrammiert.

Zur weiteren Ernüchterung trägt bei, dass auch ein staatliches Sparprogramm letztlich Ergebnis eines demokratischen Vorgangs ist. In der Regel wollen die verantwortlichen Politikerinnen und Politiker schliesslich nach Ablauf der Legislaturperiode wiedergewählt werden, was seinerseits in Erinnerung ruft, dass die ‹Sparwütigen› in demokratischer Volksabstimmung gewählt worden sind. Dass allerdings Demokratie Minderheitenschutz beinhaltet, und dass deshalb gerade die Kultur des besonderen Schutzes bedarf, liegt ebenfalls auf der Hand. Hier ist in Basel-Stadt ein zusätzliches Engagement des Parlaments gefragt. Dass sich in der Legislative des Kantons eine ständige Kulturkommission, als Ansprechpartnerin oder Basis einer geschlossenen ‹Kulturlobby›, bis anhin nicht gebildet hat, ist wohl kaum durch Sparmassnahmen bedingt.

Die Verantwortung für die Kultur in der städtischen Region lässt sich nicht teilen; sie trifft alle am kulturellen Leben Interessierten und Beteiligten gleichermassen. Angesprochen sind dabei nicht nur die Kulturschaffenden und kulturellen Institutionen. Diese sind aber aufgerufen, sich gerade in Sparzeiten vermehrt auch über die politische Funktion ihrer Arbeit und über ihre Rolle in der Kulturpolitik bewusst zu werden. Eine politische ‹Lobby› für Kultur ist herstellbar, bedingt indes einen Konsens – nicht vorwiegend über Inhalte als vielmehr über die Bedeutung und Kraft des ‹schwer Greifbaren›; mithin bedingt sie auch Solidarität.

Verantwortung für die regionale Kultur tragen auch die hier ansässigen Wirtschaftsunternehmen. Das eingeschränkte Verständnis des Sponsoring als Kommunikationsinstrument des Marketing wird der zunehmenden Politisierung von Unternehmensentscheidungen, etwa in bezug auf Standortfragen, nicht mehr gerecht. Durch seine Beiträge an das kulturelle Leben nimmt ein Unternehmen einen Teil seiner sozialen Verantwortung als Arbeitgeber in der Region wahr. Die Wirtschaft wird mithin zu einem gestalterischen Faktor des kulturellen Lebens. Der ‹Pay-back› für das Sponsoring ist dabei zwangsläufig nicht mehr allein in quantifizierbaren Werbe-Einheiten zu messen.

Da Kultur dort entsteht, wo Menschen zusammenleben, schert sie sich auch nicht um rechtlich abgegrenzte Territorien. Selbst wenn sie in der Stadt ‹produziert› wird, beteiligt sie die Bewohnerinnen und Bewohner der ganzen in- und ausländischen Agglomeration. Die einzelnen Gemeinwesen – in der Stadt und in der Region – tragen Verantwortung für einander und für ihre gemeinsame Kultur. Kulturpolitik lässt sich nicht auf 38 Quadratkilometer beschränken, und auch nicht auf die 518 Quadratkilometer des Baselbiets.

Aussagekräftige Konzeptpapiere können die am Kulturleben Teilhabenden jeweils nur für sich selbst verfassen. Das Erziehungsdepartement hat dies für seinen Teil mit dem ‹Leitbild für die staatliche Kulturförderung des Kantons Basel-Stadt› versucht. Den Wunsch nach einem umfassenden ‹Kultur-Konzept für Basel› können sich die am kulturellen Leben Beteiligten (die Staatsverantwortlichen gehören unstreitig dazu) nicht durch eine Schrift erfüllen, sondern nur durch ständige und lebendige Auseinandersetzung. Vorschläge zur Wiederentdeckung des Verbindenden in der Kultur sind gemacht und deuten – in schlagwortartiger und mediengerechter Verpackung – als ‹Vernetzung› oder ‹contrat culturel› in die richtige Richtung.

Markus Kutter

Kultur – Aufgabe von Staat und Gesellschaft

Als im Herbst 1994 bekannt wurde, dass sich das Erziehungsdepartement des Kantons Basel-Stadt mit einem Kulturleitbild befasse, verspürten wir, mehrere Autoren, Lust, weniger einen Gegenentwurf zu dem noch unbekannten staatlichen Leitbild für die Kulturförderung zu entwerfen, als einmal grundsätzlich die Problematik einer staatlichen, das heisst kantonalen, Kulturpolitik zu überlegen. Vor allem vermissten wir in den bisherigen Diskussionen eine eindeutige Zielsetzung und hatten den Eindruck, dass auf Seite der Behörden zu wenig zwischen den Aufgaben der Gesellschaft und denjenigen des Staates unterschieden werde.

Der folgende Text entstand in rund einem halben Dutzend Sitzungen und wurde später im Ausbildungszentrum des Schweizerischen Bankvereins einem grösseren Personenkreis präsentiert. Er versucht, die Basler Kulturförderung als eine politische Aufgabe zu begreifen und in ein gestaltungsfähiges Verhältnis zu den kulturellen Bedürfnissen und Möglichkeiten der Gesellschaft zu setzen.

Ein Kulturleitbild für Basel

1. Präambel

1.1 Seit Jacob Burckhardts ‹Kultur der Renaissance› ist unser Kulturbegriff umfassend, das heisst er gilt nicht nur den Wissenschaften, den schönen Künsten, dem Staatsaufbau und der Religiösität, sondern dem geselligen Leben in einem sehr weiten Sinn, soweit es gestaltete Werke, in eine Form gebrachte Vorgänge und Ideen sichtbar werden lässt, die dem einzelnen Menschen Teilnahmemöglichkeiten anbieten.

1.2 Kultur wird auch als ein Gegenüber von kreativ tätigen und an einem Werk oder einer Leistung interessierten Menschen verstanden, also von Autor und Publikum. Kulturell relevant wird dieses Gegenüber dann, wenn es nicht nur ein aktiv-passives Verhältnis ist, sondern wenn das kreative Schaffen des Autors Öffentlichkeit erzeugt, somit im Publikum etwas bewirkt und Folgen zeitigt.

1.3 Wir sprechen von einer kulturellen Dichte dann, wenn in wissenschaftlichen, künstlerischen und medialen Werken unsere gegenwärtige Lage einsehbar und mit früheren Zeiten vergleichbar gemacht wird und wenn möglichst viele Menschen Interessen verfolgen können, die über eine bloss materielle Zweckbestimmung hinausgehen.

1.4 Den kulturellen Raum verstehen wir auch als denjenigen der Auseinandersetzung zwischen bestehenden und neuen Ideen sowie Formen. Das heisst, er ist auf Innovationen angewiesen, über deren Qualität und Bedeutung möglichst frei entschieden werden soll, und die man sogar als ein gesellschaftliches Frühwarnsystem begreifen kann.

1.5 In diesem Sinn ist ‹Kultur› eine Aufgabe der ganzen Gesellschaft, ihrer Menschen, Gruppierungen und Organisationen. Der Staat sieht sich nur da gefordert, wo kulturelle Aufgaben die Kräfte einzelner Menschen, Gruppierungen oder der freien Gesellschaft übersteigen und wo Institutionen wünschbar oder notwendig sind (Universität, Orchester, Theater, Bibliotheken, Museen etc.), die eine von der politischen Gemeinschaft anerkannte Basis und öffentliche Mittel für ihr Wirken benötigen.

1.6 Kulturpolitik bedeutet die verständnisvolle Haltung und fallweise fördernde Tätigkeit des

Zur Pflicht des Staates gehört auch, das Erbe der Vergangenheit der nächsten Generation zu überliefern. (Antikenmuseum.) ▽

Staates, der darauf bedacht ist, die in der Gesellschaft wirkenden Kräfte wahrzunehmen und bei den von ihm getragenen Institutionen dahin zu wirken, dass sie einesteils das kulturelle Geschehen in der Welt reflektieren, und andernteils die eigenen Aktivitäten in die Welt hinaus vermitteln.

1.7 Der Zweck der staatlichen Kulturpolitik besteht somit sowohl darin, die kulturelle Dichte im geistigen, künstlerischen und gesellschaftlichen Raum zu verstärken (lebendige Stadt), als auch den Ruf der Stadt für Wissenschafter, Künstler und auf geistige sowie formale Werke begierige Menschen zu verstärken und zu festigen.

1.8 Neben materiellen Argumenten (Lage, Verkehr, Steuern, Schulen, Wohnmöglichkeiten, Bewilligungen etc.) ist der kulturelle Ruf einer Stadt wie Basel das wohl wichtigste Standortargument für Zuzüger, ist ihnen vielleicht sogar übergeordnet. Damit kann eine nach aussen wirkende Kulturpolitik die wirtschaftlich ins Gewicht fallende Attraktivität des Standortes Basel entscheidend verbessern.

2. Das Ziel
2.1 Unter den schweizerischen Städten vergleichbarer Grössenordnung und im Wettbewerb mit mitteleuropäischen Städten soll Basel in einem weit verstandenen Kulturbegriff Massstäbe setzen und auch über die Grenzen der Region hinaus führend sein, wie es das in mehr als einer Epoche seiner Geschichte bewiesen hat.

2.2 Basel soll von kreativen und geistig bewegten Menschen, Künstlern, Interpreten, Wissenschaftern und Kulturschaffenden gern aufgesucht werden, weil sie sich sowohl von der freien Gesellschaft als von den Behörden mit verständnisvollem Interesse aufgenommen fühlen.

2.3 Es entspricht unserem Demokratieverständnis, dass möglichst breite, aber auch möglichst verschiedene Kreise der Bevölkerung mit dem kulturellen Schaffen vertraut gemacht werden, ihnen der Zugang zur Kultur erleichtert wird, Teilnahmemöglichkeiten geschaffen werden, damit der Stolz der Bürgerschaft auch der kulturellen Arbeit gilt.

2.4 Immer wieder ist der freiwillige Konsens in der Gesellschaft und beim Staat darüber zu suchen und herzustellen, welchen Rang (internationaler, nationaler, regionaler und lokaler Natur) einzelne kulturelle Leistungen beanspruchen dürfen; die entsprechenden Prioritäten sollten gewahrt sein.

2.5 Wo der Staat mit Fördermitteln aktiv wird, ist das dominierende, freilich nicht ausschlag-

gebende Kriterium die ‹excellence›, verstanden als eine geistige und künstlerische Qualität, über die – als Teil der kulturellen Arbeit – immer wieder Einvernehmen hergestellt werden muss.

2.6 Der kulturellen Auseinandersetzung im künstlerischen Bereich steht der Staat, sofern das Streben nach ‹excellence› nachweisbar ist, mit verständnisvoller Duldung gegenüber und versucht nicht, mehrheitsfähige Wertvorstellungen durchzusetzen.

2.7 Eine zwingende Abgrenzung des Kulturbegriffs gegen historische Gebräuche, folkloristische Veranstaltungen, sportliche Anlässe, Stadtbildpflege, politische Formen, Medien, Mode, Gastronomie etc. ist nicht möglich; die Zielsetzungen dieses Leitbildes gelten im engeren Sinn der Wechselwirkung zwischen kreativen Menschen und der Gesellschaft als ihrem Publikum aus der Sicht des Staates.

3. Kultur als Netz

3.1 Weil der hier zur Debatte stehende Kulturbegriff auf die einzelnen kreativ tätigen Menschen und auf die Rezeption ihres Wirkens im Publikum und in der Gesellschaft blickt, also eine Gesamtheit im Auge behält, deren Beziehungsnetz nicht inventarisierbar ist, verbietet sich für die staatliche Kulturpolitik eine monokausale Betrachtung nur einzelner Kredite oder Geschäfte.

3.2 Es ist vielmehr der Wirkungsbereich einer staatlichen Kulturpolitik in diesem Netz umfassend zu sehen, da Erziehungswesen, Stadtplanung, Architektur, Kommunikation, Bewilligungswesen, Ämterverhalten, Selbstdarstellung des Staates etc. kulturell von erheblicher Bedeutung sind.

3.3 Staatliche Kulturpolitik in diesem Sinn kann nicht von einem einzelnen Departement und auch nicht nur von der Regierung verantwortet werden; nicht weniger sind die legislativen Behörden und auf verschiedenen Stufen die Verwaltung gefordert.

3.4 Zu den vornehmsten Aufgaben des Staates gehört seine Rolle als Bauherr. Viele Institutionen finden ihren öffentlichen Ausdruck erst in der architektonischen Gestalt, die darum nicht allein bloss funktionalen, finanzpolitischen oder bewilligungstechnischen Kriterien unterstellt werden darf.

3.5 Der Staat verfügt auch über die entscheidenden Hoheitsrechte im Bereich der Stadtplanung, wo er die zukünftige Gestaltung städtischer Räume, die nachher der Öffentlichkeit dienen, bestimmt. Die Wohnlichkeit solcher Stadträume ist kulturell wichtiger als die Ordnung blosser Verkehrsflüsse.

3.6 Über die eigentliche Bau- und Planungstätigkeit hinaus hat der Staat die Möglichkeit, der Bürgerschaft gegenüber seine eigene Existenz zu dokumentieren, etwa durch Kunstwerke im öffentlichen Raum, bei Jubiläen, durch Feiern und mit Publikationen. Die Formulierung solcher Aufträge und die Wahl der jeweiligen Auftragnehmer kann auch einen kulturpolitischen Ehrgeiz zum Ausdruck bringen.

3.7 In einem Universitätskanton mit grossen Kulturinstitutionen und kulturpolitisch relevanten Ämtern sind Berufungen von höchster Bedeutung. Wo der Staat mitentscheidet, soll er sich Rechenschaft geben, dass mutige und gelegentlich aus der Norm schlagende Berufungen sich nachträglich oft als entscheidende Weichenstellungen herausstellen.

3.8 Wichtige Träger von kulturellen Aktivitäten gewinnen in dem Augenblick ein anderes Verhältnis zum Staat, da sich Mitglieder von Behörden um den persönlichen Kontakt zu ihnen bemühen. Eine solche Konvivialität geht in Basel auf eine alte, gelegentlich vernachlässigte Tradition zurück und kann das kulturelle Klima wesentlich beeinflussen.

Der 4. Abschnitt im Kulturleitbild befasst sich mit dem heute vorliegenden und verwendeten Instrumentarium der staatlichen Kulturförderung. Besonders wird darauf hingewiesen, dass die baselstädtische Kantonsverfassung keinen Kulturartikel kennt und dass heute die Kulturabteilung als Teil des Erziehungsdepartementes eine Schlüsselstellung einnimmt. Zudem kann der Grosse Rat immer nur einzelne Kulturgeschäfte – wenn überhaupt – behandeln; die gesamte Kulturpolitik des Staates steht im Ratssaal nicht zur Debatte.

△
Basel muss eine Stadt von kreativen, geistig bewegten Menschen, Künstlern, Kulturschaffenden bleiben. (George Gruntz and his Concert Jazz Band.)

Der 5. Abschnitt stellt Fragen zu diesem Ist-Zustand und gibt zu erwägen, ob die staatliche Kulturpolitik nicht auch durch eine privatrechtlich geregelte Intendanz auf Zeit ausgeübt werden könnte. Er postuliert, dass der Staat bei Förderungsbeiträgen grundsätzlich zwischen Vorhaben von öffentlicher Wirkung und Nachwuchsförderung unterscheiden müsste.

6. Mechanismen und Potentiale

6.1 Solange die Kulturpolitik des Staates im wesentlichen ein Fortschreiben bisheriger Massnahmen darstellt, wird eine grundsätzliche Neubesinnung auf einzelne Aufgaben immer notwendiger. Die Frage stellt sich, auf welcher politischen Ebene ein solcher Neuanfang initiiert werden müsste.

6.2 Die Kulturförderung in Basel-Stadt tut sich schwer mit der Tatsache, dass der Nachbarkanton Basel-Landschaft, aber auch der Landkreis Lörrach und das Oberelsass politisch eigenständige Gemeinwesen sind, kulturelle Leistungen von grösserer Ausstrahlung aber auf Basel und seine Institutionen angewiesen sind. Politisch von den Nachbarn eine vermehrte finanzielle Abgeltung kultureller Zentrumsleistungen zu verlangen, ist so lange ein untaugliches Vorhaben, als Basel nicht die kulturellen Trägerschaften vermehrt zu öffnen bereit ist.

6.3 Der Staat hat ein Interesse daran, dass private Trägerschaften und kulturelle Vereinigungen ihre ursprünglichen Zielsetzungen wahrnehmen; er sollte in diesem Sinn die Unabhängigkeit solcher Vereinigungen weniger durch

Subventionen als durch eine Rückdelegation der Verantwortlichkeiten stärken.

6.4 Wenn Privatpersonen, private Stiftungen oder Firmen kulturell aktiv werden und in der Form von Sammlungen erhebliche Vermögenswerte in die Stadt bringen, sollte der Staat erbrechtlich und fiskalisch Anreize schaffen, dass Basel und seine Sammlungen aus solchen Vorhaben Nutzen ziehen.

6.5 Unter vergleichbaren Städten mit einem kulturellen Anspruch besteht auch eine Art Wettbewerb in Festwochen, Kunsttagen, Sonderveranstaltungen, Kongressen. Ausgehend von bereits existierenden Schwerpunkten, aber auch innovatorisch hat hier eine staatliche Kulturpolitik erfolgversprechende Ansatzpunkte, die in Basel zu wenig wahrgenommen werden.

6.6 Im Rückblick wird es offensichtlich, dass kulturell relevante Institutionen oder Ereignisse (zum Beispiel Kaserne, Grosskonzerte St. Jakob oder die Kunstmesse ART) das kulturelle Klima stark beeinflussen. In solchen Veranstaltungen wird auch ein Wertewandel greifbar, auf den die staatliche Kulturpolitik einzugehen hat.

6.7 Die ökonomische Bedeutung der Kultur in Basel ist heute eine unbekannte Grösse. Es existiert keine auch nur annähernd zuverlässige Übersicht über primäre und sekundäre Geldflüsse, über Auswirkungen auf den Tourismus, die Hotellerie, Gastronomie, über Steuern, Lieferanten, Märkte, Stiftungen, kulturelle Vereinigungen, Sponsoren. Für staatliche Eingriffe ins Kulturleben fehlen ökonomische Kriterien, der Staat weiss nicht, was seine Politik bewirkt.

7. Postulate

7.1 Der Kulturauftrag des Kantons Basel-Stadt sollte entweder in die Verfassung aufgenommen oder rechtlich so verankert werden, dass die baselstädtische Kulturpolitik nicht nur die Fortschreibung bisheriger Usanzen ist, sondern den ganzen Bereich der Kulturaktivitäten erfasst.

7.2 Angesichts der Bedeutung, die die Kultur für die Gesamtheit der Bevölkerung, als ökonomische Grösse und als Standortargument für Basel, hat, und in Anbetracht dessen, dass eine staatliche Kulturpolitik umfassende Funktionen besitzt, sollte sie als eigene Amtsstelle dem Gesamtregierungsrat unterstellt und mit einem klaren Leistungsauftrag ausgestattet sein.

7.3 Auf der politischen Ebene ist zu entscheiden, ob eine beamtete Kulturabteilung oder eine privatrechtlich geregelte Anstellung auf Zeit für einen oder eine Kulturbeauftragte/n (etwa nach dem Muster der Präsidialabteilung der Stadt Zürich) ratsamer ist.

7.4 Der Regierung wird empfohlen, analog zum Erziehungsrat einen Kulturrat mit anerkannten, eventuell auch von auswärts zugezogenen Experten einzusetzen. Solche Experten dürfen keine Organisation repräsentieren und fallen als Kreditnehmer aus.

7.5 Jährlich soll vom Kulturbeauftragten in Übereinstimmung mit dem Kulturrat eine Kulturbilanz vorgelegt werden, die Ausführungen zu den Zielsetzungen und den Folgewirkungen der Fördermittel, Berichte über die subventionierten Institutionen und eine Übersicht über gesprochene Kredite und Subventionen für Behörden und die Öffentlichkeit enthält. Pro Legislaturperiode erfolgt ein zusammenfassender Grundsatzbericht.

7.6 Leistungsaufträge für staatliche Kulturinstitutionen (etwa Museen), subventionierte Kulturinstitutionen (etwa Orchester, Theater, Musikakademie) und Pflichtenhefte für Staatsdelegierte in kulturelle Institutionen sollten verbindlich vorliegen, wobei die Kompetenzen für Staatsdelegierte auf die materiellen, nicht inhaltlichen Zielsetzungen beschränkt sind.

7.7 Eine Amtszeitbeschränkung in vom Staat gewählten Kulturkommissionen ist vorzusehen, damit auch jüngere Generationen einbezogen werden. Der Kulturrat hat das Recht, sich über die Tauglichkeit von Staatsdelegierten auszusprechen.

7.8 Die staatliche Kulturförderung hat zwischen Nachwuchsförderung und Förderungen von Institutionen oder Werken, die sich unter dem Kriterium der ‹excellence› verstehen lassen, grundsätzlich zu unterscheiden.

7.9 Wo der Staat als künstlerischer Auftraggeber oder als Bauherr in Erscheinung tritt, steht das Kriterium der ‹excellence› im Vordergrund.

7.10 Abgesehen von eigentlichen Aufträgen und Bauherrschaften betrachtet sich der Staat nicht als Veranstalter, sondern wirkt subsidiär im Sinn einer Hilfestellung für die von der Gesellschaft geleistete Kulturarbeit. Das verpflichtet ihn zu einer besonders aufmerksamen Beobachtung neuer Tendenzen und des kulturellen Wertewandels.

7.11 Der Staat hat ein Interesse daran, dass administrativ und fiskalisch die Anlage von Sammlungen, die Etablierung neuer Kulturinstitutionen und Veranstalter, die Durchführung von Festwochen, Grossanlässen und Kongressen in Basel erleichtert werden.

7.12 Soweit das Erbe der kulturellen Vergangenheit den Behörden anvertraut ist, gehört es zu ihren ersten Pflichten, dieses Erbe der nächsten Generation intakt zu überliefern, an seiner Erhaltung und Ergänzung zu arbeiten und es möglichst vielen Menschen in höchster Lebendigkeit mit innovativen Methoden zu vermitteln.

7.13 Als Kulturförderung gilt neben der Förderung künstlerischer Aktivitäten auch die Erleichterung des Zuganges weiter Bevölkerungskreise zum kulturellen Schaffen und zum musealen Kulturerbe. Hier sucht der Staat aktiv nach Möglichkeiten (zum Beispiel ermässigte oder Gratis-Eintritte, Plakatierungen, Regionalfernsehen etc.).

7.14 In Zusammenarbeit mit der Privatwirtschaft und der Universität soll ein ökonomisches Kulturmodell Basel erstellt werden, das die wirtschaftliche Bedeutung der Kultur und die Interdependenz der verschiedenen Leistungen der Gesellschaft und des Staates offenlegt – und vermutlich als ‹Basler Modell› auch für andere Gemeinwesen von hohem Interesse sein wird.

*Bruno Kopp   Markus Kutter   Markus Ritter
          Robert Schiess   Marc Steffen*

Anmerkung

Dieses Leitbild wurde am 2. Februar 1995 der Regierung des Kantons Basel-Stadt zugestellt; neben den Verfassern haben es die folgenden Personen befürwortend unterzeichnet: Jean-Christophe Ammann, Dr. Peter Bächlin, Martin Roda Becher, Dr. h.c. Ernst Beyeler, Prof. Martin H. Burckhardt, Samuel Buri, Prof. Dr. Herbert Cahn, Dr. Bernhard Christ, Prof. Dr. Franz Christ, Roger Diener, Werner Düggelin, Bettina Eichin, Dr. Rolf Fehlbaum, Dr. Alex Fischer, Helmut Förnbacher, Georg Gruntz, Eric Hattan, Jacques Herzog, Prof. Dr. Hans Hollmann, Arth Paul Huber, Dr. Felix Philipp Ingold, Willy Jäggi, Robert A. Jeker, Elisabeth Kaufmann, Marcel Liatowitsch, Klaus Littmann, Angelo A. Lüdin, Onorio Mansutti, Guido Nussbaum, Dr. Urs Ramseyer, Dr. Roland Rasi, Dr. Werner Rihm, Dennis L. Rhein, Dr. h.c. Paul Sacher, Alex Silber, Alicia Soiron, Anselm Stalder, Christian Stricker, Umberto Stücklin, Dr. Peter Suter, Elio Tomasetti, Christian Vogt, Hortensia von Roda, Emil Wartmann, Dr. Thomas Wilhelmi, Jürg Wyttenbach, Remy Zaugg.

Christian Fluri

Schwere Geburt in Basel-Stadt – Souveräne Kindheit in Baselland

Kulturleitbilder und -förderungskonzepte

Als ein ‹Jahr der Kulturleitbilder›, der Suche nach den Grundlagen einer Kulturpolitik könnte man 1995 bezeichnen. Eine Gruppe um den Historiker und Publizisten Markus Kutter verfasste ein Kulturleitbild. Einen weiteren Entwurf für ein Kulturleitbild erarbeitete die Kulturabteilung des Basler Erziehungsdepartements, gemeinsam mit einer Fachgruppe. Er wurde vorgelegt und von Kulturschaffenden, -veranstaltern und -interessierten eingehend diskutiert. Die definitive Fassung jedoch lässt auf sich warten. Das hat wohl auch mit dem Wechsel im Erziehungsdepartement zu tun: auf Regierungsrat Hans-Rudolf Striebel folgte Stefan Cornaz. Dennoch: Die Basler Regierung tut sich schwer mit der Geburt eines Kulturleitbildes. Verabschiedet hingegen wurde das Museumsleitbild.

Aus der Not heraus

Motor für die Erstellung städtischer Kulturleitbilder war nicht die Idee des Erziehungsdepartements oder der Regierung, die Kulturpolitik auf ein umfassendes, Schwergewichte setzendes Konzept abzustützen; beide Leitbilder wurden auf Druck des Parlaments und interessierter Kreise in Auftrag gegeben. Denn bis heute wurde mal da, mal dort eine Subvention gekürzt oder ganz gestrichen – meist finanzpolitisch begründet –, eine ausformulierte Kulturpolitik aber war – und ist heute noch – in Basel weitgehend inexistent.
Konzepte jedoch, die auf finanzpolitischem Boden und obendrein in Zeiten des Kulturabbaus entstehen, werden nie ganz den üblen Geruch los, sie dienten letzlich nur der Legitimation der sogenannten ‹Sparszenarien› – wobei der Begriff ‹Sparen› hier ein Euphemismus ist: Es handelt sich um Abbau.
So erhielt denn auch die Museumskommission von der Regierung den Auftrag, die staatlichen Ausgaben um 10% zu senken. Unter diesen Umständen konnte zwischen den Museen keine Solidarität entstehen: Jedes wollte nach dem St. Florians-Prinzip möglichst viel für sich selbst herausholen. Das ist zwar ärgerlich und für die gesamte Museumslandschaft nachteilig, aber – um es mit und frei nach Bertolt Brecht zu sagen: Gemeinsamer Widerstand gegen den Abbau, ein solidarisches Agieren, wer hätt's nicht gern, doch die Verhältnisse, sie sind nicht so.[1]
Wie das Museumsleitbild, so ensteht auch das Kulturleitbild auf dem Boden des Kulturabbaus. Zu Hoffnungen, dass die Kulturpolitik eine Eigenständigkeit, eine Zielrichtung entwickeln könnte, besteht wenig Anlass. Der Weg zum Kulturleitbild ist ein Leidensweg. Auf parlamentarischen Druck hin hatte die Abteilung Kultur des Erziehungdepartements im Frühjahr 1994 einen Katalog bisheriger staatlicher Unterstützung präsentiert, ein ‹Wochenendwerk›, wie Thomas Morscher von der Abteilung Kultur damals sagte. Keine eigene Idee kam aus der Abteilung Kultur, keine Gewichtung, keine Richtung, kein Gedanke darüber, wie die kulturelle, künstlerische Landschaft der Stadt, dieses kulturellen Zentrums, aussehen soll, was die Stadt an Künsten braucht.

Kulturleitbild einer Fachgruppe

Diese gedankliche Arbeit überliess man zunächst einer Fachgruppe. In deren – bisher nicht der Regierung vorgelegtem – Entwurf war das

△ Mit Spannung erwartet wird das Baselstädtische Kulturleitbild in seiner definitiven Fassung. (Kulturwerkstatt Kaserne.)

Bekenntnis zu Basel als «kulturelles Zentrum mit internationaler Ausstrahlung» und zur Kulturförderung als einer wichtigen staatliche Aufgabe zu lesen. Ein vielfältiges Kulturleben, eine sich stetig erneuernde Kunst von hoher Qualität werden als unabdingbar für die Entwicklung und die Attraktivität der Stadt betrachtet; der Innovation, der gesellschaftskritischen Funktion der Kunst wird das Wort geredet, der Notwendigkeit einer internationalen Ausstrahlung der grossen Kulturinstitute, vom Kunstmuseum über die grossen Konzertveranstalter bis hin zum Theater. Wir lesen ein Bekenntnis zu einem lebendigen, vielfältigen und über die Grenzen der Region ausstrahlenden Kulturleben – und bleiben dennoch skeptisch: Handelt es sich hier um schöne, beruhigende, aber inhaltsleere Worte ohne Konsequenzen? Denn sobald es um die konkrete Kulturförderung geht, wo es – gemäss eigener Prämissen – wenigstens gälte, kulturpolitisch, also von der Kunst her zu argumentieren, hangt über allem drohend das scharfe Messer der Finanzpolitik: So wird die Kulturpolitik doch wieder zum Spielball der Finanzpolitik.

Mangel an konzeptionellem Denken

Noch mehr Anlass zur Skepsis bietet Thomas Morschers Beitrag in diesem Stadtbuch. Da wird die Arbeit der eigenen Kulturabteilung, die ihre Aufgabe vornehmlich in der Verwaltung sieht und nicht in der konzeptionellen Entwicklung einer umfassenden staatlichen Kulturpolitk, mit keinem einzigen Fragezeichen versehen. Die Verantwortung für kulturpolitische Vorstellungen und Visionen aber schlicht an die Kulturschaffenden zu delegieren, lenkt ab vom eigenen Mangel an konzeptionellem Denken. Leitlinien und Konzeptionen staatlicher Kulturpolitik zu entwickeln, ist nun einmal Aufgabe der gewählten Exekutiv-Behörden und der von ihr eingesetzten Beamten. Zu dieser Regierungs-Arbeit wurde die Regierung ja gewählt, dazu, wünschbare Entwicklungen eines Staatsgebildes in allen Bereichen vorzudenken und gemeinsam mit dem Parlament anzusteuern.

Die Regierung in einer Demokratie hat immer auch Leader- und Vordenker-Aufgaben. Der Vorsteher des Erziehungsdepartements hat für die Bildung und für die Kultur wie ein Löwe zu kämpfen. Denn Begeisterung und Überzeugungskraft einer Regierung wirken auch ansteckend auf die Bürgerinnen und Bürger.

Sicher sollen sich die Künstler und die übrigen Kulturproduzenten in die Kulturpolitik einmischen, sich daran reiben, sie mitgestalten. Sie haben es in Basel in beträchtlichem Ausmasse auch getan: Sie haben den Entwurf des Kulturleitbildes mit grossem Engagement eingehend diskutiert, Veränderungsvorschläge ausgearbeitet und manches mehr.

Labor für gesellschaftliche Entwicklungen

Wird dann aber – wie von Thomas Morscher – die Förderung der Kultur auch noch als ‹Minderheitenschutz› bezeichnet, dann wird die Kultur in gefährlicher Weise ausgegrenzt. Kulturpolitik quasi als Artenschutz? So wird die Kultur als Exoticum ins museale Gehege gesperrt, und gleichzeitig wird ihr die gesellschaftliche Relevanz abgesprochen. Kultur *zu fördern* ist staatliche Aufgabe, eines Schutzes bedarf sie nicht. Der Begriff ‹Minderheitenschutz› zeugt von einem paternalistischen Kulturverständnis, dem es primär ums Besitzen und Bewahren, nicht aber um eine lebendige, kritische Auseinandersetzung mit dem Heute geht.

Formal wie inhaltlich innovative Kunst – sie zu fördern ist Hauptaufgabe staatlicher Kulturpolitik – ist geistiges Laboratorium, Forschungsstätte für gesellschaftliche Entwicklung. Sie ist ein Seismograph, eine kritische Mahnerin zur Menschlichkeit, sie reisst die Bürger aus der geistigen Lethargie, zeigt die Notwendigkeit andauernder Bewegung. Sie hinterfragt das Bestehende, stört, rüttelt auf, denkt voraus – dies sind ihre Aufgaben. Und sie sucht in einer Welt, die von einem den Geist betäubenden Unterhaltungszirkus und von banalen, oft brutalen, menschenverachtenden Bildern und Tönen durchflutet wird, nach immer neuen Ausdrucksmitteln für ihre humane Botschaft. Sie öffnet der Phantasie neue Felder, zerrt Unbewusstes, Verborgenes an die Oberfläche, führt das Denken hinaus aus den engen Bahnen der Nützlichkeit und der bis in die kleinsten gesellschaftlichen Zellen ausgreifenden Machtverhältnisse in weite geistige Landschaften. Sie wendet sich auch gegen ein simplifizierendes Denken, gegen eindimensionale Interpretationen der realen Verhältnisse, die an der komplexen Wirklichkeit vorbeigehen.

Die kritischen Künstler und Intellektuellen sind Sensoren der Gesellschaft. Jede demokratische Gesellschaft, die sich menschlich, wirtschaftlich, politisch weiterentwickeln will, braucht ihre wahre – nicht selbsternannte! – denkerische Elite, eine Elite, die, wo immer sie auftritt, auch an der Macht rüttelt, damit sie nicht überheblich, behäbig und menschenverachtend wird.

Dieser gesellschaftliche Labor- und Forschungs-Charakter ist einer innovativen, kritischen Kunst inhärent. Deshalb geht sie die ganze Gesellschaft etwas an und ist von ihr zu unterstützen. Jeder Abbau der Kunstförderung ist immer auch die Amputation eines Stücks des Geistes, des Intellekts einer Gesellschaft – ähnlich dem Abbau von Bildung und Forschung.

Vielversprechende Richtung

Genau von diesem Ansatz gehen sowohl das Leitbild der Gruppe um Markus Kutter wie das Kulturförderungskonzept des Kantons Baselland aus. Da mag das Leitbild der Gruppe um Kutter (mit Bruno Kopp, Markus Ritter, Robert Schiess, Marc Steffen) noch manch Unkonkretes enthalten und manches fordern, was bereits realisiert ist, wie zum Beispiel die Mitbestimmung Basellands in den Kulturinstituten, an die der Kanton einen Beitrag leistet – z.B. das Theater Basel oder die Stiftung Basler Orchester. Das Konzept enthält auch manche Details, über die man sich streiten kann, aber die Richtung stimmt. Da wird Kulturpolitik als eigen-

△
Wird der Kultur der Boden unter den Fussen weggezogen? (Theater Basel: ‹Schmürz›.)

ständiger Bereich mit breiter Vernetzung in der Gesellschaft verstanden, da finden Architektur, Bildung, Museen ebenso ihren Platz wie die Künste selbst. Das Konzept hat die gesamte Kulturlandschaft einer Region vor Augen.

Dass die Förderung innovativer, kritischer Kunst immer auch eine Förderung der Qualität sein muss, versteht sich fast von selbst und ist heutzutage in allen Kulturkonzepten enthalten. Der Staat ist kein Selbstbedienungsladen für alle, die malen, schreiben oder musizieren. Die formale wie inhaltliche künstlerische Qualität entscheidet – die ‹excellence›, wie es die Kutter-Gruppe passend nennt. Ebensowenig wie schlechte kulturelle Produkte soll der Staat kommerzielle Kultur – der es ja ohnehin meist an kritischem Geist und an Innovation mangelt – unterstützen.

Zu den Aufgaben des Staates – und damit zum Inhalt eines Kulturleitbildes – gehört auch die Förderung des Nachwuchses, die Bildung eines künstlerischen Bewusstseins, die Erziehung zur Kunst. Auch diesen Aspekt der Kulturförderung enthält das Leitbild der Kutter-Gruppe.

Konkret, praxisbezogen, selbstbewusst

Mit noch weniger grossen Worten, noch überzeugender in seiner konkreten Sprache und selbstbewusst kommt das Kulturkonzept des Kantons Baselland daher. Es enthält ein klares Bekenntnis zur Kulturförderung als wichtige gesellschaftliche Aufgabe, die der Staat zu erfüllen hat. Deutlich wird der Förderung der zeitgenössischen Kunst wie der Unterstützung der Qualität, deren Kriterien immer wieder neu zu überprüfen sind, das Wort geredet. Dementsprechend erfolgreich hat das ‹Kind› Kulturförderung im Baselland auch in den letzten fünf Jahren laufen gelernt.

Der Kulturpolitik in Baselland wird Eigenständigkeit zugesprochen – selbstverständlich in einem gegebenen finanziellen Rahmen. An erster Stelle kommt die Kunst. Ständige Fachkommissionen prüfen die Unterstützungsgesuche, bestimmen die Förderrichtlinien.

Baselland stellt seine Kulturförderung in einen regionalen Gesamtzusammenhang und anerkennt, dass ohne die Leitfunktion der grossen Kulturinstitute die Kunst auch auf dem Lande nicht blühen kann. Diese Leistungen will Baselland deshalb – im politisch möglichen Rahmen – vermehrt abgelten, obwohl (wohl auch aus realpolitischen Überlegungen heraus) Zahlen dazu noch fehlen. Doch ein Beitrag von mindestens 4 Millionen Franken an die Leistungen des Leitinstituts Theater Basel wäre angemessen.

Das Baselbieter Konzept unterstreicht, wie auch der Basler Entwurf, die Wichtigkeit der Partnerschaft: Hierfür sind die zwei gemeinsamen Fachgruppen für Theater/Tanz sowie für Film/Video/Fotografie ebenso deutliches Zeichen wie die gemeinsame Bewerbung als Kulturstadt Europas für das Jahr 2001, eine Bewerbung, die – wenn sie in Brüssel Erfolg hat – auch dringend nötige kulturpolitische Impulse auslösen könnte.

Niggi Ullrich, der Kulturbeauftragte von Baselland, hat diese Partnerschaft mit einem weiteren Gedanken vorangetrieben und setzt so einen Stachel in Basels unentschlossene Kulturpolitik: Er empfiehlt einen ‹contrat culturel› zwischen Basel-Stadt und Baselland. Ein solcher ‹contrat› verpflichtet beide Beteiligten zum Bekenntnis zur Kulturförderung als einer Notwendigkeit für eine humane Gesellschaft – Kunst als Menschenrecht – und zur Partnerschaft.

Die Zukunft wird es weisen…

Mit Spannung wird nun das Baselstädtische Kulturleitbild in seiner definitiven Fassung erwartet. Wird sich Basel klar zur Bedeutung der Kunst für die geistige, humane Verfassung einer Gesellschaft bekennen? Wird es – und wie – Schwergewichte setzen? Den Weg in der richtigen Richtung, nämlich zuerst ein Kulturleitbild zu entwerfen und anschliessend nach Sparmöglichkeiten zu suchen, haben sich das Erziehungsdepartement und die Regierung Basels zwar längst verbaut. Dennoch bestehen Chancen zu einer Neuorientierung, die Kunst als Geist, als Mahner und Entwicklungsmotor einer humanen Gesellschaft anerkennt. Diese Neuorientierung müsste auch eine Neuorganisierung der Kulturabteilung nach sich ziehen. Auch hier könnte Baselland mit seinen Fachkommissionen ein Vorbild sein, verbunden mit manchen anderen Modellen.

Anmerkung

1 Die Schliessung des Stadt- und Münstermuseums sah bereits das Leitbild vor. Inzwischen doppelte die Regierung nach und beschloss gegen den Willen der Museumskommission, auch das Museum für Gestaltung zu schliessen.

Christine Richard

Menschen, Künste, Ketchupflecken

Festivals – Ersatz oder Ergänzung staatlicher Kulturförderung?

Festivals sind keine Kunst. Sie sind ein Medium, um Menschen Kunst zuzuführen. Festivals sind wie Messen: Jeder erlebt dort etwas anderes. Manche Besucher sehen hinterher rot: Eine Grillwurst gegessen, Ketchup auf die Hose gekleckert; wie ein Löwe gekämpft um den unnumerierten Sitzplatz auf einer Holzbank, Ungehobeltes auf der Bühne gesehen, alles irgendwie zwiespältig und billig; eindeutig zu teuer war nur das Bier aus dem Plastikbecher.
Andere sehen völlig schwarz: Festival-Kultur? Das ist der Untergang des Abendlandes im multikulturellen Eintopf von Weltmusik, Tempeltanz aus New York, Peking-Oper aus Taiwan und Faustus in Afrika. Die Dritten sehen's durch die rosarote Brille: Wir können sauglatte Gastspiele und Festivals haben – wozu brauchen wir dann überhaupt noch die teuren Stadttheater? Und Optimisten schliesslich behaupten blauäugig: An Festivals präsentiert sich die Vorhut der Avantgarde.
Ich sehe beim Thema Festival nicht rot, schwarz oder rosarot; ich sehe bunt. Jedes Festival ist anders. Venedig ist nicht Avignon, ein Comic-Festival kein Salzburger Festspiel. Je nach Ausrichtung liegt das Gewicht mehr auf Kunst oder auf Kommerz oder auf Kulinarischem. Im schlimmsten Fall vermarktet ein Festival massenhaft Erlebniskultur unter besonderer Berücksichtigung der Gastronomie – eine Art Rummelplatz für gehobene Ansprüche; im besten Fall vertieft ein Festival das Kunsterlebnis und verbreitet es zugleich. Festivals sind Kongresse der Kunst: Konzentration von Künstlern, Veranstaltungen und Besuchern zum Zwecke gemeinsamer Konzentration aller auf ein bestimmtes Thema oder auf eine Kunstgattung.

Im Begriff ‹Festival› schwingen stets die Bedeutung ‹Fest›, ‹Feier› und ‹Festspiel› mit. Festivals, auch die trübsten noch, machen Kunst zu einem besonderen Ereignis. Sie unterbrechen die Routine des Kunstbetriebs wie Familienfeste den Alltag und haben eine wichtige Aufgabe: Wenn es sonst schon niemand tut, dann feiern sich Theater, Film oder Tanz eben selbst. Sie machen sich zum Stadtgespräch, werben für sich durch massive Selbstpräsentation, und im allgemeinen Festtaumel lässt sich das Publikum auch zu unbequemen Veranstaltungen hinreissen. Wie alle Feste sind Festivals aber prinzipiell auf Harmonie und Gemeinsamkeit ausgerichtet; besondere Qualitäten neutralisieren sich bisweilen gegenseitig in der Masse des Angebots.
Festivals, wie wir sie heute kennen, haben zwei Wurzeln: Zum einen die Festspiele, wie sie in Bayreuth seit 1876 stattfinden – eine Erfindung von Richard Wagner, um sich selbst als modernen Komponisten durchzusetzen. Zum anderen die Rock- und Popfestivals, mit Woodstock als starkem Vorbild. Hier formierte sich die Jugendkultur mit ihren Songs und Sitten ausserhalb des etablierten Kunstbetriebs. Bis heute haben Festivals deshalb eine Aura von massenhaftem Aufbruch, von Freiheit und Fortschritt.

Neue Orte

Festivals suchten sich stets neue Aufführungsorte. Die Künstler verliessen Konzertsaal und Theaterbau; hinaus in die ‹freie› Natur wollten sie oder ‹mobil› bleiben in Zelten. Theaterfestivals wie Avignon eroberten die Strassen und Plätze der ganzen Stadt; das Schleswig-Holstein Musik-Festival nahm noch das Land hinzu. Das Berner Tanzfestival organisierte einen Ost-West-Austausch. Das IDRIART-Festival gar, gegründet von dem Geiger Miha Pogacnik, findet auch in Ländern der sogenannten Dritten Welt statt, um den interkulturellen Dialog zu pflegen. Andere Festivals zogen sich wieder bewusst zurück. ‹Basel tanzt›, ursprünglich ein Openair-Tanzfestival im Herzen der Stadt, zog bald in die wetterfeste Messehalle um – und setzte auch beim Programm wieder auf Nummer Sicher. Manche Festivals suchen bewusst die Abgeschiedenheit in Burgen und Landhäusern und finden, wie Lockenhaus, einen unverwechselbaren Ort der Stille und Konzentration.

Neue Mischung

Die Stärke der Festivals ist ihre Offenheit. Künstler und Techniker sind oft internationaler als in den städtischen Kulturinstitutionen, ganz deutlich etwa bei ‹Welt in Basel›. Auch das Publikum wird neu aufgemischt: Beim Zürcher Theaterspektakel sind Herkunft, Bildung und Alter sehr unterschiedlich. Festivals zeigen nicht nur fertige Produktionen, sie leiten auch – in Rahmenveranstaltungen, bei Workshops, Vorträgen, Diskussionen – Prozesse ein. Nachwuchskünstler erhalten eine Auftrittschance, experimentelle Sonderprogramme ergänzen das Hauptfestival. Ein klassisches Klavierkonzert verträgt sich mit Popmusik im Nachbarzelt, Ballett mit Tanztheater. Beim ‹1. Basel Casino Festival› trafen sich Jazz, Worldmusic und Country; ‹Welt in Basel› hatte Rap und Büchner im Programm. Und weil alle so schön offen sind bei Festivals, zeigen kluge Politiker sich hier gerne ihrem Volk, und die Sponsoren haben einen grösseren Auftritt als im Stadttheater.

Neue Konzentration

Fünf Theatergruppen, vier Tänzer, drei Clowns, zwei Feuerschlucker und eine Restaurationsbude machen noch kein Festival. Ein solches Programm hat heute jede anständige Fussgängerzone zu bieten. Je gigantischer das Kauf-Spektakel und je vielfältiger der Medien-Kiosk werden, desto mehr müssen sich Festivals auf bestimmte Zielgruppen konzentrieren, um mitzuhalten: Puppentheaterfestivals und Jugendtheaterwochen, Festivals für Frauenfilm und New Dance, Festivals für Alte Musik und für Neue Musik, für Gitarre, Flöte. Wenn ein Festival wie der Steirische Herbst in Graz die Sparten dennoch bunt mischt, dann wählt es als Klammer ein aktuelles Thema und setzt auf hervorragende Namen. Anfangs wollten Festivals Kunst für alle und mit allen machen; dann galt alles als Kunst, irgendwo. Wie alle demokratischen Prozesse wuchsen auch die Festivals in die Breite, boten bunt schillernde Oberflächen. Inzwischen sind die Ansprüche an künstlerische Leistung und technische Ausstattung gestiegen.

Dennoch bleiben drei Gefahren: Nivellierung und Neutralisierung von Kunst – und die Versuchung, Kunst so zu produzieren, dass sie kompatibel ist mit allen Festivals und jedem Publikum. So sind europäisches Literaturtheater und Schauspiel, an Sprache gebunden, auf Festivals immer seltener zu finden. Wenn dennoch gesprochen wird, dann gerne auf Englisch und mit

Am 25. September 1995 wurde in der ehemaligen Ausstellungshalle 7 der Messe Basel das modernste Musical-Theater der Schweiz eröffnet. Anwesend war eine Schar illustrer Gäste aus Kultur, Politik und Wirtschaft.
◁

Händen und Füssen. Ergebnis: ein übertriebenes ‹One-World›-Kasperletheater.

Sparpolitiker erleben Festivals als feine Sache. Sie profitieren von der weltweiten künstlerischen Produktion und stellen sie aus, für einige Tage oder Wochen. Kulturförderung aber, egal ob in Stadt, Kanton oder Bund, darf sich nicht begnügen mit dem Bau und der Dekoration von Schaufenstern. Festivals ergänzen die eigene Kulturszene, ersetzen sie aber nicht. Wer Kunst aus anderen Gegenden nimmt, sollte seine eigene auch dazugeben können – schon um jene Vielfalt erhalten zu können, von der Festivals zehren.

Städtische Kulturinstitutionen zu schliessen und statt dessen Gastspiele und Festivals zu organisieren, scheint auf den ersten Blick attraktiv zu sein. Festivals sind zumeist preiswerter und können sich bekanntere Namen leisten. Die Folgekosten sind kalkulierbar durch ein entsprechendes Programmangebot, das Besucheraufkommen ist grob abschätzbar und lenkbar. Grosse Festivals wie ‹Theater der Welt›, das Jazzfestival Willisau oder die Musiktage Donaueschingen ziehen Touristen an und beleben auch abgelegene Gegenden. Gérardmer erfand 1994 sogar ein Gruselfilmfestival, um mit Touristen über die gruseligen schneefreien Winter zu kommen.

Ganz gewiss können Festivals ein Wirtschaftsfaktor sein. Aber: Von allen öffentlichen Kulturinvestitionen haben sie die kürzeste Halbwertszeit: Heute gebacken, morgen gegessen, übermorgen fast vergessen. Bregenz ist trotz seiner Festspiele nicht bekannt als Kulturstadt; Basel hingegen besitzt keine Festivals von internationalem Rang und geniesst trotzdem, zumindest vorläufig noch, einen guten Ruf, weil langfristig in Kultur investiert wurde: in die Pflege des Erbes und in die kulturellen Zentralinstitutionen wie Museen und Theater. Zu kurz gekommen ist dabei freilich die Förderung zeitgenössischer Projekte; auf internationalen Tanz- und Theaterfestivals zum Beispiel sind Künstler aus Basel und aus der Region nur selten zu finden.

Festivals können eine eigene Kulturszene nicht ersetzen, aber es gibt viele gute Gründe, sie zu fördern:

– Festivals machen Kunst zum Ereignis.
– Filmfestivals wie Cannes geben einen Überblick über den internationalen Stand des Genres oder stärken, wie Locarno, die eigene Kinokultur.
– Tanzfestivals wie ‹Basel tanzt› ergänzen Lücken im Angebot des Stadttheaters.
– Festivals wie ‹Welt in Basel› koppeln eine Stadt an die internationale Theaterszene an.
– Das Afrika-Festival in Grossbritannien hilft, den Eurozentrismus zu relativieren.
– Verschiedene Kulturen, Künste und Menschen können sich bei Festivals auch ohne wirtschaftliche Interessen begegnen.
– Künstler aus aller Welt setzen Standards für die Qualität auch einheimischer Produktionen. So bringt das Migros-Tanzfestival ‹Steps› berühmte Companies auch in kleine Städte.
– Neben den Stadttheatern hat sich, auch im deutschsprachigen Raum, eine frei produzierende Szene gebildet. Sie arbeitet und finanziert sich projektorientiert. Festivals treten hier manchmal als Coproduzenten auf; zumindest bieten sie den Truppen Auftritts- und Aufstiegsmöglichkeiten. Wer in Avignon oder bei ‹Theater der Welt› von wichtigen Veranstaltern entdeckt wird, der hat für eine Weile ausgesorgt.
– Eine Einladung zu einem Festival kann Auszeichnung und Ansporn sein; ein Beispiel dafür: das Berliner Theatertreffen.
– Festivals schliessen Lücken im einheimischen Kulturangebot. Beispiele waren in Basel 1990 das spartenübergreifende Mini-Festival ‹Keep it simple!› am Theater und 1995 ‹Performance Index›.
– Festivals können politische Impulse auslösen. Die Jugendmusikfestivals in der ehemaligen DDR brachen durch ihre Internationalität die geschlossene Gesellschaft auf. Umgekehrt können Festivals verbindend wirken in einer offenen Gesellschaft, in der Lebensmilieus unverbindlich koexistieren.

Festivals übernehmen zunehmend wichtige Aufgaben. Wer sie aber allein mit dem Argument verteidigt, sie seien preiswerter als Stadttheater, der lebt gefährlich: Noch billiger als ein Festival ist gar kein Festival. Für die Notwendigkeit von Kulturfestivals zählt letztlich nur ihre Notwendigkeit für unsere Kultur. So geht es aller Kunst.

Jacob Burckhardt unterwegs

Yvonne Boerlin-Brodbeck

Jacob Burckhardts Reiseskizzen

Die in den neun erhalten gebliebenen Skizzenbüchern Jacob Burckhardts (1818–1897) eingetragenen rund 345 Zeichnungen, 1994 gesamthaft publiziert und abgebildet[1], waren vom 28. April bis zum 20. August 1995 im Basler Stadt- und Münstermuseum in einer Auswahl unter dem Titel ‹Unterwegs in Europa. Reiseskizzen von Jacob Burckhardt› ausgestellt.

Der meist mit dem Bleistift zeichnende Kultur- und Kunsthistoriker Burckhardt hat längst nicht überall ein Skizzenbuch mitgeführt: Die Mehrzahl der Einträge stammt von den Reisen und Aufenthalten des Studenten 1837 bis 1843 in Oberitalien, Deutschland, Belgien und Paris. Höhepunkt seines Zeichnens aber bildeten die beiden Romaufenthalte von 1846 und 1847/48. Seine drei auf späteren Ferien- und Studienreisen 1857 bis 1862, 1878 und 1881 in Oberitalien und im Tessin geführten Skizzenbüchlein sind weniger umfangreich.

Zu einem Teil ist Jacob Burckhardts Zeichnen Handwerk des reisenden Kunsthistorikers: Details und Ansichten von Architekturdenkmälern – seltener von Gemälden und Skulpturen – von Regensburg bis Hildesheim, von Berlin und Frankfurt bis Trier und Köln, aus Belgien, Paris und aus Italien skizziert er als Gedächtnisstütze und schult damit gleichzeitig Auge und Hand. Diese Bildnotizen, in der Frühzeit oft mit kritischen Kommentaren versehen, sind auswählendes Verarbeiten seiner Begegnungen mit Kunstwerken von der Antike bis zu seinen eigenen Tagen.

Daneben gilt seine Vorliebe aber auch den Landschaften und Stadtbildern; Figuren sind weniger seine Sache. Einerseits interessiert ihn die durch Bauten – Vorstadthäuser, Villen, Stadtmauern, Strassen und Wege, Kirchen und Kreuzwegstationen – und damit durch Menschen definierte Landschaft, andererseits aber die mit der Landschaft verbundene, durch sie mitbedingte, in sie eingebettete Stadt. In beiden – Stadt und Landschaft – sieht er die Schauplätze menschlichen Handelns und Gestaltens. «Mit meiner geschichtlichen Forschung steht es gerade ebenso, der Hintergrund ist mir die Hauptsache, und ihn bildet die Culturgeschichte, der ich auch hauptsächlich meine Kräfte widmen will. Selbst in meiner stümperhaften Zeichnung geht mir's ganz ähnlich; ich sudle Ansichten und Landschaften, selten Figuren.»[2]

Burckhardts erhaltene Skizzenbucheinträge verraten also mehr als nur seine Reisestationen. Die Belege der Denkmäler – vom Hildesheimer Dom bis zu den inzwischen vollkommen veränderten römischen Gassen- und Häuserkonfigurationen zwischen dem Palazzo Barberini und der Gegend um die heutige Via Vittorio Veneto – sind fachmännische Zustandszeugnisse einer Zeit, in der sich die historische Bausubstanz Europas dramatisch veränderte. Sowohl den Kölner als auch den Prager Dom hat Burckhardt noch in ihrem jahrhundertealten Unvollendetsein gesehen, bevor beide zu Ende gebaut wurden – der Kölner Dom zwischen 1842 und 1880, der Prager Dom zwischen 1861 und 1929. Diese Erfahrungen dürften nicht ohne Wirkung auf Burckhardts Lehren geblieben sein.

In seinen Blättern, die 1846 und 1847/48 in Rom entstanden, und die uns in zwei Skizzenbüchlein und einem kunstvoll komponierten Album mit 24 Ansichten erhalten sind, zeigen sich unübersehbare Gewichtungen in der Wiedergabe der seit Jahrhunderten von Zeichnern

Lugano, S. Maria degli Angeli mit dem Monte San Salvatore. August 1839. ▷

Chiavenna, Palazzo Salis. 28./29. Juli 1878. ▷▷

Hildesheim, St. Michael und das Taufbecken im Dom. August 1840. ▷

aus dem Norden überlaufenen ‹Ewigen Stadt›. Natürlich erscheinen die immer wieder dargestellten Monumente antiker, kirchlicher und profaner Architektur wie Titusbogen, St. Peter, S. Maria Maggiore, Konstantinsbasilika. Kaum eines der Denkmäler aber wird – wie man von einem Architekturhistoriker erwarten würde – mit einer Frontalansicht um seiner selbst willen gewürdigt. Burckhardt gibt Teilansichten, schräg aus einer Seitengasse, über Gartenmauern, Dächer und Bäume hinweg: Im Hintergrund des Borgo di S. Spirito ragt die Engelsburg über Mauern und Häuser; und in einem schmalen Durchblick von der Treppe zum Monte Caprino her, quasi im Vorbeigehen noch einmal zurückblickend, wird das Kapitol gezeichnet. Offenbar standen die grossen Monumente aus der Vergangenheit Roms bei seinen Aufenthalten von 1846 und 1847/48 gar nicht im Mittelpunkt seines Interesses. Viel eher waren das Strassen, etwa der antike Clivus Scauri, der an SS. Giovanni e Paolo vorbeiführt, oder die Via della Lungara, wo Burckhardt den Gartenmauern der Farnesina entlang gezeich-

Kultur

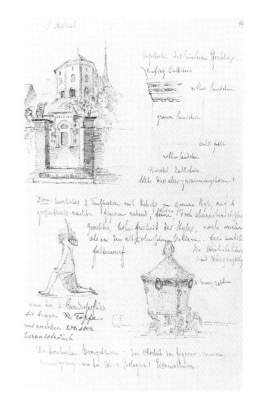

Rom, Via di S. Francesco di Paola. Frühling 1848.

net hat. Wegstrecken, Durchgänge, die Karrengeleise vor dem Colosseum, die Treppen, Brücken, Tore, die ein Davor und ein Dahinter, ein Vorher und ein Nachher bedingen, beinhalten alle den Faktor Zeit – auch für die zeichnende Hand. Zeichnend und wandernd, Burckhardt hat «die ewige Stadt nach allen Enden durchloffen»[3], erschliesst er sich nicht nur den Raum, sondern auch die Zeittiefe, die Geschichte Roms.

Mit dieser Möglichkeit des sinnbildlichen und aktiven Nachvollzugs historischer Dimension in der Zeichnung unterscheiden sich die römischen Skizzenbuchblätter von den Photographien, die er später (auch von den römischen Monumenten) so leidenschaftlich gesammelt hat. Wurden ihm die photographischen Bilddokumente von Bauwerken, Malerei und Skulpturen rasch unentbehrliches Anschauungsmaterial in Unterricht und Studium, und bedeuteten sie ihm im Alter hochwillkommenen Ersatz für Reisen und Galerienbesuche, so bekräftigte er noch 1878, als er längst zum Sammler von Photographien geworden war, dass es «aber doch keine bessere Art, sich Formen einzuprägen»[4] gebe, als das Zeichnen. Seine Skizzenbücher aber, vor allem die römischen, die er so sorgfältig überliefert hat, sind darüberhinaus Dokumente seines Erlebens von Stadtraum und Geschichte und stehen im Rang eines persönlichen Bekenntnisses.

Anmerkungen

1 Yvonne Boerlin-Brodbeck, Die Skizzenbücher Jacob Burckhardts, Beiträge zu Jacob Burckhardt, Bd. 2, Basel 1994.
2 Jacob Burckhardt an Gottfried Kinkel, 21. März 1842, in: Max Burckhardt (Hg.), Jacob Burckhardt, Briefe, 10 Bde., Basel Stuttgart 1949–1995, [Briefe], Bd. I, S. 196.
3 Jacob Burckhardt an Karl Fresenius, 21. April 1846, in: [Briefe], a. a. O., Bd. III, S. 15.
4 Jacob Burckhardt an Max Alioth, 3. August 1878, in: [Briefe], o. a. O., Bd. VI, S. 247.

Dorothea Schwinn Schürmann

Die Photosammlung Jacob Burckhardts

Der Basler Kulturhistoriker Jacob Burckhardt war ein leidenschaftlicher Käufer von Photographien. Davon zeugt seine Sammlung von mehr als 9000 Photographien, die er im Laufe von rund 20 Jahren anlegte und die heute in der Universitätsbibliothek Basel verwahrt wird.[1]

Kunstwerke Europas

Die Photographien dienten Burckhardt als Bildmaterial für seine Vorlesungen über Kunstgeschichte, die er von 1874 bis 1893 an der Universität Basel hielt. Dies erklärt, warum sich in der Sammlung keine Genre- und wenige Landschaftsaufnahmen der von ihm bereisten Länder finden, sondern fast nur Abbildungen von wichtigen Kunstwerken Europas. Sakral- und Profanarchitektur, Skulptur und Malerei sind gleichermassen berücksichtigt; zeitlich dominieren Werke aus Mittelalter, Renaissance und Barock. Die Sammlung wird ergänzt durch wenige Stadtansichten. Bei den meisten Photographien lässt sich nicht mit letzter Sicherheit sagen, wann und wo sie gekauft wurden. Eine genaue Datierung liesse sich allenfalls bei den Architektur-Photographien aufgrund des dargestellten Bauzustandes eruieren.

Handeln als ‹Erdenschicksal›

Jacob Burckhardt hatte in den 1870er Jahren begonnen, in Italien, Frankreich, Belgien, England und Deutschland Photographien zu kaufen. Später war der Erwerb von Bildmaterial für ihn sogar oft ein Hauptgrund, auf Reisen zu gehen.[2] Einen guten Teil der Zeit, die er früher mit Notieren und Skizzieren von Kunstwerken verbracht hatte, verwendete er nun, um in Geschäften und Kramläden die günstigsten Angebote ausfindig zu machen. Das Handeln mit den Anbietern bezeichnete er selbstironisch als sein ‹Erdenschicksal›.[3] Hin und wieder kaufte er auch Ausschussware, sei es, um mehr Aufnahmen zu erhalten, sei es, um ein lange gesuchtes Motiv nicht anderswo suchen zu müssen.[4] Entsprechend unterschiedlich ist die Qualität und der heutige Erhaltungszustand der Abbildungen.

Da die Photographien in Italien am günstigsten waren, kaufte er dort die meisten Blätter. Die hohen Preise in Deutschland, Frankreich und England hielten ihn aber trotz wiederholter Klagen nicht davon ab, auch dort für die Erweiterung seines Bestandes zu sorgen. Die unterwegs

Roberto Rive: Rom, Tempietto der Villa Albani. ▷

James Anderson: Rom, Blick auf das Grabmal der Caecilia Metella an der Via Appia.
◁

erworbenen Abzüge – es waren zeitweise bis zu 600 Stück – spedierte er in eigens angefertigten Kisten auf dem Postweg nach Basel. Dort beauftragte er den Buchbinder Johannes Zumkehr in der Gerbergasse mit dem Aufziehen der Abbildungen auf Karton und mit der Anfertigung grossformatiger blauer Mappen, von denen er zuletzt 89 Exemplare besass. Er selbst beschriftete die Blätter und fügte sie dann in die Mappen ein, die er topographisch oder nach Künstlern ordnete.

Pioniere der Photographie

Jacob Burckhardts Sammlung umfasst Aufnahmen von bedeutenden Photographen des 19. Jahrhunderts. Dies zeigt der Bestand über Italien, der weitgehend eingesehen werden konnte: vertreten sind Robert MacPherson, die Brüder Alinari, Giacomo Caneva, Giorgio Sommer, Edmondo Behles, Alfredo Noack, Carlo Naya, Giacomo Brogi, Pompeo Pozzi, Roberto Rive.[5]

Am 14. August 1881 schrieb Burckhardt seinem Freund Robert Grüninger aus Florenz: «Gestern orientierte ich mich vorläufig über die Lage des Ladens Brogi, in welchen ich voraussichtlich manchen güldenen Ducaten hineintragen werde auf Nichtmehrwiedersehen; Alinari kommt nur für einige Hauptsachen in Betracht...».[6] Giacomo Brogi (1822–1881) war neben den Brüdern Alinari einer der bekanntesten und erfolgreichsten Photographen des Novecento in Italien. 1866 hatte er sein erstes Geschäft in Florenz gegründet, weitere folgten in Rom und Neapel. Er machte sich besonders als Porträtist einen Namen, widmete sich aber auch der Photographie von Veduten und Kunstwerken. Burckhardt berichtete am 16. August weiter: «Brogi völlig untraitabel... Er verlangt für das gewöhnliche Quartblatt 85 centesimi und bei stärkerer Abnahme 80, aber drunter geht er nicht auch wenn man Hunderte nähme. Ich habe einstweilen Unentbehrliches – gegen 50 Blatt – genommen und gesagt: Morgen kimm' i wider!»[7]

Vorzüge und Gefahren des neuen Mediums

Jacob Burckhardt schätzte die Photographie hoch ein. 1881 schrieb er seinen Verwandten in Lausen: «... von dem Zauber, der der Photographie innewohnt, kann man Euch guten Lausenern keinen Begriff geben; Tatsache ist, dass

Anonym: Turin, Via della Zecca (links) und Via di Po mit der Kirche Gran' Madre di Dio im Hintergrund. ▷

Giorgio Sommer: Ansicht von Salerno. ▷

man in der Kunstgeschichte nur noch der Photographie glaubt, und dass man dabei Recht hat.»[8] Er wies jedoch auch auf die Vergänglichkeit des Mediums hin und befürchtete, vor lauter guten Abbildungen könnte das Objekt selbst und sein Zustand zu wenig Beachtung finden: «Allgemach kommen mir aber, nicht für mich sondern für die welche nach uns kommen, gewisse Bedenken: das Alles wird verbleichen, während die geringste lithographische Ansicht dauerte; nun hat sich *Alles* auf die Photographie geworfen, und man wird sagen: wenn eine verbleicht, so macht man 1000 neue – allein die Objecte selbst sind nicht ewig! und ich habe im Camposanto zu Pisa Manches viel zerstörter angetroffen als früher, auch im Palazzo pubblico zu Siena.»[9]

Jacob Burckhardts Sammlung birgt nicht nur interessante Daten zur Photographiegeschichte, sie könnte auch der Architekturgeschichte nützen, da sie bedeutende Baudenkmäler, Kunstwerke und Städte Europas im Zustand des 19. Jahrhunderts wiedergibt.

Georg Maria Eckert: Heidelberger Schloss, Ausschnitt aus der Fassade des Ottheinrichsbaus. ◁

Anmerkungen

1 Einige Photographien aus Burckhardts Sammlung waren in der Ausstellung ‹Unterwegs in Europa. Reiseskizzen von Jacob Burckhardt› zu sehen, die 1995 im Stadt- und Münstermuseum Basel von 2040 Personen besucht wurde. – Burckhardt selbst schildert seine Leidenschaft so: «... ich gerathe, wenn ich wichtige Sachen photographirt sehe, völlig unter eine Art von magischem Kaufzwang. Im Grunde sollte ich alt und weise genug sein um meine Sammlung endlich für geschlossen zu erklären.» Max Burckhardt (Hg.), Jacob Burckhardt, Briefe, 10 Bde., Basel Stuttgart 1949–1995, [Briefe], Bd. VIII, S. 317f.
2 Im August 1883 schrieb Burckhardt aus Rom: «An Photographien geht ein schönes Geld darauf, wovon mich jedoch kein Sou reuen soll; ich bin ja wesentlich desshalb in's Land gekommen.» In: [Briefe], a. a. O., Bd. VIII, S. 147. – Seitdem Burckhardt ab Mitte der 1880er Jahre kaum mehr reiste, liess er sich von Händlern Kataloge schicken, aus denen er Photographien bestellte. Lieferanten waren unter anderen der bekannte deutsche Verleger und Buchhändler Joseph Spithöver in Rom und Burckhardts Freund Gustav Stehelin, der seit 1881 als Tuchhändler in Mailand lebte und selbst eine umfangreiche Photosammlung besass.
3 «Heute waren wegen Mariä Himmelfahrt alle Butiken zu, aber von morgen an wird das Handeln mit den Photographen anfangen, welches nun einmal zu meinem Erdenschicksal gehört...» Brief vom 15.8.1881 aus Florenz, in: [Briefe], a. a. O., Bd. VII, S. 274.
4 «... ich muss endlos viele kunsthistorische Belegstücke mitbringen und oft ganz lahme und versengte Abdrücke zusammenraffen nur damit ich auf die betreffenden Blatt nicht noch einmal extra nachlaufen muss.» Brief vom 13.4.1875 aus Rom, in: [Briefe], a. a. O., Bd. VI, S. 24.
5 Allerdings weisen nur die wenigsten Photographien aus der Sammlung den Namen des Photographen auf (Prägestempel oder Beschriftung). – Roberto Rive (Lebensdaten unbekannt) war ab den 1860er Jahren bis 1889 als Veduten- und Porträtphotograph in Neapel tätig. – James Anderson (1813–1877) kam 1838 als Maler nach Rom. Anfang der 1850er Jahre wandte er sich der Photographie zu und wurde der führende englische Photograph in Rom. Seine Aufnahmen (Stadtansichten und Reproduktionen von Kunstwerken) wurden von dem deutschen Buchhändler Joseph Spithöver in Rom vertrieben. – Giorgio Sommer (1832–1914) liess sich 1857/58 in Neapel nieder. Er wurde als Photograph und Verleger ausserordentlich erfolgreich.
6 [Briefe], a. a. O., Bd. VII, S. 269f.
7 [Briefe], a. a. O., Bd. VII, S. 271. – Zum Vergleich: Eine Tasse ‹caffè nero› kostete laut Baedeker 1880 in Rom zwischen 20 und 25 centesimi: Karl Baedeker, Mittelitalien, Leipzig 1880.
8 [Briefe], a. a. O., Bd. VII, S. 276.
9 Brief vom 5.4.1875 aus Rom, in: [Briefe], a. a. O., Bd. VI, S. 23.

Schlaglichter Kultur

Rudolf Liechtenhan

Zum Tod des früheren Basler Ballettdirektors Wazlaw Orlikowsky (1921–1995)

Die hohe Qualität der Choreographien des früheren Basler Ballettdirektors Wazlaw Orlikowsky fand international grösste Anerkennung.

In Basel ist am 21. Juni 1995 der langjährige Basler Ballettdirektor und eigentliche Gründer des Basler Balletts, Wazlaw Orlikowsky, nach langer Krankheit verstorben. Vierzig Jahre ist es her, dass ‹Orli›, wie ihn seine Freunde nannten, mit der vieraktigen Erstaufführung des ‹Schwanensee› in Basel für eine Theatersensation sorgte. Um dies zu verstehen, müssen wir einen Blick auf die Stellung des Basler Balletts nach dem Zweiten Weltkrieg werfen. Ballett wurde hier nur mit bescheidenen Mitteln inszeniert, das Tanzensemble kam fast nur in Opern und Operetten zum Einsatz. Ansonsten dominierte der freie Tanz, der klassische wurde von vielen als unnatürlich und hässlich bezeichnet. Wazlaw Orlikowsky war in seiner russischen Heimat in der tänzerischen Klassik geschult worden. Er hatte in München sein erfolgreiches ‹Klassisches-Russisches Ballett› gegründet und mit ihm in ganz Deutschland grosse Erfolge erzielt. Über Oberhausen kam er nach Basel. Hier war man skeptisch, ob der alte ‹Schwanensee› – und obendrein noch klassisch getanzt – Erfolg haben wurde. Doch die Premiere wurde zu einer sensationellen Bestätigung seiner Arbeit und legte den Grundstein zu dem, was die internationale Presse immer wieder als ‹Basler Ballettwunder› bezeichnet hat.

Wazlaw Orlikowsky hat im Verlaufe seiner Tätigkeit in Basel fast alle bedeutenden Handlungsballette auf die Basler Bühne gebracht, darunter mehrere schweizerische und mitteleuropäische Erstaufführungen. In den ersten Jahren musste sich der Ballettdirektor mit wenigen Tänzern begnügen. Er setzte sie daher, bis an die Grenzen des Möglichen gehend, in mehreren Rollen ein und unterstützte sie durch Ballettschüler und Statisten. Die Nachwuchsförderung war ‹Orli› ein Herzensanliegen, und er verstand es stets, die Fähigkeiten jedes Einzelnen hervorzuheben. Er verlangte viel von sich und seinen Tänzerinnen und Tänzern, aber er gab auch viel. Alle fünf Jahre, zuletzt am 1. Mai vergangenen Jahres, trafen sich die Ehemaligen, um wieder einmal mit ihrem Meister zusammenzusein.

Die hohe Qualität der Choreographien Wazlaw Orlikowskys fand auch im Ausland Anerkennung. Bald war er zu Gast in Paris, London, Berlin und Wien und schloss 1968 mit der Donaustadt einen Vertrag ab, der ihm ein weiteres Wirken in Basel verunmöglichte. Später arbeitete er, ausser in Österreich, auch im damaligen Yugoslawien. In Würdigung seiner Verdienste verlieh ihm der österreichische Bundespräsident den Titel eines Professors.

Seinen Basler Wohnsitz hat Wazlaw Orlikowsky nie aufgegeben. Hier ist er auch friedlich entschlafen. Er hat Basel und dem Theater Unvergessliches gegeben und schuf die Grundlage, auf der eine jüngere Generation von Choreographen aufbauen konnte.

Bernd Wolfgang Lindemann

Zwei neue Alte Meister im Kunstmuseum

Pieter Breughel d. J. (nach Pieter Breughel d. Ä.). Triumph des Todes. Öl auf Eichenholz. Um 1620.
◁

Zwei wichtige Neuerwerbungen für den Bestand der Abteilung Alte Meister konnte das Kunstmuseum Basel im Jahr 1995 feiern.
Aus Schweizer Privatbesitz gelangte als Schenkung eine alte Kopie des Gemäldes ‹Der Triumph des Todes› von Pieter Brueghel d.Ä. in die Sammlung. Die querformatige Komposition (Öl auf Eichenholz, 123,4 x 166,7 cm) zeigt eine weite Landschaft. Bis auf wenige kahle Bäume jeglicher Vegetation beraubt, präsentiert sie sich in gedeckten Farben – Braun- und Ockertöne beherrschen die Atmosphäre. Auf dem hochliegenden Horizont lastet ein düsterer Himmel, in den vereinzelte Galgen und auf hohe Stangen aufgepflanzte Räder ragen. Diese unwirtliche Natur ist Schauplatz grausigen Geschehens: Bataillone von Knochenmännern sind angetreten, um die Menschheit niederzu-

Claesz Pietersz. Berchem. Italienische Landschaft. Öl auf Leinwand. (Datierung?) ▷

machen. Niemand kann dem plötzlich einbrechenden Tod entrinnen – nicht Kaiser und Kardinal, nicht die eben noch an reich gedeckter Tafel bei Schmaus und Spiel sich vergnügende Gesellschaft in der rechten unteren Bildecke.

Die auf den ersten Blick unübersichtlich erscheinende Komposition ist bei näherem Hinsehen klar ablesbar: Durch die Trennung von Vorder-, Mittel- und Hintergrund, durch das Zerlegen des Geschehens in Einzelszenen, durch die Konzentration der Hauptereignisse auf den vorderen Bildraum wird erreicht, dass sich der Betrachter die einzelnen Untergangsvisionen pars pro toto vor Augen führen kann, ohne dass der kompositorische Zusammenhang des Ganzen zerfällt.

Es gehört zu den Charakteristika der Kunst des 16. und frühen 17. Jahrhunderts, dass berühmte

Bilderfindungen wiederholt kopiert wurden, um weite Verbreitung zu finden. Das Original zur Basler Komposition stammt aus der Hand Pieter Breughels d.Ä. (1520/25–1569) und befindet sich seit 1827 im Prado zu Madrid. Unser Gemälde, traditionell Pieter Brueghel d.J. (1564–1638) zugeschrieben und in die Zeit um 1620 zu datieren, befand sich in der Sammlung des Brüsseler Barons Fierland, bevor es in das Eigentum der Familie des Stifters überging. Es war seit mehreren Jahrzehnten der Öffentlichkeit nicht mehr zugänglich gewesen. Die als grossherziges Geschenk ins Kunstmuseum gelangte Tafel ist eine wertvolle Bereicherung der Sammlung. Zudem fügt sich die Komposition um so besser in den Bestand des Kunstmuseums ein, als sie das alte Basler Thema des ‹Totentanzes› aufgreift und in einen quirligen Kampfesreigen verwandelt, dessen Anblick dem Betrachter unter die Haut geht.

Für ein Gemälde wie Claesz Pietersz. Berchems ‹Italienische Landschaft› (Öl auf Leinwand, 81 x 66 cm) sollte sich der Museumsbesucher Zeit nehmen. Denn erst bei eingehenderem Studium enthüllen sich dem Auge die Köstlichkeiten der malerischen Valeurs. Dicht vor dem Betrachter erhebt sich eine antike Ruine. Das Mauerwerk verstellt fast vollständig die Aussicht, nur im linken Bilddrittel fällt der Blick ungehindert auf den niedrigen, vom Licht des Sonnenuntergangs gefärbten Horizont. Der Abendhimmel bestimmt Beleuchtung und Lichtführung: Vom Hintergrund her scheinen die letzten Strahlen der Sonne, ein den Horizont überschneidender Reiter liegt ebenso im Gegenlicht wie die mächtige Ruine, in der sich eine bescheidene Taverne eingerichtet hat. Die vor dem Gemäuer verbleibende, knappe Vordergrundbühne ist Schauplatz für die Staffage: Landvolk hat angehalten, das Hufeisen eines Schimmels ist zu befestigen, ein kühler Schluck Weines wird kredenzt. Alltägliches wird uns gezeigt, eine Pastorale, Hirten auf dem Heimweg von des Tages Mühen, keine grosse Aktion, keine Geschichte, lediglich verhaltene Andeutungen von Handlung, von leiser, durch Gesten verbildlichter Zwiesprache. Aus diesem Stillstand der Bewegungen, diesem wie verträumt wirkenden *far niente* bezieht das Gemälde zu einem guten Teil seinen Zauber.

Diese Stimmung wusste der Maler durch künstlerische Mittel noch weiter zu steigern: Nur in der Versammlung vor der Taverne zeigt er Lokalfarben in der klassischen Trias von Gelb, Rot und Blau, nur hier blitzt Weiss in unvermischter Helligkeit auf. Wie zufällig arrangiert sich die Gruppe der Hirten in Form einer Pyramide, und nicht ohne ironischen Unterton – schliesslich ist es eine Ziege, die deren rechte untere Ecke bildet – wendet Berchem einen Kunstgriff an, den wir aus klassisch-akademischen Vorstellungen von Malerei kennen.

Claesz Pietersz. Berchem (Haarlem 1620 – Amsterdam 1683), Sohn des Stillebenmalers Pieter Claesz, gehörte zu jenen Malern, die sich der seit den 1640er Jahren in Holland zunehmend beliebter werdenden *italianisierenden* Richtung anschlossen. Mit dem durch die Stiftung zur Förderung niederländischer Kunst in Basel erworbenen Gemälde hat das Kunstmuseum einen bedeutenden Zuwachs erhalten. Das Bild ergänzt den bisher aus zwei kleinformatigen Kompositionen bestehenden Schatz an Bildern Berchems. Es zeigt eine der für sein Œuvre charakteristischen römischen Landschaften und erweitert somit in willkommener Weise und auf hohem Qualitätsniveau den Bestand der italianisierenden Landschaftsmalerei des Kunstmuseums.

Urbanismus und Architektur

Carmen Humbel Schnurrenberger

Architektonische Akzente Mario Bottas

Nach der erfolgreichen Einweihung des Neubaus der Schweizerischen Bankgesellschaft wird im kommenden Oktober das Museum Jean Tinguely der Öffentlichkeit übergeben werden. Mit diesen, von Mario Botta entworfenen Werken finden wir in Basel – neben der ebenfalls hier entstandenen Bühnenraumgestaltung des Balletts Ippolito im vergangenen Jahr – unübersehbare Beispiele, an denen das architektonische Vokabular des Architekten in aller Klarheit zutage tritt. Die Bauten reihen sich in eine zeitgenössische Architektur Basels ein, die seit einiger Zeit auch ausserhalb der Landesgrenzen auf sich aufmerksam macht.

Mario Botta, der seine Formensprache den zahlreichen Aufgaben entsprechend variiert und kombiniert, schafft eine Kontinuität, die sich in seinem gesamten architektonischen Schaffen verfolgen lässt. Während die meisten talentierten Architekten mit vierzig auf ihre ersten Leistungen zurückblicken und ihren persönlichen Stil erst finden, spielt der Fünfzigjährige seine Architektursprache bereits seit mehr als zwei Jahrzehnten souverän aus.

Schon während der Schulzeit begann Mario Botta, sich für Kunst und Architektur zu interessieren. Eine Hochbauzeichnerlehre bei Tita Carloni in Lugano konfrontierte ihn erstmals mit den Arbeiten internationaler Architekten wie Frank Lloyd Wright und Le Corbusier. Danach absolvierte er – im Gegensatz zu vielen Kollegen, die in Zürich studierten – sein Studium in Venedig. Mit siebenundzwanzig Jahren eröffnete er sein eigenes Atelier in Lugano, aus dem verschiedene Einfamilienhäuser sowie zahlreiche, oft Papier gebliebene Wettbewerbsprojekte hervorgingen. In den folgenden Jahren erweiterte Mario Botta die Breite seiner architektonischen Spanne; Entwürfe für Schulen, Banken, Museen, Kirchen, Geschäfts- und Bürohäuser entstanden; daneben gestaltete er formstarke Möbel und diverse Alltagsgegenstände. Seine Bauten, von Europa über die Vereinigten Staaten bis in den Fernen Osten verteilt, machen ihn zu einem der wenigen Architekten, die einer breiten Öffentlichkeit bekannt sind.

Der Neubau der Schweizerischen Bankgesellschaft (1986–1995)

Das Gebäude der Schweizerischen Bankgesellschaft steht an einem wichtigen städtischen Platz und an der Kreuzung zweier grundlegend verschiedener Strassen – dem Aeschengraben, konzipiert als Prachtallee mit Fluchtpunkt Schweizer Bahnhof und gesäumt von einer fortlaufenden Überbauung eklektischer Baukörper, und der St. Jakobs-Strasse, einer Aus- und Einfallstrasse, die sich durch isoliert stehende Gebäude auszeichnet. Als neues Kopfgebäude markiert der Bau den Endpunkt jeder Zeile und interpretiert die unterschiedlichen Situationen neu. Dabei werden die Gegebenheiten gewahrt, der vorgelagerte Platz erhält einen markanten, urbanen Akzent. Mit seiner strengen, konvexen Form schlägt das Volumen einen Bogen von 180 Grad, schliesst so den belebten Aeschenplatz mit ein und verleiht dem Ort eine neue, unverkennbare Präsenz. Die Villa von Fritz Stehlin aus dem Jahre 1914, deren Fassaden beibelassen wurden, bildet ein Bindeglied zwischen dem Neubau und den Nachbarhäusern am Aeschengraben.

Als Ergebnis eines Wettbewerbes, zu dem namhafte Architekten eingeladen waren, und aus dem Mario Botta als Sieger hervorging, umfasst

△
Der Neubau der Schweizerischen Bankgesellschaft am Aeschengraben mit seiner markant strukturierten Frontseite.

der Bau sechs Ober- und sechs Untergeschosse. Er umschliesst ein Volumen von rund 93 000 Kubikmetern und eine Nettogeschossfläche von 21 000 Quadratmetern. Mit diesen Massen ist er der grösste nördlich der Alpen gelegene Baukörper, den Mario Botta bis heute realisiert hat.

Die beiden unterschiedlich gestalteten Fassaden – die geschwungene, zum Aeschengraben hin orientierte Nordwestfassade und die gestufte, rückwärtig ausgerichtete Südostfassade – sind aus geschliffenem grau-weissem Viscount-White und dunkelgrau-grünem Verde Marina Naturstein gefertigt. Die massiven Mauern sind in ihrem Ausdruck geschlossen und wirken archaisch, elementar und schwer. Damit knüpft Mario Botta an traditionelle Baukulturen an und belegt seine Verbundenheit mit

Die rückwärtige, gestufte Südostfassade.

dem Material Stein. Aus diesen Mauern stanzt der Architekt präzise Öffnungen – scharfe Fensterlöcher, oder wohlüberlegte Schlitze. Er kontrolliert so gleichsam den Ausblick aus dem Innenraum und begrenzt das Bild der Aussenwelt. Der von vorne an einen Zylinder erinnernde Bau weist einen axialsymmetrischen Eingang auf; eine tief eingeschnittene Öffnung, die sich wie eine umgekehrte Treppe nach oben hin verjüngt, gliedert die Hauptfassade und verleiht ihr einen grosszügigen, städtischen Ausdruck.

Einzigartig ist die Atmosphäre im Innenraum, der sich über die Gebäudehöhe von achtundzwanzig Metern einseitig verjüngt, unterstützt durch das zenitale Licht und durch einen künstlerischen Beitrag Felice Varinis. Der Künstler hat zwei grosse, blaue Kreise derart über die Mauern und Lichtöffnungen bis zum Dachgeschoss hinaufgezogen, dass die Kreisform nur von einem einzigen Punkt des Innenraumes aus erkennbar ist. Von hier lässt sich der Bau in seiner ganzen Grösse und Ausdruckskraft am besten wahrnehmen.

Auffallend sind die sinnlichen Materialkombinationen in der Eingangshalle, wie beispielsweise die Wände des durchgehenden Zentralraums aus weissem Stucco-lustro, die Böden aus schwarzem, poliertem Granit Cambrian Naturstein oder einzelne Wandverkleidungen aus furniertem Ahornholz. Im Treppenhaus faszinieren Materialkombinationen aus schwarzem, geschliffenem Granit Cambrian Naturstein der Böden mit Wänden aus schwarzem Stucco-lustro und eine aussergewöhnliche, aus Neonlicht bestehende Plastik Maurizio Nannuccis, deren Dimension und Funktion sich direkt auf das Treppenhaus bezieht. Durch verschiedene Farben – rot, blau, gelb – werden der Betrachter und die Betrachterin unbewusst ins Obergeschoss geleitet.

Bauwerke für die Öffentlichkeit

Das Gebäude der Schweizerischen Bankgesellschaft will nicht als reiner Bankenbau verstanden werden. Dies zeigt sich besonders im Erdgeschoss, in dem sich – neben den Schaltern – ein Restaurant und ein Architektur-Shop mit wechselnden Architektur-Ausstellungen befinden.

Ebenfalls öffentlich und markant tritt der Bau des Museums Jean Tinguely auf. Den Auftrag, ein Museum für den Künstler Jean Tinguely (1925–1991) zu entwerfen, erhielt Mario Botta von der Firma F. Hoffmann-La Roche AG zu deren 100jährigem Bestehen. Das Projekt des Tessiner Architekten, das mit seinem gelungenen Einbezug in einen schwierigen städtebaulichen Kontext und durch seine Ausstellungsräume, die adäquat auf Jean Tinguelys Kunst reagieren, besticht, wird im Oktober 1996 eröffnet werden.

Die beiden Bauten Mario Bottas sind ein wertvoller Beitrag zur aktuellen, auch internationalen, Baukultur. In beiden Fällen haben nicht nur der Architekt, sondern auch die jeweilige Bauherrschaft Vorbildliches geleistet – ein Beispiel dafür, dass nur dank innovativen Auftraggebern gute Architektur entstehen kann.

Die Atmosphäre im Innenraum wird unterstützt durch zenitalen Lichteinfall und einen künstlerischen Beitrag von Felice Varini.
◁

Lutz Windhöfel

Neue Architekturen in Basel

Ein Bankgebäude, ein Lokdepot, ein Stadion, eine Tramhaltestelle, ein Wohn- und Kirchenhaus

Der Basler Besucher (auch die Besucherin), die im Herbst 1995 im Museum of Modern Art in New York die Ausstellung ‹Light Construction› sah, staunte nicht schlecht: Auf einem Podest stand das Wettbewerbsmodell des neuen Stellwerks ‹Auf dem Wolf› mit seiner filigranen Fassade aus Kupfer. Das Museum hatte den Entwurf von Herzog & de Meuron von 1988 für seine Sammlung angekauft.

Gleich neben dem real existierenden Bau in Basel wurde Ende des vergangenen Jahres ein neues Lokomotivdepot der SBB in Betrieb genommen – auch dies ein Bau aus dem international führenden Basler Büro, wo neben Jacques Herzog und Pierre de Meuron auch Harry Gugger und Christine Binswanger zur kreativen Unternehmensleitung gehören. Mit einer maximalen Tiefe von 220 Metern ist das Lokdepot ‹Auf dem Wolf› der – flächenmässig – monumentalste Bau, den die Architekten bisher in ihrer Geburtsstadt realisierten.

Für die Basler Architektur und für Basels schweizerischen (basellandschaftlichen, solothurnischen), französischen und deutschen Stadtraum war 1995 wiederum ein ergiebiges Jahr. Nicht nur der internationale Architekturtourismus, der die Stadt inzwischen mit gut organisierten Studienreisen aufsucht, ist immer wieder von der Vielfalt überrascht, mit der die ‹Szene› selbst kleinen gestalterischen Aufgaben eine Sorgfalt widmet, die man in Frankreich, Deutschland, England oder den USA meist nur Repräsentationsbauten oder Prestige-Objekten gönnt. Dem widerspricht auch nicht die Tatsache, dass Basler Büros immer wieder als Gewinner aus internationalen Wettbewerben für grosse Projekte hervorgehen. So planen Herzog & de Meuron die Tate Gallery of Modern Art in London durch Umbau eines Kraftwerkes an der Themse, während Diener & Diener die Schweizerische Botschaft im Berliner Spreebogen, unmittelbar neben dem neuen Bundeskanzleramt, umbauen und erweitern.

Der neuen Architektur aus Basel geht es nicht um Schauaspekte, sondern schlicht um die Sache. So steht ein Ausbildungszentrum des Schweizerischen Bankvereins (Diener & Diener) gleichberechtigt neben einem Stadion (Alder & Partner), einer Tramhaltestelle (Furrer + Fasnacht), einem Wohn- und Kirchenhaus (Urs Gramelsbacher) oder eben einem Lokomotivdepot (Herzog & de Meuron).

Naturgemäss ergeben sich bei diesem breiten Nutzungsspektrum sehr unterschiedliche Planungsstrukturen und Materialeinsätze. Am häufigsten kommen Gussbeton, Glas und Metall zur Anwendung. Im Bereich des Wohnens oder Repräsentiertens werden Holz und Naturstein zu wichtigen Materialien.

Der ‹Bankverein› beim Bahnhof etwa ist ein Betonbau, der aussen mit rötlichem Ziegel verkleidet wurde und so die Materialsprache der nahegelegenen Markthalle, wie überhaupt der letzten Jahrhundertwende, aufnimmt. Die gemauerte Backsteinfassade – besonders Publizisten aus dem politisch rot-grünen Lager vermissen bei ihr das ‹Heimelige› – prägte im westlichen Europa das Erscheinungsbild unzähliger Industriearchitekturen, Arbeiter- und Angestelltensiedlungen bis hin zum sakralen Zweckbau. Dies lässt sich in Basel heute noch am Gemeindezentrum Oekolampad (1931) nachvollziehen. Der Neubau der ‹Pax›-Versicherungsgesellschaft, den das Büro Bürgin Nissen Wentzlaff gerade am Aeschenplatz errichtet, bedient sich ebenfalls dieser Formensprache.

Blick vom Dach des neuen Lokomotivdepots ‹Auf dem Wolf› über das Bahngelände.
◁

So gut wie keine kontextuellen Rücksichten hatten Herzog & de Meuron bei ihrem Konzept ‹Auf dem Wolf› zu nehmen. Das grosse Gleisfeld im Osten der Stadt wird von einem Friedhof, kleinbürgerlicher Siedlungsarchitektur und Industrie- und Dienstleistungsbauten aus den letzten 120 Jahren umschlossen. In dieser heterogenen Umgebung einen baulichen Dialog zu suchen, hätte nur Mittelmass hervorgebracht. Der Alleingang, den die Architekten realisierten, ist das genaue Gegenteil: Beton, Glas, Metall schaffen eine lineare Struktur. Mobilität, Formschönheit durch Materialgerechtigkeit und Nutzungsorientierung, aber auch Effizienz sind bei dieser Architektur die Koordinaten; schliesslich sollen hier verkehrstechnische Strukturen des nächsten Jahrhunderts geplant, verwaltet, gewartet und instand gestellt werden. Insbesondere soll das Depot die Züge der Regio S-Bahn aufnehmen, die trotz der zähen politischen Strukturen immer mehr Form annimmt. 107 Meter ist die grösste Breite des Hallen- und Bürokomplexes, in den einmal die ‹Colibri›- und ‹Pendolino›-Züge in voller Länge durch fünf Meter hohe Falttore hineinfahren können. Durch Glasbalken auf den Dächern und grosse Panoramafenster an den freistehenden Aussenwänden werden die Hallen arbeitsphysiologisch enorm freundlich und hell. Zusammen mit einem 30 Meter hohen Stellwerksturm, der direkt hinter der Grosspeterbrücke entstehen soll, und den ebenfalls Herzog & de Meuron errichten, wird das bisher ausfransende SBB-Gelände urban, und dabei ästhetisch aufgewertet.

Gleiches gilt auch für das Dreieck zwischen Viaduktstrasse, Erdbeergraben und den Geleisen der SNCF am Bahnhof SBB. Das neue

Im Einklang mit der Funktion: Beton, Glas, Metall sprechen eine klare Formensprache. ▷

Hier sollen einmal Züge der Regio S-Bahn in voller Länge einfahren. ▷

Architektur

Schulungs- und Ausbildungszentrum des Schweizerischen Bankvereins aus dem Büro Diener & Diener hat in der Stadt bisher wenig Gegenliebe gefunden. Für das internationale Fachpublikum ist es jedoch von einer ‹outstanding quality› – nicht zuletzt deshalb, weil es in einer Umgebung, in der sich zwischen Heuwaage, Bahnhof und Güterstrasse fast sämtliche baulichen Strukturen radikal verändern oder aufzulösen beginnen, ein mutiges und selbstbewusstes Zeichen setzt – ganz zu schweigen von den form- und materialästhetischen Vorzügen. Wenn auf der anderen Seite der Viaduktstrasse, auf dem ehemaligen Schlotterbeck-Areal, Richard Meiers neues Geschäftshaus steht und die SBB den jetzigen Schuppen am Elsässer Bahnhof durch einen Bau von Herzog & de Meuron ersetzt haben (sie gewannen den Wettbewerb für ein schlankes Bürohaus), wird der Diener & Diener-Bau mit der wunderschönen und architekturhistorisch äusserst bedeutsamen Kuppel der Markthalle die Westflanke des Bahnhofs elegant und souverän abschliessen.

Wie das ehemalige Areal der Brauerei Cardinal am Bahnhof, so wurde auch das grosse Sportfeld an der Grenzacherstrasse durch neue Baumassnahmen 1995 deutlich aufgewertet. Im Zentrum steht hier das neue Stadion Rankhof aus dem Büro von Michael Alder, heute Alder & Partner. Auch hier war die gebaute Umgebung alles andere als geschlossen. Im Westen stehen einige Wohntürme neben der Schwarzwaldbrücke, im Süden führt der Blick auf den Fluss und das Rheinkraftwerk Birsfelden von Hans Hofmann (1953/54). Mario Bottas neues Tinguely-Museum, das auf der anderen Seite der Schwarzwaldbrücke entsteht, wird ab 1996 für Alders Stadion zu einer Art unsichtbarem Nachbarn. Der Architekt baute die neue Sportstätte für 10 000 Besucher (rund 1000 Sitzplätze sind gedeckt) aus Gussbeton, Glas und rohbelassenem Zink als einen «edlen Rohbau», wie er ihn selbst nennt. Die imposante Baumasse gerät selbst in der 80 Meter langen, stützenfreien Wandelhalle im Parterre der grossen Tribüne nie zum Selbstzweck. Konstruktionstechnische und ästhetische Planungsschritte oder bauliche

Das internationale Fachpublikum lobt die ‹outstanding quality› des SBV-Ausbildungszentrums.
◁

Gussbeton, Glas, rohbelassener Zink – ein ‹edler Rohbau› ist das neue Stadion Rankhof. ▷

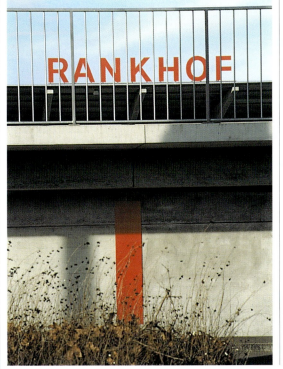

Aspekte sind für das sensible Auge sicht- und in logischen Schritten nachvollziehbar. Die Materialien wurden elementar eingesetzt. Das Dach der Tribühne kragt elegant zum Spielfeld hin aus; auf der Rückfront ist die Fassade so schlicht und geschickt verglast, dass rund 50 Prozent der Club- und Garderobenräume im Soussol Tageslicht erhalten.

Ein vergleichsweise kleiner Bau an der BVB-Haltestelle Riehen-Dorf aus dem Büro Furrer + Fasnacht steht zum mächtigen Komplex des Stadions nur in scheinbarem Widerspruch. Denn auch hier wurde unter den Aspekten Nutzung, Material und Ort sensibel geplant und schön ‹gebaut›. Nach den Stationen ‹Heuwaage› und ‹Kohlenberg› ist ‹Riehen-Dorf› der bisher grösste gestalterische Eingriff, den die Architekten im Erscheinungsbild des Basler ‹Drämlis› vornahmen. Die 16 Meter lange Konstruktion zwischen Kirche und Landgasthof nimmt die gebauchte Form des Raumes, den die Baselstrasse hier beschreibt, in Form einer Ellipse auf. Gegen das Spritzwasser der Autos schützt die wartenden Fahrgäste eine Wand aus

Architektur

Elegant kragt das Dach der Tribüne zum Spielfeld hin aus. ▷

Glas und Metall, die leicht abgeknickt plaziert ist. Dem Verlauf des Dachrandes folgend, entsteht so eine plastische Dynamik, die an Tadashi Kawamatas Projekt ‹Zerstörte Kirche› auf der documenta 8 (Kassel 1987) erinnert. Der kleine Platz in Riehen wurde zurückhaltend ‹möbliert› und gestalterisch zentriert: Von hier aus in Richtung Inzlingerstrasse gesehen, liegt der Eingang des neuen Beyeler-Museums von Renzo Piano fast genau in der Mitte. Gut möglich, dass Furrer + Fasnacht den ‹Arret› oder ‹Depart› für jene Kulturtouristen mitgebaut haben, die einmal zum Museumsbesuch in die Stadt reisen werden.

Auch aus der Umgebung des Spalentors gibt es Neues zu berichten. Urs Gramelsbacher baute an der Missionsstrasse, zwischen Pilgerstrasse und Maiengasse, den neuen Gemeindesaal der Basler Täufergemeinde mit einem Wohnhaus. Von aussen ist der Sakralraum, dessen Fussboden wie bei einer Tiefgarage im zweiten Sous-Sol liegt, nur durch die Beschriftung an der Glaspartie des Eingangs zu erkennen. Die Wohnungen haben geschickt optimierte Grundrisse, sind materialschön ausgeführt und sehr hell; die Terrasse der Dachwohnung ist ein Schmuckstück. Besondere Beachtung verdient jedoch der Kirchenraum, der rund 200 Personen Platz bietet und auf sakrale Zeichen völlig verzichtet. Nur beim grossen Fenster am Saalende, wo sich vier Fensterquadrate wiederum zu einem Quadrat ergänzen und so ein Kreuz bilden, ist eine christliche Symbolik zu erkennen. Der Saal ist stützen- und säulenfrei, mit noblem Eichenparkett und einer dezent blauen Bestuhlung. Dass seine Struktur basilikal ist, erkennt man nur an der Decke, wo ein erhöhtes ‹Mittelschiff› sichtbar wird. Das Fensterquadrat öffnet sich auf einen Lichthof, der mit glattgeschalten Betonwänden in die Erde abgesenkt wurde. Hier können sich Blick und Gedanken würdevoll sammeln.

In einem Umkreis von wenigen hundert Metern ergibt sich nun ein interessantes architekturgeschichtliches Dreieck. Karl Mosers (und Robert Curjels) Pauluskirche von 1901 und Mosers Antoniuskirche (geweiht 1927) am Kannenfeldplatz stehen für die Reformarchitektur der Jahrhundertwende oder die pionierhafte Anwendung des Betons beim Sakralbau. Urs Gramelsbachers Bau für die Täufergemeinde gibt sich zur Strasse diskret und zeitbewusst, im Innern nüchtern und dennoch festlich. Ein Haus, das die Idee des Glaubens in derart abstrakter Form umsetzt, scheint am Ende unseres antiklerikalen Jahrhunderts wieder möglich und sinnvoll zu sein.

Sensibel und funktionsgerecht gebaut, passt sich die Tramhaltestelle ‹Riehen-Dorf› harmonisch in die Umgebung ein.
◁

△
Diskret und zeitbewusst präsentiert sich der neue Gemeindesaal der Basler Täufergemeinde an der Missionsstrasse.

Christine Felber

Das ‹Basler Täubchen› und sein Schöpfer, der Architekt Melchior Berri

Basels erste Briefmarke: ein künstlerisches Kleinod

Als «Frankozettelchen» wurde es im ‹Allgemeinen Intelligenzblatt der Stadt Basel› schlicht angekündigt, das heute weltberühmte Basler Täubchen, das vor rund 150 Jahren, am 1. Juli 1845, als erste und einzige Basler Briefmarke in Umlauf gesetzt wurde. Die Einführung von Postwertzeichen war neben den «neuen Brief-Einlagen» eine der Neuerungen, mit denen um die Mitte des 19. Jahrhunderts auf die Zunahme des Postverkehrs reagiert wurde.[1] Während das winzige Basler Täubchen (18,5 × 20 mm) zu philatelistischem Weltruhm gelangte, hat sein motivisches Vorbild, der gleichzeitig entstandene Briefkasten (57,5 × 117,5 cm), höchstens lokale Bedeutung. Die Sorgfalt, die gerade in den letzten Jahren von Fachstellen, aber auch von privater Seite auf Nachbildungen dieses Briefkastens verwendet wurde, bezeugt jedoch unmissverständlich die Wertschätzung dieser kunstvollen Schöpfung, die wie die Briefmarke von dem bekannten Basler Architekten Melchior Berri (1801–1854) entworfen wurde. In Basel sind eine ganze Reihe von Berris Bauwerken erhalten, die nicht nur wichtige, sondern auch sehr schöne Zeugnisse klassizistischer Baukunst sind.

Dem Klassizismus zum Gedenken

Bis zur Mitte des 19. Jahrhunderts waren Briefkästen in den meisten Städten nur vereinzelt in Gebrauch. Im Jahre 1839 wurden in Basels Vorstädten «zur Bequemlichkeit des vom Posthaus etwas entfernt wohnenden Publicums»[2] mehrere Quartierkästen aufgestellt. Diesen kleinen, wackligen Holzkisten schenkten die Bewohner jedoch nur wenig Vertrauen und trugen ihre Briefe nach wie vor aufs Postamt. Die Postkommission beschloss deshalb im Jahre 1843 die Einrichtung von neuen, solideren Briefkästen. Bereits im März 1844 erhielt sie vom Architekten Melchior Berri einen Plan «für die ausserhalb der Häuser anzubringenden, durch eine geschmackvolle äussere Bekleidung in Eisenguss zu verwahrenden Briefkästchen».[3]

Als ein «herrliches Kunstwerk gleich den schönsten antiken Bronzen in Neapels Museum» lobte Berri selbst die zu Beginn des Jahres 1845 von der königlichen Erzgiesserei in München hergestellten Briefkästen. Verglichen mit unseren heutigen, schlichten und lediglich dem praktischen Zweck dienenden Briefkästen spielt der Gebrauchswert von Berris ‹Posttafeln› eine untergeordnete Rolle. Von einem Kasten ist nichts zu erkennen: vielmehr tritt uns ein architektonisches Schaustück entgegen, das wegen seiner geringen Tiefe von 8,5 cm an eine Gedenktafel erinnert. Entsprechend klein und unauffällig ist die Öffnung für den Briefeinwurf, hinter der sich, in die Tiefe der Mauer eingelassen, der eigentliche Hohlraum befindet.

Die äussere Gestalt von Berris Briefkasten wird durch die beiden blau grundierten Tafeln bestimmt, die von breiten, dunkelgrünen Ornamentbändern gerahmt und von einem Giebel bekrönt sind. Auf der oberen Tafel sind mit weissen Lettern die Leerungszeiten angegeben, auf der unteren Tafel, der Briefkastentür, tritt eine fliegende weisse Taube mit einem goldenen Brief im Schnabel plastisch hervor. In seiner klaren, tektonischen Struktur und in seiner Ornamentik, deren einzelne Zierelemente – Akanthus, Perlstab, Eierstab, Rosetten, Voluten, Palmetten – dem antiken Formenschatz entliehen sind, ist Berris Briefkasten deutlich dem klassizistischen Stil verpflichtet.

Von Berris Briefkästen ist uns lediglich einer

im Original erhalten geblieben. Er wird heute im Schweizerischen PTT-Museum in Bern aufbewahrt. Als Nachgüsse sind in Basel gegenwärtig sechs Berri-Briefkästen in Betrieb: am Spalentor (ursprünglicher Standort), beim Stadthaus (früher Posthaus) an der Schneidergasse 2, an der St. Alban-Vorstadt 49 an dem von Berri umgebauten Haus Schöneck (ursprünglicher Standort), auf dem Münsterplatz, am Lindenberg 5 und an der Alten Kanzlei in Riehen.

Künstlerischer Anspruch im Detail

Im Rahmen der Diskussion um die Verbesserung und Verbreitung der öffentlichen Briefkästen tauchte auch das Briefmarkenprojekt auf. Briefmarken kannte man bis zur Mitte des 19. Jahrhunderts nicht, da von alters her der Empfänger und nur ausnahmsweise der Absender das Porto beglich. Die Einführung der «englischen Francatur-Zettelchen»[4] sollte einerseits den Betrieb im Distributionsbüro vereinfachen, andererseits aber auch die Arbeit für den Briefträger erleichtern. Dieser hatte künftig nur noch Briefe zu verteilen und nicht auch noch Portobeträge einzukassieren. Wie zuvor in der Stadt Genf, die gleichzeitig mit Zürich 1843 die ersten Postwertzeichen der Schweiz herausgab, war auch in Basel die Einführung der Briefmarke mit einer Portoermässigung verbunden, ein Umstand, der es wohl erleichterte, sie unter der Bevölkerung beliebt zu machen.

Das ‹Basler Täubchen› ist keine Urschöpfung des Künstlers, sondern eine Umarbeitung seines Briefkastenentwurfs. Ganz deutlich erkennt man dieselben Motive und eine gewisse Ähnlichkeit im Aufbau wieder; alles ist jedoch in vereinfachter und abstrahierter Form dargestellt. Das hervorstechendste gemeinsame Merkmal ist die fliegende weisse Taube – für den Künstler das «Sinnbild der Schnelligkeit u. Treue»[5] –, die auf dem Markenbild ebenfalls reliefiert ist, jedoch aus rotem Grund hervortritt. Mit der Taube beschritt die ‹Stadt-Post-Basel› neue Wege, wählten doch frühere Briefmarkenländer und -städte als Motiv entweder das Porträt des Staatsoberhauptes (England 1840), die Zifferzeichnung (Zürich 1843; Brasilien 1843) oder das Hoheitszeichen (Genf 1843). Der Ruhm des ‹Basler Täubchens› liegt

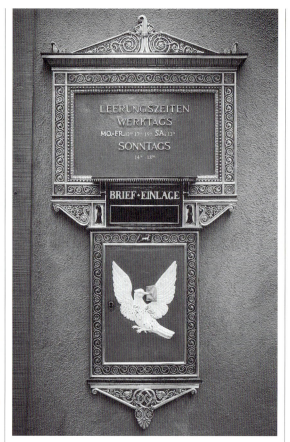

Briefkasten beim Stadthaus, 1845 von Melchior Berri entworfen und 1985 nachgegossen.
◁

jedoch nicht allein in der aussergewöhnlichen Motivwahl begründet, sondern auch in dem neuen Druckverfahren. Die Buchdruckerei Krebs in Frankfurt am Main wagte als erste den Versuch, eine Briefmarke dreifarbig und – um eine Nachahmung zu verhindern – mit einer Prägung herzustellen.

Das ‹Basler Täubchen› von 1845 war die erste und einzige Basler Kantonalmarke.
◁

Das heutige Antikenmuseum am St. Alban-Graben, als Wohnhäuser 1825/26 von Melchior Berri erbaut.

Berri und die neuen baukünstlerischen Aufgaben im frühen 19. Jahrhundert

Dass sich der Architekt Berri mit künstlerischen Aufgaben wie einem Briefkasten und einer Marke beschäftigte, war für die damalige Zeit nichts Aussergewöhnliches. Er gehörte einer Architektengeneration an, die nicht nur Bauten schuf, sondern neben Grabmälern und Brunnen auch Gebrauchsgegenstände wie den hier vorgestellten Briefkasten, Möbel, Tafelgerät, Öfen und Ehrenbecher. Ein Spiegel jener Zeit sind auch die vielen verschiedenen und vor allem neuen Bauaufgaben, die Berri übernahm, und die erst im frühen 19. Jahrhundert aufkamen[6]. So hat er mit den von ihm realisierten Projekten – dem Museum, dem Stadttheater, dem Bahnhof und dem Stadtcasino – die Basler Baugeschichte des 19. Jahrhunderts wesentlich mitgeprägt.

Sein architektonisches Debüt gab der 1801 in Basel geborene und in Münchenstein aufgewachsene Melchior Berri mit dem Bau des Stadtcasinos am Steinenberg. Dieses war mit seiner Hauptfassade auf den Steinenberg gerichtet und bildete den Auftakt einer neuen Repräsentationsstrasse, an der weitere Prachtbauten wie die Kunsthalle (1869–1872), das neue Stadttheater (1874/75, 1973 abgebrochen) und der Musiksaal (1875/76) entstehen sollten. Im Jahr 1938 abgebrochen, lässt sich Berris Stadtcasino nur noch nach Zeichnungen und alten Fotografien beurteilen.

Wie schon beim Stadtcasino stammte auch der Wunsch nach einem Stadttheater, wie es in den französischen und deutschen Residenzstädten bereits existierte, aus bürgerlichen Kreisen. Der Auftrag zum Bau ging erneut an Melchior Berri, nach dessen Plänen 1829 auf dem Areal des ehemaligen Steinenklosters das sogenannte Blömleintheater errichtet wurde. Es wurde allerdings schon knapp fünfzig Jahre später in den Neubau des Steinenschulhauses miteinbezogen, so dass Berris Konkurrent, der Architekt Johann Jakob Stehlin d. J. (1826–1894), den Auftrag zum Bau eines zweiten neuen Stadttheaters erhielt.

Nebst diesen öffentlichen Bauaufgaben erhielt Berri auch eine Reihe privater Aufträge für repräsentative Stadtvillen und Landhäuser. Die beiden prominentesten unter ihnen dürften die ehemaligen Wohnhäuser am St. Alban-Graben 5 und 7 (1825/26) sein, die heute das Antikenmuseum beherbergen. Nicht unweit dieser beiden Villen stehen zwei weitere von Berri geschaffene Wohnhäuser: das Haus in der St.Alban-Vorstadt 25 (1839/40), das heute Sitz des Sanitätsdepartementes ist, und das Haus in der St. Alban-Vorstadt 49 (1840–1844), wegen seiner Lage in der Strassengabelung ‹Haus Schöneck› genannt. Heute noch privat genutzt, birgt das Wohnhaus im ersten Obergeschoss einen herrlichen klassizistischen Salon in unverändertem Zustand und ein in neugotischen Formen gestaltetes Prachtzimmer.

Berri beschäftigte sich auch mit Bauaufgaben, denen zu Beginn der Industrialisierung Aktualität zukam. 1844, ein Jahr vor Einführung der Postwertzeichen, fuhr die erste Eisenbahn in Basel ein, für die der Architekt ein neugotisches, zinnenbekröntes Eisenbahntor schuf, das in der Jahrhundertmitte zu den Basler Sehenswürdigkeiten zählte; auch am Bau des ersten Bahnhofs (1844/45) auf dem ‹Schällemätteli› war Berri beteiligt. Des weiteren baute er im St. Alban-Tal eine Fabrik (1850/51), die heutige Jugendherberge, und nahm an einem Wettbewerb für Arbeiterwohnungen im Breitequartier (1852) teil. Ausserdem lieferte er Entwürfe für eine im 19. Jahrhundert ebenfalls typische Bauaufgabe, die Planung von gesamten Quartieren. Als eine der schönsten und originellsten städtebaulichen Entwürfe darf das Quaiprojekt in Luzern (1836) bezeichnet werden, das leider nicht realisiert wurde.

Das Werk, mit dem Melchior Berri heute zuerst und fast ausschliesslich in Verbindung gebracht wird, ist das Museum an der Augustinergasse (1844–1849). Als Mehrzweckbau geplant, sollte dieses Museum Räume sowohl für die Unterbringung der kunst- und naturgeschichtlichen Sammlungen wie für den universitären Betrieb enthalten. Mit Berris Bau wurde in der Schweiz – nach dem Musée Rath in Genf (1826) – zum zweiten Mal die Idee eines bürgerlichen Museums umgesetzt. Neu war die Kombination von Kollegiengebäude und Museum. Bei der Einweihung 1849 verlieh die Universität Basel Melchior Berri die Ehrendoktorwürde.

Ob Melchior Berri dem Basler Gesellschaftsleben stilvolle Räume schenkte oder ob er für Privatpersonen gediegene Wohnhäuser schuf: seine Werke zeichnen sich stets durch eine elegante und feinproportionierte Formensprache aus. Diese Züge charakterisieren auch den Briefkasten und das ‹Basler Täubchen›, dessen künstlerische Qualität dieser einmaligen Schöpfung Weltruhm einbrachte.

Anmerkungen

Dieser Beitrag basiert teilweise auf einer Arbeit, die anlässlich des l50jährigen Jubiläums des ‹Basler Täubchens› im Jahre 1995 verfasst wurde, vgl. Christine Felber, Melchior Berri: der Schöpfer des ‹Basler Täubchens› und seine Bauten in Basel, in: Katalog zur Nationalen Briefmarkenausstellung mit europäischer Beteiligung ‹Basler Taube '95›, Basel 1995, S. 59–71.

1 Die meisten Fragen, die die Entstehung und Einführung der ersten Basler Briefmarke betreffen, sind bereits in früheren Schriften, vor allem in Arbeiten, die anlässlich des l00jährigen Jubiläums des ‹Basler Täubchens› 1945 verfasst wurden, erörtert worden. Es ist das Verdienst Anton Abeles, sämtliches das ‹Basler Täubchen› und den Briefkasten betreffende Aktenmaterial (Postakten wie schriftliche Äusserungen des Künstlers im Berri-Lendorff-Archiv im Staatsarchiv Basel) erforscht, chronologisch geordnet und publiziert zu haben, vgl. Anton Abele, Die Basler Taube. Die Briefmarke der Stadtpost Basel 1845, Sonderdruck der Schweizer Briefmarken-Zeitung 58, 6/7, 1945, Bern 1945; alle Zitate im vorliegenden Beitrag sind Abeles Arbeit entnommen. – Die jüngste, umfassende Publikation über das ‹Basler Täubchen› erschien 1995: Jean-Paul Bach/Felix Winterstein, Basler Taube/Colombe de Bâle/Basle dove/Colomba di Basilea, Reinach 1995.

2–5 vgl. Anmerkung 1

6 vgl. Dorothee Huber, Architekturführer Basel, Die Baugeschichte der Stadt und ihrer Umgebung, hrsg. vom Architekturmuseum in Basel, Basel 1993.

Guido Helmig

In Basel Brücken schlagen

Am 1. September 1995 wurde im Rahmen eines Volksfestes die neue Wettsteinbrücke offiziell dem Verkehr übergeben. Bis zum Bau der ersten Wettsteinbrücke in den Jahren von 1877 bis 1879 besass Basel nur eine einzige Rheinbrücke, über die nicht nur der Fussgänger-, sondern auch der gesamte Warentransitverkehr abgewickelt werden musste: die heutige Mittlere Brücke. Diese Brücke, wie das Basler Münster mit seiner Pfalzterrasse oder das Spalentor nicht mehr aus dem heutigen Basel wegzudenken, ist als in Stein gebaute Bogenbrücke ein Neubau aus der Zeit der Jahrhundertwende[1]. Die Vorgängerbrücke hatte auf Kleinbasler Seite zuerst fünf, seit 1457 dann sechs Steinpfeiler; auf Grossbasler Seite befanden sich sieben hölzerne Joche, über die Langhölzer und quer dazu Bohlen als Fahrbahn verlegt worden waren.

Heute passieren wir die Mittlere Brücke mit der markanten kleinen Kapelle auf dem Mittelpfeiler, dem sogenannten Käppelijoch, ohne uns grosse Gedanken darüber zu machen, welche technische Leistung Brückenbauten in früherer Zeit darstellten; auch, welche Bedeutung gerade diesem Übergang für die Zentrumsfunktion und den wirtschaftlichen Aufschwung Basels als ‹Goldenes Tor zur Schweiz› seit dem Mittelalter zukam, ist uns kaum noch bewusst. Die lokale Tradition kolportiert, Basel sei in den 1220er Jahren durch die Umsicht des ‹baufreudigen› Bischofs Heinrich II. von Thun (1216–1238) und durch Vorstösse des damals erstarkenden Rates der Bürgerschaft zu ihrer ersten Rheinbrücke gekommen. Diese Brücke war jedoch nicht die erste, die im Mittelalter den Hochrhein überspannte, obwohl dies häufig behauptet wurde.[2] Auch entstand sie, wie neuere Forschungen zeigen, wohl nicht in erster Linie, um den Transitverkehr, der seit der Öffnung des Gotthardpasses zugenommen hatte, geschickt über Basel zu lenken; denn erst einige Jahre nach dem Brückenbau erhielt der Passübergang in das Tessin überregionale Bedeutung.[3] Stattdessen dürften lokale und regionale machtpolitische Interessen eine Rolle gespielt haben. Ein Motiv mag das Interesse des Basler Bischofs nach einer dauerhaften Verbindung zwischen den bischöflichen Ländereien gewesen sein, die damals auf zwei Diözesen – das Konstanzer und das Basler Bistum – beidseits des Rheins verteilt waren[4]. Nachdem 1218 der letzte Vertreter des Zähringer Grafengeschlechtes und langjähriger Kontrahent der Basler Bischöfe, Berthold V., gestorben war, hatte Bischof Heinrich II. von Thun, ein Parteigänger Kaiser Friedrichs II., die Gunst der Stunde genutzt und sich die Gebietsansprüche rechts des Rheins bestätigen lassen. Daneben war wohl auch die Öffnung des baselstädtischen Marktes für rechtsrheinische Waren ein wichtiger Grund für den Brückenbau.

… pons ultra Renum

Der Bau einer festen, nahezu 200 Meter langen Brücke war im 13. Jahrhundert selbst für einen Stadt- und Schirmherrn wie Bischof Heinrich II. ein riskantes und kostspieliges Unternehmen. Er ging das Wagnis ein und versetzte sogar den Domschatz bei jüdischen Geldhändlern, um die Brücke und einige andere Bauwerke in Basel realisieren zu können.[5] Ende des Jahres 1223 verpfändete er für 30 Mark in Silber die Zollrechte für Waren, die durch die Stadt geführt wurden, an das Domkapitel – mit der Auflage, es müsse unter anderem die Zinsen für das bei den Juden aufgenommene Geld begleichen.[6] Von einem Transit über den Rhein, ob zu Wasser oder über eine Brücke, ist in der Urkunde nicht die Rede. Der Zoll betraf wohl vor allem Waren «von Lombardia oder Francia», also von jenseits der Alpen und von Frankreich, die über die Jurapässe herangeführt und entweder auf der linksrheinischen Strasse weiter nach Norden verschoben oder in Basel auf Schiffe verladen wurden, sowie für den Warentransit in entgegengesetzter Richtung.

Um 1225 soll die Basler Rheinbrücke bereits bestanden haben – so wenigstens wurde bisher aus zwei nahezu gleichlautenden bischöflichen Urkunden geschlossen. Sie nennen als Kreditoren zwei rechtsrheinische Klöster: St. Blasien im Schwarzwald und Bürgeln, ein Priorat des Schwarzwaldklosters, am Südwesthang des Badischen Blauen gelegen.[7] Die finanzielle Beteiligung am Brückenbau sicherte den Klöstern die Befreiung vom Brückenzoll. Bisher wurde der Passus «… quandam summam pecunie ad constructionem pontis ultra Renum» («… eine gewisse Summe Geldes zum Bau der Brücke») selbstredend mit der Basler Rheinbrücke in Verbindung gebracht. Bei genauerem Hinsehen stellt sich jedoch die Frage, was das Wort «ultra» genau meint: «über den Rhein hinweg» oder «jenseits des Rheins»? Vielleicht ist in den Texten gar die Rede von einer anderen Brücke jenseits des Rheins, etwa über den Wiese-Fluss? Unter diesem Aspekt würde das Datum 1225 als früheste Nennung der Brücke an Glaubwürdigkeit verlieren. Oder betrafen die finanziellen Zuwendungen doch Bauarbeiten an der neu entstehenden Rheinbrücke auf Kleinbasler Seite?

Die ältesten bildlichen Überlieferungen der Basler Rheinbrücke stammen aus dem späteren 15. Jahrhundert. Schon damals scheint sie auf Kleinbasler Seite steinerne Pfeiler besessen zu haben. Auf Grossbasler Seite dagegen befanden sich nur hölzerne Joche: wegen der starken Strömung war hier der Bau von Steinpfeilern bei der damaligen Technik unmöglich. Stattdessen waren mit einer Ramme Eichenpfähle, die mit eisernen Pfahlschuhen versehen waren, fächerartig in das Rheinbett getrieben und mit Querstreben versteift worden. Fast 680 Jahre lang mussten vor allem diese hölzernen Brük-

kenelemente immer wieder repariert und ersetzt werden, bis die alte Brücke dem Neubau, der zwischen 1903 bis 1905 entstand, weichen musste.

Die Schiffahrt bringt es an den Tag

Am 5. Februar 1994 berührte ein Rheinschiff beim Passieren der Talfahrt-Öffnung der Mittleren Brücke den Flussgrund – glücklicherweise ohne dabei leckzuschlagen. Danach konnte

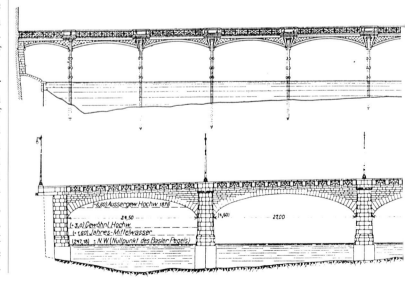

Bischof Heinrich II. von Thun segnet die im Bau befindliche Rheinbrücke ein. Lithographie von R. Rey im 32. Basler Neujahrsblatt 1854, nach dem aquarellierten Scheibenriss von Hieronymus Hess für Bürgermeister Felix Sarasin (1843) im Basler Kupferstichkabinett.
◁

Die Sammlung der bei der Ausbaggerung des Rheinbettes im Februar 1994 geborgenen Pfahlstümpfe. ▷

Die alte, bis 1895 bestehende Rheinbrücke und die aktuelle steinerne Bogenbrücke (nach E. Gutzwiller, 1906).
▽

während einiger Tage die Rheinschiffahrt nur noch eingeschränkt weitergeführt werden, bis die Geschiebeansammlung bei Rheinkilometer 166,64 ausgebaggert war[8]. Die Tagespresse meldete den Vorgang am 15. März, kurz vor Abschluss der Baggerarbeiten.

Neben dem Geschiebe brachten die Baggerschaufeln einiges an den Tag, was ‹Vater Rhein› heimlich ‹anvertraut› worden war: einige Fahrräder, diverse Eisenstangen sowie weiteren Schrott. Überraschenderweise kamen aber auch Teile der Vorgängerbrücke zum Vorschein: Pfahlstümpfe mit eisernen Pfahlschuhen und Eisenkrampen, aber auch behauene Quader von zum Teil zyklopischen Dimensionen. Schliesslich wurde gar ein Eichenbalken von 7 Metern Länge gehoben. Nun wurde die Archäologische Bodenforschung benachrichtigt. Aus über 100 Kubikmetern ausgebaggertem Schutt und Geschiebe wurden zahlreiche Hölzer sichergestellt: 5 Balken und 21 Pfahlstümpfe aus Eichenholz mit quadratischem Querschnitt, 16 von ihnen mit pyramidenförmigen eisernen Pfahlschuhen versehen. Auch Fragmente von 5 runden Nadelholzstämmen, kegelförmig angespitzt und mit Eisenblech beschlagen, kamen ans Tageslicht. Es bestand die berechtigte Hoffnung, mit Hilfe der Dendrochronologie Näheres über das Alter der Bauhölzer und damit den Zeitpunkt des Brückenbaus zu erfahren. Vielleicht stammten die ältesten Hölzer sogar von der mittelalterlichen Brücke?

Die Analyse ergab, dass es sich um Bauhölzer aus drei Perioden handelte: a) Eichenpfahlstümpfe mit eisernen Spitzen aus dem ersten Viertel des 18. Jahrhunderts, b) Eichenbalken aus der Zeit um 1835–40 und c) Rundpfähle aus Tannenstämmen aus den Jahren 1901/03.[9] Letztere können unschwer mit Gerüstelementen für den Neubau der Mittleren Brücke in Verbindung gebracht werden. Die Langhölzer der Gruppe b mit den Nuten und Einkerbungen aus den 1830er Jahren rühren von Reparaturen her. Die Eichenpfahlstümpfe der Gruppe a hingegen gaben einige Rätsel auf. Alle waren etwa gleich lang (ca. 80–100 cm), die oberen Enden waren nicht abgewittert, sondern abgesägt worden. Doch auch diese Funde stammten ‹bloss› aus dem ersten Viertel des 18. Jahrhunderts – keine Spur also von der mittelalterlichen Brücke. Wo-

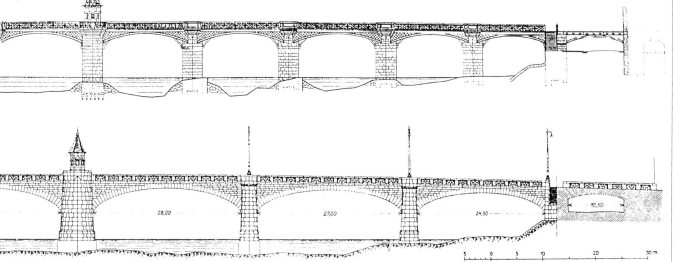

zu hatten diese Pfahlstümpfe gedient? Nachforschungen im Staatsarchiv sollten die Antwort geben.

Pierre Racine, Remigius Frey und Werkmeister Pack oder:
Ein ungleicher Kampf mit dem Strom

Im Gegensatz zu heute waren Brücken in früherer Zeit ständige Baustellen.[10] Im Jahre 1722, einen Tag nach Weihnachten, unterbreitete der Wasserbau-Spezialist Pierre Racine dem hochlöblichen Bauamt, wie er zwei schadhaft gewordene Steinpfeiler der Brücke kostengünstig reparieren könne: Er werde die beiden Pfeiler nicht in zwei Wasserstuben (gezimmerte Caissons) reparieren, die bis auf den Grund des Flussbetts trockengelegt würden, sondern in einer einzigen.[11] Ein dem Devis beigefügter Plan und eine Aufstellung des erforderlichen Werkzeugs und Materials sind aufschlussreich für das Sanierungsprojekt.[12] Offenbar stimmte die schon damals sprichwörtlich sparsame Basler Obrigkeit dem Vorhaben zu. Racine machte sich ans Werk, um aus 360 Pfählen mit eisernen Pfahlschuhen, etwa doppelt so vielen Brettern, Letten (= Lehm) zum Dämmen und Abdichten der Spundwände sowie weiterem Material ein Caisson mit 3 Spundwänden zu erstellen. Aber der mit rund 25 Metern (!) lichter Weite völlig überdimensionierte Caisson konnte unmöglich dem Wasserdruck standhalten – das Vorhaben fiel offenbar buchstäblich ins Wasser oder wurde zumindest nur teilweise ausgeführt[13]. Jedenfalls wurde im Februar 1724 der Konstabler Remigius Frey für die Sanierung eines Steinpfeilers unter Vertrag genommen; der Werkmeister Pack lieferte dazu die entsprechende Skizze. Diesmal machte das Bauamt aber strenge Auflagen und überbürdete Frey in dem ‹accord› sämtliche Risiken – wohl nicht zuletzt aufgrund der vorausgegangenen, schlechten Erfahrungen.[14] Dass diese Sanierung erfolgreich war, bezeugen nicht zuletzt die Pfahlstümpfe der Gruppe a, die zunächst mit abgesägten Spundwänden in Verbindung gebracht worden waren, inzwischen aber als Substruktion (‹Pfählung›) für die Steinpfeiler, die von 1722 bis 1724 auf ihnen aufgebaut wurden, betrachtet werden müssen.

Um 1835 war der sechste Steinpfeiler, der erstmals 1457 unter grossen Schwierigkeiten in der Flussmitte errichtet worden war, – das sogenannte Bärenfelser Joch[15] – durch Auskolkung des Rheinbettes baufällig geworden. (Schon 1567 war über den Ersatz eines Steinpfeilers berichtet worden, ohne dass wir heute sagen können, um welchen es sich dabei handelte.[16]) Nach behelfsmässiger Reparatur erfolgte vier Jahre später die Gesamterneuerung dieses sechsten Pfeilers, wobei die Kapelle, die auf dem fünften Pfeiler gestanden hatte, auf den sechsten verlegt wurde. Bei den Arbeiten wich man vom bisherigen Konzept ab und setzte den Pfeiler auf einen Rost aus Eichenbalken, die zur

a) Plan des überdimensionierten Caissons zum Devis des Pierre Racine vom 26. Dezember 1722: ‹Rijß über die zweij presthaften steinernen Joch, wie die waßerstuben einzurichten wären.› Ergänzungen mit Bleistift deuten auf die nachträgliche Projektänderung für nach Pfeilern getrennte Caissons hin.

b) Skizze (1724) für einen Caisson und die dicht gesetzte Pfählung zur Fundamentierung eines Brückenpfeilers (vgl. Anm. 14).

c) Gustav Schäfers Skizze des im Winter 1932/33 bei Niederwasser aufgetauchten Fundamentes von 1722–24 an der Stelle des ursprünglichen (bis 1457) Käppelijoch-Pfeilers.
▽

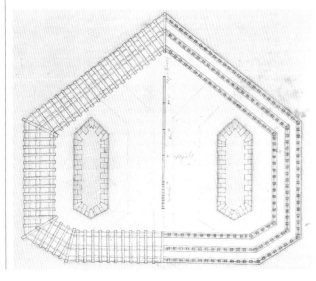
a)

b)

c)

Urbanismus

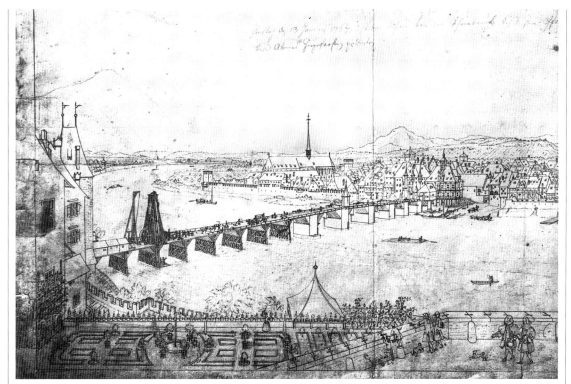

Blick vom Rheinsprung auf die in Reparatur befindliche Brücke: Schlagwerk, Kran und Arbeitsfloss. Ausschnitt aus Emanuel Büchels Ansicht von 1767. ▷

Mit Rammklötzen, wie diesem von Friedrich Weitnauer 1757 in Basel gegossenen, wurden die Pfähle für die Holzjoche und die Wasserstuben in den Flussgrund getrieben. Im Historischen Museum Basel befindet sich ausser diesem Rammklotz ein Modell von Ramme und Kran aus der Hand des Basler Künstlers Marius Rappo, basierend auf der Skizze Büchels. ▷

Fundamentreste des 1722–24 an Stelle des ursprünglichen 5. (Käppelijoch-) Pfeilers neu gebauten Pfeilers. Sie tauchten beim Niederwasser 1932/33 wieder auf und wurden 1994 ausgebaggert. ▷▷

Gruppe b gehören. Teile davon, aber auch Pfahlstümpfe «einer 50 bis 80 cm langen eichenen Spundwand», wurden beim Abbruch im Jahre 1903/04 beobachtet[17], während die im Grundstein deponierte Bauurkunde wohl nicht mehr geborgen werden konnte. Dank glücklicher Umstände kennen wir jedoch ihren Inhalt. Dort wird über die Verlegung eines «eichenen beschuhten Pfeilerrostes» berichtet. Daneben werden aber auch tiefgreifende bauliche Veränderungen des Stadtbildes erwähnt, die den Aufbruch des Stadtstaates ins industrielle Zeitalter verdeutlichen.[18]

Mit diesen Schlussfolgerungen haben wir nun eine Brücke zwischen Vergangenheit und Gegenwart geschlagen. Die aus der Versenkung wieder ans Tageslicht beförderten Bauhölzer und Quader stammen vom ehemaligen Bärenfelser Joch und wohl auch vom ehemaligen fünften Pfeiler, dem damaligen Käppelijoch. In den 1720er Jahren fanden an beiden Pfeilern Sanierungsarbeiten statt. 1840 wurde das Bärenfelser Joch von Grund auf erneuert und zum Käppelijoch umgebaut, bereits 1903 aber wieder abgebrochen – allerdings nicht bis auf den Flussgrund, denn der Caisson für den Bau des heutigen Pfeilers umfasste das ursprüngliche Fundament nur zu einem Drittel[19]. Nur weil damals die Pfeiler der neuen Bogenbrücke nicht wieder an denselben Stellen errichtet wurden wie die früheren, blieben die Fundamentreste, die 1932/33 bei Niedrigwasser sichtbar wurden, bis vor zwei Jahren erhalten.

Anmerkungen

1 E. Gutzwiller, Die neue Basler Rheinbrücke, in: Schweizerische Bauzeitung Bd. 47, 1, 2 und 4, Zürich 1906.
2 Traugott Geering, Handel und Gewerbe der Stadt Basel im Mittelalter, Basel 1886, S. 177 f. – Rudolf Wackernagel, Geschichte der Stadt Basel Bd. 1, Basel 1907, S. 22. – Karl Schib, Geschichte der Stadt Rheinfelden, 1961, S. 31 f.
3 Werner Meyer, Der Zusammenschluss von Gross- und Kleinbasel im Spätmittelalter, in: Leben in Kleinbasel 1392 1892 1992, Basel 1992, S. 12–36. – Ders., Hirsebrei und Hellebarde, Olten und Freiburg/Br. 1985, S. 39 f. – Ders., 1291 – Die Geschichte, Zürich 1990, S. 36 ff. – Fritz Glauser, Stadt und Fluss zwischen Rhein und Alpen, in: Erich Maschke/Jürgen Sydow (Hg.), Stadt am Fluss (Stadt in der Geschichte 4), Sigmaringen 1978, S. 74 Anm. 88.
4 Auf die Klostervogtei über das seit dem 11. Jh. von Rheinau losgelöste Benediktinerkloster St. Blasien hatten sowohl die Grafen von Rheinfelden als auch die Bischöfe von Basel Anspruch erhoben. Seit 1125 lag sie bei den Grafen von Zähringen und ging 1218 an die Habsburger über. Vielleicht drückt sich nicht nur im Brückenbau, sondern gerade auch in der Beteiligung seitens des Klosters St. Blasien der Versuch des Basler Bischofs aus, jenseits des Rheines vermehrt Einfluss zu nehmen?
5 Moritz Ginsburger, Die Juden in Basel, in: Basler Zeitschrift für Geschichte und Altertumskunde Bd. 8, 1909, S. 315–436; besonders S. 336 f.
6 Urkundenbuch der Stadt Basel Bd. 1, Basel 1890, S. 74 Nr. 103.
7 Urkundenbuch der Stadt Basel Bd. 1, Basel 1890, S. 75 f. Nr. 106.
8 Bekanntmachung an die Rheinschiffahrt Nr. 103/94A vom 17. Februar 1994 im Kantonsblatt vom 26. Februar 1994.
9 Analysen durch das Dendrolabor Heinz Egger in Boll bei Bern.
10 Die Finanzierung des Brückenunterhaltes erfolgte einerseits durch den Transitzoll, andererseits durch Einnahmen aus Neueinbürgerungen. Die Ausgaben für Reparaturen sind in den Rechnungsbüchern des Staatshaushaltes grösstenteils unter den allgemeinen Ausgaben für «der stätte bouw» subsumiert.
11 StAB Bauakten U 6,1: Lit. B ‹Memorial An Ein Hochlöbliches Bauamt wegen Reparration Zweij Steinerner Joch› – Transkription publiziert von Gustav Schäfer, Die Rheinbrücke zu Basel, in: Die Kunstdenkmäler des Kantons Basel-Stadt Bd. 1, Basel ²1971, S. 319.
12 StAB Bauakten U 6,1: Lit. C ‹Aestimation über des Herren Racines Planes einer Wasserstube für zweij steinerne Joche›: «360 pilot a 15 ß : 240 lb; 360 Eisene Schuh a 5 lb 5 ß: 450 lb; Arbeit: 360 lb; 360 Schuhbretter sambt der arbeit a 2 lb: 720 lb; 720 paleplanches sambt der eisenen Schuch bey… arbeit a 1 lb: 720 lb; 5382 Schuh dannenholtz a 3 ß gearbeittet: 807 lb 6 ß; 1000 lb gearbeittet Eisen a 2 ß …: 125 lb; die Wasserstube zu dommen und schöpfen: 550 lb. S. 4002 lb 6 ß.»
13 Möglicherweise wurde damals nur der ehemalige 4. oder der 5. Steinpfeiler (der alte Käppelijoch-Pfeiler) ersetzt.
14 Urkundenbuch der Stadt Basel Bd. 11, Basel 1910, S. 205 f. Nr. 256. – Hierzu auch der Plan des Werkmeisters Pack im StAB, Planarchiv A1,112: ‹Rijs Sʳ Packes des werckhaus, wegen Pilottierung des Jochs. Von E.L. Raht eingegeben den 12ᵗ. febr. 1724.›
15 StAB, Ratsbücher, Kleines Weissbuch A3, fol. 162 (oder Kopie dieses Berichtes in den 1838 erstellten Auszügen StAB, Bauakten U 6, alte Rheinbrücke 1457–1839). – Abgedruckt in: Basler Chroniken Bd. 4, 1890, S. 59 f.
16 Aufzeichnung von Dybold Ryff. VII. Beilage zu der Chronik des Fridolin Ryff und der Fortsetzung des Peter Ryff, in: Basler Chroniken Bd. 1, 1872, S. 223.
17 E. Gutzwiller, a. a. O., S. 6.
18 Fritz Brändlin, Die Alte Basler Rheinbrücke – Geschichtliche und kulturhistorische Skizzen, Basel 1903, S. 45–48.
19 E. Gutzwiller, a. a. O.

Bildung und Wissenschaften

Die Basler Kindergärten

Thomas Bürgi

Die Entwicklung der staatlichen Kindergärten in Basel

Die Entwicklung der öffentlichen Vorschulen in Basel war ein stiller Vorgang. Er wurde zunächst von privaten UnternehmerInnen, barmherzigen Frauenvereinen und wohltätigen Gesellschaften, später vom freisinnig geprägten Staat vorangetrieben. Wie die Entwicklung anderer Leistungen, die heute zur Basisversorgung der Gesellschaft gehören – Schulen, Trinkwasserversorgung, Kanalisation – widerspiegelt auch der Werdegang der Vorschulerziehung die Diskussion über die Ausweitung der staatlichen Aufgaben in jener Zeit. Es gab mächtige Gruppen, die den Ausbau vorantrieben; es gab aber auch Kreise, die gegen die ‹Allesverstaatlichung› fluchten und sie verzweifelt zu verhindern suchten.

Private Vorschulen für die Kinder der Mittel- und Oberschicht

Zu Beginn des 19. Jahrhunderts existierten in Basel *private Vorschulen,* die etwa ein Drittel der zwei- bis sechsjährigen Stadtkinder aufnahmen; fast alle von ihnen kamen aus der Mittel- und Oberschicht. Das Lernprogramm bestand im wesentlichen aus Auswendiglernen von Bibelversen und Liedern, Spaziergängen und Körperübungen; die Vier- bis Sechsjährigen lernten ausserdem schreiben, lesen und rechnen. Die ‹Grundschicht› – die ärmere Bevölkerung – konnte sich eine derartige Vorschulerziehung nicht leisten. Wer seine Kinder nicht selbst beaufsichtigen konnte, vertraute sie oft Nachbarinnen oder Verwandten an oder liess sie alleine zu Hause.

Bewahranstalten für Kinder aus der Grundschicht

Ab den 1820er Jahren erhielten die privaten Vorschulen Konkurrenz. Mitglieder der Oberschicht gründeten *wohltätige Vorschulen.* Sie verfolgten damit zwei Ziele: Erstens wollten sie den Unterrichtsstandard der Vorschulen verbessern; dazu übernahmen sie Elemente der ‹Children's Schools› (‹Kleinkinderschulen›) des englischen Sozialreformers Robert Owen. Zweitens sollten die Grundschichtkinder von der Strasse geholt und betreut werden.

Ab den 1840er Jahren waren die wohltätigen Vorschulen wegen des rasanten Bevölkerungswachstums nicht mehr in der Lage, beide Ziele gleichzeitig zu verfolgen. Sie gaben die Absicht, den Unterricht zu verbessern, auf und widmeten sich ausschliesslich der Kinderversorgung und -betreuung. Die Mittel- und die Oberschicht zog daraufhin ihre Kinder aus den Anstalten zurück und schickte sie in andere, meist private Institute mit höher gesteckten Lernzielen und einer gehobeneren sozialen Zusammensetzung. So entstanden aus den meisten der wohltätigen Vorschulen *Bewahranstalten* für Kinder aus der Grundschicht. Im letzten Viertel des 19. Jahrhunderts besuchten in Basel etwa zwanzig Prozent der Zwei- bis Sechsjährigen derartige Bewahranstalten; gleich viele gingen in private Vorschulen mit höherem Standard. Die übrigen sechzig Prozent besuchten wahrscheinlich keine öffentlichen Vorschulen.

Die wohltätigen Vorschulen waren für den ärmeren Teil der Stadtbevölkerung, vor allem für alleinstehende Mütter, von grossem Nutzen; sie garantierten eine Mindestbetreuung der Kinder. Die meisten jedoch wiesen prekäre Verhältnisse auf: Die Kinder mussten arbeiten (‹Zeug zupfen›, das heisst harte Stellen aus der Wolle entfernen), ältere Mädchen mussten stricken. Ansonsten bestand der Unterricht vor allem aus Auswendiglernen religiöser Lieder und von Bibelversen, Buchstabieren und Zählen. Die hygienischen Verhältnisse waren desolat. Viele Kinder waren krank, sie litten an Hautausschlägen, Augenentzündungen, Atemwegserkrankungen und Diphtherie. Bis zu achtzig Jungen und Mädchen waren klassenweise in kleinen Zimmern, unter Aufsicht schlechtbezahlter Lehrerinnen, zusammengepfercht. Von einer Förderung der individuellen Entwicklung konnte keine Rede sein; die Kinder wurden streng behandelt und an hierarchisch strukturierte gesellschaftliche Verhältnisse gewöhnt. Die Zwei- bis Sechsjährigen sassen den ganzen Tag lang auf ihren Bänken und mussten aufmerksam und gehorsam sein.

Der Fröbelsche ‹Kindergarten› als Alternative zum Vorschulmodell der Oberschicht

Ab den 1870er Jahren begannen Mitglieder der sogenannten ‹neuen Mittelschicht›, das System der wohltätigen Vorschulen, die von der Oberschicht eingerichtet worden waren, zu kritisieren. Die neue Mittelschicht war während der Industrialisierung in Basel entstanden und setzte sich vor allem aus einer wachsenden Zahl kleiner Kaufleute und Geschäftsinhaber, Industrie- und Staatsangestellter und deren Angehörigen zusammen. Die meisten unter ihnen waren im Zuge der politischen und wirtschaftlichen Öffnung in die Stadt zugewandert. Als zumeist Nichtbürgerliche besassen sie bis 1875 keine kantonalen politischen Rechte. Ihre politische Interessensvertretung war der Freisinn. Bei den ersten Wahlen mit Schweizerstimmrecht im Jahre 1875 eroberten sie in der Stadt Basel die Regierungs- und Parlamentsmehrheit und drängten die alteingesessene Oberschicht in die Minderheit.[1]

Im gleichen Jahr gründeten prominente Freisinnige ein privates Institut für Vorschulerziehung neuer Art, den *Fröbelschen Kindergarten*. Dieser erste ‹Kindergarten› in Basel erstrebte nicht eine Anpassung an die Wertmassstäbe der Oberschicht, sondern eine eigenständige Entwicklung. In dreierlei Hinsicht wollte das Fröbelsche Modell[2] die bisherige Vorschulerziehung modernisieren. Die *soziale Struktur* des Kindergartens sollte ein ungestörtes Spielen ermöglichen, Eltern, Nachbarn und die Öffentlichkeit wurden während des Unterrichts ferngehalten. Die Kinder durften sich natürlich verhalten und ihr eigenes Wesen zeigen. Meistens konnten sie für sich alleine spielen, die Erzieherin sollte nur noch bei Problemen eingreifen. Dieser gelockerte soziale Rahmen erlaubte den Kindern, sich individueller zu entwickeln. Bei den *Lehrinhalten* verwarf man die gesamte frühere Vorschulerziehung. Zeug zupfen und das Memorieren von Bibelversen wurden abgeschafft, man verzichtete auch darauf, an den Kindern spektakuläre Lernresultate wie Lesen, Schreiben und Rechnen vorführen zu wollen, und förderte stattdessen Tätigkeiten, die mehr dem Alter der Kinder entsprachen. Statt kleine Erwachsene züchten zu wollen, förderte man grundlegende motorische, kognitive und soziale Fähigkeiten. Die Kinder durften mit

Ab 1889 befand sich der Fröbelsche Kindergarten an der Birsigstrasse Nr. 52. Auch heute noch befinden sich hier drei Kindergärten (heute Nr. 42). ◁

Die Kindergärtnerin Mina Appenzeller mit der ersten (?) staatlichen Kindergartenklasse im Jahre 1895/96. Im Hintergrund ein Bild von Friedrich W. A. Fröbel. ▷

Bauklötzchen und mit Gegenständen, die sie in der Natur gesammelt hatten, spielen. Bewegungs-, Frage- und Antwort- sowie Gruppenspiele wurden veranstaltet, wenn möglich fand der Unterricht im Freien statt. In *materieller Hinsicht* verdoppelte man den Lohn der Lehrkräfte, verglichen mit konventionellen Vorschulen, und verbesserte die Infrastruktur. Die Kinder sollten genügend Platz zum Spielen haben, die Räume hatten einen ‹modernen›, staubfreien Boden, Toiletten mit Wasserspülung wurden eingebaut.

Schon in den 1880er Jahren entsprachen die Lehrmethoden und -umstände im Fröbelschen Kindergarten weitgehend dem heutigen Niveau. Zehn Jahre später setzte der Freisinn das Fröbelsche Kindergartenmodell als allgemeinen Standard durch. Am 1. Juli 1895 kaufte der Staat trotz lautstarker Proteste der alteingesessenen Oberschicht den Fröbelschen Kindergarten dem ursprünglichen Trägerverein ab und machte ihn zur ersten staatlichen Vorschule. Dadurch wurde Basel, nach Neuenburg und Genf, der dritte Schweizer Kanton mit staatlichen Kindergärten. In den folgenden Jahren richtete die Regierung weitere staatliche Kindergärten ein und erliess gleichzeitig strenge Auflagen für die privaten und wohltätigen Vorschulen. Durch diese Massnahmen verloren die philanthropischen und pietistisch-kirchlichen Kreise der Oberschicht das Interesse, eigene Vorschulen zu führen. Bis zum Ersten Weltkrieg waren fast alle privaten und gemeinnützigen Einrichtungen verschwunden. Einige von ihnen hatte der Staat übernommen.

Bildung als Investition in die Zukunft

Die Verstaatlichung der Vorschulerziehung in Basel war eine Investition in die Bildungsinfrastruktur der ganzen Gesellschaft. Zu Ende des 19. Jahrhunderts hatte sich aus der frühindustriellen Gesellschaft Basels eine hochindustrielle entwickelt. Die Textilindustrie erlebte ihren Niedergang, komplexere Industrien, Dienstleistungsunternehmen und der Staatssektor stellten die Mehrzahl der Arbeitsplätze bereit. Immer seltener wurden unqualifizierte Handarbeitskräfte benötigt, immer häufiger auch Menschen gesucht, die für administrative Tätigkeiten qualifiziert waren. Vor allem die wachsende Mittelschicht setzte sich für eine allgemeine Verbesserung der Bildung ein. Dank ihrem Engagement und dem Einsatz des Freisinns wurde die Unterschicht in die Volksbildung integriert. Die kostenlosen staatlichen Kindergärten und Schulen erlaubten auch der ärmeren Bevölkerung, sich besser zu qualifizieren.

Anmerkungen

1 Politische Hauptvertretung der alten Oberschicht waren die Liberal-Konservativen.
2 Nach Friedrich Wilhelm August Fröbel (1782–1852), deutscher Vorschulerziehungsreformer. Von J.H. Pestalozzi beeinflusst, hatte Fröbel 1837 in Blankenburg (Thüringen) mit seinem ‹Spielgraben› den ersten ‹Kindergarten› gegründet, der das Spielen mit geometrischen und bildsamen Materialien in den Mittelpunkt rückte. Seine als revolutionär geltende Vorschulerziehung, die in einigen deutschen Staaten verboten war, in anderen durch Kurse für ‹Kinderführer› und ‹Kindergärtnerinnen› gefördert wurde, setzte sich in der Schweiz ab den 1860er Jahren zunächst in der Romandie und in der Region St. Gallen durch.

Christine Valentin

Die Basler Kindergärten – zwischen Blockzeiten und kantonalem Finanzausgleich

Der Kindergarten von heute hat kaum noch etwas mit dem Kindergarten von einst gemeinsam. Zu Beginn der Industrialisierung war er vor allem eine ‹Kinderbewahranstalt› für die gezwungenermassen vernachlässigten Kinder der Arbeiterfamilien. Inzwischen ist daraus eine von der Pädagogik anerkannte Vorschule für den gesamten Nachwuchs geworden. Die ‹Häfelischule›, wie der Kindergarten im Volksmund liebevoll und leicht despektierlich genannt wird, hat sich in den letzten hundert Jahren stark gewandelt. Dass die Zukunft weitere Veränderungen bringen wird, zeigen zwei Beispiele aus dem vergangenen Jahr.

Blockzeiten für Primarschulen und Kindergärten

Ende Januar 1995 gibt die Basler Regierung – sechzehn Jahre nach dem ersten parlamentarischen Vorstoss – doch noch grünes Licht für einen zweijährigen Versuch mit Blockzeiten an der Primarschule. Am 14. August 1995, mit Beginn des neuen Schuljahres, ist es soweit. Viele Eltern von schulpflichtigen Kindern – vor allem die Mütter – atmen erleichtert auf. Sie müssen sich nun nicht mehr an ständig wechselnde Stundenpläne anpassen und können endlich ihren Tag und ihre Arbeit besser planen. Die Kinder sind nun jeweils ab acht Uhr morgens bis mittags in der Schule, der Samstag ist schulfrei.

Der Versuch, Blockzeiten an der Primarschule einzuführen, hat auch Auswirkungen auf den Kindergarten. «Wir mussten nach dem Entscheid des Regierungsrates sofort reagieren und uns der neuen Situation so weit wie möglich anpassen», erklärt Anita Crain, die Präsidentin der Kindergarteninspektion. Der bisher jeden zweiten Samstag stattfindende Unterricht wird gestrichen. Doch damit endet auch schon die Gemeinsamkeit. Die ‹Häfelischülerinnen und -schüler› beginnen weiterhin eine halbe Stunde später als die Primarschülerinnen und -schüler, und sie hören eine halbe Stunde früher auf. Nur am Mittwoch müssen sie ebenfalls früh aus den Federn und kommen wie die ‹Primeler› zur Mittagessenszeit nach Hause oder in die Krippe.

«Selbstverständlich sind das keine Blockzeiten», stimmt Anita Crain zu. Als Mutter weiss sie das nur zu gut. Ihre Kinder sind zwar im Primarschulalter. Doch im Theodorsschulhaus werden wegen fehlender Räume die Blockzeiten noch nicht gemäss Plan eingehalten. Die

Seit 100 Jahren gibt es in Basel staatliche Kindergärten. ▷

Bildung

Spielen und Lernen. ▷

Stundenpläne sind deshalb so unterschiedlich wie bisher. «Es war nicht leicht, die Bedürfnisse der Eltern, Kinder, Kindergärtnerinnen und Kindergärtner unter einen Hut zu bringen. Viele Eltern meinen, acht Uhr morgens sei für ihren kleinen Knopf zu früh. Vor allem jüngere Kinder haben auch Mühe, während vier Stunden in einer Gruppe zu sein. Deshalb haben wir uns entschieden, nur den Mittwoch zu verlängern. Wir können die Arbeitszeit der Kindergärtnerinnen nicht beliebig nach oben oder unten anpassen.»

Darüber, die Öffnungszeiten der Kindergärten denen der Primarschulen anzugleichen, findet zur Zeit keine Disskussion statt. Dabei spielen nicht nur finanzielle Überlegungen eine Rolle; eine Erweiterung der Stundenzahl verlangt auch eine Erweiterung des Personals – in Zeiten leerer Kassen eine fast aussichtslose Forderung. Für Anita Crain sind jedoch andere Gründe ausschlaggebend: «Erstens gibt es keine entsprechende Nachfrage der Eltern, weil sie schon heute wählen können – in jedem Quartier existiert mindestens ein Kindergarten, der Blockzeiten von morgens acht bis mittags halbeins anbietet. Die ersten Basler Kindergärten mit Blockzeiten sind schon 1990 entstanden. Seither haben wir das Angebot laufend ausgebaut, bei einigen steht sogar ein Mal pro Woche ein Mittagessen auf dem Programm. Und zweitens sind generelle Blockzeiten für Kinder dieses Alters gar nicht erstrebenswert. Das würde bedeuten, dass wir die Stunden an den Nachmittagen streichen müssten. Die Kinder hätten jeden Nachmittag frei und würden diese Zeit wegen beengter Wohnverhältnisse und fehlender Spielplätze vermutlich vor dem Fernseher verbringen.»

Es zeichnet sich schon heute ab, dass das Thema Blockzeiten noch lange nicht von der Traktandenliste gestrichen werden kann. Dazu ist das Spannungsfeld, in dem sich die Vorschule bewegt, zu gross. Auf der einen Seite stehen die Bedürfnisse der Eltern, der Kindergärtnerinnen, Kindergärtner und Kinder – auf der anderen die der Kinderkrippen und Tagesheime. Mehr als die Hälfte aller Mütter ist heute voll oder teilzeitlich berufstätig. Der Anteil der Alleinerziehenden nimmt ebenfalls zu: In Basel versorgen inzwischen 2800 Mütter und 200 Väter ihren Nachwuchs allein; das ist ein Fünftel aller Familien mit Kindern. Die meisten von ihnen sind auf die Unterstützung von Grosseltern, Krippen, Tagesheimen, Tagesmüttern und Horten angewiesen. Blockzeiten allein nützen ihnen wenig.

Blockzeiten allein sind keine Lösung

Für Moni Weber, die Leiterin der Kinderkrippe am Bläsiring, haben Blockzeiten nicht nur Vorteile: «Für uns sind die Blockzeiten zwar kein grosses Problem, weil wir am Bläsiring eine Buschigruppe haben; meine Mitarbeiterinnen können sich dann, wenn die anderen Kinder im Kindergarten oder in der Primarschule sind, um die Kleinsten kümmern. Ich kenne aber Krippen und Tagesheime ohne Buschigruppe, die bei der Arbeitsorganisation grössere Probleme haben. Die meisten sind schon ab sechs Uhr geöffnet; sie können ihre Angestellten nicht einfach zwischen acht und elf Uhr nach Hause schicken, wenn keine Kinder mehr da sind.»

Einmal mehr zeigt sich, dass die Lösung eines Teilproblems noch nicht die Lösung des ganzen Problems ist. Genau an diesem Punkt setzte eine breit abgestützte Volksinitiative zur Kinderbetreuung an, die am 14. Juni 1995 lanciert wurde und eine Erweiterung der familienexternen Betreuung verlangte. Der Kanton wird aufgefordert, unter Einbeziehung der Kindergärten und Primarschulen umfangreichere familienexterne Betreuungsmöglichkeiten bereitzustellen.

Entsprechende Vorstösse hatte die Basler Regierung bereits 1994 mit Hinweis auf die Sparziele auf die lange Bank geschoben. Der Sankt Galler Betriebsökonom Rolf Oehler ortet die Hindernisse auch noch anderswo – auf dem Arbeitsmarkt: «Das ist ein zweischneidiges Schwert. Auf der einen Seite werden durch Tagesschulen natürlich riesige Kapazitäten frei. Auf der andern Seite verstärken diese berufstätigen Frauen den Druck auf den Arbeitsmarkt.»[1]

Kommunale Kindergärten: Riehen will, Bettingen will nicht

An einem anderen Punkt haben die Regierung und das Basler Parlament vergangenes Jahr jedoch Entscheide gefällt: Der Grosse Rat

«Schweschterli, kumm tanz mit mir, baidi Händli gib ych dir. Aimol hi, aimol här, zringelum das isch nit schwär!» ▷

Die beliebten ‹Digerfinggli›. ▷

S'Elfigleeggli lytet glyy … ▷▷

Bildung

bewilligte die Abtretung der Kindergärten an die Landgemeinden Riehen und Bettingen. Das Parlament liess sich dabei von drei Argumenten leiten. Erstens könne damit die defizitäre Kantonsrechnung um rund 2,8 Millionen Franken jährlich entlastet werden; zweitens werde die Gemeindeautonomie, drittens der Finanzausgleich verbessert. Mit seinem Beschluss ignorierte der grosse Rat eine Empfehlung der Eidgenössischen Frauenkommission, die bereits 1992 postuliert hatte: «Auf die in einzelnen Kantonen aufgrund der Finanzknappheit zur Diskussion stehende Rekommunalisierung der Kindergärten muss unbedingt verzichtet werden.»[2]

Der Riehener Gemeindepräsident Gerhard Kaufmann sah einer Übernahme der Kindergärten zuversichtlich entgegen. «Am Unterricht in den Kindergärten und an den Arbeitsbedingungen der 18 Kindergärtnerinnen wird sich nichts ändern. Und zusätzliche Dienstleistungen, wie Abklärungen durch den logopädischen Dienst, werden wir weiterhin von Basel beziehen.» Dass Riehen die Kindergärten bereitwillig übernehmen will, liegt allerdings nicht nur am Zauberwort ‹Gemeindeautonomie›. Gleichzeitig liesse sich nämlich auch die leidige Diskussion um den niedrigeren Steuerfuss der Gemeinde beenden.

Weniger Freude am Entscheid des Grossen Rates hat hingegen die Bettinger Exekutive. Gemeindepräsident Peter Nikyos bezeichnet ihn als problematisch. «Bettingen hat einen staatlichen Kindergarten und subventioniert einen zweiten, der privat geleitet wird. Die Gemeinde kann für diese beiden Kindergärten kein eigenes Rektorat einrichten. Einer Verwaltungslösung, wie sie in Riehen geplant wird, wird der Bettinger Gemeinderat sicher nicht zustimmen. Deshalb werden wir voraussichtlich den Kanton bitten, die Kindergärten gegen Bezahlung zu betreiben.» Der Kontakt zur Gemeinde Riehen in Sachen Kindergärten wird jedoch laut Peter Nikyos gewahrt bleiben – schon allein mit Rechnungen: Viele Bettinger Kinder gehen aus praktischen Gründen in Riehen in den Kindergarten, Riehener Kinder wiederum in Bettingen.

Stimmbürgerinnen und Stimmbürger haben das letzte Wort

Der Entscheid des Grossen Rates überzeugte auch die Basler Lehrerverbände nicht. Die Freiwillige Schulsynode (VS), die Gewerkschaft Erziehung (GE) und die Gruppe Erziehung und Kultur der Gewerkschaft VPOD erzwangen deshalb mit mehr als 3500 Unterschriften die Volksabstimmung. Die Verbände wehrten sich dagegen, dass ein kleiner Teil des Basler Schulsystems aus dem kantonalen Bildungskuchen herausgebrochen werden soll. Mit dem Schulgesetz von 1929 hatte Basel-Stadt als erster Schweizer Kanton ein ganzheitliches, alle Stufen umfassendes Schulsystem geschaffen. Aus diesem Grunde sind Riehen und Bettingen auch die einzigen Schweizer Gemeinden, die keine eigenen Schulen und keine Erfahrung auf diesem Gebiet haben. «Zudem lässt das geänderte Schulgesetz erstmals auch die Privatisierung staatlicher Kindergärten zu. Hier müssen wir einen Riegel vorschieben», ist FSS-Präsident Werner Tschudi überzeugt. «Die Schule ist eine öffentliche Aufgabe. Sie darf nicht von der Finanzkraft der Gemeinden oder der Eltern abhängig sein. Wenn wir diese Entwicklung bei den Kindergärten nicht stoppen, wird bald die Primarschule an der Reihe sein.»

Am 19. November 1995 entschieden sich die Stimmberechtigten mit ganz knapper Mehrheit für die Abtretung der Kindergärten an die beiden Landgemeinden. Den Ausschlag gaben dabei die Stimmbürger der Stadt Basel – wenn es nach den Landgemeinden gegangen wäre, wäre alles beim alten geblieben.

Anmerkungen

1 Schulpolitik am Volk vorbei, ‹Cash› vom 30.12.1994.
2 Familienexterne Kinderbetreuung, Teil 1: Fakten und Empfehlungen, Bericht der Eidgenössischen Kommission für Frauenfragen, November 1992, S. 183.

Freie Schulwahl?

Die Kritik am Basler Modell einer Gesamtschule, der Orientierungsschule (OS), ist noch nicht verebbt. Inzwischen wird nicht mehr allein die pädagogische Ausrichtung und die Struktur der Staatsschule, sondern das staatliche Schulmonopol schlechthin in Frage gestellt. Privatschulen wie die Rudolf Steiner Schule leiden seit langem unter diesem Monopol, das jede Subvention durch den Staat verunmöglicht. Zugleich stossen Privatschulen auf immer grösseren Zuspruch. Die Basler Handelskammer hat die bereits seit längerem bestehende Idee eines Bildungsgutscheins wieder in die Diskussion gebracht: Die Eltern sollen das Verfügungsrecht über die staatlichen Ausbildungsgelder, die ihrem Kind zustehen, erhalten und zwischen privaten und staatlichen Schulen wählen können.
Marcus Schneider kommentiert die freie Schulwahl aus Sicht der Rudolf Steiner-Schule, Hans Gygli stellt das Konzept der Basler Handelskammer vor.

(Red.)

Hans Gygli

Mehr Freiheit im Basler Schulsystem

Eine Studie der Basler Handelskammer zur Liberalisierung der Basler Schulen

Das Unbehagen ist bekannt: Das staatliche Schulmonopol, im 19. Jahrhundert gegen das Monopol der Kirche eingeführt und damit eine Liberalisierung damals, ist heute zu einem Hemmschuh für Schulleitungen, Lehrerkollegien und Eltern geworden: Gesetze, Verordnungen und administrative Vorschriften zuhauf bilden ein enges Korsett für die Schulen, das für alle Betroffenen sehr wenig Bewegungsfreiheit zulässt. Daran hat auch die Schulreform in Basel nichts geändert; die Autonomie der einzelnen Schulen ist noch immer gering, die wesentlichen Entscheidungen werden nach wie vor ‹weiter oben› gefällt.

Es ist also eine neue Liberalisierung vonnöten, welche die Verantwortung und die Entscheidungsbefugnis auf die Ebene der Sachkompetenz und der Fachausbildung delegiert. Diese Ebene bilden die einzelnen Schulen, Leitung und Lehrerschaft, in Zusammenarbeit mit Eltern- und Schülerschaft. Das bedeutet, dass alle Beteiligten in einer Schule aktiv und verantwortlich an der inneren Gestaltung des Unterrichts, an der Schulkultur, am Ambiente mitarbeiten müssen. Solches Tun schafft Freude, Genugtuung und Befriedigung für alle.

Grundzüge des Liberalisierungsmodells

Ein Liberalisierungsmodell für die Schule, das eine Arbeitsgruppe der Basler Handelskammer (BHK)[1] erarbeitet hat, umfasst im wesentlichen die vier folgenden Grundzüge:

1. Der Staat behält die Oberaufsicht und Kontrolle über die Schulen, damit er gewährleisten kann, dass die Bildungsziele, die er ebenfalls festlegt, erreicht werden. Nur wenn diese Bedingung erfüllt ist, erhält eine autonome Schule

vom Erziehungsdepartement die Konzession. Autonomie können im Prinzip sowohl die bestehenden staatlichen Schulen als auch Privatschulen beanspruchen; es können auch neue Schulen gegründet werden. Mit anderen Worten: Es geht nicht um eine Privatisierung der Schulen, sondern um eine Liberalisierung in der Führung und in der Verantwortung; es geht um mehr Freiheit der Bildungsanbieter auf der einen Seite, der Bildungsnachfrager auf der anderen Seite. Denn auch die Finanzen stellt nach wie vor der Staat zur Verfügung, aber nicht mehr den Schulen, sondern den Eltern und ihren Kindern. Es steht für uns ausser Zweifel, dass in den autonomen Schulen die gleichen Geldmittel, die der Staat schon heute aufwendet, effizienter und zielbewusster eingesetzt werden können, und dass teurer Leerlauf vermieden wird.

2. Die Eltern resp. die Schülerinnen und Schüler wählen ihre Schule frei; das heute gültige, mehr oder weniger willkürliche Prinzip der Zuweisung durch die Administration verschwindet. Da alle Schulen im Rahmen der Konzession dem vorgegebenen Bildungsziel verpflichtet sind, können neue Schultypen (OS, WBS usw.) oder andere gewählt werden. Es ist wirklich nicht einzusehen, weshalb am Ende des 20. Jahrhunderts aller Unterricht à tout prix über denselben Leisten geschlagen werden, das heisst allen Schülerinnen und Schülern derselbe Bildungsweg aufgezwungen werden soll. Fast die Hälfte aller Stimmberechtigten hat die heutige Schulreform abgelehnt – um es einmal umgekehrt zu formulieren. Es herrscht also ein grosser Handlungsbedarf, die Freiheit in der Wahl der Schule oder in der Wahl des Schultypus‹ zu schaffen. Das Modell der BHK ermöglicht den Eltern daher eine viel breitere Wahlpalette, als es heute im starren System der Fall ist. Da der Bildungsgutschein überall gültig ist, bleibt auch die Chancengleichheit gewährleistet; die Eltern wählen diejenige Schule, die ihnen für ihr Kind die richtige zu sein scheint.

3. Die Schulen erhalten ‹unternehmerische Freiheit› – und übernehmen entsprechende unternehmerische Verantwortung. Sie entscheiden im Rahmen von Gesetz und Konzession in eigener Kompetenz, wie die Mittel, die sie für die staatlichen Bildungsgutscheine erhalten, eingesetzt werden sollen. Die gesamte Personalpolitik obliegt der autonomen Schule. Die Verantwortlichen aus Schulleitung, Lehrer- und Elternschaft zum Beispiel wählen die Lehrkräfte. Letztlich gibt es in einer solchen Schule niemanden, der nicht Verantwortung auch für das Ganze trüge und dafür auch entsprechend honoriert wird. Das stimuliert die Einsatzfreudigkeit und befriedigt zugleich. Dass bequeme oder untaugliche Leute in einer solchen Schule harten Zeiten entgegensehen, versteht sich von selbst; eine autonome Schule hat keinen Platz für Trittbrettfahrer. Die einzelnen Schulen wer-

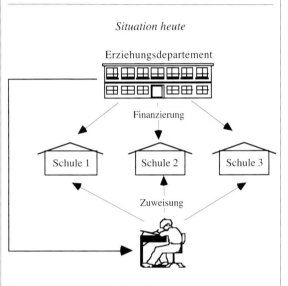

Situation heute

Das ED finanziert die Schulen und weist ihnen die Schüler zu.
◁

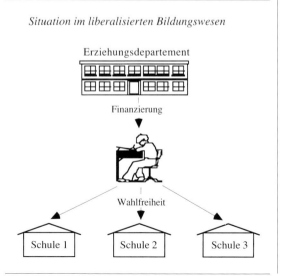

Situation im liberalisierten Bildungswesen

Im neuen Modell finanziert das ED die Schüler, die eine Schule ihrer Wahl besuchen. Erst jetzt wird für die Schule die Finanzierung wirksam.
◁

den untereinander in einem Wettbewerbsverhältnis stehen, das nicht ruinös ist, aber Ansporn gibt, gute Schule anzubieten. Man darf hier mit Fug' und Recht von ‹gesundem Wettbewerb› sprechen.

4. Die Prüfungen finden nach wie vor im Hause statt. Jede Schule entscheidet selbst, wie viele interne Prüfungen in welcher Form nötig sind. Abschlussprüfungen (Matur) unterstehen einer Kontrolle durch externe Experten. So ist für die Erhaltung des gewünschten Niveaus gesorgt. Mittelfristig wird eine Erfolgskontrolle der Universität und anderer Abnehmer bei den Absolventen der Schulen von selbst dafür sorgen, dass nirgends Qualitätseinbussen erfolgen. Dass der heutige Zustand nicht befriedigt, haben auch obere Instanzen bemerkt: «Der Bund, die Erziehungsdirektorenkonferenz und die Hochschulkonferenz planen eine Vereinfachung der Verwaltungs- und Beratungsorgane im höheren Bildungswesen. Dabei ist die komplizierte Organisationsstruktur zu überprüfen und es sind neue Entwicklungen zu berücksichtigen.»[2] Das Modell der BHK-Arbeitsgruppe kommt diesem Wunsch in hohem Masse entgegen. Es bezieht sich zunächst auf die Ausbildung der 11- bis 19jährigen Jugendlichen. Dass man es auch auf die Stufen Kindergarten/Primarschule anwenden kann, ist denkbar, wäre aber noch zu prüfen.

Es ist der Arbeitsgruppe klar, dass das Modell auch Nachteile haben kann. Die Gefahr besteht, dass sich ‹teure Eliteschulen› bilden, bei denen der normale Bildungsgutschein nicht ausreicht, so dass die Chancengleichheit nicht mehr garantiert wäre. Eine Schule braucht ferner eine Mindestgrösse, welche die Vielfalt der Auswahl erst ermöglicht. Das ist nicht auf Anhieb zu schaffen und erschwert dementsprechend erwünschte Neugründungen. Es könnte schliesslich vorkommen, dass sich eine ‹Extremistenschule› etablieren möchte, die nicht nur das staatliche Bildungsziel erfüllen würde usw. Alle diese Nachteile können aber durch eine entsprechende Formulierung der Konzessionsbestimmungen verhindert werden. In einer Einführungs- und Übergangszeit wären derartige Probleme zu lösen.

Es würde hier zu weit führen, Vergleiche innerhalb der Kantone und mit dem Ausland darzustellen; eine Broschüre der BHK-Arbeitsgruppe hat diese Aspekte ausführlich dargestellt. Es ist sehr zu wünschen, dass die Ideen dieser Arbeitsgruppe aufgenommen werden von Schulleitern, Lehrkräften, Eltern, Schülerinnen und Schülern, die im Schulbereich freier atmen möchten als bisher.

Anmerkungen

1 Die Mitglieder der BHK-Arbeitsgruppe waren: Dr. Hansjörg Blöchlinger, Stefan Cornaz (Vorsitz), Prof. Dr. René L. Frey, Dr. Otto F. Gigon, Roland Glaser, Dr. Hans Gygli, Prof. Dr. Georges Lüdi, Beat Mayer, Dr. Géza Teleki.
2 Mitteilung in: Gymnasium Helveticum Nr. 4, Aarau 1995.

Marcus Schneider

Freie Schulwahl? Die Rudolf Steiner Schule Basel

1996 blickt die Rudolf Steiner Schule Basel auf ihr 70jähriges Bestehen zurück. Das Jubiläum, das die Schule in einer breiten öffentlichen Darstellung mit Ausstellung, Vorträgen, Workshops begeht, fällt zusammen mit der erneuten Diskussion über die Freiheit im Basler Schulsystem[1] – Anlass genug für die grundsätzlichen Überlegungen zu diesem Thema.

Die Idee eines freien Bildungswesens reicht gut 200 Jahre zurück. Über Wilhelm von Humboldt, Karl Viktor von Bonstetten, Paul Ignaz Vital Troxler, den Russen Leo Tolstoj und den Spanier Francisco Ferrer führt die Linie der Vordenker, die die Schweizerischen Reformbewegungen zu Beginn unseres Jahrhunderts mitbeeinflusst haben[2].

1907 hatte Rudolf Steiner (1861–1925) seine grundlegende pädagogische Schrift ‹Die Erziehung des Kindes vom Gesichtspunkte der Geisteswissenschaft› veröffentlicht. Seine Perspektive war von allem Anfang an nicht politisch; radikal ging Steiner vom Kind und seiner Entwicklung aus. Das umfangmässig kleine Werk behandelt die Gesetzmässigkeiten der Kindheits- und Jugendjahre, pädagogische und didaktische Konsequenzen, auch die Folgen ihrer Missachtung. Im wesentlichen zeigt Steiner auf, wie die Reifung der Persönlichkeit in Sieben-Jahres-Schritten erfolgt, über denen die Stichworte Nachahmung, Autorität und Ausbildung des Denkens stehen können.

«Alle Einseitigkeit im Leben, alle öden ‹Glaubensbekenntnisse›, die sich auf ein paar Wissensbrocken gründen, und von diesen aus richten möchten über oft durch lange Zeiträume bewährte Vorstellungserlebnisse der Menschheit, rühren von Fehlern der Erziehung in dieser Richtung her. Um reif zum Denken zu sein, muss man sich die Achtung von dem angeeignet haben, was andere gedacht haben. Es gibt kein gesundes Denken, dem nicht ein auf selbstverständlichen Autoritätsglauben gestütztes gesundes Empfinden für die Wahrheit vorangegangen wäre. Würde dieser Erziehungsgrundsatz befolgt, man müsste es nicht erleben, dass Menschen zu jung sich reif dünken zum Urteilen und sich dadurch die Möglichkeit nehmen, allseitig und unbefangen das Leben auf sich wirken zu lassen.»[3]

Dieses letzte aber: das Leben unbefangen auf sich wirken lassen zu können, muss Voraussetzung zur freien Gestaltung sein; Neuformung, nicht Umformung, auf der Grundlage eines durch Geisteswissenschaft erweiterten Bildes vom Menschen und seiner Entwicklung, war Steiners Forderung an eine moderne Pädagogik. Schon im ersten Satz der Grundschrift hält er fest: «Das gegenwärtige Leben stellt mancherlei in Frage, was der Mensch von seinen Vorfahren ererbt hat.»[4] Zwölf Jahre später war es soweit: Der erste Weltkrieg hatte eine Wüste hinterlassen, die nach grundlegenden neuen Formen, und nicht nur der Erziehung, rief. Es war das Verdienst von Emil Molt, dem damaligen Direktor der Stuttgarter Waldorf-Astoria-Zigarettenfabrik, dass er 1919 Rudolf Steiner zum Leiter einer Schule berief, die zunächst für die Arbeiterkinder seines Betriebes eingerichtet wurde, dann aber unerwartet schnell über diesen Rahmen hinauswuchs. Weitere Schulgründungen folgten, wie 1926 auch die Schule in Basel, die als erste den Namen ‹Rudolf Steiner Schule› trug.

Das bedeutete nicht eine Reform, sondern war

Schüler im Buchbinde-Atelier. ▷

von Anfang an eine eigene, originäre geistige Leistung. Nicht politische Erwägungen, auch nicht wirtschaftliche Vorgaben, sondern Freiraum für lebendige und neue Ideen und Einsichten standen am Anfang dieser Schulgründung. Darin konnte die Schule Rudolf Steiner folgen, der schon 1919 für die Situation des Bildungswesens formuliert hatte: «Den Menschen für das äussere Leben in Staat und Wirtschaft brauchbar zu machen, wurde die Hauptsache. Dass er in erster Linie als seelisches Wesen erfüllt sein solle mit dem Bewusstsein seines Zusammenhanges mit einer Geistesordnung der Dinge und dass er durch dieses sein Bewusstsein dem Staate und der Wirtschaft, in denen er lebt, einen Sinn gibt, daran wurde immer weniger gedacht.»[5] Die Kulturkrise verlangte Bildungseinrichtungen als nach allen Seiten hin unabhängige Institutionen: «Das Erziehungs- und Unterrichtswesen, aus dem ja doch alles geistige Leben herauswächst, muss in die Verwaltung derer gestellt werden, die erziehen und unterrichten. In diese Verwaltung soll nicht hineinreden oder hineinregieren, was im Staate oder in der Wirtschaft tätig ist. Staat und Wirtschaft haben abzuwarten, was ihnen aus diesem freien Geistesleben zufliesst. Sie werden befruchtet werden von den lebendigen Ideen, die nur aus einem solchen Geistesleben entstehen können.»[6]

Gegenwart und Zukunft der Rudolf Steiner Schule

Vieles hat sich in den 70 Jahren seither gewandelt; die staatliche Schule hat ihr Gesicht verändert, in vielem auch Züge angenommen, die früher der Rudolf Steiner Schule vorbehalten waren, zum Beispiel die schriftliche Charakterisierung anstelle von Notenzeugnissen, die Einführung der Blockzeiten, Elternarbeit, künstlerischer Unterricht. Verändert hat sich auch die Rudolf Steiner Schule, indem sie ihren Lehrplan differenziert und ausgebaut, die Grundlagen vertieft und weiterentwickelt hat, auf der Suche nach steter Verbesserung der eigenen Organisations- und Weiterbildungsstrukturen, Einbezug der Eltern, dem Üben in der Selbstverwaltung.[7] Angesichts der enormen Ausbreitung der Rudolf Steiner Schulen in den letzten zwanzig Jahren war es oft schwer, die inneren und äusseren Ansprüche an die Schulen im Gleichgewicht mit ihrem Wachstum zu halten.

So fällt das 70-Jahr-Jubiläum der Rudolf Steiner Schule Basel in eine Zeit erneuter interner und öffentlicher Diskussion um das Basler Bildungswesen. Bei aller äusseren Annäherung pädagogischer Formen und Strukturen zwischen staatlichen und Rudolf Steiner Schulen bleibt aber ein grundlegender Unterschied, den ein früherer Basler Erziehungsdirektor und Regierungsrat so beschrieben hat: «Die Gründer der Rudolf Steiner Schule wollten nicht Bestehendes ändern, sondern Neues schaffen; sie wollten nicht Reform, sondern *Form*. Die Form der Schule war und ist durch die Lehren Rudolf Steiners und das von ihm geprägte Modell der Waldorfschule vorgegeben. Die Gründer mussten sich nicht, wie die Reformer der Staatsschule, während Jahren im Aushandeln von Kompromissen erschöpfen, sondern sie konnten handeln, geleitet von Einsichten über Mensch und Kosmos. Nun wird natürlich auch bei der Diskussion über die Staatsschule von festgefügten Überzeugungen, Welt- und Menschenbildern aus argumentiert. Ein wesentlicher Unterschied zum Gründerkern der Rudolf Steiner Schule scheint indessen darin zu liegen, dass in der staatlichen Schulpolitik die praktischen Folgerungen, die aus geistigen Einsichten gezogen werden, selbst dann uneinheitlich sind, wenn die Einsichten die gleichen sind, während die anthroposophischen Grunderkenntnisse mit beeindruckender Konsequenz in eine klare Praxis umgesetzt werden, die in manchen Teilen den Gebräuchen staatlicher Schulen widerspricht.»[8]

Daran hat sich nichts geändert. Es liegt auf der Hand, dass sich die Rudolf Steiner Schulen nicht im Rahmen einer staatlichen Schulorganisation hätten entwickeln können. Dennoch bleiben sie öffentliche Schulen, und als solche ein Freiraum für Eltern, Kinder, Lehrkräfte, die diese Schule aufgrund ihrer Einsichten wählen und auch finanzieren. Ohne Opferbereitschaft aller Beteiligten könnten die Schulen nicht existieren, zumal die Schulgeldbeiträge individuell auf das Einkommen einer jeden Familie bezogen sind, sozial abgestuft und jährlich neu vereinbart – von einer elitären Schule für Reiche etwa kann nicht die Rede sein! Anderseits ist es nur verständlich, dass auch Schuleltern einer Rudolf Steiner Schule als Ungerechtigkeit empfinden, dass sie sowohl über die Steuern die Staatsschule als auch aus eigenen Mitteln die Schule ihrer eigenen Kinder finanzieren. Das elterliche Recht auf freie Schulwahl wird dadurch eingeschränkt. Es ist daher zu begrüssen, wenn in neuester Zeit die Trennung von Bildungsfinanzierung und Bildungsangebot als ‹Urform› einer Liberalisierung im Schulwesen wieder zur Diskussion gestellt worden ist[9], sei es in Form des Bildungsgutscheins, eines Steuerabzugs oder einer Pro-Kopf-Finanzierung jeder Schule. Im richtigen Geist und Sinn unternommen, könnte dies ein weiterer Schritt in die Richtung eines freien Bildungswesens sein.

«Wenn nicht mehr Menschen über Menschen in der alten Art ‹regieren› sollen, so muss die Möglichkeit geschaffen werden, dass der freie Geist in jeder Menschenseele so kraftvoll, als es in den menschlichen Individualitäten jeweilig möglich ist, zum Lenker des Lebens wird. Dieser Geist lässt sich aber nicht unterdrücken. Einrichtungen, die aus den blossen Gesichtspunkten einer wirtschaftlichen Ordnung das Schulwesen regeln wollten, wären der Versuch einer solchen Unterdrückung. Sie würde dazu führen, dass der freie Geist aus seinen Naturgrundlagen heraus fortdauernd revoltieren würde.»[10]

Anmerkungen

1 Mehr Freiheit im Basler Schulsystem, Schriftenreihe der Basler Handelskammer, Nr. 27, Juni 1995, Basel 1995.
2 Martin Näf, Alternative Schulformen in der Schweiz, Zürich 1988.
3 Rudolf Steiner, Die Erziehung des Kindes vom Gesichtspunkte der Geisteswissenschaft, Dornach 1932.
4 siehe Anm. 3.
5 Rudolf Steiner, Die pädagogische Grundlage und Zielsetzung der Waldorfschule, Dornach 1978.
6 zitiert nach: Hans Widmer/Hans Hari, Zeitgemässe pädagogische Leitideen, in: 50 Jahre Pädagogik Rudolf Steiners in der Schweiz, Basel 1969.
7 weiteres dazu in: Rudolf Steiner Schule Basel, Basel 1993.
8 Arnold Schneider, Private und staatliche Schulreform, in: Festschrift Rudolf Steiner Schule 1926–1976, Basel 1976.
9 siehe Anm. 1.
10 siehe Anm. 5.

Eine Fliege, viele Augen

Auf der Suche nach einem übergeordneten Steuerungs-Gen gelang einem Basler Forscherteam am Biozentrum der Universität ein aufsehenerregendes Experiment mit einer Fliege. Im Beitrag von Walter J. Gehring, der die Versuche leitete, wird der Forschungserfolg aus erster Hand dargestellt.
Die Bilder einer Fliege mit vierzehn Augen haben weltweit ein enormes Echo in den Medien, bei Wissenschaftlern und Laien ausgelöst. Dabei wurde mit Nachdruck die Frage nach der Verantwortung, dem Sinn und den Grenzen der Forschung und insbesondere der Eingriffe ins Erbgut gestellt. Christoph Rehmann-Sutter, Naturwissenschaftler und Ethiker, zeigt Spannungsfelder auf, in denen die Genforschung heute steht. *(Red.)*

Walter J. Gehring

Forscher entdecken Schlüssel-Gen für die Augenentwicklung

Wie Gene die Entwicklung steuern, gehört zu den faszinierendsten Fragestellungen der modernen Biologie. Obwohl alle Zellen die gleiche genetische Information enthalten, werden die Gene nur in bestimmten Zellen und während einer bestimmten Zeitspanne abgelesen. Das Hämoglobin-Gen beispielsweise ist nur in Blutzellen aktiv und führt während der Blutbildung zur Synthese von Hämoglobin. Der Ablesevorgang, die Genexpression, wird wiederum von speziellen Genen gesteuert, den sogenannten Regulator-Genen, welche die Aktivität ihrer Ziel-Gene regulieren. In den letzten drei Jahren ist es gelungen, das Regulator-Gen zu identifizieren, das die Entwicklung der Augen steuert. Daraus haben sich unerwartete Einblicke in die Werkstatt der Natur eröffnet.

Wie findet man solche Regulator-Gene? Grundsätzlich können wir nur aus der Veränderung etwas über das Wesen der Dinge erfahren. Erbliche Veränderungen an den Genen werden als Mutationen bezeichnet. Mutationen, die die Augenentwicklung beeinflussen, sind beim Menschen und bei der Maus bekannt: Menschen mit der Erbkrankheit *Aniridia* haben stark verkleinerte Augen, und die Iris fehlt ihnen teilweise oder vollständig. Bei solchen Patienten trägt eines der beiden elterlichen Gene einen Defekt. Individuen, bei denen beide Gene eine Defektmutation aufweisen, bilden keine Augen und haben zusätzlich Entwicklungsstörungen, die zum Tod des Fötus führen. Die entsprechende Mutation bei der Maus heisst *Small eye* und hat in einfacher Dosis ebenfalls eine Reduktion der Augen zur Folge. In doppelter Dosis fehlen die Augen vollständig, und die Embryonen sterben ab.

Mit gentechnischen Methoden ist es gelungen, die Gene *Small Eye* und *Aniridia* zu isolieren und deren DNS-Sequenz zu entziffern (DNS: Desoxyribonukleinsäure; Träger der Erbinformation, Bestandteil der Chromosomen). Dabei zeigte sich, dass das menschliche Gen sowie das Maus-Gen die Information für identische

Proteine enthalten. Beide Gene enthalten je zwei Abschnitte, die als ‹Homeobox› und als ‹Pairedbox› bezeichnet werden. Diese DNS-Abschnitte sind charakteristische Merkmale für Regulator-Gene, welche die Aktivität zahlreicher untergeordneter Gene steuern und somit den Bauplan oder die ‹Architektur› der Tiere festlegen. Sowohl ‹Homeobox›, die vor zehn Jahren in Basel entdeckt wurde, als auch ‹Pairedbox› enthalten die Information für Proteinsegmente, die an bestimmte Kontrollelemente in der DNS der Ziel-Gene binden und sie somit aktivieren können. Da *Aniridia* und *Small eye* eine ‹Homeobox› und eine ‹Pairedbox› enthalten, lag die Vermutung nahe, dass es sich bei ihnen um Regulator-Gene handelt, welche die Augenentwicklung steuern, indem sie die Aktivität der zahlreichen (mehrere tausend) daran beteiligten Ziel-Gene regulieren.

Die Augen der Insekten sind ganz anders aufgebaut als diejenigen der Säugetiere. Sie bestehen aus Hunderten von Einzelaugen, sogenannte Facetten, die mit wunderbarer Präzision zu einem Komplexauge zusammengefügt sind. Entsprechend entsteht das Insektenauge auch auf ganz andere Art, nämlich aus einer Imaginalscheibe. Das Komplexauge der Fliegen entsteht als Einstülpung der Haut, während das

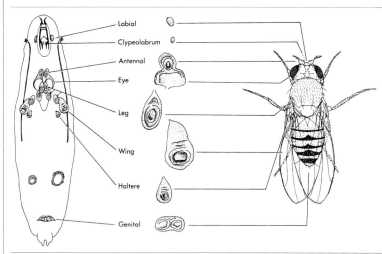

Die Fliegenlarve enthält verschiedene scheibenförmige Strukturen, die Imaginalscheiben. Sie entstehen als Einstülpungen der Haut und dienen später als ‹Baumaterial› für die Fliege. Während der Metamorphose im Puppenstadium werden die larvalen Gewebe zum grössten Teil aufgelöst, die Fliege wird vor allem aus den Imaginalscheiben neu aufgebaut.

(a) Eye-Antennal 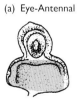 Wing 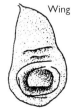 (b) Eye-Antennal 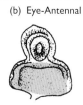 Wing

Im natürlichen Zustand (a) ist das *eyeless*-Gen nur in der Augenregion der Augen-Antennen-Imaginalscheibe (Eye-Antennal) aktiv (grau markiert). Im experimentell herbeigeführten Zustand (b) ist es auch in anderen Imaginalscheiben aktiv, hier z.B. in der des Flügels (Wing).

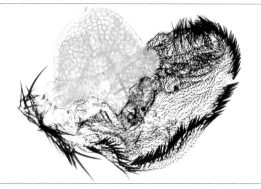

Resultat der Aktivierung des *eyeless*-Gens in der Flügel-Imaginalscheibe: Ein Flügel mit Facettenauge.

Auge der Wirbeltiere aus einer Ausstülpung des Gehirns hervorgeht. Die Biologen nahmen deshalb an, dass diese beiden Augentypen im Verlaufe der Evolution unabhängig voneinander entstanden seien. Diese Auffassung findet man in allen Lehrbüchern; im Lichte der neuesten Forschungsergebnisse muss sie nun revidiert werden.

Vor etwa drei Jahren wurde das *Aniridia* und *Small eye* entsprechende Gen der Taufliege *Drosophila* durch Genklonieren entdeckt. Nach anschliessenden Untersuchungen stellte sich zur allgemeinen Überraschung heraus, dass das Drosophila-Gen der Mutation *eyeless* entspricht, welche zu einem Fehlen der Augen führt. Daraus lässt sich schliessen, dass das gleiche Regulator-Gen für die Entwicklung der Augen sowohl bei Wirbeltieren als auch bei Insekten unerlässlich ist. Dieser überraschende Befund warf die Frage auf, ob es sich bei *eyeless* bzw. *Small eye* um das Haupt-Kontroll-Gen handeln könnte, das die Augenentwicklung bei sämtlichen Tieren einleitet und steuert. Weil Gene mit einer Homeobox Schlüsselpositionen bei der Steuerung von Entwicklungsprozessen einnehmen, schien dieser Gedanke nicht abwegig.

Wenn nun das *eyeless*-Gen statt in der Augenscheibe in einer anderen Imaginalscheibe angeschaltet würde, käme es dann dort zur Bildung des Auges? Dies war die Frage eines in unserem Labor von Georg Halder und Patrick Callaerts durchgeführten Experiments[1]. Mit Hilfe eines Aktivatorproteins von Hefe gelang es, das *eyeless*-Gen von Drosophila in den Bein-, Flügel- und den Antennenscheiben zu aktivieren. Nach monatelanger Arbeit wurden plötzlich die für die Augen typischen roten Pigmentflecken in den Beinen einzelner Fliegen sichtbar. Nachdem die besten Bedingungen zur Expression von *eyeless* gefunden waren, entwickelten sich tatsächlich Fliegen mit zusätzlichen Augen an den Beinen und Flügeln und auf den Antennen. Dies beweist, dass *eyeless* tatsächlich das Haupt-Kontroll-Gen ist, das die Augenbildung induziert und eine Entwicklungskaskade auslöst, an der etwa 2500 weitere Gene beteiligt sind und deren Ergebnis die Ausbildung des Facettenauges ist.

Nach tage- und nächtelanger Arbeit und zahlreichen Misserfolgen plötzlich schön ausgebildete Facetten mit rotem Augenpigment auf einem Flügel zu entdecken, gehört zu den Höhepunkten in einem Forscherleben. Es dreht sich nicht darum, irgendwelche Monster zu erzeugen, sondern einen Einblick in die Werkstatt der Natur zu gewinnen. Je kühner der Gedanke, um so grösser die Freude, wenn er sich als richtig herausstellt. Können die Fliegen mit diesen zusätzlichen Augen tatsächlich sehen? Diese Frage kann noch nicht abschliessend beantwortet werden, obwohl sich herausgestellt hat, dass die Photorezeptorzellen funktionstüchtig sind.

Da seither das gleiche Gen auch bei Tintenfischen, Seescheiden, Seeigeln und Plattwürmern gefunden worden ist, kann weiter gefolgert werden, dass *eyeless*, alias *Small eye*, das universale Kontroll-Gen für die Augenentwicklung ist, weil es in allen Tiergruppen vorkommt, von den niedersten Würmern bis zum Menschen!

Weil sich die verschiedenen Augentypen in bezug auf ihren Aufbau und ihre Entwicklung im Embryo ganz wesentlich unterscheiden, hatten Evolutionstheoretiker bis jetzt angenommen, dass Prototyp-Augen in den verschiedenen Tiergruppen bis zu vierzigmal unabhängig voneinander entstanden seien. Der jüngste Befund, dass das gleiche Kontroll-Gen die Augenentwicklung bei den verschiedensten Organismen steuert, deutet darauf hin, dass wahrscheinlich nur einmal in der Evolution ein Prototyp Auge entstanden ist. Dies ist mit Darwins Evolutionslehre sehr viel besser vereinbar als eine vielfache, unabhängige Entstehung. Sobald einmal ein funktionelles photorezeptives Organ entstanden war, könnte seine optische Leistungsfähigkeit durch Selektion auf verschiedenen Wegen verbessert worden sein. Man kann sich vorstellen, dass dies schliesslich zur enormen Vielfalt von Augentypen geführt hat, die heute im Tierreich beobachtet werden können. Während die Kaskaden sich diversifizierten, blieb ihr Haupt-Kontroll-Gen dasselbe. Diese neuesten Ergebnisse werfen wohl auch etwas Licht ins Dunkel der Vergangenheit.

Anmerkung

1   Veröffentlicht in: Science 267, 1995, S. 1788–1792.

Christoph Rehmann-Sutter

Kontroversen um ein Experiment
Ein Kommentar

I

Bereits gleichentags mit dem Wissenschaftsmagazin *Science* berichtete die *New York Times* über die erfolgreichen Forschungen der Gruppe Gehring-Halder-Callaerts. Der Titel auf der Frontseite am 24. März: «With New Fly, Science Outdoes Hollywood.» Im Text erläuterte der Taufliegen-Neurologe Charles Zuker die Bedeutung des Experiments so: «It's the paper of the year... This is Frankensteinian science at its best.» Die Wochenendausgabe der *International Herald Tribune* (25./26. März) transportierte diese mythische Konnotierung im Titel: «‹Frankensteinian› Fruit Fly Experiments Point to Master Gene for Eye Formation.» Die deutsche Zeitung *Die Woche* brachte (am 7. April) das Porträt der Basler *Drosophila* als ‹Bild der Woche› mit dem Kommentar: «Frankenstein und die Fruchtfliege: Dank gentechnischer Manipulationen ist es Wissenschaftler der Universität Basel gelungen, einer Fliege zusätzliche Augen wachsen zu lassen – und zwar an den Beinen, den Flügeln und auf der Spitze ihrer Fühler...»

Das Experiment erlebte ein enormes Echo. Dutzende von Pressemeldungen trugen die Botschaft von der Basler Fliege rund um die Welt, und mit ihr auch ihr Porträt. Sie war die Fliege mit einem gentechnisch induzierten, zusätzlichen Auge auf der Spitze ihrer Antennen oder die «Fliege mit den 14 Augen». Ein Tierchen von vielleicht 2 mm Länge wurde erst in tausendfacher Vergrösserung elektronenmikrographiert und sein Bild dann millionenfach vervielfältigt. Die Weltöffentlichkeit schaute auf ein einzelnes, präpariertes Insekt. Und die teils jungen Forscher waren überwältigt von ihrer plötzlich eingebrochenen enormen Publizität, aber auch von einer für sie schwer zu deutenden Zweideutigkeit der öffentlichen Reaktion.

II

Die Kommentare brachten diese Zweideutigkeit unverhohlen in den Vordergrund. Natalie Angier begann ihren Artikel in der *New York Times* und in der *International Herald Tribune* mit folgendem Satz: «Combining elements of the sublime and the macabre, scientists have created flies that...». *Die Woche* schrieb: «Das Experiment erregte in Fachkreisen nicht etwa wegen der monströsen Manipulation der Natur grosse Aufmerksamkeit, sondern weil nun das eine Gen lokalisiert zu sein scheint, das die Ausbildung des Auges massgeblich steuert: das ‹master control gene›.»

Man kann sich fragen, ob diese Verzweideutigung des Experiments nur den ‹Nachrichtenwert› der Botschaft in der Presse steigern sollte, also mithelfen, aus einem bedeutenden Forschungsresultat eine Pressesensation zu machen. Ich glaube, dass mehr dahintersteckt; schliesslich wurden auch Stimmen laut, welche das Experiment offen tadelten, es als wissenschaftlich «langweilig» (Ernst Peter Fischer in der *Weltwoche* vom 6. April) oder sogar als «obszön» bezeichneten (Florianne Koechlin in der *Basler Zeitung* vom 13. April) oder es als einen Beweis für den Allmachtswahn der Genetiker darstellen (Christoph Keller in der *Wochen Zeitung* vom 2. Juni). Breite Kreise der Öffentlichkeit sind in der Auseinandersetzung um die Gentechnik sensibilisiert und befürchten, dass die Wissenschaftler die Grenzen von Würde und Respekt vor der Natur der Lebewesen niederreissen.

Dieses Fliegenbild traf also auf Befürchtungen und Erwartungen, die schon vorgeformt in der Öffentlichkeit bereitstanden und im übrigen nicht einfach als irrational oder haltlos abqualifiziert werden können. Schliesslich hat der wissenschaftlich-industrielle Komplex seine moralische Glaubwürdigkeit vor dem Hintergrund der ökologischen Katastrophen weitgehend verloren und kann seine Legitimation nur noch punktuell sichern. Es gibt keinen ungebrochenen Glauben an einen wissenschaftlich-technischen Fortschritt mehr. Innovationen haben sich im 20. Jahrhundert auch nachteilig erwiesen, und die Gentechnik hat angesichts der z.T. unverdeckten Kommerzialisierung der Forschung Mühe, sich noch als ‹Grundlagenforschung› zu präsentieren. Da fragt man allzugerne nicht mehr genau nach, wer dieses Experiment mit welcher Absicht und wie genau gemacht hat. Es ist leicht, sich schon mit dem Bild der Fliege zufriedenzugeben. Beweist es doch, dass die Wissenschaftler Monster schaffen.

Das Bild, und damit das Experiment, hatte Symbolwert. Darin steckt für mich die Erklärung für die Zweideutigkeit seiner Wahrnehmung. Mit ‹Symbolwert› meine ich eine Bedeutung, die über das hinausgeht, was es eigentlich für sich selbst genommen ist. Es steht für mehr als nur für sich selbst da.

III

Aber wofür? Der Begriff des ‹Monsters› kann uns dabei vielleicht einen Weg weisen. Er tauchte in vielen Beschreibungen des Experiments auf. Und es führt direkt in die Frankenstein-Mythologie, von der ja auch explizit die Rede war. Dort war das Monster eine furchterregende menschliche Kreatur, von einem wahnsinnigen Forscher aus toten Körpern zusammengefügt. Dieses monströse Wesen erwies sich als bösartig, wandte sich gegen seinen Schöpfer und gegen andere Menschen und musste schliesslich verfolgt und unschädlich gemacht werden. Das bedeutet: Die genetisch orientierte Entwicklungsbiologie wird in der Gegenwart forschungsextern mit einem bestimmten Muster wahrgenommen, das sich radikal von dem Muster unterscheidet, mit dem sie forschungsintern wahrgenommen wird. Was forschungsextern das ‹Monster› ist, war forschungsintern der ‹Test›, der Beweis für eine Hypothese. Die Fliege war ja nicht als solche Ziel der Anstrengungen der Forschung, sondern sie trat innerhalb einer experimentellen Anlage auf, die eine bestimmte wissenschaftliche Hypothese zu bestätigen oder zu widerlegen imstande war. Die Forscher wollten nicht eine ‹neue Fliegenart› schaffen, sondern Wissen über die Genregulation während der Entwicklung von der Larve zur erwachsenen Fliege gewinnen. Dazu erwies sich die Erzeugung dieser Fliege als ein geeigneter Weg, als Demonstration.

Die Forschung, so konnte ich lernen, steht in verschiedenen, miteinander unvereinbaren, aber gleichzeitig wirksamen Wahrnehmungskontexten, innerhalb deren sich je eine eigene Beurteilung und Bewertung des Experiments aufdrängt. Im einen Kontext war es ein Durchbruch und als solcher unbedingt *gut,* im anderen Kontext war es ein Sakrileg, eine hybride Grenzüberschreitung und als solche unbedingt *schlecht.* Die Wissenschaft steht, so möchte ich folgern, in einer *kommunikativen Krise.* Die Wahrnehmungskontexte sind auseinandergefallen und bieten miteinander unvereinbare Wirklichkeitsdeutungen. Vielleicht könnten *beide* Kontexte von einem Durchlässigwerden der Grenzen gewinnen? Offenbar gelingt es beiderseits nicht mehr, die eigenen Motive auf der je anderen Seite verständlich zu machen. Die Forschung ist autonom geworden, sie definiert ihre Ziele unabhängig von einem gesellschaftlichen Diskurs. Und die Öffentlichkeit definiert ihre Probleme als Probleme, die aus der Eigendynamik der Wissenschaft entstehen; sie entlässt die Wissenschaft aber gerade dadurch, dass sie sie nur noch punktuell und symbolisch wahrnimmt, aus der Eingebundenheit in ihren Diskurs. Die kommunikative Krise der Wissenschaft ist also nicht nur einseitig das Problem nicht stattfindender Wissensvermittlung von innen nach aussen, sondern auch das Problem der Rückkoppelung des wissenschaftlichen Fortschritts an eine gesellschaftlich gesicherte Sinngebung. Kommunikation wäre zweiseitig.

Mit dem Titel ‹Monster› wurde das Experiment in der Öffentlichkeit interpretiert. Es wurde in das System von Bedeutungen der Frankenstein-Mythologie eingebettet. Dieses lag bereit; es brauchte nur aktiviert zu werden: aus dem Experiment sei Unheil zu erwarten und die Forscher hätten Grenzen überschritten, die sie nicht hätten überschreiten dürfen. Monster sind wortwörtlich bedeutungstragende Wesen. Lateinisch ‹monstrare› heisst ‹zeigen›. – Aber wurde diese Interpretation dem Experiment gerecht? Wurde da nicht etwas ins Ungeheuerliche stilisiert und aus allen Relationen herausgenommen? Es wurde hier ja in keiner Weise Leben geschaffen oder Totes zum Leben erweckt. Und doch bleibt die beunruhigende Frage nach dem Umgang mit der Macht, welche das Wissen verleiht, das aus derartigen Forschungen entsteht. Das hier beschriebene Experiment wäre ja für sich allein genommen vergleichsweise bedeutungslos, seine Aussagekraft bleibt beschränkt und umstritten. Aber die Mosaiksteinchen lassen sich jeweils zusammensetzen, und es entsteht Manipulationswissen von der lebendigen Natur. Bleibt dieses innerhalb des Rahmens der reinen Forschung, oder kann es für äussere Interessen dienstbar gemacht werden? Wird die Menschheit weise genug sein, um die entstehenden biotechnischen Konzepte mit Bedacht zu entwerfen? Haben die Grundlagenforscher überhaupt irgendwelchen Einfluss auf die Verwendung des von ihnen in ernsthafter und ehrfurchtsvoller Naturkundlerabsicht gewonnenen Wissens?

Dagegen mutet die Frage nach der Ethik des Tierversuchs noch harmlos an. Zweifellos wurden die Fliegen als Forschungsobjekte in Dienst genommen, als blosse Mittel zum Zweck der Erkenntnisproduktion verwendet, in diesem Sinn verdinglicht. Dessen sind sich die Forscher selbst bewusst. Sie haben eine Güterabwägung gemacht und eine persönliche Entscheidung getroffen. Die Verantwortung dafür liegt bei ihnen. Es ist nicht die Aufgabe des Ethikers, hier moralische Urteile zu fällen. Es ist aber sehr wohl die Aufgabe von mir als Ethiker, wie auch die Aufgabe der Wissenschaft und der kritischen Öffentlichkeit, Anfragen zu machen, Reflexionen anzuregen, Diskurse in Gang zu bringen über Grenzen hinweg, über die Fragen, welche zuunterst liegen.

Solange die Fliegen als Monster gesehen werden, bleiben sie andererseits auch unbestimmbare Wesen. Sie fallen aus den sauberen Grenzen der Arten und Gattungen heraus, sind singuläre Gestalten, welche den Definitionen entgleiten. Durchbruch oder Grenzüberschreitung? Einblick in ein Wunder der Natur oder Eintritt in ihren heiligsten Bezirk? Bestätigung oder Infragestellung der hierarchischen Konzeption der Genwirkung? – Mehrere widersprüchliche Bestimmungen scheinen wahr und gleichzeitig nicht wahr. Die Fliegen ziehen sich, gerade *weil* sie als Monster gesehen werden, in das Halbdunkel der Ambivalenz zurück.

Für mich ist die Herstellung ektopischer Augen samt der öffentlichen Reaktion ein Schlüsselereignis. Es zeigt mir die gesellschaftliche Problematik der Wissenschaft in deutlichster Schärfe. Es stellt die Rolle der Ethik genauso in Frage wie die Rollen der Wissenschaft und der Öffentlichkeit. Nicht nur die Wissenschaft konnte eine Hypothese testen und daraus etwas lernen. Wenn das Experiment die Struktur der Krise der Wissenschaft verdeutlicht, darin insbesondere eine mythische und eine kommunikative Seite zu Tage gefördert hat, so kann die Reflexion darüber kulturell produktiv werden. Diese grenzüberschreitende Reflexion könnte ein Boden sein, auf dem auch eine naturphilosophische Interpretation der Entwicklungsgenetik beginnen könnte.

Basler Forscher

Redaktion

Vor 100 Jahren starb Johann Friedrich Miescher

Der Basler Forscher und Entdecker des ‹Nucleins›, Johann Friedrich Miescher (1825–1895).

«Die Entdeckung einer neuen, in allen Zellkernen vorhandenen Substanz ist wahrlich eine grossartige Leistung für einen jungen Mediziner im ersten Jahr seiner wissenschaftlichen Tätigkeit», schrieb Matthys Staehelin im Basler Stadtbuch 1962 über den Basler Forscher Johann Friedrich Miescher.

In seinem rastlosen Forscherleben hat sich Friedrich Miescher immer wieder für die chemische Beschaffenheit der Zellkerne interessiert. Nach Abschluss seiner medizinischen Doktorarbeit in Basel studierte er organische Chemie in Tübingen. Im damals wohl besten physiologisch-chemischen Labor, bei Ernst Felix Hoppe-Seyler (1825–1895), widmete er sich der Zelluntersuchung. Zunächst untersuchte er Eiterflüssigkeit, die in höchster Konzentration Einzelzellen – die weissen Blutkörperchen – enthält. Im Rahmen seiner Forschungen gelang Miescher erstmals die Unterteilung der Zelle in Unterkomponenten. Dabei entdeckte er eine neue, in allen Zellkernen vorhandene Substanz, die er ‹Nuclein› nannte, und die Sidney Altmann viele Jahre später als ‹Nukleinsäure› bezeichnen sollte. Diese Entdeckung war so revolutionär, dass nicht einmal der grosse Chemiker Ernst Felix Hoppe-Seyler daran glaubte. Erst nach gründlicher Überprüfung der Resultate und zweijährigem Aufschub der Veröffentlichung – allerdings auch durch den Ausbruch des deutsch-französischen Kriegs verursacht – ging Mieschers Arbeit 1871 in Druck. Seit Mitte des 20. Jahrunderts gilt als erwiesen, dass bei den meisten Lebewesen die DNA (Desoxyribonuklein-Säure) – fast immer in Form eines Doppelstrangs – die genetischen Erbinformationen trägt.

Rheinsalm für genetische Untersuchungen

Zurückgekehrt nach Basel, wandte sich Friedrich Miescher der Chemie der Samen- und Eizellen zu, die bei der Vererbung entscheidend sind. Zunächst untersuchte er den Dotter des Hühnereis, bevor er sich auf Lachseier und ‹Lachsmilch› (Lachssperma) konzentrierte. Die Erforschung des Rheinsalms – um 1880 wurden in Basel und Umgebung jährlich noch mehr als 2500 Lachse gefangen – wurde zu seinem Lebensinhalt.

Während des Wachstums der Sexualorgane

verschwindet die Rumpf- und Schwanzmuskulatur der Lachse fast vollständig, und die geschrumpfte Haut haftet nur noch lose am Körper. Dabei nehmen die Fische auf ihrer Wanderung flussaufwärts überhaupt keine Nahrung zu sich. Bei den Weibchen wächst das Gewicht der Eierstöcke von ursprünglich $1/300$ des Körpergewichtes auf $1/3$ an; die Eierstöcke können dann bis zu 6 Pfund wiegen. Da diese Organveränderungen vor allem in den oberen Flussläufen stattfinden, war Basel der geeignete Ort für die Beobachtung.

Friedrich Miescher gelang der Nachweis, dass bei der Geschlechtsreifung das Muskeleiweiss abgebaut und stattdessen Nukleinsäure (DNA) in den Ei- und Samenzellen gebildet wird. Von grösster Bedeutung waren seine Untersuchungen an Lachssperma: Hier konnte Miescher nicht nur die Nukleinsäure untersuchen; er entdeckte auch ein neues basisches Eiweissmolekül, das Protamin.

Gutachter öffentlicher Institutionen

Doch auch mit ‹alltäglichen› Dingen befasste sich Friedrich Miescher. So erarbeitete er im Auftrag der Basler Regierung ein Gutachten über die Ernährung der Strafgefangenen in den Zuchthäusern. Hintergrund war die damals schlechte Versorgungslage der Bevölkerung, die unter anderem zur Folge hatte, dass siebzig bis achtzig Prozent der jungen Männer wegen mangelhafter Ernährung militäruntauglich waren. 1872 zum ersten ordentlichen Professor für Physiologie an die Universität Basel berufen, hielt Miescher über seine Erkenntnisse zahlreiche Vorträge. Mit harten Worten kritisierte er namentlich die ‹geizigen› Bauern, die lieber jeden Tropfen Milch zur Käseproduktion verwendeten oder an die wachsende Kondensmilchindustrie verkauften, als damit ihre eigenen Kinder zu ernähren. Weitere Gutachten folgten, unter anderem 1883 für das Basler Waisenhaus, aus dem hervorging, dass damals die Ernährung in keinem anderen Waisenhaus der Schweiz so schlecht war wie in Basel.

Forschung auf Kosten der Gesundheit

Die meisten seiner Entdeckungen gelangen Johann Friedrich Miescher unter denkbar ungünstigen Umständen. Die Forschung an der Nukleinsäure erforderte rigoroseste Bedingungen; das tage- und nächtelange Arbeiten in ungeheizten Räumen, oft bei Temperaturen nahe dem Gefrierpunkt, belastete den Forscher sehr. Von Jugend an schwerhörig, erkrankte er, nachdem er bereits eine Typhusinfektion hatte durchstehen müssen, an Tuberkulose, von der er sich nie mehr erholte. Am 26. August 1895 starb Johann Friedrich Miescher im Sanatorium von Davos.

Erich Schwabe

Zum 100. Todestag von Karl Ludwig Rütimeyer

Vierzig Jahre lang wirkte der Naturforscher Karl Ludwig Rütimeyer (1825–1895) in Basel.

Der Name von Karl Ludwig Rütimeyer (1825–1895) ist der baslerischen Öffentlichkeit durch einen zentralen Strassenzug des Bachlettenquartiers vertraut. Im Kreise der Wissenschaft reiht sich der markante Naturforscher unter die grossen Gelehrten unserer Universität, die nicht nur in einem begrenzten Fachgebiet, sondern interdisziplinär, über die Fakultäten hinweg, Bedeutsames geleistet haben.

Frühes Interesse für Geologie und Geomorphologie

Für den im emmentalischen Biglen als Pfarrerssohn aufgewachsenen Gymnasiasten war vom Vater das Studium der Theologie ausersehen. Doch fand der Sohn, geleitet von frühen Natureindrücken und angespornt durch seinen Lehrer, den Berner Professor Bernhardt Studer, in der Erkundung landschaftsformender Vorgänge ein anderes, ihn besonders ansprechendes Tätigkeitsfeld. Als noch nicht Zwanzigjähriger wählte er das Gebiet des ‹Hundschüpfen› – die heute als ‹Blasenflue› bezeichnete Erhebung aus Molasse-Nagelfluh im Emmental – samt der kennzeichnenden Vegetation, Besiedlung usw. zum Thema einer ersten kartographischen Untersuchung. Später trat er während Auslandaufenthalten und an wissenschaftlichen Tagungen in Kontakt mit führenden Geologen vor allem West- und Südeuropas. Zeugnis seiner Beobachtungen und Forschungen bildeten u. a. eine preisgekrönte geologische Karte des Gebirges zwischen Emme und Thunersee (1847), sodann Arbeiten über ‹Thal- und Seebildung› (1869), über ‹Pliocaen und Eisperiode auf beiden Seiten der Alpen› (1875) und die Beteiligung an der Vermessung des Rhonegletschers. Der damals junge Schweizer Alpenclub und

dessen Basler Sektion hatten seiner Initiative viel zu verdanken. Grundwassermessungen, die er in Basel durchführte, gaben den Anstoss zur Entstehung des Pumpwerks in den Langen Erlen.

Naturwissenschaft galt für ihn mehr als Medizin

Obwohl Karl Ludwig Rütimeyer, nach kurzem Beginn in der theologischen Disziplin, seine Berner Hochschulzeit als Mediziner absolvierte, fand er zum Beruf des Arztes nie den richtigen Zugang. Viel mehr als die eigentliche ärztliche Kunst interessierten ihn die propädeutischen Fächer. So wirkte er denn, nach bestandenem Examen, nur wenige Tage lang als Arzt-Stellvertreter. Auch bildeten nicht medizinische Fragen, sondern die im Gestein der schweizerischen Voralpen vorkommenden fossilen Nummuliten Gegenstand seiner Dissertation.

Der gebürtige Bern-Burger blieb bis ins 30. Altersjahr an seine engere Heimat gebunden. Er verheiratete sich im Frühling 1855 mit der Burgdorferin Charlotte Fankhauser. Gefördert durch Bernhardt Studer, hatte er zwei Jahre zuvor eine Teil-Lehrstelle für vergleichende Anatomie an der Hochschule Bern übertragen erhalten.

Die Paläontologie und die vergleichende Anatomie der Tierwelt waren in der Folge die Untersuchungsbereiche, denen Rütimeyers grösste Aufmerksamkeit galt und in denen die Resultate seines Schaffens die umfassendste Anerkennung fanden. Von den die sedimentären Gesteine stratigraphisch bestimmenden Petrefakten (Versteinerungen) führte ihn die Forschung zum anatomischen Bau einzelner Tierarten, den er vergleichend ergründete.

Von Bern nach Basel

Richtig seine Kapazitäten entfalten konnte Ludwig Rütimeyer aber erst in Basel, wohin er vor allem auf Betreiben des Geologen und Ratsherrn Peter Merian geholt wurde. Der Ruf zur Übernahme des Lehrstuhls für vergleichende Anatomie an der Universität Basel (1855) verhalf ihm zum Festigen einer Position, in welcher er der Wissenschaft massgebende Dienste zu leisten vermochte. Die Pfahlbau-Theorie, die dank den Entdeckungen Ferdinand Kellers damals aufkam, spornte ihn u. a. dazu an, die Entwicklung von Rind und Pferd seit dem Neolithikum zu verfolgen. Seine ‹Fauna der Pfahlbauten› (1861) wurde weltweit beachtet. Sein ‹Versuch einer natürlichen Geschichte des Rindes› (1862) oder auch seine Schrift über ‹Die Herkunft unserer Thierwelt› (1867) brachten ihn auch in die Nachbarschaft von Darwins Anschauungen, denen er freilich eher reserviert gegenübertrat. Paläontologisch sehr bedeutsam waren seine Arbeiten über den Bau von Schale und Schädel der Schildkröten (1873) und – als letzte – eine Übersicht über die eocaene Säugetierfauna aus den Bohnerzfunden von Egerkingen.

Karl Ludwig Rütimeyer wirkte in unserer Stadt gegen vierzig Jahre lang, seit 1867 als deren Ehrenbürger. Berufungen nach Zürich, ins Ausland oder auch zurück nach Bern lehnte er ab, weil, wie er selber schrieb, «mir Basel sehr bald zu einer Heimath geworden ist, die mir und meiner Lebensgefährtin mehr bot, als je von einer andern zu erwarten war.» Die hervorragende vergleichend-anatomische Sammlung des Basler Naturhistorischen Museums legt Zeugnis von seiner Dankbarkeit ab.

Thierry A. Freyvogel

Zum Gedenken an Professor Rudolf Geigy

Prof. Dr. Rudolf Geigy anlässlich seines 80. Geburtstages im Jahre 1982.

Am 8. März 1995 schieden Professor Rudolf Geigy und seine Gattin Charlotte gemeinsam aus dem Leben. Ihrem Wunsch gemäss wurden sie im engsten Familienkreise bestattet. Anfang April nahmen in grosser Zahl Freunde, Kollegen und vormalige Schüler anlässlich einer von der Universität, dem Schweizerischen Tropeninstitut und dem Zoologischen Garten anberaumten Gedenkfeier in der Aula des Museums an der Augustinergasse von den Verstorbenen bewegten Abschied.

Rudolf Geigy kam 1902 in Basel zur Welt. Er durchlief die Schulen daselbst, bildete sich jedoch nicht, wie zu erwarten gewesen wäre, zum Kaufmann aus, sondern nahm – mit der Einwilligung seines Vaters, dem der Verstorbene dieses grosszügige Verständnis zeitlebens dankte – bei Prof. Friedrich Zschokke das Studium der Zoologie auf. Er beendete dieses in Genf, mit einer in der Fachwelt vielbeachteten Arbeit über die Wirkung ultra-violetter Strahlung auf die Entwicklung von Insekten. Damit legte er den Boden für die Experimentelle Zoologie, die er wenige Jahre später in Basel einführte, und mit welcher er das Lehrangebot am Rheinsprung in entscheidender Weise bereicherte.

Schon damals machte er sich in Fachkreisen als begabter Wissenschafter einen Namen. Dies sollte ihn indessen nicht hindern, aus dem damals neuen und vielversprechenden Arbeitsgebiet der Entwicklungsphysiologie zu wechseln, als er 1943 vom Bund und vom Kanton Basel-Stadt beauftragt wurde, ein Tropeninstitut zu errichten. Demzufolge widmete er sich fortan im Laboratorium in Basel und im afrikanischen Busch der Erforschung der Übertragung tropischer Krankheiten, namentlich der Schlafkrankheit durch Tsetsefliegen, aber auch des von Zecken übertragenen Rückfallfiebers oder der Malaria. Damit legte er den Grundstein für spätere Arbeiten mehrerer seiner Schüler an der Côte d'Ivoire und in Tansania, wo erst kürzlich, mit bemerkenswerten ersten Erfolgen, in Ifakara Impfversuche gegen Malaria durchgeführt worden sind.

Geigy war ein anspruchsvoller, zugleich aber grosszügiger Chef und ein begnadeter Lehrer. Seine Praktika zur Entwicklungsbiologie und

Vererbungslehre wie seine zeitweilig fröhlichen Gewässer-Exkursionen bleiben im Gedächtnis aller haften, die daran teilhatten. Er war ein grosser Naturfreund, der es liebte, Nächte im Busch zu verbringen, den Flusspferden zu lauschen und im Morgengrauen den Elefanten beim Überqueren des Kilombero-Flusses zuzuschauen. Vogelwarten im In- und Ausland, der WWF wie auch der Basler Zoologische Garten verdanken ihm viel. Die Entwicklung des ‹Zolli› gestaltete er – auf gutem Fuss auch mit den ‹Wärtnern› – wesentlich mit, ab 1933 als Mitglied des Verwaltungsrates, 1941 als Präsident des Freunde-Vereins, und vor allem von 1941 bis 1972 als Präsident des Verwaltungsrates und mehrfacher grosser Gönner des Gartens.

Rudolf Geigy war aber auch Unternehmer, ein ‹Macher›. Nicht zufällig wurde er für das Jahr 1962/63 zum Rektor der Universität Basel gewählt. Als seine grösste Leistung dürfen aber wohl die Gründung und der Aufbau des Schweizerischen Tropeninstituts in Basel angesehen werden, dem er bis 1972 vorstand und das er zu Weltruf führte. Er hat damit in der Schweiz etwas in Gang gesetzt, dessen Möglichkeiten noch längst nicht ausgeschöpft sind und dessen Tragweite noch nicht einmal allerorts ganz erfasst worden ist. Rudolf Geigy war eine starke Persönlichkeit, ein mächtiger Mann, den Autoritäten wenig beeindruckten und der sich seine geistige Unabhängigkeit bis zuletzt bewahrte. Zugleich war er ein weitsichtiger, grossmütiger und zutiefst dankbarer Mensch, als den ihn die Nachwelt in unauslöschlicher Erinnerung behalten wird.

Manfred Elke

Strahlen aus dem Dunkeln

100 Jahre Röntgenstrahlen und Radiologie in Basel

Das ausgehende 19. Jahrhundert gehört zu einer bemerkenswerten Umbruchszeit, die alle Sparten der Naturwissenschaften und Heilkunde, die Kunst, unser Weltbild, die Vorstellungen vom Menschen und das tägliche Leben bis heute stark beeinflusst hat. Die neuen, umwälzenden Erkenntnisse und eine Unsumme kleiner Forschungsschritte waren auch die Voraussetzung für die Entdeckung der ‹X-Strahlen› durch Wilhelm Conrad Röntgen (1845–1923) vor genau 100 Jahren, die 1901 mit dem ersten Nobelpreis ausgezeichnet wurde. Millionen Kranke und Verletzte verdanken seitdem den Röntgenstrahlen die Wiederherstellung ihrer Gesundheit oder die Linderung ihrer Leiden.

Wilhelm Conrad Röntgen wurde 1845 im rheinländischen Lennep geboren. Seine Laufbahn als Forscher, Physiker und Universitätslehrer war keineswegs vorprogrammiert. In seiner Jugend wies man den «unbescheidenen» und «aufsässigen Willem» wegen eines Schülerstreichs von der Utrechter Technischen Lehranstalt. Ohne Maturabschluss und trotz etlicher Bemühungen blieb Röntgen danach «nicht examensfähig». Schliesslich riet ihm ein befreundeter Schweizer Ingenieur, er solle sich am Polytechnikum in Zürich, der späteren Eidgenössischen Technischen Hochschule (ETH), bewerben; tüchtige Leute würden dort auch ohne Matur eine Chance erhalten. Röntgen bestand die Aufnahmeprüfung, wie zwei Jahrzehnte später unter ähnlichen Umständen Albert Einstein (1879–1955).

Im Herbst 1895 experimentierte Röntgen mit Kathodenstrahlen. Dabei entdeckte er die neuen Strahlen, die er zeitlebens ‹X-Strahlen› nannte. Zu dieser Zeit wurde in Basel gerade das Rösslitram durch den elektrischen Trambetrieb abgelöst. Zahlreiche Physiker experimentierten damals mit Kathodenstrahlen. In den Wochen, in denen Röntgen das neuartige Strahlungsphänomen untersuchte, das bei der Abbremsung der Kathodenstrahlen (Elektronen) entsteht, zog er sich völlig in sein Institut zurück und schlug dort auch sein Nachtlager auf. Selbst seine Mitarbeiter wussten nichts von den Versuchen. Seiner Frau teilte er mit, er mache etwas, «von dem die Leute, wenn sie es erfahren, sagen würden, der Röntgen ist wohl verrückt geworden!»

Zum Jahreswechsel 1895/96 verschickte er an Freunde und berühmte Physiker Sonderdrucke seiner ersten Mitteilung. In wenigen Tagen lief die unglaubliche Nachricht um die Welt. Die Experimente wurden in vielen Instituten wiederholt und bestätigt. Alle Welt war fasziniert davon, dass auf den mit den ‹X-Strahlen› belichteten Photoplatten oder Fluoreszenzschirmen die Knochen der menschlichen Hand sichtbar wurden; schon auf den ersten Aufnahmen liessen sich Knochenbrüche oder Metallsplitter exakt nachweisen. In den Zeitungen erschienen Karikaturen, auf denen Damen der Gesellschaft befürchteten, man könne nun auf der Strasse durch ihre Kleider hindurchsehen. Während seiner Demonstration vor der ‹Physikalisch-Medicinischen Gesellschaft zu Würzburg› am 23. Januar 1896 bat Röntgen den Anatomen Albert Kölliker (1817–1905), seine Hand mit den ‹X-Strahlen› aufnehmen zu dürfen. Unter tosendem Beifall wurde die entwickelte Photoplatte mit der ‹durchsichtigen› Hand vorgezeigt. Kölliker schlug tief bewegt vor, die ‹X-Strahlen› fortan ‹Röntgensche Strahlen› zu nennen, ein Vorschlag, den Röntgen selbst nie übernahm.

Der Nutzen der neuen Entdeckung für die medizinische Diagnostik und Bilddokumentation überzeugten sofort. Ärzte für ‹Diagnostische Radiologie›, sogenannte ‹Röntgendiagnostiker›, mussten nun die Röntgenbilder lesen lernen. Zum Vergleich zogen sie anatomische Abbildungen heran, wie sie anhand von Sektionsergebnissen seit der europäischen Renaissance verwendet wurden, wegweisend veröffentlicht in dem anatomischen Werk von Andreas Vesalius (1514–1564), das 1543 in Basel gedruckt worden war.

Während eines Vortrags über Röntgens neu entdeckte Strahlen im Januar 1896 in Paris sah auch der Physiker Henry Becquerel (1852–1908) wie elektrisiert die gelb-grüne Fluoreszenz an der Stelle, an der die Kathodenstrahlen auf die der Glaswand der ‹Röntgenröhre› auftrafen und dort abgebremst wurden. Sollte die Fluoreszenz der Kristalle, die er gerade untersuchte, etwas mit den neuen Strahlen zu tun haben? Becquerel forschte weiter und fand eine bisher unbekannte Strahlung, die sogenannte ‹Becquerelstrahlung›. Seine Ergebnisse bewogen Marie Curie-Sklodowska (1867–1934) und ihren Mann Pierre Curie (1859–1906) zu mühsamen Arbeiten, die unter anderem zur Entdeckung des Radiums führten. Die hohe spontane Strahlenaktivität, die sie dabei fanden, bezeichneten sie als ‹Radioaktivität›. Von diesen physikalischen Entdeckungen sind völlig neue Einsichten über Atomaufbau, Strahlungsphänomene, Materie- und Energieumwandlungen ausgegangen. Auch viele Bereiche der Biologie, Chemie, Medizin, Technik, Geologie und Astronomie – im Grunde: unser gesamtes Leben – sind von dieser ‹neuen Physik› des 20. Jahrhunderts stark beeinflusst worden.

Kurz nach Röntgens Entdeckung sprach in Basel «unter ungewöhnlichem Andrange» der Experimentalphysiker und Politiker Eduard Hagenbach-Bischoff (1833–1910) im Februar 1896 über die Röntgenschen Strahlen. Erste Röntgenaufnahmen mit einem vom Bürgerspital angeschafften Röntgengerät sind 1897 registriert. Im gleichen Jahr bestimmte die Direktion des Bürgerspitals den kaufmännischen Adjunkten Wilhelm Mayer-Lienhard (1865–1944) zum Leiter des ersten Diagnostischen Röntgeninstituts. Infolge der damaligen Unkenntnis über die Nebenwirkungen der Strahlen und den fehlenden Strahlenschutz traten bei Mayer-Lienhard später Strahlenschäden auf, denen er nach einem qualvollen Leiden 1944 erlag. Sein Freund, der geniale Basler Elektroingenieur, Konstrukteur und Fabrikant Friedrich Wilhelm

Friedrich Klingelfuss mit seinem Hochspannungsinduktor, um 1901.

Klingelfuss (1859–1932), erlitt aufgrund häufiger Demonstrationen das gleiche Schicksal. Klingelfuss hatte 1885 eine von Ludwig Zehnder (1854–1949), einem späteren Assistenten Röntgens, gegründete elektrotechnische Werkstatt an der Petersgasse 7/26 übernommen. Er baute den Betrieb zu einem international bekannten und angesehenen Unternehmen aus. Seine elektromedizinischen Geräte, vor allem die Funkeninduktoren, waren für ihre zuverlässige Hochspannungserzeugung bekannt und damals unübertroffen. Zehnder habilitierte sich 1890 in Basel für Physik und stand später in einem freundschaftlichen Verhältnis zu Röntgen, das sich allerdings nach einem Besuch bei ihm in München 1915 merklich abkühlte. Schuld daran waren unter anderem vorschnelle wissenschaftliche Spekulationen, Empfehlungen für eine Patentierung von Röntgens ‹X-Strahlen› und Lizenzen zugunsten bestimmter Firmen. Röntgen selbst hatte kommerzielle Vorteile aus Forschungsergebnissen stets abgelehnt. Er war der Auffassung, derartige Entdeckungen gehörten der Allgemeinheit.

Als erster Arzt übernahm 1922 der Assistent der medizinischen Klinik am Basler Bürgerspital, Max Lüdin (1883–1960), die Leitung des Basler ‹Röntgeninstituts›. In Röntgens eigenem Land dagegen dauerte der Kampf um die Anerkennung des Fachs als eigenständige Disziplin über einige Generationen hinweg an. Unter Lüdins Nachfolgern, dem Wiener Radiologen Erich Zdansky (1893–1978) und danach Helmut Hartweg (1920–1993), begann seit den 60er Jahren die ‹Elektronische Revolution› der Radiologie. Sie leitete das ‹Goldene Zeitalter› der ‹bildgebenden Diagnostik› ein. Nun ermöglichten elektrische Halbleiter, integrierte Schaltkreise und Rechenautomaten, kompakte medizinische Geräte zu bauen, die früher ganze Fabrikhallen gefüllt hätten. Sie erlaubten eine immer schonendere Untersuchung und Behandlung der Patienten. Gleichzeitig wurde zum Strahlenschutz des Patienten und des Arztes die notwendige Strahlendosis stark vermindert.

Ein Meilenstein auf dem Weg der Modernisierung war die Erfindung der ‹Röntgen-Computertomographie› (CT). Sie stellte den grössten Fortschritt in der ‹bildgebenden Diagnostik› seit der Entdeckung der Röntgenstrahlen dar. Mit einem Team der Firma ‹Electro Musical Industries› (EMI) hatte der englische Elektronikingenieur Godfrey Newbold Hounsfield (geb. 1919) seit 1967 die CT zu einem medizinisch brauchbaren ‹bildgebenden Verfahren› weiterentwickelt. Er konnte dabei auf mathematischen Grundlagen der Bildrekonstruktion zurückgreifen, die schon 1917 – damals noch ohne erkennbare Nutzanwendung – von J.R. Radon erarbeitet worden waren. Bis dahin wurde die innere Struktur des untersuchten Körperteils auf einem Röntgenphoto oder Leuchtschirmbild direkt abgebildet. Die neuen CT-Verfahren dagegen messen die Strahlenabschwächung durch den Körper und rekonstruieren aus den Messwerten das Bild. Dadurch sind sie wesentlich empfindlicher für feine Strukturen und krankhafte Veränderungen als die ‹klassischen› Röntgenaufnahmen. Zudem können dank spezieller Computerberechnungen räumliche Abbildungen aufgebaut und in verschiedene Richtungen gedreht werden. Digitalisierung und Bildrekonstruktion gestatten eine problemlose Nachbearbeitung des Bildes. Tauchen zum Beispiel nach einer Untersuchung neue Gesichtspunkte auf, so können die gespeicherten Daten ohne erneute Belastung des Patienten aktualisiert werden.

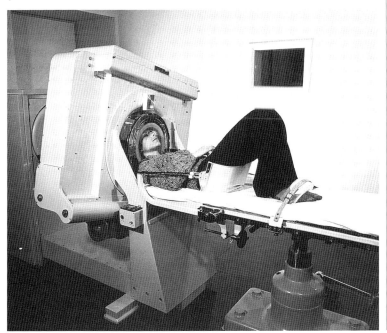

Der Computertomograph läutete ein neues Zeitalter in der Röntgendiagnostik ein.

Im September 1971 begann J. Ambrose im ‹Atkinson Morley's Hospital› von Wimbledon mit Hilfe eines Prototyps des ‹EMI-Scanners› mit den ersten klinischen Untersuchungen. Davon hörte der Basler Neurologe Hans Rudolf Müller, der sich gerade in London aufhielt. Durch diesem Umstand erhielten die Ärzte am Basler Kantonsspital einen Informationsvorsprung über das revolutionäre Verfahren, zumal anderenorts die Radiologen noch wenig von der anfangs groben Bildqualität der neuen Körperquerschnitte hielten und den Innovationsschub, den die Digitalisierung und Nachverarbeitungsmöglichkeit für die Bilddarstellung und -auswertung auslöste, nicht erkannten. Rasch bildete sich in Basel eine EMI-Arbeitsgruppe aus Ärzten, die in zwei Londoner Instituten den diagnostischen Wert der Untersuchungsresultate prüften. Sie beantragten Anfang 1973 den Grossen Rat um einen Kredit zum Kauf des 1,25 Millionen Schweizer Franken teuren Geräts. Noch im gleichen Jahr, kurz vor Weihnachten, konnten zum ersten Mal auf dem europäischen Kontinent in Basel Patienten mit einem ‹EMI-MarkI-Scanner› untersucht werden.

Am 28. November 1975 verlieh die Basler Universität auf Vorschlag der EMI-Gruppe G.H. Hounsfield für seine bahnbrechende Entdeckung die Ehrendoktorwürde der Medizinischen Fakultät. 1979 erhielt er, gemeinsam mit A. McCormack, den Nobelpreis für Medizin.

Godfrey Newbold Hounsfield nach der Verleihung Ehrendoktorwürde der Universität Basel, inmitten der EMI-Arbeitsgruppe: Reinhard Hünig, Jürg Ulrich, Hounsfield, Hansrudi Müller, Ekkehard Kazner (München), Manfred Elke, Heini Ernst Kaeser, Rudolf Wüthrich (v.l.n.r.). ◁

Literatur

R. and E. Brecher, The Rays, Baltimore 1969.
F. Dessauer, Wilhelm C. Röntgen, Die Offenbarung einer Nacht, Frankfurt a.M., 4. Aufl. 1958.
M. Elke/H. Lüthy, Radiologie in Basel; in: W. Wenz/M. Elke/A. Wackenheim, Radiologie am Oberrhein, Berlin, 1987, pp. 74–142.
M. Elke, Lymphologie und Lymphographie, in: Heuck-Macherauch 1995. – Ders., Development and consequences of the discovery of X-rays by W.C. Roentgen in 1895, Experientia (Basel) 51 (1995), pp. 637–720. – Ebenda, One century of diagnostic imaging in medicine, pp. 665–680.
O. Glasser, Wilhelm Conrad Röntgen und die Geschichte der Röntgenstrahlen, 3rd. ed., Berlin/Göttingen/Heidelberg 1995.
H. Goerke, 75 Jahre Deutsche Röntgengesellschaft, Stuttgart-New York 1980.
E.R.N. Grigg, The Trail of the Invisible Light, Springfield 1965.
U. Hennig, Deutsches Röntgen-Museum Remscheid-Lennep, Braunschweig 1989.
F.H.W. Heuck/E. Macherauch, Forschung mit Röntgenstrahlen, Bilanz eines Jahrhunderts 1895–1995, Berlin-Heidelberg 1995.
M. Hopf, 50 Jahre Schweizerische Röntgengesellschaft, Radiologia clinica 32 (1963) pp. 179–206.
G.N. Hounsfield, Computerized transverse axial scanning (tomography), Part 1, description of system, Brit. J. Radiol. 46 (1973), pp. 1016–1022.
J.H. Radon, Über die Bestimmung von Funktionen durch ihre Integralwerte längs gewisser Mannigfaltigkeiten, Beitr. Sächsische Akademie der Wissenschaften 69 (1917), pp. 262–277.
A. Vesalius, De humani corporis fabrica, libri septem, Basilea 1543.
C. Wieser/H. Etter/J. Wellauer, Radiologie in der Schweiz, Bern-Stuttgart-Toronto 1989.
L. Zehnder, W.C. Röntgen, Briefe an L. Zehnder, Zürich-Leipzig-Stuttgart 1935.

Anmerkung

Der Verfasser verdankt viele Mitteilungen seinen Lehrmeistern, Freunden und Bekannten, die hier nicht aufgeführt werden können, insbesondere den Nachkommen der Familien Mayer-Lienhard (Basel), Klingelfuss (Basel) und den Herren H.R. Erdmann (Rheinfelden) und W. Rohner (Pratteln).

Fasnacht

Felix Rudolf von Rohr

Naare uff s Schiff!

Fasnacht 1995

Von allen Volksbräuchen im Basler Kalender kommt nur der Fasnacht die Ehre zu, jedes Jahr im Basler Stadtbuch, der heutigen Chronik unserer Stadt, speziell gewürdigt zu werden. Was ist denn so aussergewöhnlich an unseren ‹drei schönsten Tagen›? Eine Frage, die immer wieder gestellt und ebenso regelmässig kontrovers diskutiert wird. Eine ganze Reihe von Eigenarten zeichnen unsere Fasnacht besonders aus:
– Geistreicher Witz mit Biss, Persiflage und Ironie.
– Der Charakter eines Familienfestes von und für Basler.
– Der Zweck eines Ventils oder Fegefeuers zur Abrechnung mit allem, was übers Jahr zu Ärger Anlass gegeben hat.
– Künstlerische Qualität im Malen, Dichten und Gestalten.
– Eine seltsame Mischung zwischen bitterem Ernst und grosser Lebensfreude – zwischen Totentanz und Mummenschanz.
– Lebendiges Brauchtum und die liebevolle Pflege vieler kleiner und grosser Traditionen.
– Anonymität.
Diese Charakteristika (und wohl noch einige mehr) machen unsere Fasnacht zu dem, was sie nach wie vor ist. Dem ist aber sogleich beizufügen, dass alle diese Merkmale sich beständig verändern und gelegentlich auch in Frage gestellt werden.

Verlust der Anonymität?

Nehmen wir einmal die letztgenannte Eigenart, die Anonymität. «Gäll, Du kennsch mii nit?» ist eine altbekannte Redewendung, mit welcher Maskierte den Wortwechsel eröffneten, als das ‹Intrigieren› an Maskenbällen und in Wirtschaften noch gang und gäbe war. Tatsächlich konnte und durfte man nicht erkennen, wer sich hinter einer Larve und unter einem Kostüm verbirgt. Es war Ehrensache, sich so zu verkleiden, dass einen niemand erkennen konnte: eine Larve, eine Perücke und ein Kostüm, die keine ‹blutten› Stellen freiliessen; keine Schuhe oder Schmuckstücke, die man übers Jahr trug; ja, sogar ein ungewohntes Parfum; und selbstverständlich eine andere Körpersprache, eine verstellte Stimme sowie nach Möglichkeit ein anderer Dialekt. Nicht von ungefähr kommt der alte Witz, dass man sich in Basel ‹aalegt›, um Fasnacht zu machen, während sich die rheinischen Narren (und vor allem die Närrinnen) zum Fasching oder Karneval ausziehen. Ebenso unerkannt soll aber auch bleiben, wer an der Strassenfasnacht in einem Kostüm steckt, wer Schnitzelbängge verfasst und vorträgt, wer Zeedel und andere Verse schmiedet oder auch ‹Rahmestiggli› fürs Monstre-Trommelkonzert schreibt, wer Laternen und Schnitzelbangg-Helgen malt, wer ganze Cliquen-Züge entwirft oder auf den Larven und Requisiten seine Handschrift hinterlässt. Gilt diese Eigenart unserer Fasnacht noch?
Selbstverständlich ist es unvermeidlich, dass die aktiven Fasnächtler untereinander Bescheid wissen: Die Laternenmaler, die Obleute der Cliquen, die Tambourmajoren, die Schnitzelbänggler, die ‹Wägeler›, sogar die Sujet-Verantwortlichen pflegen einen regelmässigen kameradschaftlichen Kontakt und Gedankenaustausch untereinander und bieten sich gegenseitig Hilfe an. So ergibt sich natürlich ein ‹Who is Who?› unter den Insidern. Darüberhinaus haben sich aber in den letzten Jahren Gepflogenheiten eingeschlichen, die den tra-

ditionsbewussten Fasnächtlern eher zu denken geben. Einer der ersten grossen Schritte aus der Anonymität war das – inzwischen wohl vergriffene – Buch über die Laternen, in dem eine grosse Zahl von Ladärne-Malern mit Namen und ‹Oeuvre›-Beispielen einer breiten Öffentlichkeit vorgestellt wurden. Mehr und mehr sind es aber auch Fasnächtler selbst, die an der Fasnacht und übers Jahr gerne zu erkennen geben, dass sie ‹dazugehören› – sei es mit Auftritten übers ganze Jahr, sei es, indem sie selbst bei Lebensläufen mit Stolz die Zugehörigkeit zu Cliquen oder Schnitzelbangg-Gruppen vermerken, sei es an den Bummelsonntagen nach der Fasnacht, wo der Parademarsch durch die Freie Strasse so manchen vor allem dazu dient, nach allen Seiten hin fleissig zu grüssen, um aller Welt erkennen zu geben, dass auch sie ‹rechte Fasnächtler› sind. Aber auch an der Fasnacht selbst zeigen gar viele Fasnächtler ihre Identität mit Stolz und Freude: Jene ‹Wägeler›, die auf jede Gelegenheit warten, um ihre ‹Opfer› ohne Larven ins Visier nehmen zu können; jene Guggemuusige, die sich bei ihren Platzkonzerten in Wirtschaften oder auf der Strasse grundsätzlich ihrer ‹Köpfe› entledigen; und dann natürlich die Damen und Herren, die wohlgestylt ganze Abende in Restaurants, Bars oder Cliquenlokalen verbringen – ein kaum je benutztes Piccolo und eine dito Künstlerlarve demonstrativ neben dem Champagner-Cüpli oder dem persönlich gravierten Zinnbecherlein abgelegt. Natürlich hilft auch die Presse bei dieser Ent-Anonymisierung fleissig mit. Denn wer liest nicht gerne seinen Namen in den Zeitungsberichten und Klatschspalten?

Wird es so weit kommen, dass jeder Fasnachtszeedel ein Impressum erhält, dass jede Laterne vom Künstler signiert wird, dass Adresslisten der Schnitzelbänggler mit Bestellformularen für Ganzjahres-Fasnachtsanlässe veröffentlicht werden? Hoffen wir's nicht. Hoffen wir, dass unserer Fasnacht ihre so spezifischen Eigenarten noch lange erhalten bleiben!

Die Plakette

Am ersten Samstag des Jahres wurde, wie gewohnt, die Plakette lanciert, quasi als Startschuss zu den vorfasnächtlichen Wochen. Die 1995er Plakette war – nicht zum ersten Mal –

D'Blaggedde 1995: ‹Naare uff s Schiff!›

ein Werk des Basler Grafikers Walter Lienert (der Name des Plakettenkünstlers war übrigens nie eine anonyme Angelegenheit...). Mit seinem Narrenzug auf den beiden Ruderbooten spielte er einerseits auf die ewigen Diskussionen um die Routen der Strassenfasnacht an – vielleicht könnte man ja eine zusätzliche Cortège-Route auf den Rhein verlegen? Anderseits war damit natürlich auch ein Zusammenhang mit dem Erscheinen des ‹Narrenschiffs› von Sebastian Brant vor 500 Jahren gegeben. So wurde denn auch das Motto ‹Naare uff s Schiff!› gewählt. Diskussionen provozierte der Entscheid des Fasnachts-Comités, den Preis der Goldplakette von 30 auf 40 Franken zu erhöhen. Würde man allerdings die Teuerung seit 1921, als die erste Goldplakette bereits 20 Franken kostete, berücksichtigen, so wären wir heute auf stolzen 90 Franken angelangt. Der Gewinn aus den Plakettenverkäufen wird praktisch vollumfänglich in Form von Subventionen an die über 500 Gruppierungen ausbezahlt werden, die an den Nachmittagen den Cortège absolvieren. Und: wenn nicht mehr Geld eingeht, dann kann eben auch nicht mehr ausgegeben werden.

Auf der Bühne

Das ‹Charivari›, die einstmalige ‹Antwort› auf die immer ausverkauften Monstre-Trommelkonzerte, feierte 1994 bereits sein 20jähriges Bestehen. Entsprechend jubiläumsgerecht wurde die ganze Produktion gestaltet. Eine besondere Komponente bildete der Vortrag von drei neuen Fasnachtsmärschen, die – nach einem aufwendigen Ausscheidungsverfahren – durch das Publikum juriert werden durften. Gewinner war der ‹Armagnac›, eine Komposition von Stephan Haberthür mit einem Trommeltext von Edith Habraken. Wir dürfen gespannt sein, ob sich dieser neue Marsch zum festen Bestandteil der einschlägigen Cliquen-Répertoires durchmausert. Erstmals musste das ‹Charivari› diesmal leider ein Defizit verzeichnen. Die Verantwortlichen hoffen aber zuversichtlich, diese Scharte rasch auswetzen zu können, damit in den kommenden Jahren wieder ein Teil ihrer Einnahmen an soziale Institutionen ausgerichtet werden kann.

Ohne Finanzprobleme gingen die weiteren Vorfasnachts-Veranstaltungen über die verschiedenen Bühnen: Die Monstre-Trommelkonzerte im grossen Festsaal der Messe Basel (mit einer grossartigen Musical-Parodie als Höhepunkt), das ‹Mimösli› als bereits fest etablierte Produktion im ‹Häbse-Theater› und die ‹Räppli-Serenade›, die im Zweijahres-Rhythmus als derzeit einzige Veranstaltung im Grossbasel – im Rheinpark St. Johann – den Reigen des fasnächtlichen Vorgeschmacks eröffnete.

Auf der Strasse

Zum letzten Mal musste an der Strassenfasnacht die Grossbaustelle bei der Wettsteinbrücke in Kauf genommen werden. Sie führte wie im Vorjahr dazu, dass die Wagencliquen den Rhein über eine menschenleere ‹Ehrenschlaufe› via Breitequartier und Schwarzwaldbrücke zu überqueren hatten. Dies wiederum bewirkte beim Wieder-‹Einfädeln› in die normale Route auf der Kleinbasler Seite allerhand unliebsame Stauungen. Ein erster Trost: 1996 gilt wieder der ‹Courant normal›. Ein zweiter Trost: Die ‹Wägeler› sind ihre rund 40 Tonnen

Die J. B.-Clique Santihans.

Räppli und ebenso viele Orangen trotzdem ohne Probleme losgeworden.

Abgesehen von einigen Ausrutschern in Form einer Schneeregen-Überraschung am Montag und einigen vereinzelten Tropfen bewährte sich Petrus einmal mehr als traditionsverbundener Fasnächtler. Auch sonst verliefen die drei Tage im üblichen Rahmen. Ausserhalb des gewohnten Rahmens bewegte sich allerdings die Basler Schnitzelbangg Gesellschaft (BSG) zu ihrem 75. Geburtstag. Mit einem Jubiläumsbuch ‹I bi dr Schorsch vom Haafebeggi 2...› veröffentlichte die BSG ihre bewegte, auch sozial und politisch stark geprägte Geschichte.

Die Sujets

Die Fasnacht 1995 befasste sich mit einer ausserordentlich grossen Vielfalt von Sujets. Mehr denn je werden nicht nur die naheliegenden Vorfälle ausgespielt, die übers Jahr einmal Schlagzeilen gemacht oder für Spott gesorgt haben. Man wagt sich auch an anspruchsvollere Themen, die sowohl von den Cliquenkünstlern wie auch von den Zuschauern etwas mehr an Denkarbeit erfordern.

So war die 95er Fasnacht unübersehbar ein Spiegelbild der wirtschaftlichen Unsicherheit und der Unzufriedenheit mit Entlassungen auf allen Stufen und mit sozialen Problemen, aber auch der unruhigen Umbruch-, Aufbruch- (oder Abbruch-?) Zeiten im Staat sowie der Bewegungen in der Basler Kulturszene. Etwas weniger als erwartet wurde die Basler Musical-Welle aufs Korn genommen. Dankbare Sujets lieferten dafür der Nashorn-Horn-Skandal im Zolli, der Haustier-Gottesdienst in der Elisabethenkirche, die endlose Geschichte um eine bayrische Käfersammlung, die Abschaffung der Armee-Brieftauben, der Film-Hit mit der Familie Feuerstein, das Woodstock-Jubiläum, Techno-Parties, Powerdrinks, die in Mode gekommenen 3D-Bilder, einmal mehr das Kondom-freie Rom und sogar Organtransplantationen – um nur eine kleine Auswahl zu nennen. Eine ebenso kleine Auswahl sind die folgenden Stil- und Pointenblüten aus Zeedeln, Schnitzelbänggen und Laternenversen (Hinweis für Baseldeutsch-Puristen: es wird alles im Originaltext zitiert):

Der direkte Zusammenhang zwischen dem ‹Narrenschiff› und den Basler Staatsfinanzen:

Eyn Narr auch ist der Ratsher Vischer.
Bekannt als ‹Stüren-Fischer› isch er.
Der thät in unsern Taschen klauben,
daraus die Thaler auszurauben.
Dann lasst er, frogemuth und munter,
das ganze Gelt den Rheyn hinunter.
Zeedel Barbara Club

Köpfe rollen allenthalben:

Als Fuessvolgg kennsch das Spili, gäll,
s Fuessvolgg spiggt me still und schnäll.
Dr Drigg derzue kennsch au: Dr Drugg
nimmt zue, der Stutz goht trotzdäm zrugg –
und wärs nit sluggt stoht uff dr Strooss.
D Regle sinn halt gnadelos.
Es kan ys drum nit wirgglig schogge,
kyppts hüt au Scheffe us de Sogge.
Zeedel Junteressli

Welchen neuen Zwecken könnte man wohl das ausgediente Untersuchungsgefängnis ‹Schällemätteli› zuführen?

E Fraidehuus als Schällemat –
Das miechti fätti Gwinner satt!
Was mainsch, die Orgie, Bläusch und Feschter –
Das bruuchti meh als zwai Orcheschter!
Und voll vo Noote wäär verdeggel
sogar em Babbe Staat sy Seggel –
Fir d Zuekumpft beschti omina:
PROVIDEBIT DOMINA!
Daas gääb e Glyysel und e Gmunggel –
Hee Frailain, noo-n-e Zälle dunggel!
Zeedel Pfluderi-Clique

Zum markanten Neubau der Bankgesellen:

Egal was die no iber d'Neat schnuure,
ai Tunnel kunnt sicher do z'Basel duure:
D'SBG baut doch nit fir d'Katz
e Entlüftigs-Stolle am Aescheplatz.
Schnitzelbangg Dipflischysser

Ein freundschaftlicher Tip für den zurücktretenden, langjährigen Sujet-Lieferanten aus der Regierung:

Em Räntner Striebel hätte mir e tolle Boschte,
quasi als Abschiidsgschängg und Mittel geege s Roschte.
Är wurd sich aigne mit sym Gang, sym elegante –
für d ‹Aida› sueche si no Elefante!
P.S. Zmitts inere Arie kraischt d Aida:
«So ein Rüssel war noch nie da.»
Schnitzelbangg Pfäfferschoote

Und ein Kommentar zu einem regierungsrätlichen Jux-Auftritt im Basler Ballett:

Dä Uusschnitt uus em ‹Wetten dass›, dä het is glänggt,
mer hänn is das jo scho syt zwaiehalb Joor dänggt.
Doch s merggts kai Mensch – und das betriebt is naimedure,
dr Stutz ka mache was er will – und fliegt glych nie uf d Schnure.   Schnitzelbangg d Parasidde

Ein erster Tiervers:

A propos Dier: In dr Elsbethe-Kirche ka me
jetz go bätte für dr Daggel wo duet lahme.
Au dr Rüedi kunnt – är nimmt sogar e Taxi –
und bättet, ass sym Nashorn s Nashorn wider waggsi.
P.S. Es bättet au e Haas, e faisse,
      ass är nümme Haas wott haisse.
                    Schnitzelbangg Pfäfferschoote

…ein zweiter:

My Hund isch e braven und duet nie murre,
und scho gar nit bällen oder knurre.
Är sträubt nur denne d Hoor im Gnigg,
wenn en in d Elsbeethe in d Kirche schigg!
                    Schnitzelbangg d Filzluus

…und ein dritter:

D Armee schafft alli Dierli ab: scho lenger d Kavallerie,
noo iber sibzig Dienschtjohr sinn au d'Duube nimm derby.
Wenn das däwäg wyter goht, bruuchts e baar grieni Wälle,
denn stryche sy bestimmt au no der Spatz in der Gamälle.   Schnitzelbangg d Setzlig

Einmal mehr boten auch die Taxaufschläge bei der Bundesbahn fasnächtlichen Zündstoff:

Mir fahre mit der SBB – jedes Johr nach Wänge,
denn was bim Jasse uuseluegt het immer möge länge.
Doch jetz bi däne Prysuffschleeg duet is dr Aff no luuse,
wohrschynlig miemer das Johr scho in Gälterkinde uuse.   Schnitzelbangg d Rybyse

Nun noch ein Blick über den Kontinent auf die Dauerkrise im Hause Windsor:

For Lady Di and British men
sing y jetz änglisch (if y can).
You have e Saustall, dunggt's my fascht
in your Buckingham-Palascht.
                    Schnitzelbangg Muffty

Und schliesslich eine kritische Auseinandersetzung mit der hehren Bergwelt – ‹Der Berg ruft›:

Die Bärg, das Tal, dä Alpeschutt!
Derwyl goot mängi Alp kaputt,
dangg Sun und Fun fir Millione,
dangg WK, Schiess- und Schneekanone,
dangg Luftsail-, Schi- und Sässelbahne
mit Diefgarasch und Schwyzerfahne
fir Alpekälber, wo dur d Alpe
nur fahren und nimm sälber tschalpe!

Kai Spur vo Buur- und Bärgidylle,
nai, d Betonspur het ganz im Stille
dur s hail- und ändlos Wyterfrässe
em Bärg sy Riefe lo vergässe.
Und rieft er doch, so rieft er uss:
«Wenn das so wyter goot isch Schluss,
und ych rief heggschtens kurz und barsch
am Spalebärg no: ‹Vorwärts marsch!›»
Zeedel Gundeli Clique

Ganz zum Schluss noch einige der besonders witzigen Laternenverse, die keine weiteren Erläuterungen erfordern…:

D Schwyz und d EU, das isch klar –
Wärde nie e Ehepaar.
Rhyschnoogge

Kumm y hit nid – kumm y morn,
das isch die neu Armeereform.
Alti Glaibasler

Wenn s Militär kai Saich me wär,
denn wär s au nimme s Militär.
Seibi

E Dybli frogt der Villiger:
Isch s ohni uns jetz billiger?
Die Alte Abverheyte

Ist die Katze aus dem Haus,
hängt Beyeler die Bildli aus.
Barbara Alti Garde

Wenn dr Muuni nimme kaa,
miesst er halt e Nashorn haa.

Duets am Silveschter kreftig kuutte,
plant s Comité e neyi Route.
Alti Schnooggekerzli

Fuege Fäger am Drummeli 1995.

Chronik 1995

zusammengestellt von Hans Peter Muster

Januar	**1.**	†	† *Dr. iur. Hans-Rudolf Oeri-Wicht* (75), ab 1947 Direktionssekretär des damaligen Bürgerspitals, ab 1958 Chef des Ressorts ‹Personal & Schulung› am Kantonsspital, ab 1964 Stellvertreter des Spitaldirektors.
		†	† *Hans Wiedemann-Allemann* (73), Förderer des Schweiz. Sportmuseums, Präsident und Ehrenmitglied des Fussballverbandes der Nordwestschweiz, Ehrenmitglied des Schweizerischen Fussball Verbandes, Gründungsmitglied des Gönnervereins Alterszentrum Weiherweg, alt Vorgesetzter E. E. Zunft zu Schiffleuten.
	3.	Regierungsrat	Der Regierungsrat nimmt Kenntnis vom Waldschadensbericht 1994 und einer signifikanten Zunahme geschädigter Bäume im Gebiet Lange Erlen. Mit dem Erlass von Ausführungsbestimmungen zum Wahlgesetz erleichtert er die briefliche Stimmabgabe.
		Friedhof Hörnli	Mit einer Baumfäll-Aktion entlang dem Kohlistieg beginnt die Umgestaltung der Buchen-Monokultur zum Mischwald mit Waldrandbiotop.
		Notschlafstelle	Am Lindenberg 21 wird eine von Caritas Basel-Stadt betriebene Notschlafstelle für Frauen eröffnet.
	4.	Asylgesuche	Die Zahl der Asylgesuche hat gegenüber dem Vorjahr um 29 % auf 329 abgenommen.
	5.	†	† *Dr. phil. Hans Bauer-Gamborg-Andersen* (94), bis 1953 Leiter der Inland-Redaktion der National-Zeitung, anschliessend Mitglied der Generaldirektion des Schweizerischen Bankvereins, alt Meister E. E. Zunft zum Goldenen Stern.
	6.	Oldie-Night	In der St. Jakobshalle spielen Alt-Stars der 70er Jahre in der 2. Basler Oldie-Night vor rund 8000 Zuhörern Evergreens.
	7.	Wirtschaft	In einer Analyse der regionalen Wirtschaftssituation sieht *Volkswirtschaftsdirektor Mathias Feldges* trotz rückläufigen Investitionen und Arbeitsplatzverlusten «keinen Handlungsbedarf für etwas absolut Neues».
	9.	Stromversorgung	Die seit Oktober 1992 laufende, nun abgeschlossene Umstellung der Stromspannung von 6 auf 11 Kilovolt erhöht die Auslastung des Stromnetzes um volle 75 % und reduziert zudem die Transportverluste.
	10.	Regierungsrat	Der Regierungsrat genehmigt die revidierte Friedhofsordnung, äussert sich kritisch zum geplanten innerschweizerischen Atommüllager Wellenberg, leistet einen Beitrag an die Renovation des Schützenhauses und nimmt Kenntnis vom

Januar

		Zustandekommen der kantonalen ‹Initiative für Blockzeiten an der Primarschule›.
	Stellenabbau	Der Chemiekonzern Roche beschliesst den Abbau von 95 Arbeitsplätzen am Standort Basel.
	Universität	Der Regierungsrat wählt *Tit. Prof. Dr. iur. Enrico Riva* zum Ordinarius für Öffentliches Recht an der Juristischen, *Prof. Dr. Michael Oehme* zum Extraordinarius für Organisch-Analytische Chemie an der Philosophisch-Naturwissenschaftlichen Fakultät der Universität und ernennt *Prof. Dr. med. Werner Stauffacher*, Ordinarius für Innere Medizin, zum kommissarischen Vorsteher des Departementes Forschung am Kantonsspital.
11.	Grosser Rat	Der Grosse Rat genehmigt oppositionslos Beiträge in Höhe von 11,4 Mio. Franken an Umbauten und Erweiterungen der Altersheime St. Christophorus und St. Johann. 432 000 Franken bewilligt er für eine Gesamtanalyse der staatlichen und staatlich subventionierten Jugendarbeit und 147 000 Franken als Subvention an den Verein Gassenküche.
13.	Bodenforschung	Die Basler Denkmalpflege stösst bei der Untersuchung der Liegenschaft Stiftsgasse 5 auf eine Steintafel aus dem 13. Jahrhundert, die mit der Inschrift «Disiu mure ist dies huses» (Diese Mauer gehört zu diesem Haus) erstmals Auskunft über Besitzverhältnisse gibt.
	Universität	Aus Anlass des Europäischen Naturschutzjahres wird in den Räumen der Universität die von der Stiftung Mensch-Gesellschaft-Umwelt getragene Ausstellung ‹Grün Kaputt› eröffnet.
15.	Gemmologisches Institut	Das von den einheimischen Bijoutiers gegründete Schweizerische Gemmologische Institut verlagert sein Domizil von Zürich an die Falknerstrasse 9 in Basel.
	†	† *Max Adam* (94) Lehrer am Konservatorium der Musikakademie der Stadt Basel, ab 1943 Tonmeister, Akustiker und technischer Mitarbeiter bei ‹Radio Basel› und ‹Radio DRS›.
16.	Auszeichnung	Für ihr Umweltprogramm ‹Vision 2000› wird die Ciba-Geigy AG mit der Umwelt-Goldmedaille des 1974 mit UNO-Mitteln gegründeten ‹World Environment Center› ausgezeichnet.
	Graue Panther Basel	Mit dem Kauf des Wohnhauses Burgfelderstrasse 24/26 erwirbt die Wohn- und Baugenossenschaft der Grauen Panther Basel ihre erste Liegenschaft.
	Wetter	Mit einem Monatsmittel von +5,0 Grad erweist sich der vergangene Dezember als wärmster in der über 200jährigen Basler Temperaturstatistik.
	†	† *Dr. rer. pol. Peter Meyer-Battaglia* (58), Hauptlehrer und Dozent an der Höheren Wirtschafts- und Verwaltungsschule des kaufmännischen Vereins Basel.
17.	†	† *Werner Jehle-Schulte-Strathaus* (55), Lehrer an der Schule für Gestaltung, Publizist, Film- und Kunstkritiker der National-Zeitung, Ausstellungsmacher, Stiftungsrat des Architekturmuseums Basel.
	†	† *Hans Bieli-Siegenthaler* (76), langjähriger Organist an der Predigerkirche, vormaliger Präsident der Christkatholischen Kirche Basel-Stadt.
18.	Grosser Rat	Bei 28 Enthaltungen heisst der Grosse Rat mit 67:13 Stimmen das neue Lohngesetz für das baselstädtische Staatspersonal gut.

Chronik 1995

Januar	**20.**	Basler Ferienmesse	Mit einer Rekordbeteiligung von über 300 Ausstellern wird in der Kongresshalle die 9. Basler Ferienmesse eröffnet.
	23.	Hirudin-Anlage	Das Bundesgericht rügt das Basler Bau-Inspektorat wegen unterlassener Baupublikation und der Verletzung des rechtlichen Gehörs im Zusammenhang mit der 1992 bewilligten Hirudin-Anlage der Ciba-Geigy AG.
		BVB	Die Bevölkerung erhält die Gelegenheit, auf den Linien 36 und 37 einen umweltfreundlichen Niederflur-Erdgasbus zu testen.
		IWB-Gas	Mit der Ausserbetriebsetzung der Flüssiggas-Spitzendeckungsanlage in Kleinhüningen endet für Basel die eigene Gasproduktion.
	24.	Regierungsrat	Mit einem Kredit von 2 Mio. Franken leitet der Regierungsrat eine Reorganisation des Betrieblichen Strassenunterhaltes in die Wege. Er nimmt zur Kenntnis, dass die Initiative ‹Der Bäumlihof bleibt grün› zustandegekommen ist.
		Rücktritt	*Erziehungsdirektor Regierungsrat Hans-Rudolf Striebel* gibt seinen Rücktritt per 31. August a.c. bekannt.
		Universität	Einer Empfehlung der Schweizerischen Hochschulkonferenz folgend, fasst der Regierungsrat den Beschluss, die Zulassung zum Medizinstudium an der Universität Basel ab Wintersemester 1995/1996 zu beschränken. Gleichzeitig wählt er *PD Dr. med. Franz Josef Hering* zum Extraordinarius an der Medizinischen Fakultät.
		Öffentlicher Verkehr	In einer Absichtserklärung verabschiedet der Regierungsrat ein Projekt zur Verlängerung der BVB-Tramlinie 14 über die Landesgrenze nach Weil am Rhein.
	25.	Grosser Rat	Ohne Gegenstimme genehmigt der Grosse Rat einen Kredit von 8,6 Mio. Franken zu Anschaffung von 12 BVB-Bussen mit Erdgasantrieb und Niederflureinstieg und heisst das neue Gesetz über den Landschafts- und Naturschutz gut.
		†	† *Dr. iur. et Dr. rer. pol. Georg Otto Ratz-Heid* (78), Rechtsanwalt und europaweit bekannter Vermittler internationaler Berufsfussballer.
	26.	Wohnungsbau	Der Basler Wohnungsbestand hat im Jahr 1994 um 0,3% auf 102 795 Logis zugenommen, was einer Produktionsziffer von rund 400 Einheiten entspricht.
		Wintersturm	Von den Windböen des Orkans ‹Wilma› begleitet, entlädt sich über Basel und der Region ein Gewitter von ungewöhnlicher Heftigkeit. Abgedeckte Häuser, heruntergerissene Fahrleitungen, über 500 entwurzelte Bäume allein in Riehen, eingedrückte Schaufenster und andere Schäden führen zu rund 200 Einsätzen der kantonalen und der Werkfeuerwehren.
	27.	Vogel-Gryff	Das unter dem Vorsitz E. E. Gesellschaft zum Greifen stehende Volksfest des Vogels Gryff und sein einem bedrohlichen Hochwasser trotzender Wildmaa verhelfen den Kleinbaslern einmal mehr zu einer rechtsrheinischen Freinacht.
	29.	†	† *Prof. Dr. med. Samuel Buchs-Levaillant* (80), emerit. Extraordinarius für Pädiatrie und Pädiatrische Kardiologie an der Universität Basel.
	30.	Dalbedyych-Uusfischete	Beim Ausfischen des St. Alban-Teiches werden rund 6000 Bachforellen eingefangen und in Birs, Wiese und Rhein wieder ausgesetzt. Rund 10 000 Schmerlen sind zur Wiederherstellung der Artenvielfalt in Oberbaselbieter Bächen bestimmt.

Januar		†	† *Prof. Dr. theol. Fritz Buri-Richard* (88), emerit. Ordinarius ad personam für Systematische Theologie an der Universität Basel, langjähriger Inhaber des Pfarr- und Predigeramtes der Müstergemeinde.
	31.	Regierungsrat	Der Regierungsrat genehmigt die Verlängerung der Fasnachtsferien auf zwei Wochen und die gleichzeitige Verkürzung der Frühjahrsferien auf 10 Tage.
		Universität	Der Regierungsrat wählt *Dr. Christian Schönenberger* zum Ordinarius für Experimentelle Physik an der Philosophisch-Naturwissenschaftlichen Fakultät.
		†	† *Rudolf Probst-Lörch* (57), Leiter des Werkstätten- und Wohnzentrums Basel Milchsuppe, WWB.
Februar	1.	Hirudin-Anlage	Das Baudepartement publiziert nachträglich das Baugesuch für die gentechnische Hirudin-Anlage der Ciba-Geigy AG.
		Wetter 1994	Mit einem sprunghaft angestiegenen Jahresmittel von 11,7 Grad Celsius wird 1994 zum Rekordjahr in der 239jährigen Basler Temperaturstatistik.
	3.	Kultur	In einer Ist-Soll-Analyse stellt eine Gruppe privater Initianten ihr ‹Kulturleitbild für Basel› vor.
		Rheinuferweg	Nach Ablauf der Einsprachefrist liegen gegen das CMS-Projekt eines Rheinuferweges zwischen Wettsteinbrücke und Pfalz Einsprachen des Denkmalrates, der Freiwilligen Basler Denkmalpflege und des Basler Heimatschutzes vor.
	4.	Offizielles Bryysdrummlen und -pfyffe	Am Offiziellen Bryysdrummlen und -pfyffe im Festsaal der Messe Basel werden zu Königen erkoren: bei den alten Pfeiferinnen und Pfeifern *Thomas Grieder*, bei den alten Tambouren *Marco Balmelli*, bei den jungen Pfeiferinnen und Pfeifern *Simone Meier*, bei den jungen Tambouren *Andreas Borer*.
	7.	Ehrung	Vorgängig seiner Sitzung gratuliert der Regierungsrat mit einem kleinen Empfang dem Team des Basler Architekturbüros Jacques Herzog und Pierre de Meuron zum ehrenvollen Auftrag für den Neubau der Londoner ‹Tate Gallery›.
		Regierungsrat	Der Regierungsrat beschliesst die versuchsweise Einführung von Blockzeiten an den Primarschulen, fördert mit neuen Stromtarifen die optimale Energienutzung und vereinbart mit dem Kanton Luzern eine Zusammenarbeit auf dem Gebiet der Herzchirurgie.
		Universität	Der Regierungsrat wählt *PD Dr. phil. Wolf-Dietrich Woggon* zum Extraordinarius für Organische Chemie an der Philosophisch-Naturwissenschaftlichen Fakultät.
		Swissbau	Der Öko-Turm ‹Heliotrop›, ein Wohnhaus, das fünfmal mehr Energie erzeugt, als es verbraucht, bildet den unübersehbaren Anziehungspunkt zur heute beginnenden ‹Swissbau›, der grössten Baufachmesse der Schweiz.
		†	† *Dr. iur. Werner Brandenberger-Seckinger* (60), Staatsanwalt, ab 1968 Jugendanwalt des Kantons Basel-Stadt, ab 1979 Präsident des Vormundschafts- und des Jugendrates.
	8.	Grosser Rat	Der Grosse Rat lehnt einen Rückweisungsantrag zum Gesetz über die Pensionskasse des Staatspersonals ab und setzt die Detailberatung für die nächste Sitzung an. Er bewilligt insgesamt 27,85 Mio. Franken für die Basler Privatspitäler, 4,22

Februar

		Mio. Franken für einen Wärmeverbund zwischen IWB und Ciba-Geigy AG, 150 000 Franken für die Arbeitsgemeinschaft für offene Altershilfe (AgoA) und erlässt ein Gesetz über die Staatliche Schlichtungsstelle für Mietstreitigkeiten.
9.	Arbeitslosigkeit	Durch eine Zunahme um 66 Personen (1,2 %) steigt die Basler Arbeitslosenquote von 5,4 % im Vormonat auf 5,5 %.
14.	Ehrung	Zum 20jährigen Bestehen der Basler Fluggesellschaft Crossair AG ehrt der Regierungsrat den Gründer, *Moritz Suter*, mit einem kleinen Empfang.
	Bürgergemeinderat	Der Bürgergemeinderat bewilligt u. a. der Caritas einen Investitionsbeitrag von 200 000 Franken für die Errichtung einer Notschlafstelle für Frauen am Lindenberg zu Lasten des Anteils der Bürgergemeinde am Anteil der CMS.
15.	Grosser Rat	Der Grosse Rat heisst mit 56:53 Stimmen bei vier Enthaltungen knapp das Pensionskassengesetz mit einem Rentenalter von 63 Jahren für das Staatspersonal gut.
	Bauteilbörse	Unterstützt vom Baudepartement wird in Basel eine Bauteilbörse eröffnet. Ihr Ziel ist die Wiederverwendung noch brauchbarer Bauteile und damit eine Verminderung von Deponiekosten.
	Naturschutz-Initiative	Nach der Genehmigung des neuen Natur- und Landschaftsschutzgesetzes durch das Kantonsparlament ziehen die kantonalen Naturschutzorganisationen ihre Initiative ‹für einen wirksamen Naturschutz› zurück.
17.	Kulturleitbild	Die vom Erziehungsdepartement eingesetzte Arbeitsgruppe veröffentlicht das von ihr erarbeitete Leitbild für die Kulturförderung des Kantons Basel-Stadt.
18.	Elisabethenkirche	Ab heute kann an jedem Samstag der Turm der Elisabethenkirche über 228 Sandsteinstufen erstiegen und so ein neues Stadtpanorama genossen werden.
19.	†	† *Thomas Keller-Bühler* (73), Grafiker, Maler, Lehrer an der Schule für Gestaltung.
21.	Veranstaltungen	Durch ein vereinfachtes Bewilligungsverfahren erleichtert das Baudepartement die Durchführung von Veranstaltungen auf Allmend.
	Universität	Der Regierungsrat wählt die Herren *PD Dres. med. Thomas A. Haenel, Fritz Hefti, Mihael Podvinec* und *Ulrico Schmid* zu Extraordinarien an der Medizinischen, *Dres. phil. Bruno Bruderer, Lukas Hauber* und *Jörg Schibler* an der Philosophisch-Naturwissenschaftlichen Fakultät.
	Teuerung	Die Basler Konsumentenpreise steigen im Monat Februar um 0,9 % auf 102,6 Punkte. 80 % dieses Anstieges sind auf die Mehrwertsteuer zurückzuführen.
22.	Chemiestandort Basel	Durch die Dislozierung eines Forschungsinstitutes der Division Pharma von Bern nach Basel schafft Sandoz im Raum Basel rund 100 neue Arbeitsplätze.
23.	Hirudin-Anlage	Der ‹Basler Apell gegen Gentechnologie› verzichtet in einer Vereinbarung mit der Ciba-Geigy AG auf eine Einsprache gegen die nun betriebsbereite Hirudin-Anlage.
28.	Universität	Der Regierungsrat wählt *Prof. Dr. Manfred Bruhn* zum Ordinarius für Betriebswirtschaft an der Philosophisch-Naturwissenschaftlichen Fakultät.
	Jugend-Stammtisch	Das mit hohen Erwartungen organisierte zweite jugendpolitische Forum im Sommercasino stösst nur gerade bei einem einzigen Jugendlichen auf Interesse.

Februar		†	† *Christian Feer* (83), ab 1950 Pfarrer zu St. Michael, ab 1982 als Pfarr-Resignat geschätzter Seelsorger am St. Claraspital.
März	1.	†	† *Prof. Dr. rer. nat. Georges Köhler* (48), als Biologe zuletzt Direktor des Freiburger Max-Planck-Instituts für Immun-Biologie, erhielt 1984, als Mitglied des ‹Basel Institute of Immunology› (BII), den Nobelpreis für Physiologie und Medizin, Ehrendozent für Immunologie an der Universität Basel.
	2.	Balair-CTA	Die defizitär gewordene Swissair-Tochter Balair-CTA wird aufgelöst und in die Mutterfirma integriert.
	6.	Fasnacht	Unter dem Motto ‹Naare uff s Schiff› beginnt mit dem Morgestraich die durch die nur halbseitig benützbare Wettsteinbrücke etwas behinderte Fasnacht.
	8.	†	† *Prof. Dr. phil. Dr. med. h.c. Johann Rudolf Geigy-Hunziker* (93), emerit. Ordinarius für Medizinische Zoologie, Erforscher der Schlafkrankheit, des Rückfallfiebers und der Malaria. 1962/1963 Rektor der Universität Basel, während 42 Jahren Verwaltungsrat der J.R. Geigy AG, Gründer und Leiter des Schweizerischen Tropeninstitutes in Basel, Präsident, Ehrenpräsident und Gönner des Zoologischen Gartens Basel, des WWF und mehrerer Vogelwarten.
	10.	†	† *Dr. h.c. Margarethe Tilla Marinka Schulthess* (72), Sozialarbeiterin, Präsidentin der Gesellschaft zur Förderung geistig Behinderter, Basel, Mitgründerin der Mütter-/Väter-Beratung Basel-Stadt, VEW-Grossrätin, Ehrendoktorin der Medizinischen Fakultät der Universität Basel.
	11.	Museumsstadt Basel	Das Kunst-, das Antiken-, das Historische und das Jüdische Museum präsentieren an der European Fine Art Fair in Maastricht in einer Sonderschau ‹Schätze aus Basel›.
	12.	Abstimmungen	Mit 61,4% Nein zum ‹Neuen Landwirtschaftsartikel›, 72,1% Nein zum ‹Milchkontingentshandel› und 75,3% Nein zu den ‹Beiträgen an das Marketing› erteilt der Basler Souverän der offiziellen Agrarpolitik eine deutliche Absage und stimmt mit 84,2% Ja-Stimmen der ‹Ausgabenbremse› zu.
	14.	Regierungsrat	In einem Vorschlag an den Grossen Rat beantragt die Regierung eine Änderung des Schulgesetzes mit dem Ziel, die Kindergärten von Riehen und Bettingen in die Autonomie der beiden Landgemeinden zu entlassen. Er bewilligt zur Entfernung von Graffitis einen Kredit von 175 000 Franken.
	15.	Grosser Rat	Der Grosse Rat bewilligt mit einer Umzonung die Einweisung von drei Milchsuppe-Arealen in die Wohnzone und ermöglicht damit den Bau von 300 bis 400 Wohnungen.
		Drogen	Die von ehemaligen Drogenabhängigen gegründete Genossenschaft ‹Clean and Crazy› muss aus finanziellen Gründen den Betrieb des ‹Clarahof› einstellen.
	16.	‹Basler Frieden›	Mit einer Gedenkstunde in Anwesenheit prominenter Gäste begeht der Grosse Rat das Jubiläum der 1795 in Basel zwischen Preussen, Spanien, Hessen-Kassel und Frankreich ausgehandelten und unterzeichneten Basler Friedensverträge.
		Grosser Rat	Der Grosse Rat bewilligt einen jährlichen Gesamtbeitrag für die Seelsorge der anerkannten Kirchen und einen Kredit von 2 Mio. Franken für die Neukonzeption und die maschinelle Ausrüstung des Strassenunterhaltes.

März	17.	Muba 95		In den Hallen der Messe Basel beginnt bei freiem Eintritt die mit Attraktionen gespickte, als Erlebnismesse deklarierte Mustermesse, mit ihren rund 50 000 m² Standfläche die grösste Konsumgüterschau der Schweiz.
	20.	Grundsteinlegung		*Regierungsrat Christoph Stutz* legt zusammen mit Schülerinnen und Schülern der Orientierungsschule den Grundstein für die Überbauung ‹Dreirosen/Klybeck›, mit Schulhauserweiterung, Dreifachturnhalle und einem Wohnbau.
	21.	Regierungsrat		Der Regierungsrat verdankt private Schenkungen in Millionenhöhe, die eine vollständige Finanzierung der Neueinrichtung der Musikinstrumenten-Sammlung im freiwerdenden Zellentrakt des Lohnhofes ermöglichen.
	22.	†		† *Felix Stebler-Maurer* (67), Chemie-Arbeiter, Grossrat und Fraktions-Chef der Schweizer Demokraten/Freiheitspartei, Bürgergemeinderat, Mitglied der Finanzkommission.
	23.	Opernspektakel		Massenszenen, Elefanten, Pferde und Dromedare begeistern in der St. Jakobshalle rund 8000 Zuschauer an der Premiere des Aida-Opern-Spektakels.
	24.	Forschung		Mit der Entdeckung eines ‹Master-Gens› sorgen drei Basler Forscher weltweit für Aufregung.
	25.	Volleyball		Durch einen Sieg über den BTV Luzern werden die Volleyballerinnen des RTV Basel erstmals Schweizermeisterinnen.
		Jubiläum		Mit einem Festakt in der Barfüsserkirche gedenken Basels Baumeister im Beisein prominenter Gäste der Verbandsgründung vor 100 Jahren.
	27.	Jubiläum		Mit einer Neubemalung des historischen Antilopenhauses im Zolli, der farblichen Verschönerung der Münsterfähre und anderen Aktionen erinnert der Basler Malermeisterverband auf sympathische Weise an sein 125jähriges Bestehen.
	28.	Kulturstadt Europas		Die Regierungen beider Basel beschliessen, bei der Europäischen Union für Basel die Bewerbung als ‹Kulturstadt Europas› im Jahr 2001 einzureichen.
		Wahl		Der Regierungsrat wählt *Dipl. Ing. ETH Hans Ruedi Ramseier* zum neuen Kantonsingenieur.
	31.	Gedenktafel		Am hundert Jahre alt gewordenen Gebäude der Zollkreisdirektion an der Elisabethenstrasse wird, quasi an seinem früheren Arbeitsplatz, eine Gedenktafel an den Kleinbasler Mundartpoeten Theobald ‹Baldi› Baerwart enthüllt.
April	1.	‹Bring und hol!›		Auch der zweite Gratismärt, bei dem nicht mehr benötigte, aber noch brauchbare Gegenstände entschädigungslos den Besitzer wechseln, wird in der Messehalle 106 zum Grosserfolg.
		Grosser Rat		In einer Sondersitzung lässt sich der Grosse Rat von acht Fachleuten aus Wissenschaft und Wirtschaft über die Situation des Wirtschaftsstandortes Basel informieren.
	4.	Regierungsrat		Der Regierungsrat bewilligt Kredite für eine Teilsanierung des City-Parkings und für die Sanierung der Obermaschinerie der Grossen Bühne im Stadttheater.

April

	Staatsrechnung	Die Staatsrechnung 1994 schliesst mit Einnahmen von 3350,5 Mio. Franken und Ausgaben von 3511,9 Mio. Franken ab. Das Defizit konnte gegenüber dem Budget um 97,1 Mio. auf 161,4 Mio. Franken vermindert werden.
5.	Regierungsrat	An einer Gemeinschaftssitzung besprechen die Exekutiven von Basel-Stadt und Basel-Landschaft die gemeinsamen Themen: Regio-S-Bahn, Fachhochschule, Kleinwasserkraftwerk Neue Welt, Renaturierung der Birs, Aufnahme von Subventionsverhandlungen betreffend die Lehrbetriebe Basel und das Projekt einer Fischbrutanlage beider Basel.
6.	Vollkanton Basel-Stadt	Der Regierungsrat beantragt dem Grossen Rat, die Verfassungsinitiative für die Aufwertung des Kantons Basel-Stadt zu einem Vollkanton für zulässig zu erklären.
8.	Volleyball	Mit einem Sieg über BTV Luzern sichern sich die Damen des RTV Basel vierzehn Tage nach dem Schweizermeistertitel auch den Schweizer Cup.
11.	Regierungsrat	Mit der Freigabe der entsprechenden Kredite können grössere bauliche Massnahmen für den Zweiradverkehr in Angriff genommen werden. Ein Kreditbegehren in der Höhe von insgesamt 63,85 Mio. Franken betrifft Bauvorhaben der Weiterbildungs- und Diplomschule sowie der Gymnasien.
16.	†	† *Josef ‹Seppe› Hügi-Güetlin* (66), erfolgreichster Spieler des FC Basel, mehrfacher Torschützenkönig und einer der berühmtesten Schweizer Fussball-Internationalen.
19.	Museen	Im Zusammenhang mit dem neuen Leitbild für die Basler Museen gibt der Regierungsrat die Schliessung des Stadt- und Münstermuseums und des Museums für Gestaltung bekannt.
	Stadtbild	Die im Kern gotische, 1327 erstmals urkundlich erwähnte Liegenschaft ‹Zum Vergnügen› an der Bäumleingasse 14 wird abgebrochen.
	Wahl	Der Regierungsrat wählt *Prof. Dr. med. Wolfgang Holzgreve* zum Ordinarius für Gynäkologie und Geburtshilfe an die seit sechs Jahren vakante Stelle eines Chefarztes in der Frauenklinik.
22.	†	† *Ernst Rieder-Wildhaber* (82), stadtbekannter Wirt der ‹Hasenburg›, Freund und Förderer der Künstler, Sanierer mehrerer historischer Liegenschaften um den Andreasplatz, vulgo ‹Riederalp›, und damit der Handwagen- und Marktstandremisen der Marktfrauen.
	†	† *Dr. iur. Kurt Waldner-Rauber* (76), vormaliger Direktor der Rheinhäfen beider Basel.
25.	Regierungsrat	Der Regierungsrat bewilligt die Kredite zum Ausbau des Gasversorgungsnetzes in der Region Basel und zur Verlegung eines Doppelkindergartens von der Rastatter- an die Ackerstrasse.
26.	Basel 95	Unter der neuen Bezeichnung ‹Weltmesse für Uhren und Schmuck› wird in der Messe Basel die von 2300 Ausstellern aus 27 Ländern beschickte ‹Basel 95› eröffnet.
	Grosser Rat	Der Grosse Rat wählt *Michael Raith* (VEW) zum Grossrats-, *Jörg Schild* (FDP) zum Regierungspräsidenten; Statthalterin wird *Margrit Spörri* (SP), Vizepräsident des Regierungsrates *Ueli Vischer* (LDP). Er bewilligt 5,27 Mio. Franken für

April

	die erste Linie der Regio-S-Bahn und befasst sich mit der Nachnutzung des ehemaligen Untersuchungsgefängnisses Lohnhof.
Chemiestandort Basel	Roche informiert die Öffentlichkeit über Bauvorhaben im Gesamtvolumen von rund 500 Mio. Franken am Standort Grenzacherstrasse.
†	*† Dr. Ing. chem. ETH Ernest Mars Merian-Moll* (75), Direktor von Sandoz International AG, Forscher und fruchtbarer Publizist auf dem Gebiet der Umweltthematik, Mitgründer und Ehrenmitglied der ‹International Association of Environmental Analytical Chemistry›, Ehrenpräsident, Mitstifter und Förderer der Basler Papiermühle und des Schweizerischen Papiermuseums.

27. Grosser Rat — Der neue Universitätsvertrag mit Baselland wird vom Grossen Rat ohne Gegenstimme gutgeheissen. Betreffend die Revision des Wirtschaftsgesetzes entscheidet sich der Rat mit 49 zu 48 Stimmen für eine zweite Lesung.

28. Evangelisch-reformierte Kirche — Nach langer Diskussion lehnen die Synodalen die vom Kirchenrat beantragte Totalrevision der aus dem Jahre 1911 stammenden Kirchenverfassung ab.

Mai

1. Maifeier — Unter der Parole ‹Nein zum höheren Rentenalter› ziehen rund 400 Arbeitnehmer von der Claramatte zur Mai-Kundgebung auf den Marktplatz und zum anschliessenden gemeinsamen Fest auf dem Barfüsserplatz.

2. Regierungsrat — In einem Aufruf zum Europatag am 5. Mai spricht sich der Regierungsrat für eine baldige Öffnung der Schweiz hin zu Europa aus.

4. Staatsfinanzen — *Finanzdirektor Ueli Vischer* stellt der Öffentlichkeit ein neues Finanzgesetz vor: ein flexibler Steuerfluss soll inskünftig hohe Defizite verhindern.

6.
- Ehrung — Die Gemeinde Hausen i.W. vergibt die Johann Peter Hebel-Gedenkplakette 1995 an *Dr. Rudolf Suter,* Sammler, Erforscher und Bewahrer alemannischer Mundart, insbesondere des Baaseldytsch.
- Gundeldinger-Casino — Mit einer Feier und einem Eröffnungsfest im Beisein prominenter Gäste nimmt die Quartierbevölkerung das neu erstellte Gundeldinger-Casino in Besitz.
- 100 Jahre BVB — Als Auftakt zu den Jubiläums-Aktivitäten offerieren die BVB der Bevölkerung eine Geburtstagsfeier und Gratisfahrten mit dem ‹Resslitram› und neun liebevoll restaurierten Oldtimer-Tramzügen.
- Steinenfest — Mit einem dreitägigen Eröffnungsfest, verlängertem Abendverkauf und zahlreichen Attraktionen weiht die IG Steinen ihre Flanierstrasse ein.
- 100 Jahre Kneipp-Verein Basel — Mit einem Festgottesdienst, Jubiläumsreferaten zu Religion, Medizin und Gesundheit und einer Feier gedenkt der Kneipp-Verein Basel seiner Gründung.

7. † — *† Réne Bader-Flückiger* (73), Stammspieler und späterer Trainer des FC Basel, landesweit geschätzter Fussball-Internationaler in 22 Länderspielen.

8.
- Kriegsende — Im Münster gedenken die vier Landeskirchen und der Regierungsrat der Einstellung der Kriegshandlungen vor 50 Jahren.
- † — *† Walter Wendnagel-Hersberger* (88), Vizedirektor des Zoologischen Gartens Basel, für den er sich während vier Jahrzehnten eingesetzt hat.

Mai			
	9.	Regierungsrat	Der Regierungsrat beantragt dem Grossen Rat, die Initiative ‹Rega aufs Spitaldach› für ungültig zu erklären. Er bewilligt der Wirtschafts- und Innovationsförderung Basel-Stadt 175 000 Franken für Wirtschaftsförderungsprojekte und finanziert ein neues Kindergartenlokal im Neubadquartier.
		†	† *Dr. phil. Heinrich Kuhn-Rintelen* (92), Publizist, von 1946 bis 1974 Leiter der Auslandredaktion der National-Zeitung, von 1964 bis 1974 Chef des Leitenden Ausschusses der Redaktionsleitung, Mitglied des Grossen Rates, des Schnitzelbank-Comités und der Verwaltung der Theater-Genossenschaft, staatlicher Delegierter im Kunstverein.
	10.	Grosser Rat	In seiner ersten Sitzung im verlängerten letzten Amtsjahr der Legislaturperiode 1992–1997 entlässt der Grosse Rat mit 65:30 Stimmen die Riehener und Bettinger Kindergärten in die Hoheit der Gemeinden und beginnt mit seiner Debatte über das 100-Mio.-Projekt ‹Euroville›.
		Grenzbegehung	Während drei Tagen findet die traditionell alle sechs Jahre durchgeführte Begehung der Landesgrenze zu Deutschland statt: Behördenvertreter beider Länder überprüfen die korrekte Position der Grenzmarkierungen.
	11.	Solitude	Im Beisein von *Regierungsrat Christoph Stutz* wird der wegen des Museums Jean Tinguely verlegte Solitude-Spielplatz ‹Schnäggegärtli› von den Kindern in Besitz genommen.
	12.	Open-Air ‹Carmen›	Auf einer Grossleinwand verfolgen auf dem Münsterplatz rund 8000 Zuschauer bei nass-kaltem Wetter die Übertragung einer ‹Carmen›-Aufführung aus dem vollbesetzten Stadttheater.
	13.	Jubiläum	Der Altherrenverein der Akademischen Verbindung ‹Froburger› feiert seine ersten 100 Semester.
	15.	Messe Basel	Der Verwaltungsrat der Messe Basel wählt *Ing. ETH Hans Hagenbuch* zu seinem neuen Direktionspräsidenten.
		Wirtschaft	In ihrem 94. Geschäftsjahr muss die renommierte Firma Suter+Suter AG nach massiven Verlusten im Immobilienbereich die Nachlassstundung beantragen.
	16.	Bürgergemeinderat	Der Bürgergemeinderat beschliesst, es sei eine neue Lohnordnung für das Personal der Bürgergemeinde auszuarbeiten.
		Regierungsrat	Der Regierungsrat ersucht um einen Kredit von 782 000 Franken zur Einführung einer EDV-vernetzten Geschäfskontrolle für die Grossrats- und die Regierungs-Kanzlei, die Departementssekretariate und das Personalamt.
	17.	Grosser Rat	Mit klarer Mehrheit bewilligt der Grosse Rat 98 Mio. Franken zur Verwirklichung des ‹Euroville›-Ratschlags für eine bessere Erschliessung des Bahnhofes SBB. Mit einer Änderung des Steuergesetzes gibt er durch Steuersenkungen jungen Unternehmern Anreiz zu Firmengründungen oder -erweiterungen.
	18.	Euroville	Der Baselbieter Landrat stimmt einer 34-Mio.-Beteiligung am ‹Euroville›-Projekt zu.
		Kehrichtentsorgung	An einer Medienorientierung begründet *Baudirektor Christoph Stutz* das Vorhaben der Regierung, den ganzen Bereich der Basler Kehrrichtentsorgung aus der kantonalen Verwaltung auszugliedern und der Redag (bisher Pro Rheno AG) zu übertragen.

Mai		**21.**	Regierungsrats-Ersatzwahl	*Stefan Cornaz* (FDP) gewinnt die Nachfolge von *Regierungsrat Hans-Rudolf Striebel* mit 66,4 % der Wählerstimmen.
		23.	Regierungsrat	Der Regierungsat bewilligt die Subventionen für die Allgemeinen Bibliotheken der GGG für die Jahre 1996 bis 2000 und vermindert gleichzeitig sein vorgegebenes Sparziel, um die Zweigbibliothek Bläsi und den Lesesaal Klingental in ihrem Fortbestand zu sichern. 813 000 Franken bewilligt er als erste Jahrestranche an 21 Entwicklungshilfeprojekte im In- und Ausland.
		24.	Jugendchor-Festival	Mit Begrüssungskonzerten in der Stadtkirche Liestal und im Basler Münster beginnt die zweite, von 11 ausländischen und 7 einheimischen Chören beschickte Auflage des Europäischen Jugendchor-Festivals ‹Basel '95›.
			Auszeichnung	Der Basler Jazz-Musiker *George Gruntz* wird für seine Verdienste um die Förderung der deutsch-schweizerischen Kulturbeziehungen mit dem Bundesverdienstkreuz Erster Klasse ausgezeichnet.
		25.	Käfer für Basel	Der Deutsche Bundesgerichtshof in Karlsruhe hat mit seinem Beschluss vom 17. Mai a.c. die Käfersammlung Frey letztinstanzlich dem ‹Verein Käfer für Basel› zugesprochen.
		26.	†	† *Martin Gottlieb Dieterle-Noelle* (71), Lehrer für Latein, Griechisch und Deutsch am Humanistischen Gymnasium, engagierter Kämpfer gegen das AKW Kaiseraugst, für Jugendanliegen und für die Verwendung des Kasernen- und des Stadtgärtnerei-Areals als Nutzräume für die Basler Jugend.
		27.	†	† *René Schmassmann-Brugger* (86), Musiker, Gründer und Leader der beiden Big-Bands ‹The Lanigiros› und ‹Orchester Réne Schmassmann›, später Dirigent verschiedener Blasmusiken in Basel und Umgebung, Komponist von über 50 Piccolo-Märschen.
		29.	PTT	Im Postverteilzentrum Basel werden ab heute sämtliche Briefe aus den beiden Halbkantonen, dem Fricktal und dem Verkehr Deutschland-Schweiz mit 17 Mio. Franken teuren Hochleistungsmaschinen sortiert und verteilt.
		30.	L'95 Pack it 95	In der Messe Basel beginnen heute die erstmals durchgeführte, stark beschickte Internationale Fachmesse für integrierte Logistik ‹L'95› und die Internationale Verpackungsmesse ‹Pack it 95›.
			Neues Konsulat	Die Republik Ungarn wählt Basel zum Sitz eines neuen Generalkonsulates.
		31.	Regierungsrat	Der Regierungsrat ersucht um Kredite von insgesamt 21,5 Mio. Franken p.a. zur Subventionierung von 32 Tagsheimen, Kinderheimen und Kinderkrippen von zehn verschiedenen Trägerschaften. Er erklärt die Initiative ‹Der Bäumlihof bleibt grün› für rechtlich zulässig und bestimmt den neugewählten *Regierungsrat Stefan Cornaz* zum Vorsteher des Erziehungsdepartementes.
Juni		**1.**	Hochwasser	Nach tagelangen Regenfällen steigt der Rheinpegel auf eine Höhe, die ein Überfluten des Kleinbasler Ufers befürchten lässt. Der Zivilschutz und die Bezirks- und Werkfeuerwehren errichten deshalb vorsorglich Sandsackdämme.
		2.	Bischof von Basel	Der vor 14 Monaten zum Bischof von Basel gewählte *Hansjörg Vogel* entscheidet sich für den Rücktritt.

Juni

3. | Käfer für Basel | Bis zu einer allfälligen Erteilung einer Ausfuhrbewilligung aus der BRD finden die dem Verein ‹Käfer für Basel› zugesprochenen Kerbtiere eine Bleibe im Museum am Lindenplatz in Weil a. Rh.

6. | Kulturstadt Europas | Der Bundesrat anerkennt die kulturelle Bedeutung Basels mit seinem Beschluss, die Bewerbung um den Titel ‹Kulturstadt Europas› zu unterstützen.

Legat | Die Öffentliche Kunstsammlung erhält die aus 116 Werken bedeutender zeitgenössischer Künstler bestehende Sammlung von *Ernst Benedict Vischer-Wadler.*

7. | Grosser Rat | Der Grosse Rat bewilligt 63,85 Mio. Franken für Neu- und Umbauten von Schulhäusern der Gymnasien und der Weiterbildungs- und Diplomschulen und 10,67 Mio. Franken für die Sanierung des Lützelhofes. Das Volksbegehren ‹Rega aufs Spitaldach› wird vom Rat in namentlicher Abstimmung, entgegen dem Antrag der Exekutive, für rechtlich zulässig erklärt.

10. | Universität | Mit einem Symposium ehrt die Universität den vor 100 Jahren verstorbenen Basler Physiologen *Friedrich Miescher,* Entdecker des Nucleins.

Rock-Konzert | Mit einem ausverkauften Konzert der Rockgruppe ‹Bon Jovi› beginnt im St. Jakobsstadion die Saison der Freiluftveranstaltungen.

11. | Basler Kirchen | Erstmals finden gemeinsame Wahlen der beiden grossen Kantonalkirchen statt.

12. | † | † *Dr. med. h.c. Eva Bernoulli* (92), ab 1948 erste diplomierte Sprach- und Stimmtherapeutin der Schweiz, Ehrenmitglied des Logopädinnen- und Logopädenverbandes der Region Basel, 1986 Ehrendoktorin der Medizinischen Fakultät der Universität Basel.

13. | Regierungsrat | Der Regierungsrat stimmt der Anschaffung von Containern zu, die in Ermangelung von Klassenzimmern für den Blockzeiten-Unterricht nötig werden, erhöht die Gebühren für die Warenmesse auf dem Petersplatz und genehmigt die Rechnung 1994 der Universität Basel.

Universität | Zu Extraordinarien werden gewählt: *PD Dr. iur. Christian Bruckner* an der Juristischen, die *PD Dres. med. Andreas K. Huber, Joachim Kuchenhoff, Claude Muller* und *Thomas Sigrist* an der Medizinischen Fakultät.

ART 26'95 | Mit einer gegenüber dem Jubiläumsjahr wesentlich leiseren Vernissage wird die Basler Kunstmesse, heuer erstmals mit einem Video-Forum, eröffnet.

14. | Grosser Rat | Mit 69:16 Stimmen überweist der Grosse Rat das Finanzhaushaltsgesetz an eine Kommission, heisst die Umgestaltung der Strassenverzweigung beim Kunstmuseum gut und bewilligt 7,6 Mio. Franken zur Einrichtung des Bahnhofes St. Johann für den Personenverkehr.

Ehrungen | In der Martinskirche ehrt der *Universitätsrektor Prof. Dr. sc. nat. Joachim Güntherodt* den Basler Dirigenten *Dr. h.c. mult. Paul Sacher* mit der goldenen Jacob-Burckhardt-Medaille und den Ballettchef *Heinz Spoerli* mit dem Jacob-Burckhardt-Preis der Johann-Wolfgang-von-Goethe-Stiftung.

16. | Basler Dyybli | In der Messe Basel wird die aus Anlass des 150. Geburtstages des weltberühmten Basler Dyybli unter dieses Motto gestellte nationale Briefmarkenausstellung eröffnet.

Juni

	Musik der Welt	Mit Schwerpunkt auf Musik des südlichen Afrikas beginnt in einem Zelt auf dem Münsterplatz das Musik-, Tanz- und Theater-Festival ‹Musik der Welt in Basel›.
	Zämme feschte – zämme lääbe	Auf dem Barfüsserplatz findet die zweite Auflage des vor drei Jahren in Basel entstandenen, mittlerweile von 13 Schweizer Städten übernommenen Begegnungsfestes zwischen Behinderten und Nichtbehinderten statt.
17.	Parteien	Als neue politische Kraft wird unter dem Kürzel ‹BastA› die links-ökologische Gruppierung ‹Basels starke Alternative› ins Leben gerufen.
20.	Regierungsrat	Der Regierungsrat bewilligt 11,5 Mio. Franken für den Unterhalt und die Sanierung der Kanalisation und die Mittel zum Ankauf eines Stauf-Bechers des um 1600 tätigen Basler Goldschmiedes Niklaus Wonlich durch das Historische Museum.
	Bürgergemeinderat	Das Parlament der Bürgergemeinde wählt *Christine Heuss* (FDP) zur *Präsidentin*, *Sonja Kaiser* (CVP) zur *Statthalterin* des Bürgerrates und genehmigt Verwaltungsbericht und Rechnung 1994.
	Universität	Der Regierungsrat wählt *Prof. Dr. med. Walter Dick* zum Ordinarius für Orthopädie und Vorsteher der Orthopädischen Universitätsklinik am Felix-Platter- und am Kantonsspital, *PD Dr. med. Christine Landmann-Kolbert* zur Leiterin des Instituts für Radio-Onkologie am Kantonsspital und *PD Dr. med. Frank Stoz* zum Leiter der Abteilung Geburtshilfe an der Universitäts-Frauenklinik.
21.	Basler Kirchen	Die Synode der Evangelisch-reformierten Kirche entscheidet sich mit 45:23 Stimmen für die Offene Kirche Elisabethen, die Synodalen der Römisch-Katholischen Kirche billigen ihr einen katholischen Seelsorger mit 30%-Pensum zu.
22.	BVB-Streik	Mit einer ‹Protestpause› von 15 Minuten wendet sich das BVB-Fahrpersonal gegen die vom Regierungsrat vorgesehene Abschaffung der ‹Lenkzeitgutschrift›.
23.	Steinefescht	Mit einer Strassenparty beginnt das dreitägige, mit 30 Festbeizen, 15 Boulevard-Restaurants und mehr als 80 Verkaufsständen gespickte Steinefescht.
	Streik	Mit einer Arbeitsniederlegung von 30 Minuten bekunden die Angestellten der Psychiatrischen Universitätsklinik (PUK) ihren Unmut über die Halbierung ihrer Nachtdienstzulagen durch die Basler Regierung.
24.	Stückfärberei	Mit der gigantischen, von über 5000 Gästen besuchten Technoparty ‹Supernova› schliesst der trinationale kulturelle Jugendtreffpunkt in den Werkhallen der stillgelegten Stückfärberei endgültig.
25.	Abstimmungen	Die eidgenössische Vorlage ‹10. Revision der AHV› wird mit 55,9% Ja-Stimmen angenommen, dagegen wird die ‹Volksinitiative zum Ausbau von AHV und IV› von Basler Souverän ebenso verworfen, wie die ‹Revision der Lex Friedrich über den Grundstückverkauf an Ausländer›.
	†	† *Wazlaw Orlikowsky* (73), Ballettdirektor und Choreograph.
26.	Museen	Der Regierungsrat gibt die definitive Schliessung des Museums für Gestaltung per 31. März 1996 und die Angliederung des Stadt- und Münstermuseums an das Historische Museum per 30. Juni 1996 bekannt. Das Museum für Völkerkunde soll neu strukturiert werden.

Juni	**28.**	Grosser Rat	Mit nur gerade neun Gegenstimmen folgt der Grosse Rat dem Antrag seiner Kommission und genehmigt gekürzte Subventionen für das Theater Basel. Weitere Mittel gehen an die Beratungsstelle des Frauenhauses, an die Wirtschaftsförderung und an die Spital-EDV.
	29.	Grosser Rat	Mit 68:37 Stimmen heisst der Grosse Rat die Übertragung der Basler Kehrichtverbrennungsanlage (KVA) und der städtischen Kehrichtabfuhr an die gemischtwirtschaftliche ‹Regionale Entsorgung Dreiländereck AG› (Redag) gut. Er bewilligt Beiträge von 21,55 Mio. Franken für Tagesheimplätze und 3,78 Mio. Franken p.a. an die Allgemeinen Bibliotheken der GGG. Mit herzlichem Beifall verabschiedet der Rat den scheidenden *Erziehungsdirektor Hans-Rudolf Striebel.*
	30.	Kulturstadt Europas	Die Kantonsregierungen Basel-Landschaft und Basel-Stadt bewerben sich beim Generalsekretär des Rates der Europäischen Union fristgerecht um den Titel ‹Kulturstadt Europas› im Jahre 2001.
		Eröffnung	An der Nauenstrasse/Parkweg nimmt die Basler Versicherungs-Gesellschaft mit einer Feier ihren neuen Konzernsitz in Betrieb.
Juli	**1.**	Messe Basel	*Robert A. Jeker* übernimmt das Präsidium der Genossenschaft Schweizerische Mustermesse.
		Regio-Card-Plus	720 000 Bewohner des Landkreises Lörrach und des Tarifverbundes der Nordwestschweiz, der SBB und der DB werden in Kürze für 100 Franken pro Monat ein Streckennetz von 1854 km Länge befahren können.
		Jugend-Circus Basilisk	Mit der Premiere des Programmes ‹Spektakel 1995› beginnt für den Jugend-Circus Basilisk die Saison und die Tournee 1995.
	2.	†	† *Dr. med. vet. Rudolf Ernst-Oppacher* (67), ab 1954 staatlicher Veterinär, 1969 bis 1989 Kantonstierarzt, Direktor des Schlachthofes Basel, ehrenamtlicher Beistand des Erlen- und des Tierschutzvereins.
	3.	Zollfreistrasse	Die deutsch-schweizerische Vereinigung ‹Regio ohne Zollfreistrasse› (RoZ) meldet, dass einer Beschwerde gegen Waldrodungen vom Bundesgericht die aufschiebende Wirkung zuerkannt wurde und damit der Baubeginn auf Schweizerseite vorerst verunmöglicht ist.
		†	† *Walter Morath* (77), Schauspieler, legendärer Schweizer Cabarettist.
	4.	Universität	Der Regierungsrat wählt *PD Dr. phil. Bruno Baur* zum Extraordinarius für Natur-, Landschafts- und Umweltschutz an der Philosophisch-Naturwissenschaftlichen Fakultät.
		Arbeitslosigkeit	Ein Rückgang auf total 5000 Arbeitslose senkt die Basler Arbeitslosenquote von 5,1 % im Vormonat auf derzeit 4,9 %.
		Auszeichnung	Das Blasmusikorchester der Region Basel (bobl) wird am Internationalen Musikfestival in Sidney mit der Goldmedaille ausgezeichnet.
		†	† *Prof. Dr. med. Hans Birkhäuser-Sarasin* (89), emerit. Extraordinarius für Sozialhygiene und Tuberkulose an der Universität Basel, vormaliger Leiter der Basler Lungenheilstätte in Davos, später der Tuberkulosenfürsorge in Basel, LDP-Mitglied des Weitern Bürgerrates und des Grossen Rates, verdienstvoller Sozialmediziner.

Juli		5.	Lohngesetz	Nach langwierigen Verhandlungen mit den Personalverbänden des Basler Staatspersonals verabschiedet der Regierungsrat die Verordnungen zum neuen Lohngesetz.
			†	† *Dr. med. Marianne Pflugfelder* (81), Missionsärztin 1947 bis 1974 im Dienst der Basler Mission in Südindien.
		7.	Basler Ballett	*Youri Vàmos,* bisheriger Direktor des Basler Balletts, folgt auf die Spielzeit 1996/1997 einem Ruf an die Düsseldorfer Compagnie.
			Stellenabbau	Die Industriellen Werke Basel (IWB) reduzieren als Folge einer internen Umstrukturierung bis Ende 1998 ihren Personalbestand um 95 Personen (15%).
			†	† *Rudolf Flügel-Wernli* (71), Buchbindermeister, 1980 bis 1992 Meister E.E. Zunft zu Safran, Statthalter der Vorstadtgesellschaft zum Rupf.
		11.	†	† *Prof. Dr. med. Dr. med. h.c. Peter Dukor-Mayrhofer* (58), Extraordinarius für Immunologie an der Universität Basel, 1967 Träger des Basler Wissenschaftspreises, fruchtbarer Publizist auf dem Gebiet der Immunologie, Leiter des Sandoz-Forschungsinstituts Wien.
		14.	†	† *Dr. phil. Gertrud Spiess* (81), Lehrerin, Konrektorin am Mädchengymnasium, als CVP-Politikerin engagierte Vorkämpferin für das Frauenstimmrecht, während 8 Jahren Mitglied des Weitern Bürgerrates, ab 1968 Grossrätin, im Amtsjahr 1975/76 erste Präsidentin des Basler Grossen Rates, ab 1975 für acht Jahre als erste Baslerin Mitglied der Grossen Kammer in Bern.
		19.	BVB-Streik	Mit einer einstündigen ‹Protestpause› zwischen 10 und 11 Uhr wendet sich das Fahrdienstpersonal der BVB gegen die Halbierung der Lenkzeitgutschrift.
		24.	†	† *Prof. Dr. phil. Peter Leepin-Meier* (75), vormaliger Generaldirektor und Direktoriumspräsident der Basler Versicherungs-Gesellschaft, emerit. Extraordinarius für Versicherungsmathematik und Elektronische Datenverarbeitung an der Universität Basel.
			†	† *Dr. phil. Johannes Hürzeler-Fust* (87), Paläontologe, emerit. Ehrendozent für Odontologie und Osteologie an der Universität Basel, vormaliger Leiter der Osteologischen Abteilung am Basler Naturhistorischen Museum, sorgte 1958 als Entdecker des Oreopithecus Bamboli, eines rund 7 Mio. Jahre alten, rätselhaften Affenskeletts, für weltweites Aufsehen.
		25.	Regierungsrat	Der Regierungsrat kann für die Arbeitsniederlegung des BVB-Fahrdienstpersonals kein Verständnis aufbringen und verwarnt schriftlich all jene Staatsbediensteten der BVB, die am 19. Juli am Streik teilgenommen haben.
			Universität	Der Regierungsrat wählt *PD Dr. med. dent. Urs Zappa* zu einem Ordinarius für Parodontologie und Kariologie an der Medizinischen Fakultät.
		28.	Open-Air Kino	Mit dem Filmklassiker ‹Der dritte Mann› beginnen auf dem Münsterplatz die diesjährigen Open-Air-Filmvorführungen.
		29.	Open-Air Konzert	Zwei ausverkaufte Konzerte der ‹Rolling Stones› locken an zwei Tagen über 100 000 Fans ins St. Jakobs-Stadion.
		31.	Bundesfeier am Rhein	Am Vortag der offiziellen Bundesfeier trifft sich tout Bâle am attraktiven Volksfest am Rhein mit nautischen Spielen und Feuerwerk.

August	2.	Bevölkerung	Das Statistische Amt registriert per Ende 1994 folgende Ausländeranteile in den Wohnvierteln: Matthäus 47,8%, Rosental 45,7%, Klybeck 44,9%. Die Quartiere Clara, Kleinhüningen, St. Johann und Gundeldingen liegen mit 35 bis 40% Ausländern ebenfalls über dem kantonalen Durchschnitt von 28,0%.
	3.	Trommelbau	Der Basler Trommelbauer *Rolf Schlebach* wird vom Eidgenössischen Militärdepartement zum alleinigen Hersteller von Trommeln für die Militär-Tambouren bestimmt.
		Demonstration	Auf dem Marktplatz demonstrieren mehr als tausend Personen gegen die Kriegsgreuel in Bosnien.
	4.	Bodenforschung	Am Leonhardsgraben werden weitere Teile der ‹Burkhardschen› und der ‹Inneren Stadtmauer› freigelegt.
		†	† *Hans (Jean) Rudolf Moser-Schmidlin* (72), stadtbekannter Gastwirt, u.a. in der ‹Safranzunft›, der ‹Alten Gerbe› und im ‹Stadthof›, Präsident und Ehrenmitglied des Wirteverbandes Basel-Stadt.
	11.	Jugendcircus-Festival	Der Quartier-Circus Bruderholz ist während drei Tagen Gastgeber des 1. Europäischen Jugendcircus-Festivals in Basel.
	14.	Untersuchungsgefängnis	Die *Regierungsräte Christoph Stutz, Jörg Schild, Hans-Martin Tschudi* und der *Erste Staatsanwalt Thomas Hug* übergeben das neue Untersuchungsgefängnis Waaghof offiziell seiner Bestimmung.
		Erster Schultag	Für Hunderte von Basler Primarschulkindern beginnt heute, erstmals mit Blockzeiten und schulfreiem Samstag, das erste Schuljahr.
		Kongress	Eingeladen von der ‹Federation of European Biochemical Societies›, befassen sich diese Woche rund 1500 Biochemiker mit Themen ihrer Fachgebiete.
		Casino-Festival	Im Stadtcasino beginnt das eine Woche dauernde Jazz-Fest ‹1. Basel Casino Festival›.
	15.	Regierungsrat	Der Regierungsrat bewilligt Kredite von insgesamt 1,6 Mio. Franken für Sanierungsarbeiten im Uferbereich des Rheinhafens Kleinhüningen
		Stellenabbau	Im Rahmen eines Zentralisationsprozesses baut die ‹Zürich› Versicherungsgesellschaft in Basel 50 Stellen ab.
		Rheinschwimmen	Auch am 15. Rheinschwimmen lassen sich einige Hundert Schwimmer, darunter zahlreiche Prominente, den ‹Bach› hinab treiben.
	16.	Briefliches Abstimmen	Das Bundesgericht gibt einer Beschwerde gegen das briefliche Abstimmungs- und Wahlverfahren statt.
	18.	100 Jahre BVB	Zur 100-Jahr-Feier der Basler Verkehrs-Betriebe wird im Depot Wiesenplatz eine Ausstellung mit Oldtimern, Memorabilien und Sonderschauen eröffnet.
		‹Em Bebbi sy Jazz›	Einmal mehr erleben begeisterte Zuhörer ihr Jazz-Happening rund um den Rümelinsplatz mit 47 regionalen Jazzformationen und mehr als 300 Musikern.
	19.	Sammlung Karikaturen & Cartoons	Mit einer Retrospektive 1950–1995 seiner Arbeiten wird *Jürg Spahr, ‹Jüsp›*, Cartoonist und Karikaturist, langjähriger verdienstvoller Kurator der Sammlung Karikaturen & Cartoons, vom neuen Leiter verabschiedet.

August 22. | Brieflisches Abstimmen | Durch das Anbringen von Kennziffern auf den Stimmrechtscouverts kommt der Regierungsrat der Auflage des Bundesgerichtes nach, Missbräuchen vorzubeugen.

Universität | Der Regierungsrat wählt *Prof. Dr. iur. Kurt Seelmann* zu einem Ordinarius für Strafrecht an der Juristischen Fakultät.

24. | Basler Ballett | Der designierte Theaterdirektor *Michael Schindhelm* bestimmt *Joachim Schlömer* vom Deutschen Nationaltheater in Weimar zum Nachfolger des scheidenden Ballettdirektors *Youri Vàmos*.

27. | Festwochenende | Zahlreiche Verkaufsstände, Musik, Attraktionen und kulinarische Köstlichkeiten locken die Basler ans Klosterbergfest, zum ‹Vostra Festa› am Unteren Rheinweg, den Festen am Wiesendamm, auf dem Hummel, auf der Breite, zur Dörflichilbi St. Josef und zum Lindenbergfest.

28. | Messe Basel | Der Verwaltungsrat der Messe Basel stellt unter der Bezeichnung ‹Messe Basel plus› ein Erweiterungs- und Modernisierungsprojekt vor, das er in den kommenden Jahren mit Investitionen von rund 290 Mio. Franken zu verwirklichen gedenkt.

29. | Regierungsrat | Der Regierungsrat bekundet in einer gemeinsamen Absichtserklärung der Kantone Aargau, Basel-Landschaft, Basel-Stadt und Solothurn seine Bereitschaft zu einer Fachhochschul-Zusammenarbeit in der Nordwestschweiz. Weiterhin beschliesst er die Einrichtung signalgeregelter Fussgängerstreifen bei der Feuerwache und beim St. Johanns-Tor.

Ineltec 95 | In der Messe Basel öffnet die Ineltec 95, Fachmesse für Elektronik, Automatisierung und Elektrotechnik, ihre Pforten, erstmals flankiert von einer Sonderschau mit Beteiligung von 12 Technischen Hochschulen.

Basler Zeitung | Mit der TV-Produktion ‹Café Bâle›, einer kabarettistischen Retrospektive auf die Schweiz, vollzieht die Basler Zeitung am 1. Oktober den Einstieg in den TV-Kanal Schweiz 4.

† | † *Fredi Büchel-Nussbaumer* (60), Verwalter der Römisch-Katholischen Kirche Basel-Stadt.

30. | Neues Schulhaus | Als letzte Amtshandlung eröffnet der scheidende *Erziehungsdirektor Hans-Rudolf Striebel* den Erweiterungsbau des Wasgenringschulhauses.

September 1. | Bruggen- und Dramfescht | Unter dem Motto ‹2 uf 1 Dätsch› – und angepriesen als grösste Veranstaltung vor der Jahrtausendwende – feiert Basel mit einem Doppelfest während drei Tagen 100 Jahre Basler Verkehrs-Betriebe und die neue Wettsteinbrücke.

4. | Kehrichtverbrennung | In Gegenwart des baden-württembergischen *Ministerpräsidenten Erwin Teufel* unterzeichnet eine Delegation der Basler Regierung das Vertragswerk über die Verbrennung von Siedlungsabfällen in der baselstädtischen Kehrichtverbrennungsanlage (KVA) zwischen dem Kanton Basel-Stadt und dem Landkreis Lörrach.

Arbeitslosigkeit | Eine erneute Abnahme um 119 Personen auf 4808 Erwerbslose vermindert die Basler Arbeitslosenquote auf 4,7 %.

September	9.	Oberrheintag	Erschlossen durch die öffentlichen Verkehrsmittel von Basel, Weil, Lörrach, St-Louis und Huningue findet im Rahmen des Altweiler Strassenfestes der grenzüberschreitende 2. Oberrheintag statt.
		†	† *Dr. iur. Hans Conrad Wieland-Kunetz* (88), ab 1956 17 Jahre Erster Staatsanwalt des Kantons Basel-Stadt, eidgenössischer Untersuchungsrichter für die deutsche Schweiz, Präsident der Schweizerischen Kriminalistischen Gesellschaft, Erziehungsrat und Grossrat der Liberaldemokraten, Alt-Meister E. E. Zunft zu Rebleuten.
	10.	Demonstration	Mit einem 2,7 km langen, weissen Schriftpfad auf den Trottoirs von der Schule für Gestaltung bis zum von der Schliessung bedrohten Museum für Gestaltung wird gegen den Kulturabbau in Basel protestiert.
	11.	Spatenstich	Auf dem vormaligen Sportplatz Friedmatt in der Rosenau an der französischen Grenze erfolgt der Spatenstich für ein weiteres Teilstück der Nordtangente.
	12.	Regierungsrat	Für weitere Massnahmen zugunsten des Zweiradverkehrs bewilligt der Regierungsrat Tranchen von insgesamt 1,92 Mio. Franken.
		Universität	Der Regierungsrat wählt *Prof. Dr. med. Carlo P. Marinello* zum Ordinarius für Prothetik und Kaufunktionslehre an der Medizinischen Fakultät.
		Diebstahl	Aus den Räumen des Pharmazie-Historischen Museums wird ein etwa 100 000 Franken teures Gemälde gestohlen.
	13.	Jubiläum	Das Basler Zivilstandsregister, kantonaler Hort der Geburten, Heiraten und Todesfälle, feiert sein 125jähriges Bestehen.
		Grosser Rat	In seiner ersten Sitzung nach der Sommerpause befasst sich der Grosse Rat mit der Frage der Zulassung verschiedener Initiativen. Er schafft die Voraussetzungen für eine Erweiterung des Parkhauses Badischer Bahnhof und fasst mit 66:0 Stimmen bei 18 Enthaltungen eine Resolution ‹für einen Stopp aller Atomtests›.
	14.	Universität	Der Regierungsrat verabschiedet das neue Universitätsgesetz und wählt *Dr. phil. Rolf Soiron* zum ersten Präsidenten des neugeschaffenen, von beiden Basler Kantonsregierungen zu wählenden Universitätsrates
		†	† *Gustav Fromm-Fröhlich* (89), an hervorragenden ausländischen Tanzschulen ausgebildeter Basler Tanzlehrer, der unzähligen jungen Baslerinnen und Baslern den Tanz und den gesellschaftlichen Takt beigebracht hat.
	15.	TEFAF Basel	Mit einer Vernissage wird in der Messe Basel die erste ‹The European Fine Art Fair› (TEFAF Basel) eröffnet, eine qualitativ hochstehende Kunst- und Antiquitätenmesse mit Objekten von der Antike bis zur jüngsten Vergangenheit.
		Seniorenfest	Während zwei Tagen geht auf dem Barfüsserplatz das von Seniorinnen und Senioren ganz auf Junioren ausgerichtete Volksfest der Pro Senectute über Bühne, Laufsteg und Tanzboden.
		Wirtschaft	Die deutsche Thyssen Immobilien GmbH übernimmt per 1. Oktober a.c. die verschuldete Basler Firma Suter+Suter AG.
	16.	Jungbürgerfest	Aufgerufen von der Regierung, den Zünften und den Ehrengesellschaften feiern rund 300 junge Baslerinnen und Basler, Gäste aus Freiburg i.Br. und einige junge Auslandschweizer aus Paris ihre Volljährigkeit.

September 18.	Regierungs-Informationen	Rechtzeitig auf die Eröffnung der Informatikmesse ‹Orbit 95› schliesst sich der Basler Regierungsrat mit seinen Medienmitteilungen via Internet an das World Wide Web an. Seine Informationen sind nun weltweit abrufbar.
	Elsass-Woche	Eingeladen vom Verein Elsass-Freunde Basel präsentiert sich unser linksrheinisches Nachbarland während einer Woche mit einem reichhaltigen kulturellen und gastronomischen Angebot in der Innerstadt.
19.	Regierungsrat	Der Regierungsrat genehmigt das Budget 1996 mit Einnahmen von 3498,5 Mio. Franken, Ausgaben von 3711,2 Mio. und einem Defizit von 212,7 Mio. Franken. Er beschliesst mit dem Sanierungspaket III weitere Massnahmen zur Verbesserung des Basler Staatshaushaltes und beantragt dem Grossen Rat eine der Teuerung angepasste Erhöhung der Kinder- und Ausbildungszulagen auf 150 bzw. 180 Franken pro Monat.
	Interreg	Die Regierungen der beiden Basel beantragen ihren Kantonsparlamenten Rahmenkredite von je Fr. 1 900 000.– für eine Beteiligung an Interreg-Projekten.
	Universität	Der Regierungsrat wählt *PD Dr. iur. lic. oec. Jean-Fritz Stöckli* zu einem Ordinarius für Privatrecht an der Juristischen Fakultät.
	Orbit 95	Abgepriesen als «grösstes Büro der Schweiz», erwartet die Orbit 95, Fachmesse für Informatik, Kommunikation und Organisation, in den Hallen der Messe Basel ab heute interessierte Besucher.
20.	Grosser Rat	Durch die Genehmigung der baulichen und rechtlichen Bedingungen schafft der Grosse Rat mit eindeutigem Mehr die Voraussetzungen zum Bau des neuen Fussballstadions St. Jakob. Er heisst die Einzonung von drei als Lastwagen-Umschlagplätze vorgesehenen Grundstücken in der Nähe der Messehallen gut und überweist das neue Polizeigesetz an eine Kommission.
23.	Swiss Indoors	Die Weltpremiere des ‹Turniers der Champions› mit fast allen Tennisgrössen der vergangenen 25 Jahre bietet als 25-Jahr-Jubiläums- und Auftaktveranstaltung rund 1000 Ehrengästen hochklassiges und unterhaltsames Tennis.
	Jubiläum	Beim Restaurant ‹Nordbahnhof› feiert die aus einem Fussball-Club hervorgegangene J. B. Clique Santihans während zwei Tagen ihren 75. Geburtstag.
25.	Jubiläum	Ohne grosse Feierlichkeiten gedenkt die Statistisch-Volkswirtschaftliche Gesellschaft Basel mit einem Referat von *Bundesrat Jean-Pascal Delamuraz* in der Aula der Universität ihrer Gründung vor 125 Jahren.
	Musical-Theater	In der vormaligen Halle 107 der Messe Basel wird in Anwesenheit von Prominenz aus Politik, Wirtschaft und Kultur der Schweiz modernstes Musical-Theater festlich eröffnet.
26.	Stellenabbau	Der Chemiekonzern Ciba-Geigy AG publiziert seine Absicht, in den kommenden zwei Jahren in der Farbstoff-Division rund 600 Arbeitsplätze abzubauen.
	Velokongress	Die offizielle Einweihung der Velo-Route von Riehen nach Basel bildet den Einstieg zum fünf Tage dauernden 8. Internationalen Velo-City-Kongress der European Cyclists Federation (ECF).
27.	Internationale Konferenz	Aus Anlass des 50-Jahr-Jubiläums der UNO veranstaltet Basel mit 80 Experten aus 25 Nationen die internationale Konferenz ‹Föderalismus gegen Ethnizität?›. Sie führt zur Verabschiedung der ‹Basler Charta zur föderalistischen Konfliktbewältigung›.

September

	Waldlauf	1500 bis 2000 Kinder rennen ohne jede Zeitlimite und ohne Erfolgszwang durch die Langen Erlen.
29.	Steuerinitiative	Die von über 5500 Unterschriften getragene Initiative zur Reduktion der Steuerunterschiede zwischen der Stadt und den beiden Landgemeinden wird auf der Staatskanzlei hinterlegt.
30.	Knabenmusik	Die Knabenmusik Basel begibt sich auf eine 10tägige Konzertreise nach Rom mit den Höhepunkten eines Platzkonzertes auf der Piazza Navone, eines Galakonzertes in der Chiesa San Ignacio de Loyola und einer Privataudienz bei *S. S. Papst Johannes Paul II.*
	Messe Basel	*Paul Wyss, Vorsitzender der Geschäftsleitung* und stellvertretender Verwaltungsratspräsident der Messe Basel, übergibt nach erfolgreichem Wirken die Messeleitung an seinen Nachfolger *Hans Hagenbuch.*

Oktober

1.	Eröffnung	Am Aeschenplatz wird der vom Architekten *Mario Botta* gebaute Basler Hauptsitz der Schweizerischen Bankgesellschaft enthüllt.
2.	Freizeitwerkstatt	Die Ende 1994 auf Grund gestrichener Subventionen geschlossene Freizeitwerkstatt kann dank privaten Spenden wieder geöffnet werden.
7.	Jubiläum	Ein Volksfest in der Muba, eine Fahrzeugausstellung vor der Rundhofhalle und Demonstrations-Einsatzübungen zählen zu den rege besuchten Attraktionen des 150-Jahr-Jubiläums der Basler Berufsfeuerwehr.
8.	†	† *Louise C. Wenzinger* (94), führende Kämpferin in der schweizerischen Frauenbewegung, ab 1950 Präsidentin der Staatsbürgerlichen Vereinigung katholischer Frauen (Staka), später des schweizerischen Verbandes, ab 1960 während 16 Jahren Redaktorin der Zeitschrift ‹Schweizerin›, 1961 Mitgründerin der schweizerischen Sektion der Europäischen Frauen Union (EFU).
10.	Regierungsrat	Der Regierungsrat befasst sich mit den vom Bund nicht vergüteten Einschulungskosten der Kinder von Asylbewerbern, reaktiviert das ‹Konsultativgremium für Härtefälle im Asylwesen›, bewilligt Rahmenkredite für medizinische Apparate am Kantonsspital und für apparative Anschaffungen der Universität und schlägt die Beschaffung einer EDV-Lösung für das Jugendamt vor.
11.	Holz 95	In den Hallen der Messe Basel wird die im Jahre 1958 gegründete Fachmesse für Holzbearbeitung eröffnet.
12.	Musical-Theater	Im neuerbauten Musical-Theater der Messe Basel wird mit der Premiere von ‹The Phantom of the Opera› vor 100 europäischen Medienvertretern und 1500 handverlesenen Gästen der Spielbetrieb aufgenommen.
13.	Winzerfest	Mit Winzergenossenschaften aus der Region, aus dem Welschland und dem Tessin findet rund um den Rümelinsplatz das 3. Winzer- und Spalenbergfest statt.
	Rheinknie-Session	Mit Jazzkonzerten in 10 Innerstadtlokalen beginnt die 10. Auflage der Basler Rheinknie-Session.

Oktober

16. | Kunsthalle — Der Wiener Ausstellungsmacher *Peter Pakesch* wird von der Kommission des Basler Kunstvereins einstimmig zum Nachfolger von *Thomas Kellein* als Leiter der Basler Kunsthalle gewählt.

17. | Universität — Der Regierungsrat wählt *Dr. phil. Peter Hauser* zu einem Extraordinarius für Analytische Chemie an der Philosophisch-Naturwissenschaftlichen Fakultät.

Bombenalarm — Ein herrenloser Koffer im Bahnhof SBB löst einen Bombenalarm und eine knapp zweistündige Sperre des Tram- und Strassenverkehrs aus.

18. | † — † *Prof. Dr. med. Felix Burkart-Bauer* (61), Extraordinarius für Innere Medizin, speziell für Kardiologie an der Medizinischen Fakultät der Universität Basel, seit 1976 Leiter der Abteilung Kardiologie im Departement für Innere Medizin am Kantonsspital, Direktionsmitglied und designierter Präsident der Schweizerischen Herzstiftung, alt Präsident der Schweiz. Gesellschaft für Kardiologie.

19. | Grosser Rat — Die Vorlage der rund 4 Mio. Franken teuren Neugestaltung der Freien Strasse wird vom Grossen Rat mit 67:46 Stimmen an den Regierungsrat zurückgewiesen.

21. | Jubiläum — Im Kollegiengebäude feiert eine grosse Zahl von Gratulanten mit einem Festakt und mit über 70 Schnupperkursen das 75jährige Bestehen der Volkshochschule beider Basel.

Jubiläum — Die aus dem Eisenbahn-Arbeiter-Verein hervorgegangene Eisenbahner-Sängervereinigung Basel feiert im Volkshaus ihr 100-Jahr-Jubiläum.

22. | Wahlen — Nach einer bis Montag Nachmittag dauernden Computerpanne stehen die Wahlresultate fest. *Ständerat Gian-Reto Plattner* wird mit klarem Mehr wiedergewählt. Die sechs Basler Nationalratsmandate gehen an: *Helmut Hubacher* (SP), *Ruedi Rechsteiner* (SP, neu), *Remo Gysin* (SP, neu), *Margrit von Felten* (SP), *Johannes R. Randegger* (FDP, neu), *Christoph Eymann* (LDP).

24. | M.U.T. 95 — In der Muba beginnt die von über 460 Ausstellern beschickte ‹M.U.T., Europäische Messe für Umwelttechnik›, verbunden mit der erstmaligen Verleihung eines mit 50 000 Franken dotierten Umweltpreises der Stiftung ‹Pro Aqua – Pro Vita›.

FC Basel — Der FC Basel entlässt seinen bisherigen Trainer *Claude Didi Andrey* fristlos.

28. | Herbstmesse — Im Turm zu St. Martin läutet das Mässgleggli Schlag 12 Uhr die 525. Basler Herbstmesse ein. Als Ersatz für die nicht mehr verfügbare Messehalle 107 werden heuer ein Teil der Isteinerstrasse, der Claraplatz und das Kasernenareal zu Messestandplätzen.

31. | Regierungsrat — Der Regierungsrat erneuert den Subventionsvertrag mit dem Verein für Gassenarbeit Schwarzer Peter, gewährt dem Verein Tele-Hilfe Basel einen Betriebskostenbeitrag und bewilligt einen Kredit von 1,9 Mio. Franken zur Sanierung der Wohnliegenschaften Belforterstrasse 120–130.

Wahl — Der Regierungsrat wählt *PD Dr. rer. pol. Urs Müller* zum neuen Chef der Finanzverwaltung.

† — † *Dr. med. dent. Theodor Michel-Fininger* (92), Zahnarzt, Ehrenmitglied und alt Oberschützenmeister E. E. Gesellschaft der Feuerschützen Basel.

November	1.	Universität	Der Regierungsrat wählt *Alex Krauer,* Verwaltungsratspräsident der Ciba-Geigy AG, *Prof. Dr. rer. nat. Georg Friedrich Melchers,* Leiter des Instituts für Immunologie, und *Hortensia von Roda,* Präsidentin des Basler Kunstvereins, zu baselstädtischen Mitgliedern des neugeschaffenen Universitätsrates und ernennt *Prof. Dr. phil. Rita Schneider-Sliwa* zur Ordinaria für Humangeographie an der Philosophisch-Naturwissenschaftlichen Fakultät.
		SNCF	Die französischen Staatsbahnen schliessen ihren Billettschalter im Elsässerbahnhof endgültig und verlegen den Billettverkauf zu den SBB-Schaltern. Die SNCF-Dienste im Güterverkehr werden nach Mulhouse verlegt.
	2.	Auszeichnung	Der renommierte Marcel-Benoist-Preis wird an den Lausanner Krebsforscher *Henri Isliker* und an den Basler Neuropharmakologen *Prof. Dr. med. et phil. Dr. med. h.c. Alfred Pletscher* vergeben.
		Wahl	Der Regierungsrat wählt *Urs Hanselmann* zum neuen Direktor der Basler Verkehrsbetriebe (BVB).
	3.	EuroAirport	Das Verwaltungsgericht in Strassburg verhindert durch ein Urteil zugunsten der Gemeinde Blotzheim eine Vergrösserung des Flughafenareals von 540 auf 830 Hektaren und damit den Bau einer dritten Piste.
	4.	Gassenzimmer II	An einem Tag der Offenen Tür kann das von der Erlenstrasse an den Riehenring 180 verlegte Gassenzimmer II von der Bevölkerung besichtigt werden.
		Wetter	Ein Orkantief über Europa überzieht Basel mit einer ersten feinen Schneedecke und lässt alle ungeschützten Blumen erfrieren.
	5.	Lohnhof-Waaghof	Am arbeitsfreien Sonntag disloziert das Lohnhofpersonal 77 Häftlinge in das neue Untersuchungsgefängnis an der Heuwaage.
	7.	Regierungsrat	Der Regierungsrat beantragt einen Kredit von 1,644 Mio. Franken p. a. für die Jahre 1996 bis 1998 als Kostenzuschuss an das Pflegekinderwesen des Basler Frauenvereins. Weitere 1,18 Mio. Franken sind als Subventionen an die Frauenberatungsstelle, die Kontaktstelle St. Johann und die Inkassostelle für Alimente bestimmt. Insgesamt 200 000 Franken gehen als Subventionen oder Beiträge an die Diabetes-Gesellschaft Region Basel, die Krankenpflegeschulen am St. Clara- und am Bethesdaspital, an den Basler Abstinentenverband, den Verein Winterhilfe Basel-Stadt, das Angestellten-Kartell Basel-Stadt und die Christliche Gewerkschaftsvereinigung Basel (CGB).
		Bürgergemeinderat	Der Bürgergemeinderat fasst einstimmig die grundlegenden Beschlüsse für eine Verselbständigung des Rehabilitationszentrums Basel und bewilligt namhafte Beiträge an zwei Jugendprojekte zu Lasten des Anteils der Bürgergemeinde am Ertrag der CMS.
		Geschäftsschliessung	Das traditionsreiche Teppichhaus Mori AG am Barfüsserplatz verkauft per Ende Jahr sowohl die Liegenschaft als auch seine Lagerbestände an hochwertigen Orientteppichen.
	8.	Regierungsrat	*Volkswirtschaftsdirektor Mathias Feldges,* amtsältestes Mitglied des Basler Regierungsrates, verzichtet an den Gesamterneuerungswahlen der Exekutive im November 1996 auf eine Wiederwahl.
		Grosser Rat/ Universität	Der Grosse Rat heisst das neue Universitätsgesetz, in dem eine verstärkte Autonomie der Basler Hochschule verankert ist, ohne Gegenstimme gut. Dem Regie-

November

		rungsrat verbleibt das Recht zur Beschränkung der Studiendauer. Zwei unterschiedliche Vorschläge zur Erhöhung der gesetzlichen Kinderzulagen sollen dem Stimmvolk vorgelegt werden.
	Neuer Konsul	Der Bundesrat erteilt *Donatino Marcon* das Exequatur als italienischer Konsul mit Sitz in Basel und Amtsbefugnis über die Kantone Solothurn und die beiden Basel.
9.	‹Basler Frieden›	Das Stadt- und Münstermuseum im Kleinen Klingental erinnert mit einer Ausstellung an den Friedensschluss zwischen Preussen, Spanien, Hessen-Kassel und Frankreich, der 1795 in unserer Stadt ausgehandelt wurde.
10.	Centralbahn-Parking	Vertreter der Bauherrschaft, des Baudepartements und der Architekten wohnen den Spatenstichen der *Regierungsräte Hans Fünfschilling* (BL) und *Christoph Stutz* (BS) zum unterirdischen Centralbahn-Parking am Bahnhof SBB bei.
	Baseldytschi Bihni	Durch einen Schlag mit dem Steinschlägel wird im freigewordenen Lohnhof der Theaterneubau der Baseldytsche Bihni in die Wege geleitet.
11.	Jubiläum	In der Aula des Naturhistorischen Museums feiert die Ornithologische Gesellschaft Basel ihr 125jähriges Bestehen.
13.	Basler Ballett	Mit 8000 gesammelten Unterschriften und einer Demonstration kämpfen Freunde und Mitglieder des einst weltberühmten Basler Balletts gegen die vom designierten Theaterdirektor verfügte Auflösung der Basler Compagnie per Ende Saison 95/96.
	Zolli	Der von einem Fussleiden arg geplagte 15jährige Nashornbulle Chittawan muss eingeschläfert werden.
14.	Regierungsrat	Als zweite Jahrestranche bewilligt der Regierungsrat insgesamt 682 000 Franken an 25 in- und ausländische Entwicklungshilfeprojekte und an die Weltorganisation gegen die Folter. Er gewährt dem Verein Wanderwege Basel einen Beitrag und bewilligt 3,9 Mio. Franken für Erneuerungen der Kanalisation im Wettsteinquartier.
	Röm.-Kath. Synode	Die Synodalen bewilligen einen Kredit von 1,4 Mio. Franken zur Restaurierung des historischen Hatstätterhofes.
15.	Grosser Rat	Der Grosse Rat bewilligt 630 000 Franken zur Anschaffung einer EDV-Lösung für das Jugendamt und 570 000 Franken für den Ersatz der Telefonautomaten bei der Feuerwache und beschliesst den Beitritt zum Konkordat über die polizeiliche Zusammenarbeit in der Nordwestschweiz.
16.	Symposium	Aus Anlass des 100. Geburtstages des Basler Historikers Prof. Dr. phil. Hans Georg Wackernagel (1895–1967) findet ein zweitägiges Symposium statt.
18.	SNCF	In Paris demonstrieren rund 1200 Personen vor der Gare de l'Est gegen eine sich ankündigende Stillegung der Bahnstrecke Basel–Paris.
19.	Abstimmungen	Die kantonalen Vorlagen ‹Umwidmungsbeschluss und Genehmigungsbeschluss betreffend Kehrichtverbrennungsanlage› (KVA-Privatisierung) werden vom Basler Stimmvolk abgelehnt. Zustimmung finden dagegen die ‹Übernahme der Kindergärten durch die Landgemeinden› und die ‹Betrieblichen und baulichen Massnahmen im Areal des Lützelhofes zugunsten der Berufsfeuerwehr›.

November

	Jubiläum	Im Stadtcasino feiern Basels Neuapostoliker das 100jährige Bestehen ihrer christlichen Religionsgemeinschaft.
20.	Waaghof	Das neue Untersuchungsgefängnis erlebt seinen ersten Ausbruch.
21.	Regierungsrat	Der Regierungsrat stimmt einer teilweisen Tariferhöhung in den städtischen Parkhäusern Steinen, Elisabethen und City zu, ebenso dem Budget 1996 der IWB, das für das kommende Jahr einen Gewinn von 21,6 Mio. Franken für den Kanton vorsieht.
22.	Basler Zeitung	Die Basler Zeitung erhöht ihren Kapitalanteil an der Curti-Mediengruppe von 50 auf 65 Prozent.
	Kneipp-Becken	Auf Anregung des 100 Jahre alt gewordenen Kneipp-Vereins Basel beteiligt sich die CMS hälftig an den Kosten zur Erstellung eines Wassertretbeckens auf der Berme des St. Alban-Rheinweges.
	Wiedereröffnung	Die Kleinbasler Traditionsbeiz ‹Hahn› an der Hammerstrasse ist von einer Genossenschaft vor der Schliessung bewahrt und festlich wiedereröffnet worden.
	Petition	Auf der Wettsteinbrücke nimmt *Regierungsrat Christoph Stutz* eine von rund 2600 Unterschriften getragene Petition für die von der CMS geplante Grossbasler Rheinuferpromenade zwischen Wettsteinbrücke und Pfalz entgegen.
	Abbruch der KVA	Im Wasenboden wird in einer ersten von vier Etappen das 53 Jahre alte Bunkergebäude der alten Kehrichtverbrennungsanlage gesprengt.
23.	Advent in Basel	Musikalisch begleitet vom Blechbläser-Ensemble der Knabenmusik, dem Mädchenchor Stella Nova und dem Basler Gesangverein lässt *Regierungspräsident Jörg Schild* auf dem Marktplatz mit einem Knopfdruck die Basler Weihnachtsbeleuchtung erstrahlen.
	IGEHO	In der Messe Basel wird die 16. Gastromesse IGEHO, Fachmesse für Gemeinschaftsverpflegung, Hotellerie und Restauration eröffnet, eine Fachmesse, von der sich das schweizerische Gastgewerbe nachhaltige Impulse erhofft.
	Stellenabbau	Hoffmann-La Roche streicht in Basel im Bereich Pharma weitere 51 Stellen und spricht 13 Kündigungen aus.
	Wolfgottesacker	Im Gegensatz zur Basler Regierung stuft das Verwaltungsgericht den Wolfgottesacker als hochrangiges Denkmal ein, das unter Schutz zu stellen und ins Denkmalverzeichnis aufzunehmen ist.
	Bankentag	Im Kongresszentrum befasst sich der 3. Basler Bankentag in mehreren Referaten mit dem Thema ‹Bankenführung im Wandel›.
	Sondermüllofen	Die erstmals veröffentlichten Abluft- und Abwasser-Messresultate belegen u.a., dass die Abluft des Ofens sauberer ist als die zur Verbrennung zugeführte Aussenluft.
24.	Dies academicus	In seiner Rektoratsrede zur 535. Jahresfeier der Universität Basel befasst sich *Rector magnificus Prof. Dr. sc. nat. Hans-Joachim Gütherodt* mit dem Thema ‹Der Schritt in die Autonomie›, der bevorstehenden neuen Ära der Universität Basel. Mit Ehrendoktoraten werden ausgezeichnet: von der Medizinischen Fakultät *Getrud Bärtschi* für ihr soziales und medizinisches Engagement in Peru und *Dr. phil. Erika Sutter* für ihren Einsatz als Augenärztin in südafrikanischen Homelands; von der Theologischen Fakultät *Dr. phil. Ilse Tödt* für ihre interdisziplinären Arbeiten in den Grenzgebieten von Friedensforschung und Theolo-

November

gie; von der Philosophisch-Historischen Fakultät *Prof. Dr. phil. Ludwig Koenen* für seine Forschungsarbeiten auf dem Gebiet antiker Sozialstrukturen; von der Philosophisch-Naturwissenschaftlichen Fakultät *Fritz Gerber* für seinen zukunftsweisenden Einsatz von Biotechnologie im Bereich der Pharmazeutischen Industrie; von der Juristischen Fakultät *Prof. Dr. iur. Peter Schlechtriem*, der sich in Lehre und Forschung um ein internationales Rechtsdenken verdient gemacht hat.

Für ihre Verdienste um die Einführung der Selbstverwaltung der Universität werden *Fritz Graf*, Präsident der landrätlichen Bildungskommission, *Prof. Dr. phil. Hans-Rudolf Striebel*, alt Regierungsrat, und der *Kuratelpräsident Dr. phil. Karl Heusler* speziell geehrt. Zudem werden erstmals herausragende Dissertationen mit einem Fakultätspreis ausgezeichnet.

25. Basler Stadtlauf — Die 13. Austragung des Basler Stadtlaufes zeugt mit einem neuen Melderekord von 3964 Läuferinnen und Läufern von der ungebrochenen Anziehungskraft dieses regionalen Sportereignisses. Gewinner bei der Elite sind die Deutsche *Kathrin Wessel* und der Kenianer *Sämi Sang*.

27. Gedenktag — In der Aula des Naturhistorischen Museums erinnern Basels Naturforscher mit einer Feier an den vor 100 Jahren verstorbenen Mediziner, Geologen, Paläologen und Basler Ehrenbürger Karl Ludwig Rütimeyer.

28. Regierungsrat — Der Regierungsrat genehmigt die Verträge über die Gasversorgung von 17 basellandschaftlichen Gemeinden durch die Industriellen Werke Basel (IWB) und nimmt davon Kenntnis, dass die kantonale Volksinitiative zur Reduktion der Steuerunterschiede zustandegekommen ist.

Schwarz-Park — Für den Fall einer Einweisung des Schwarz-Parks in die Grünzone hat der Kanton, nach dem Wortlaut eines gerichtlichen Vergleichs, 46,6 Mio. Franken an die Grundeigentümer zu zahlen.

29. Museums-Schliessungen — *Erziehungsdirektor Stefan Cornaz* erläutert der Öffentlichkeit den Beschluss der Gesamtregierung, «nach der Prüfung aller Aspekte und der finanziellen Konsequenzen» an der Schliessung des Stadt- und Münstermuseums und des Museums für Gestaltung festzuhalten.

Wirtschaftsförderung — Die *Regierungsräte Edi Belser* (BL) und *Mathias Feldges* (BS) geben die Gründung des Vereins ‹Wirtschaftsförderung Basel-Stadt und Basel-Landschaft› bekannt, in dem die beiden bisher getrennten kantonalen Institutionen zur Wirtschaftsförderung vereinigt sind.

30. Museum — Das neugestaltete Anatomische Museum Basel ist für das Publikum wieder zugänglich.

Stadion St. Jakob — Mangels Investoren kann das 150-Millionen-Projekt für einen Stadion-Neubau nicht verwirklicht werden. Es bleibt vorerst bei Sanierungsarbeiten.

Dezember

1. Welt-Aids-Tag — Mit einem Fackelzug, einem Gottesdienst und einem Treffen auf dem Theaterplatz bekunden etwa 200 Teilnehmer ihre Solidarität mit den Aids-Kranken.

2. Benefizwoche — Beginnend mit dem 2. Basler Aids-Benefiz, finden in einem hölzernen Spiegelsalon vor dem Rollerhof auf dem Münsterplatz im Verlauf der Wohltätigkeitswoche ‹Sternschnuppen› eine Vielzahl caritativer Veranstaltungen statt.

Dezember

	Kunsteisbahn Eglisee	Der Verein ‹Kunschti Eglisee› startet mit einem Eröffnungsfest in seine dritte Saison, die auf der neuen Anlage de facto am 25. November begonnen hat.
	Abbruch der KVA	Zwei im alten Hochkamin der KVA blockierte Abbrucharbeiter können nach über drei Stunden mit einem Rega-Helikopter aus dem dunklen Schlund befreit werden.
	Basler Jugendrat 95	Im Rathaussaal konstituieren Jugendliche einen Basler Jugendrat und debattieren anschliessend angeregt mit Grossräten und dem *Justizdirektor Hans Martin Tschudi* über aktuelle Anliegen der Basler Jugend.
4.	Wirte-Ombudsmann	Eine Kommission des Basler Wirteverbandes verpflichtet *alt Regierungsrat Karl Schnyder* als ‹Beschwerdeinstanz› für Basler Wirtshausgäste.
5.	Regierungsrat	Der Regierungsrat ersucht den Grossen Rat um einen Beitrag von rund 2 Mio. Franken p.a. an den Verein Basler Freizeitaktion, beantragt einen Kredit von 1,6 Mio. Franken für eine EDV-Ergänzung der Ordnungsbussenzentrale und stellt das von Architekt Hermann Baur 1938–1940 erbaute Einfamilienhaus Reservoirstrasse 174 unter Denkmalschutz.
	BVB	In der Garage Rankstrasse nehmen die Basler Verkehrs-Betriebe mit einer entsprechenden Tankanlage für ihre Busse als erste in der Schweiz den umweltfreundlichen Erdgasbetrieb auf.
6.	Grosser Rat	Mit grossem Mehr genehmigt der Grosse Rat den neuen Fonds zur Bekämpfung der Arbeitslosigkeit, der nun an die Stelle des früheren Krisenfonds treten wird. Zudem bewilligt er mehrere Beiträge, Kredite und Subventionen an soziale Institutionen.
	Bischof von Basel	Nach der bisher längsten Entscheidungsfrist von über 15 Wochen bestätigt der Vatikan die Wahl von *Prof. Kurt Koch*, Rektor der Luzerner Theologischen Fakultät, zum neuen Bischof von Basel.
8.	Grundbuch-/Vermessungsamt	Der Regierungsrat beschliesst die Fusion des Grundbuchamtes mit dem Vermessungsamt Basel-Stadt per 1. Oktober 1996, zwei Ämter, die schon einmal, bis 1929, zusammengeschlossen waren.
	Arbeitslosigkeit	Eine Abnahme um 117 auf total 4592 Personen senkt die baselstädtische Arbeitslosenquote auf 4,5 % gegenüber 4,6 % im Vormonat.
11.	Neue Rheinbrücke	Als Ersatz für die bisherige Dreirosenbrücke entscheidet sich ein unter dem Präsidium von *Baudirektor Christoph Stutz* stehendes Preisgericht für das nach heutigem Stand 72 Mio. Franken teure doppelstöckige, stadtseitig teilweise verglaste Projekt ‹Stadtbrücke›, mit dessen Bau frühestens 1998 begonnen werden soll.
12.	Wissenschaftspreis	*Regierungspräsident Jörg Schild* verleiht *Prof. Dr. phil. Iris Zschokke-Gränacher*, Extraordinaria am Institut für Physik an der Universität Basel, den Wissenschaftspreis 1995 der Stadt Basel.
	Regierungsrat	Der Regierungsrat erneuert den Subventionsvertrag mit dem Adullam-Geriatriespital und ändert die Verordnung betreffend Dienstwohnungen des Staatspersonals.
	Bürgergemeinderat	Der Bürgergemeinderat beschliesst, die 1993 für das Personal des Bürgerspitals eingeführte Neuregelung der Altersvorsorge auf das Personal der Bürgerratskanzlei und der Forstverwaltung, des Fürsorgeamtes und des Waisenhauses aus-

Dezember

zudehnen. Er stimmt der Umwidmung einer ‹Milchsuppe›-Parzelle als Grundlage für einen Baurechtsvertrag mit der Zentralwäscherei zu und genehmigt die Budgets der Bürgergemeinde.

13. Grosser Rat — Der Grosse Rat debattiert das Budget 1996 und erhöht u. a. in der Detailberatung die Einnahmen des Museums für Gestaltung um den Betrag von 93 000 Franken.

Museum für Gestaltung — Mit einem Aufruf an verschiedene Firmen versucht ein ‹2000er Freundesclub des Museums für Gestaltung› den Ausstellungsbetrieb auch nach dem Schliessungstermin von Ende März 1996 aufrechtzuerhalten.

14. Grosser Rat — Der Grosse Rat heisst das Budget 1996 mit Ausgaben von 3754 Mio. Franken und einem Defizit von 236,65 Mio. Franken und das neue Konsumkreditgesetz gut und bewilligt einen Rahmenkredit von 1,9 Mio. Franken für die Teilnahme am Interreg-Programm II, Oberrhein, Mitte-Süd. Mit 69:10 Stimmen beschliesst er, die Initiative ‹Basel autofrei› dem Volk vorzulegen.

15. Fehlbetrag — Beim Bau des subventionierten Alters- und Pflegeheims Luzernerring verursacht der Zusammenbruch des Generalplaners Suter+Suter AG für den Kanton einen Verlust von 7,3 Mio. Franken.

Abbruch der KVA — In einer zweiten Abbruchphase wird der Hochkamin und der Rest des Kehrichtbunkers der alten Kehrichtverbrennungsanlage gesprengt.

Schulhausbau — An der Leonhardstrasse legt *Erziehungsdirektor Stefan Cornaz* den Grundstein zum 40 Mio. Franken teuren Neubau der Weiterbildungsschule und des Gymnasiums.

† — † *Eynar Adolf Grabowsky* (64), Theaterproduzent, u. a. eines Tournee-Theaters, von Freilichtaufführungen in St. Jakob, des Rudolf-Bernhard-Theaters in Zürich, des Berliner Theaters des Westens, des Hamburger Operettenhauses, der Scala Theater AG in Arlesheim, des Musicals ‹Cats›; Initiant von ‹Phantom of the Opera› in Basel.

17. Adventssingen — Am 4. ‹Basler Adventssingen für alle› versammeln sich gegen 3000 Menschen um Galluspforte und Pisonibrunnen auf dem Münsterplatz zum Gesang mit der Basler Chorvereinigung, den Bläsern der Stadtmusik und der Knabenmusik.

† — † *Wilfried Boos-Egli* (74), Architekt in der Firma Gass + Boos, Architekten, u. a. Erbauer des Fussballstadions St. Jakob, des Cinema ‹Scala›, des Anfos-Hauses, des Pathologischen Instituts, des Merian-Iselin-Spitals und des Verwaltungsgebäudes von Coop-Schweiz.

19. Regierungsrat — Der Regierungsrat verdoppelt den Betriebskostenbeitrag an den Verein Neustart für Strafentlassene auf 50 000 Franken p. a., lehnt die Schaffung einer staatlichen Kriseninterventionsstelle ab, spricht dem Jugend- und Kulturzentrum ‹Eulerstrooss nüün› einen Beitrag an die Hypothekarbelastung und einen Betriebskostenzuschuss von 50 000 Franken p. a. zu und erhöht die Subvention an die Patientenstelle Basel von 50 000 auf 59 000 Franken p. a. für die Jahre 1996 bis 1998.

Jubiläum — Das 1870 als Vischer&Fueter gegründete Architekturbüro Vischer (heute Vischer AG, Architekten + Planer) wird 125 Jahre alt.

«@ Basel» — Das von der GGG in Auftrag gegebene, baselbezogene Internet-Informationssystem «@ Basel» wird der Öffentlichkeit vorgestellt. Sein Code lautet: http://www.nethos.ch/basel.

Dezember 20.	†	† *Prof. Dr. med. h.c. Otto Käser-Galafer* (83), emerit. Ordinarius für Gynäkologie und Geburtshilfe an der Universität Basel, vormaliger Direktor der Basler Universitäts-Frauenklinik, ehemaliger Präsident der Krebsliga, Frauenarzt und angesehener Dozent, Publizist und Co-Autor des Standardwerkes ‹Atlas der gynäkologischen Operationen›.
	†	† *Lothar Löffler-Hochstein* (77), Bar- und Orchesterpianist u. a. bei Teddy Stauffer, Arrangeur, Leader des eigenen Jazz-Orchesters ‹Lothar Löffler and his Ambassadors›, während zwei Jahrzehnten stadtbekannter Hauspianist im Hotel Drei Könige, Musiker beim ‹Radio Basel›, Inhaber eines Musikgeschäftes.
21.	Stadtbild	Der im Jahre 1758 erstellte, seither unverändert am selben Ort stehende Vierlindenbrunnen an der Einmündung Klosterberg/Steinentorstrasse ist in aller Stille einer gelungenen Restaurierung unterzogen worden.
25.	100 Jahre Kundenweihnacht	Im Gemeindehaus St. Matthäus veranstaltet der CVJM-Kleinbasel seine einhundertste Kundenweihnacht, die allen Einsamen, Ausgestossenen, Nichtsesshaften und Obdachlosen für einen Abend ein wenig Wärme schenken soll.
27.	Blagette 1996	So früh wie noch nie werden die Fasnachtsplakette und das Motto für die kommende Fasnacht vorgestellt: ‹Drey Dääg im Schuss›.
	Sportler des Jahres	Zu Basler Sportlerinnen und Sportlern des Jahres 1995 werden gewählt: der Schwinger *Jörg Schneider*, die Tennisspielerin und Schweizermeisterin *Patty Schnyder* und als Team die *Volleyballerinnen des RTV-Basel*, die 1995 Gewinnerinnen des Double, d. h. Cupsiegerinnen und Schweizermeisterinnen wurden.
	†	† *Prof. Dr. sc. nat. Eduard Werner Flückiger-Jost* (72), emerit. Extraordinarius für Vergleichende Physiologie an der Universität Basel.
28.	Schlachthof Basel	Der EU-anerkannte Schlachthof Basel kann in diesem Monat sein 125-Jahr-Jubiläum feiern. Das derzeitige Schlachtvolumen ist mit rund 260 000 Tieren etwa zwölfmal so hoch wie im ersten Betriebsjahr.
31.	Silvester	Eingestimmt von den Posaunenklängen der Turmbläser, erwarten auf dem Münsterplatz einige Tausend Baslerinnen und Basler das neue Jahr.

Premieren am Theater Basel im Kalenderjahr 1995

GB = Grosse Bühne	U = Uraufführung	I = Inszenierung
K = Komödie	SE = Schweizer	BB = Bühnenbild
KB = Kleine Bühne	Erstaufführung	K = Kostüme
A = Andere Spielorte	DEA = Deutschsprachige	Ch = Choreographie
FGB = Foyer Grosse Bühne	Erstaufführung	Chor = Chorleitung
FK = Foyer Komödie	ML = Musikalische Leitung	

13.1.	GB	*Viel Lärm um nichts* von William Shakespeare I: Thomas Schulte-Michels, BB und K: Susanne Thaler
26.1.	K	*Männergesellschaft* von Edward Bond I: Johannes Klaus, BB und K: Florian Etti
24.2.	GB	*Die Frau ohne Schatten* von Richard Strauss I: Hans-Peter Lehmann, ML: Walter Weller/Kevin Rhodes, BB und K: Olaf Zombeck, Chor: Henrik Polus
1.3.	K	*Trilogie der Sommerfrische* von Carlo Goldoni I: Paolo Magelli, BB und K: Florica Malureanu
26.3.	GB	*La Bohème* von Giacomo Puccini I: Wolfgang Quetes, ML: Janos Kulka/Baldo Podic, BB: Klaus Teepe, K: Heinz Berner, Chor: Werner Nitzer
31.3.	K	*Der Irrläufer (UA)* von Hansjörg Schneider I: Werner Düggelin, BB: Siegfried Mayer, K: Verena Haerdi
29.4.	KB	*Fräulein Julie* von August Strindberg I: Markus Dietz, BB und K: Katrin Scholz
5.5.	GB	*Julien Sorel* von Edward Elgar Ch: Youri Vàmos, ML: Kevin Rhodes, BB und K: Michael Scott
11.5.	K	*Der eingebildete Kranke* von Molière I und BB: Thomas Schulte-Michels, K: Claudia Spielmann
2.6.	K	*Kabale und Liebe* von Friedrich Schiller I: Wolf Seesemann, BB: Kazuko Watanabe/Andreas Tschui, K: Kazuko Watanabe
16.6.	GB	*Il Barbiere di Siviglia* von Gioacchino Rossini I: Andreas Rochholl, ML: Kevin Rhodes, BB und K: Ruth Schaefer, Chor: Henryk Polus
14.9.	K	*Der zerbrochene Krug* von Heinrich von Kleist I: Danicl Karasck, BB: Siegfried E. Mayer, K: Claudia Spielmann

15.9.	GB	*Die Zauberflöte* von Wolfgang Amadeus Mozart I: Peter Stoltzenberg, ML: Walter Weller, BB: Fred Berndt, K: Wilhelmine Bauer
22.9.	GB	*Geschichten aus dem Wiener Wald* von Ödön von Horváth I: Fred Berndt, BB: Fred Berndt/Eckhard Reschat, K: Anette Schaad
24.9.	KB	*Der Schwan in Stücken (SE)* von Tim Krohn I: Johannes Klaus, BB und K: Eckhard Reschat
12.10.	K	*Oi (SE)* von John von Düffel I: Thomas Krupa, BB: Andreas Jander, K: Gabriele Wasmuth
13.10.	GB	*Variationen über ein Kinderlied/Szenen/Ippolito* Ballette von L. Seregi/H. Spoerli – Musik von Dohnanyi/Schumann/Ringger Ch: Láslo Seregi/Heinz Spoerli, BB: Mario Botta/Láslo Seregi, K: Heinz Berner/Danielle Laurent/Wanda Richter-Forgach
17.10.	GB	*Ein Deutsches Requiem* von Johannes Brahms ML: Baldo Podic, Chor: Henryk Polus
15.11.	KB	*Die Trunkenen (Los Mareados)* von Barbara Frey/Desirée Meiser I: Barbara Frey, BB und K: Nives Widauer, ML: Patricia Draeger
23.11.	K	*Das Sparschwein* von Eugène Labiche I: Robert Hunger-Bühler, BB und K: Franziska Rast
24.11.	KB	*Der Vater* von August Strindberg I: Markus Dietz, BB und K: Mayke Hegger
26.11.	GB	*Boulevard Solitude* von Hans Werner Henze I: Werner Düggelin, ML: Bernhard Kontarsky, BB: Raimund Bauer, K: Randi Bubat, Chor: Henryk Polus
20.12.	GB	*Ay Amor! El amor brujo, La vida breve* von Manuel de Falla I, BB und K: Herbert Wernicke, ML: Baldo Podic, Chor: Werner Nitzer, Ch: Maria Guerrero

Ausstellungen in Basler Museen

Kulturgeschichte

Antikenmuseum und Sammlung Ludwig	Lebendiges Jenseits. Faksimiles und Aquarelle etruskischer Grabmäler
Skulpturhalle	Sprechende Körper. Veranstaltungsreihe mit Ausstellungen, Performances, Lesungen, Vorträgen Sehnsucht Antike. Johann Rudolf Burckhardt und die Anfänge der Basler Abguss-Sammlung
Historisches Museum Basel Barfüsserkirche	Geschenke und Erwerbungen 1993/1994 Der aktuelle Fund sowie Vitrine des Monats
Historisches Museum Basel Haus zum Kirschgarten	Samt und Seide. Kostbare Gewänder des 18. Jh. aus der Sammlung Sehnsucht Antike. Das Haus zum Kirschgarten und die Anfänge des Klassizismus in Basel
Stadt- und Münstermuseum	Dem Auge fern, dem Herzen ewig nah! Der Wolfgottesacker in Basel und seine Grabmäler Unterwegs in Europa. Reiseskizzen von Jacob Burckhardt Basler Frieden 1795. Revolution und Krieg in Europa
Schweizerisches Sportmuseum	Berg extrem. Fotoausstellung Robert Bösch Wintersport: Ski-, Schlitten- und Eissportarten Highlights der Sammlung: Objekte aus drei Jahrtausenden Sportgeschichte Schwingen in Basel und der Nordwestschweiz ‹Sport en miniature›. Zum Spielen und Staunen

Kunst und Gestaltung

Öffentliche Kunstsammlung Basel Kunstmuseum	Einblattholzschnitte des 15. und 16. Jahrhunderts Lenz Klotz. Malerei und Zeichnungen 1952–1962 Zu Ende gezeichnet. Bildhafte Zeichnungen aus dem Kupferstichkabinett Bonifacius Amerbach 1495–1562. Zum 500. Geburtstag Die Donauschule und die oberrheinisch-schweizerische Kunst des frühen 16. Jh. Mit Turban und Fahne. Ein Familienporträt Aelbert Cuyps wiederentdeckt Pablo Picasso: Die illustrierten Bücher

Öffentliche Kunstsammlung Basel Museum für Gegenwartskunst	Gary Hill
Claudia und Julia Müller
Blinky Palermo. To the people of New York City
Roni Horn. Arbeiten auf Papier
Ilya Kabakov. Ein Meer von Stimmen
Museum für Gestaltung	Die Geländer des Daseins: Gestaltung als Kompensation
Gestaltung 94. Eidgenössischer Wettbewerb für Gestaltung
Aroma, Aroma. Versuch über den Geruch
Kunsthalle	Hiroshi Sugimoto
Yu-ichi (1916–1985)
Marie José Burki ‹Sans Attribut›
Lenz Klotz. Werke seit 1963
Roni Horn. Making Being Here Enough
Gerhard Merz
John McCracken
Protoplast
Jahresausstellung der Basler Künstlerinnen und Künstler

Balloon Frame:
   Glen Seator, Lorenz Hersberger, Daniela Kaiser, Beat Zoderer,
   Rirkrit Tiravanija, Stefan Altenburger, Leta Peer |
| Ausstellungsraum Klingental | Claude Gaçon/Reinhard Gfeller/Fabian Kempter
Helen von Burg/Janos Nemeth/Gido Wiederkehr
Marie-Louise Leus
Suzanne Dättwiler-Zihlmann/Christian Kessler/Elisabeth Stalder
Austausch-Ausstellung London–Basel
Jörg Schneider
Weihnachtsausstellung |
| Berowergut, Riehen | Adieu Berower. 70 Künstlerinnen und Künstler verabschieden sich vom Berowergut

Bürgersaal der Gemeinde Riehen:
   Bruno Gasser
   Matthias Aeberli |
| Architekturmuseum | Räume wie Stilleben. Basler Innenraum-Darstellungen des Klassizismus und des Neuen Bauens
Albert Frey, Architekt
Mario Botta in Basel
Ernst Mumenthaler/Otto Meier, Architekten
Annäherung an ein Denkmal. Die Architekten BBPR und ihr Monumento ai caduti nei campi nazisti |
| Sammlung Karikaturen & Cartoons | British humour and other highlights
JÜSP Cartoons 1950–1995 |

Naturwissenschaft und Technik

Naturhistorisches Museum	Früchte und Samen Die Mauser. Vögel wechseln ihr Kleid Heimliche Untermieter Ausgestorben! – und doch erhalten?
Anatomisches Museum	Zur Geschichte des Anatomischen Instituts und des Anatomischen Museums

Völker- und Volkskunde

Museum für Völkerkunde	Fenster zur Welt. 100 Jahre Museum für Völkerkunde und Volkskunde Kunst und Handwerk aus Kamerun Iranische Literatur Von Liebe, Macht und Mystik. Persische Bildteppiche erzählen Geschichten Geräte, Kleider und Idole der Nanai. Eine Sammlung aus dem ‹wilden Ostens› Sibiriens Ken Osterbroek 1962–1994. Bilder zwischen den Fronten René Gardi – Momente des Alltags. Fotodokumente aus Nordkamerun 1950–1985 Abschied vom Paradies? Neue Ansichten aus Bali Textilgalerie: Keçe-Filz in der Türkei Treppenhaus: Spiele und Spielzeug aus Indien
Schweizerisches Museum für Volkskunde	Wiegen aus der Sammlung des Museums Zieger, Schiefer, bunte Tücher. Aus dem Glarnerland Wie sie sich betten: Zur Kulturgeschichte des Schlafens Verlorene Welten: Photographien von Ernst Brunner 1937–1962
Spielzeugmuseum, Dorf- und Rebbaumuseum im Wettsteinhaus	Bodenfunde aus der Alten Landvogtei in Riehen Hammer, Axt und Ahle. Handwerk in Riehen gestern und heute

EuroAirport Basel-Mulhouse-Freiburg

Erwartungsgemäss befand sich der Luftverkehr auch im vergangenen Jahr nach wie vor in einer schwierigen Situation. Die ungenügende Ertragslage vieler Fluggesellschaften führte zu drastischen Restrukturierungsmassnahmen und in der Folge zu zahlreichen Arbeitskonflikten. Bestehende Kooperationen wurden hinterfragt, neue Allianzen mit Blick auf die Globalisierung des Luftverkehrs aufgebaut. Im liberalisierten europäischen Binnenmarkt wuchs der Konkurrenzdruck kontinuierlich. Den Schweizer Fluggesellschaften blieben allerdings die Chancen der Liberalisierung weiterhin verwehrt, haben doch die bilateralen Luftverkehrsverhandlungen mit der EU bisher noch keinen Erfolg gezeigt. Vor diesem Hintergrund darf die Verkehrsentwicklung des EuroAirport im Jahr 1995 als erfreulich bezeichnet werden. Offensichtlich entspricht das Flugplanangebot den Bedürfnissen von Bevölkerung und Wirtschaft der Dreiländer-Region.

Im Passagierverkehr wurden insgesamt 2,46 Mio. Passagiere gezählt, was einem Wachstum von 11 % entspricht. Davon waren 1 590 000 Linienpassagiere (+9 %), 790 000 Ferienflugpassagiere (+14 %) und 80 000 (+20 %) Geschäfts- und Privatflugreisegäste. 35 % des Verkehrs wurden durch Schweizer, 30 % durch französische, 3 % durch deutsche und 32 % durch andere Fluggesellschaften abgewickelt.

Im direkten Linienverkehr wurden neue Verbindungen nach Lissabon, Madrid, Manchester, Nantes, Prag und Toulouse aufgenommen. British Airways und KLM erhöhten die Frequenzen, und Lufthansa begann mit der Einführung des 50-plätzigen Canadian Regional Jet. Mit 538 Flügen pro Woche offerierten 14 Fluggesellschaften direkte Verbindungen mit 42 Destinationen.

Im Ferienflugverkehr boten im Sommer über 50 Reiseveranstalter 58 Destinationen an. Unter den 105 Abflügen pro Woche figurierten u.a. erstmalig Punta Cana und Santo Domingo, aber auch Toronto und Cancun. Eine deutliche Verstärkung des Angebotes erfolgte zu Beginn der Wintersaison, als Hapag Lloyd regelmässige Verbindungen nach den kanarischen Inseln aufnahm.

Einen eigentlichen Boom erlebte der EuroAirport im Frachtverkehr: Mit 79 000 Tonnen Umschlag ist ein Plus von 22 % zu verzeichnen. Der Anteil der geflogenen Luftfracht hat von 41 auf 51 % zugenommen. Das starke Wachstum ist vor allem auf die Einführung 4 neuer Frachtverbindungen nach Dehli/Seoul, Chicago, Istanbul und Atlanta zurückzuführen. Die Kapazität pro Woche der insgesamt 8 Frachtflüge beträgt 429 Tonnen. Auch die Expressdienste weisen ein beachtliches Angebot pro Woche auf: 29 Flüge zu 6 Destinationen mit total 345 Tonnen Kapazität.

In Anbetracht der rasanten Verkehrszunahme erstaunt es nicht, dass die Terminal-Kapazitäten des Flughafens den Anforderungen nicht mehr genügen. Im September konnte das Ausbaukonzept, das eine Verdoppelung des Passagier-Terminals und einen L-förmigen Fingerdock für den europäischen Regionalverkehr vorsieht, vorgestellt werden. Im März 1996 wird unter den eingereichten Projekten das geeignetste ausgewählt. Der Baubeginn ist für Ende 1996 vorgesehen, mit der Fertigstellung wird im Laufe des Jahres 1999 gerechnet.

Die trinationale Zusammenarbeit konnte durch den Entscheid des Verwaltungsrates, zwei deutsche Vertreter des Beirates als permanente Gäste ohne Stimmrecht an seinen Sitzungen teilnehmen zu lassen, weiter verbessert werden. Im Zusammenhang mit der Finanzierung des Ausbaus des EuroAirport hat die Frage der deutschen Partnerschaft in letzter Zeit sehr an Aktualität gewonnen. Diverse Faktoren spielen dabei unterschiedliche Rollen. Die badenwürttembergische Verkehrspolitik, die Optik der Vertreter aus dem Raume Freiburg, die subventionierten Verbindungen von Strassburg nach Deutschland sowie die Situation des EuroAirport, der nie subventionierte Verbindungen kannte und zudem von den Auswirkungen betroffen ist, die sich wegen des nach wie vor ausstehenden Luftverkehrsabkommens Schweiz–EU ergeben.

Ende August wurde unter dem Titel ‹Chance Regio-Flughafen› erstmals eine Dissertation über den EuroAirport publiziert. Andreas M. Walker analysiert darin die Wechselwirkungen zwischen dem EuroAirport und der Regio und präsentiert mögliche Zukunfts-Szenarien, die eine gute Grundlage für eine sachliche Auseinandersetzung über die Zukunft des EuroAirport in unserer Region darstellen.

Basler Börse

Eine in ganz Europa flaue Konjunkturentwicklung, niedrige Teuerungsraten und tiefe Zinsen sorgten vor allem in der zweiten Jahreshälfte 1995 an den Schweizer Börsen für ein eigentliches Rallye. In der Schweiz wurde dieser Aufschwung zusätzlich verstärkt, weil angesichts der publizierten Eurowährungs-Pläne vermehrt Schweizer Franken-Anlagen gesucht wurden.

An der Basler Börse wurde 1995 ein kumulierter gebührenpflichtiger Umsatz von 60,717 Mrd. Franken erzielt. Wegen der am 1.1.1995 in Kraft getretenen neuen Gebührenordnung ist diese Umsatzangabe mit dem Vorjahr nicht vergleichbar. Analog zum allgemeinen Börsenverlauf verzeichnete auch die Basler Börse ab Jahresmitte anziehende Umsätze, nachdem der Handel eher zurückhaltend begonnen hatte. Am Jahresende waren 510 (Vorjahr: 547) Aktien, Optionen und Anlagefonds sowie 1 706 (Vorjahr: 1 803) Obligationen kotiert.

Das Geschehen an der Basler Börse war überschattet von der ursprünglich auf Frühjahr 1995 vorgesehene Inbetriebnahme der Elektronischen Börse Schweiz (EBS). Aus verschiedenen Gründen geriet der Terminplan der Projektverantwortlichen durcheinander. Am 8. Dezember konnte schliesslich der computergestützte Handel aufgenommen werden, vorerst mit dem Segment Auslandaktien. Bis Mitte März 1996 sollen auch die übrigen Titelkategorien am Bildschirm gehandelt werden. Dann werden die Aktivitäten rund um die Basler Börsenringe wohl endgültig eingestellt werden, zumal es im Berichtsjahr nicht gelang, die Pläne für eine alternative Börse zu verwirklichen.

Während der Übergangszeit vom konventionellen zum elektronischen Börsenhandel werden die Besucher der Basler Börse mit einer Videoproduktion über die wesentlichen Aspekte dieses Systemwechsels orientiert werden. Ab Frühjahr 1996 ist eine permanente Ausstellung zum Thema ‹Elektronische Börse Schweiz› im ehemaligen Handelsraum für Obligationen vorgesehen. Als Erlebnis-Ausstellung konzipiert, dürfte sie bei einem breiten Publikum auf Interesse stossen.

Das Domizil der Basler Börse, die Liegenschaft Aeschenplatz 7, soll künftig als ‹Haus der Wirtschaft und der Basler Börse› genutzt werden. Voraussichtlich werden verschiedene Basler Wirtschaftsorganisationen in den freiwerdenden Räumlichkeiten Einsitz nehmen. Daneben wird hier weiterhin die Börsen-Informations AG (BIAG) ihren mannigfaltigen Kommunikationsaufgaben nachkommen.

Solange die Basler Börse noch in Betrieb ist, kann sie bis auf weiteres während der üblichen Handelszeiten (ab 09.15 Uhr) besucht werden. Ebenso stehen den Besuchern (Gruppen auf Voranmeldung: Tel. 061/272 05 55) nach wie vor die lehrreich-unterhaltende Tonbildschau über das Basler Börsengeschehen sowie die attraktive Börsencaféteria (werktags von 08.00 bis 16.00 Uhr geöffnet; Telefon-Nr. 061/272 08 07) zur Verfügung.

Index der Konsumentenpreise

Der vom Statistischen Amt des Kantons Basel-Stadt ermittelte Basler Index der Konsumentenpreise hat sich innerhalb des Jahres 1995 um 1,7 Prozent auf 103,0 Punkte (Mai 1993 = 100) erhöht.

Rheinhafen-Umschlag

Im Jahr 1995 sind in den Rheinhäfen beider Basel insgesamt 8 025 094 Tonnen Güter umgeschlagen worden. Gegenüber dem Vorjahr ist ein Rückgang um 181 680 Tonnen oder 2,2 % zu verzeichnen. An diesem Ergebnis partizipierten die baselstädtischen Hafenanlagen mit 3 732 309 Tonnen = 46,51 % (Vorjahr 42,26 %). Die anteilmässige Verbesserung der baselstädtischen Rheinhäfen ist einerseits auf eine Zunahme beim Trockengüterverkehr (insbesondere Container), andererseits auf einen Rückgang bei den mehrheitlich in den basellandschaftlichen Rheinhäfen umgeschlagenen flüssigen Treib- und Brennstoffen zurückzuführen.

Überblick Wohnbevölkerung

Jahr	Kantons-bürger	Übrige Schweizer	Ausländer	Stadt Basel	Riehen	Bettingen	Männlich	Weiblich	Zu-sammen
Mittlere Wohnbevölkerung									
1986	82466	78550	40808	180170	20514	1140	95754	106070	201824
1987	81105	77838	40983	178457	20320	1149	94713	105213	199926
1988	79945	76752	42042	177448	20159	1132	94215	104524	198739
1989	79155	75582	43137	176612	20164	1098	93668	104206	197874
1990	78181	74731	44710	176412	20118	1092	93687	103935	197622
1991	77195	74692	47205	177855	20122	1115	94508	104584	199092
1992	76420	74534	48827	178573	20086	1122	94625	105156	199781
1993	75544	74434	50175	178777	20238	1138	94632	105521	200153
1994	74647	74211	51210	178513	20403	1152	94491	105577	200068
1995*	73478	73292	51977	177034	20558	1155	93868	104879	198747
Wohnbevölkerung am Jahresende									
1986	81818	78197	39533	177985	20417	1146	93932	105616	199548
1987	80303	77493	40408	176843	20213	1148	93426	104778	198204
1988	79557	75887	40961	175233	20056	1116	92233	104172	196405
1989	78706	75002	42151	174679	20095	1085	91961	103898	195859
1990	77632	74522	44265	175257	20071	1091	92399	104020	196419
1991	76773	74627	46694	176902	20076	1116	93229	104865	198094
1992	75852	74288	48316	177181	20154	1121	93374	105082	198456
1993	75054	74236	49896	177835	20200	1151	93740	105446	199186
1994	74072	73701	50956	177106	20461	1162	93548	105181	198729
1995*	72881	72887	51796	175658	20751	1155	92991	104573	197564

* provisorische Zahlen

Abstimmungen 1995

Eidgenössische Volksabstimmungen 1995 – Ergebnisse der Abstimmungen

Datum der Abstimmung	Vorlage	Kanton Basel-Stadt				Bund	
		Stimmbeteiligung in %	Ja	Nein	Annehmende Stimmen in %	Annehmende Stimmen in %	Annehmende Stände
12.3.1995	Neuer Landwirtschaftsartikel	40,4	20 023	31 810	38,6	49,2	9
12.3.1995	Milchkontingent-Beschluss	40,5	14 483	37 477	27,9	36,6	(4)
12.3.1995	Marketing-Beiträge	40,5	12 788	39 026	24,7	33,6	(3)
12.3.1995	Bundesbeschluss Ausgabenbremse	40,4	42 664	7 984	84,2	83,4	23
25.6.1995	Bundesgesetz über die AHV (10. AHV-Revision)	49,2	35 240	27 795	55,9	60,7	(18)
25.6.1995	Volksinitiative ‹Zum Ausbau von AHV und IV›	49	21 962	40 342	35,3	27,8	0
25.6.1995	Revision ‹Lex Friedrich› (Grundstückserwerb durch Ausländer)	48,7	26 230	35 169	42,7	46,5	(7)

(Zahlen in Klammern: Kein Ständemehr erforderlich)

Kantonale Volksabstimmungen 1995 – Ergebnisse der Abstimmungen

Datum der Abstimmung	Vorlage	Stimmbeteiligung in %	Ja	Nein	Annehmende Stimmen in %
19.11.1995	Übernahme der Kindergärten durch die Landgemeinden	36,3	23 022	21 618	51,6
19.11.1995	Massnahmen im Areal des Lützelhofes zugunsten der Berufsfeuerwehr	36,4	33 702	10 662	76
19.11.1995	Umwidmungsbeschluss Kehrichtverbrennungsanlage	36,4	18 642	25 964	41,8
19.11.1995	Genehmigungsbeschluss Kehrichtverbrennungsanlage	36,4	19 562	25 375	43,5

Wahl des Abgeordneten in den Ständerat 1995

Datum der Wahl:	Stimmen haben erhalten:			
	Prof. Dr. Gian-Reto Plattner	Dr. iur. Thomas Staehelin	Werner Furrer	andere
22.10.1995 (1. Wahlgang)	31 872	18 715	4 744	401

Erneuerungswahl von sechs Mitgliedern des Nationalrates 1995

Datum der Wahl 20. bis 22. Oktober 1995							Wahlbeteiligung in %
Gewählt wurden:	Helmut Hubacher (SP)	Dr. rer. pol. Ruedi Rechsteiner (SP)	Dr. rer. pol. Remo Gysin (SP)	lic. iur. Margrit von Felten (SP)	Dr. iur. Christoph Eymann (LDP)	Dr. phil. nat. Johannes Randegger (FDP)	46,8
Stimmen	26 526	22 361	21 792	21 385	15 982	14 768	

Monats- und Jahresmittelwerte der meteorologischen Elemente im Jahre 1995

	Januar	Februar	März	April	Mai	Juni	Juli
Temperatur in °C	+ 1,8	+ 6,6	+ 5,2	10,1	13,9	15,8	21,9
Monatsminimum	− 10,4	− 1,5	− 3,5	− 0,8	+ 0,4	+ 6,5	11,3
Monatsmaximum	15,3	17,2	19,6	23,3	28,5	31,9	34,8
Anzahl Hitzetage				0	0	4	12
Anzahl Sommertage			0	0	10	8	25
Anzahl Frosttage	18	4	16	1	0		
Anzahl Eistage	4	0	0				
Luftdruck hPa	981,2	979,7	978,8	979,7	979,1	980,0	979,4
Luftdruck, tiefster	960,0	957,3	960,1	961,6	956,5	972,1	969,0
Luftdruck, höchster	998,9	994,9	999,9	994,9	988,8	985,4	987,0
Niederschlag in mm	99,5	94,4	100,1	50,6	191,9	47,8	103,6
Anzahl Tage mind. 0,1 mm	21	19	17	10	15	15	10
Anzahl Tage mind. 0,3 mm	21	16	14	9	14	14	8
Anzahl Tage mind. 1,0 mm	19	12	14	9	11	10	7
Maximale Tagesmenge in mm	13,0	17,5	34,6	12,6	42,6	14,8	32,8
Tage mit Schneefall	10	2	9	0			
Tage mit Schneedecke	14	1	3	0			
Tage mit Reif	6	3	12	4	2	0	
Tage mit Hagel	0	0	0	0	0	0	1
Tage mit Nahgewitter	1	1	0	1	1	1	5
Tage mit Gewitter, alle	1	1	2	3	1	5	12
Bewölkung in %	74	80	66	74	70	67	52
Helle Tage	3	0	2	1	2	5	5
Trübe Tage	19	15	11	16	16	11	5
Tage mit Nebel	0	2	0	1	1	1	0
Sonnenscheindauer in Stunden	64,9	74,6	141,9	136,7	195,9	168,8	297,3
Globalstrahlung Wh/m^2	960	1566	2898	3736	4830	5098	6305
Maximum Tag	2512	3154	5640	6378	7984	8328	7750
Relative Feuchte %	79	76	69	72	69	71	65
Dampfdruck hPa	5,8	7,6	6,3	9,2	11,5	13,3	17,9
Schwüle Tage					0	2	17
Windgeschwindigkeit m/sec, mittl.	4,2	3,1	3,6	2,5	2,2	2,1	2,1
Windmaximum	32,0	22,0	21,0	24,5	21,2	13,5	17,5
Aus Richtung	W	W	SW	SSW	WNW	W	SSW

Chronik 1995

August	September	Oktober	November	Dezember	Summe	Mittelwert	Extremwert	Abw. v. Norm	Norm 1961–90
18,9	13,2	14,0	+ 4,9	+ 1,1		10,61		+ 0,87	+ 9,74
+ 5,9	+ 1,4	+ 4,3	– 5,7	– 6,5			– 10,4	+ 2,5	– 12,9
32,7	23,6	26,1	18,1	16,0			34,8	+ 1,3	33,5
4	0	0			20			+ 10	10
17	0	3			63			+ 13	50
		0	11	23	73			+ 1	72
			0	6	10			– 4	14
980,0	977,4	985,1	981,4	978,0		980,0		+ 0,5	979,5
974,6	964,3	976,7	964,0	956,4			956,4		
985,5	988,0	992,8	996,0	995,3			999,9		
93,2	102,3	9,4	82,2	116,4	1091,4			+ 303	788
16	18	7	11	17	176			+ 9	167
14	14	5	9	17	155			+ 4	151
13	10	5	8	15	133			+ 12	121
21,0	35,4	2,7	48,4	33,7			48,4		
		0	3	7	31			+ 2	29
		0	1	14	33			+ 3	30
	1	0	11	6	45			+ 2	43
0	0	0	0	0	1			– 1	2
3	1	1	0	0	15			+ 1	14
12	2	1	0	0	40			+ 2	38
66	78	66	74	87		71		+ 4	67
4	0	3	2	1	28			– 14	42
12	15	10	17	23	170			+ 7	163
0	3	8	2	7	25			– 9	34
187,5	114,7	140,0	83,3	23,7	1629,3			– 50	1679
4452	2921	2369	1235	624		3083			
7279	5086	3756	2448	1613			8328		
72	79	83	80	87	75			– 3	78
16,2	12,3	13,8	7,3	6,0		10,6		+ 0,4	10,1
10					29			+ 4	25
2,0	2,3	1,9	2,4	2,3		2,6		+ 0,2	2,4
13,5	18,0	11,0	16,8	18,8			32,0		
W	SW	E	N	WSW			W		

Autoren und Autorinnen in diesem Buch

Gabrielle Alioth	1955 in Basel geboren. Studium der Wirtschaftswissenschaften und Kunstgeschichte an den Universitäten Basel und Salzburg. 1982/83 längere Aufenthalte in Strassburg. Ab 1979 wissenschaftliche Mitarbeiterin der Prognos AG, Basel. 1984 Übersiedlung nach Irland, als freie Übersetzerin und Journalistin für deutsche Zeitungen und Rundfunkstationen tätig. 1990 Publikation des Romans ‹Der Narr› und Ausstrahlung des gleichnamigen Hörspiels durch Radio DRS. 1991 Verleihung des Preises ‹Der erste Roman› durch das Literaturhaus Hamburg. 1994 ‹Wie ein kostbarer Stein›, Roman. 1996 ‹Die Arche der Frauen›, Roman. Beiträge in Anthologien und Veröffentlichung verschiedener Kurzgeschichten. Verheiratet mit Martin Alioth, Mediävist und Journalist.
Stephan Appenzeller	1960 in Basel geboren. Maturität am Gymnasium Oberwil (BL). Studium an der Universität Basel in den Fächern Geschichte, Geographie und Soziologie. Lizentiat 1989. Forschungsschwerpunkte: Stadt-, Verkehrs- und Planungsgeschichte des 19. und 20. Jahrhunderts. 1990–1993 wissenschaftlicher Assistent am Historischen Seminar der Universität Basel. 1992–1995 wissenschaftlicher Mitarbeiter der Basler Verkehrs-Betriebe. Seit 1996 Informationsbeauftragter des Schweizerischen Eisenbahner-Verbandes.
Peter Bachmann	In Basel 1938 geboren, aufgewachsen, zur Schule gegangen. Nach dem Studium an der ETH Zürich vier Jahre als Bauingenieur im Wallis und in Israel tätig. Seither wieder in Basel wohnhaft. Spezialisierung als – seit 1986 selbständiger – Verkehrsingenieur mit Vorliebe für ökologische, soziale, rechtliche und wirtschaftliche Fragestellungen. Mobil als Velofahrer, Fussgänger und Benützer des öffentlichen Verkehrs. Vizepräsident der VCS-Sektion beider Basel, Grossrat.
Yvonne Boerlin-Brodbeck	1929 als Bürgerin von Liestal in Basel geboren. Maturität in Basel. Studium der Kunstgeschichte, Germanistik und Anglistik in Basel und Zürich. Promotion 1967 mit der Dissertation ‹Antoine Watteau (1684–1721) und das Theater›. 1967–1991 wissenschaftliche Assistentin am Kupferstichkabinett Basel. Daneben Lektorate und Gastlehraufträge an den Universitäten Basel, Zürich und Bern. 1988–1994 Lektorin für neuere Kunstgeschichte an der Universität Basel. 1986–1992 im Vorstand der Vereinigung der Kunsthistoriker der Schweiz; seit 1992 im Vorstand der Schweizerischen Gesellschaft für die Erforschung des 18. Jahrhunderts.
Benoît Bruant	Né en 1960 à Mulhouse. Diplômé en Gestion de l'Université de Haute-Alsace, titulaire du diplôme d'Etudes Supérieures de l'Ecole du Louvre à Paris. Promotion 1991 de l'Ecole du Patrimoine. Conservateur des Musées Municipaux de Mulhouse depuis 1991. Poursuit des recherches sur l'histoire des musées et sur l'histoire de la culture et de l'identité des alsaciens.
Andreas Burckhardt	Bürger von Basel, geboren 1951 in Pasadena, Kalifornien. Schulen in Basel mit Matur am Humanistischen Gymnasium 1970; 1974 juristisches Lizentiatsexamen; 1981 baselstädtischer Advokat, 1982 Dr. iur., 1982–1987 Rechtsabteilung der Fides

	Treuhandgesellschaft, 1988–1994 Generalsekretär bei der Basler Versicherungs-Gesellschaft. Seit 1994 Direktor der Basler Handelskammer. 1981–1989 Mitglied des Weiteren Bürgerrates bzw. Bürgergemeinderates, seit 1989 Bürgerrat. Präsident der Kommission des Bürgerspitals.
Leonhard Burckhardt	1953 in Basel geboren. 1972 Maturität am Humanistischen Gymnasium. Ab 1972 Studium der Alten Geschichte, der Neuen Geschichte und der Volkswirtschaftslehre an den Universitäten Bern und Basel. 1980 Lizentiat in Bern, 1986 Promotion und 1993 Habilitation in Basel. 1981–1984 und 1986–1992 Assistent am Seminar für Alte Geschichte in Basel. Seit 1993 Mitarbeiter an der Jacob Burckhardt-Edition. Seit 1992 Mitglied des Grossen Rates des Kantons Basel-Stadt (SP-Fraktion), Mitglied der parlamentarischen Kommission Universitätsvertrag/Universitätsgesetz.
Thomas Bürgi	Geboren 1965 in Basel. Maturität am Gymnasium Muttenz. Studien in Architektur an der ETH Zürich, in Philosophie, Kunstgeschichte und Soziologie an der Universität Basel. 1994 Lizentiat in Geschichte, Abschlussarbeit über die Entwicklung der Basler Vorschulen im 19. Jahrhundert.
Yolanda Cadalbert Schmid	1947 in Rueun (GR) geboren. Ausbildungen: Coiffeuse 1967, Laboristin 1977, Journalistin 1993. Mehrere Jahre Auslandaufenthalt; lebt seit 1971 im Kanton Basel-Stadt. Ehem. Mitglied der Arbeiterkommission Ciba-Geigy; mehrjährige Tätigkeit in der Gewerkschaft Textil Chemie Papier, u.a. Präsidentin der Bildungskommission, Präsidentin der Frauengruppe Basel und Mitglied des Sektionsvorstands. Seit 1985 Redaktorin und freie Journalistin, u.a. für die Weltwoche, den Schweizerischen Beobachter, die Frauenzeitschrift Nora und gewerkschaftliche Zeitungen. Autorin des Bestsellers ‹Sind Mütter denn an allem schuld?›. Seit 1992 Mitglied des Grossen Rates, seit 1995 Mitglied der Finanzkommission Basel-Stadt.
Manfred Elke	1928 in Bad Frankenhausen/Thüringen geboren. Maturität am Mathematisch-Naturwissenschaftlichen Gymnasium in Sangerhausen/Harz 1947. Flucht nach West-Berlin 1949 und Studium der Medizin an der Freien Universität in West-Berlin und an der Universität in Heidelberg. Dort Staatsexamen und Promotion 1954. Ausbildung in Bochum, Hamm/Westf. und Basel. Habilitation und Professur an der Universität Basel. Leitender Arzt für Diagnostische Radiologie, Kantonsspital Basel. 1994 Emeritierung.
Walter Erny	1939 in Basel geboren. Maturität am Mathematisch Naturwissenschaftlichen Gymnasium. 1960 Primarlehrerdiplom. Seither als Klassenlehrer an der Primarschule Kleinbasel (PSK) tätig. Seit 1963 Praxis- und 1972 Methodiklehrer am Pädagogischen Institut (vormals Kantonales Lehrerseminar). Seit 1970 Legasthenie-Therapeut. Seit 1986 ehrenamtlicher Vorsteher der Neuapostolischen Kirche des Bezirkes Basel.
Christine Felber	1960 in Basel geboren. 1979 Maturität am Realgymnasium Basel. 1979–1982 Ausbildung zur Physiotherapeutin mit Diplomabschluss. 1982–1990 Studium der Kunstgeschichte, Geschichte und Germanistik. 1987/88 Studienaufenthalt am Deutschen Kunsthistorischen Institut in Florenz. 1990 lic. phil. I, Museumspraktika am Städel und am Deutschen Architektur-Museum in Frankfurt a. M. Seit 1991 Wissenschaftliche Assistentin bei der Gesellschaft für Schweizerische Kunstgeschichte (GSK) in Bern, Redaktorin der Zeitschrift ‹Kunst+Architektur in der Schweiz›.
Christian Fluri	1950 in Baden geboren, Matur in Basel 1973, Studium der Germanistik, Geschichte und Philosophie an der Universität Basel, Lizentiat/Oberlehrerdiplom 1983. 1975 bis 1989 Lehrer für Deutsch und Geschichte an den Minerva Schulen in Basel, ab 1983

	in fester Anstellung. 1985 bis 1989 Redaktor beim Kultur Magazin. 1988 freier Mitarbeiter bei der Basellandschaftlichen Zeitung, Ressort Kultur, seit 1989 Kulturredaktor bei der Basellandschaftlichen Zeitung.
Fritz Friedmann	1914 in Stuttgart geboren, Bürger von Landschlacht (TG) und Basel-Stadt. Realgymnasium, Höhere Handelsschule, Dipl. Kaufmann des Detailhandels. Berufstätigkeit in Einkauf, Werbung, Verkaufsförderung und Public Relations. Journalistisch tätig für Fach- und Tagespresse (BR). Hobby: Nanologie (Gartenzwergkunde).
Thierry A. Freyvogel	Geboren 1929 in Basel. Schulen in Paris und Basel. Studium der Zoologie daselbst. Promotion 1955 mit einer Arbeit über Malaria unter der Leitung von Prof. R. Geigy. Aufbau, in seinem Auftrag, des Feldlaboratoriums des Schweizerischen Tropeninstituts (STI) in Ifakara (Tansania). 1961 Habilitation an der Universität Basel; 1966 Ernennung zum a. o. Prof., Vorsteher des STI von 1972 bis 1987. Zur Zeit Präsident der schweizerischen ‹Kommission für Forschungspartnerschaften mit Entwicklungsländern› und Präsident des Vereins der ‹Freunde des Zoologischen Gartens Basel›.
Rainer Füeg	Geboren 1951, aufgewachsen im Kanton Baselland. Studium der Sozial- und Wirtschaftswissenschaften in Basel, Promotion 1980. Ab 1981 in der Unternehmungs- und Wirtschaftsberatung tätig, seit 1987 Lehrauftrag für Organisationsberatung an der Universität Basel. Autor der Regio Wirtschaftsstudie Nordwestschweiz. Generalsekretär der Union westeuropäischer Industrie- und Handelskammern des Rhein-, Rhône- und Donaugebiets. Seit 1995 Vorsitzender der Wirtschaftsförderung Basel-Stadt und Basel-Landschaft.
Walter J. Gehring	Geboren 1939. Promotion bei Prof. Ernst Hadorn in Zürich. Dozent an der Yale University (USA), anschliessend am Biozentrum der Universität Basel, daselbst seit 1972 ordentlicher Professor für Entwicklungsbiologie und Genetik. Mitglied der Akademien der Wissenschaften der USA, Europas, Deutschlands und Schwedens, ausgezeichnet mit zahlreichen Wissenschaftspreisen. Leistete wichtige Beiträge zum Verständnis genetischer Entwicklungsprozesse bei der Taufliege Drosophila.
Hans Gygli	1929 in Villnachern (AG) geboren. Maturität Typus A an der Kantonsschule Aarau. Studium der klassischen und germanischen Philologie an den Universitäten Basel und Göttingen. Promotion 1958. Oberlehrerdiplom 1957, dann Unterricht am Realgymnasium bis 1960, am Humanistischen Gymnasium bis 1969 in den Fächern Griechisch, Latein und Deutsch. Als Rektor des Gymnasiums Bäumlihof Planung des Neubaus und des inneren Aufbaus. Leitung dieser Schule bis 1991, danach Rücktritt und Pensionierung. Neben dieser Tätigkeit Generalstabsdienste (Logistik) bis 1989.
Dominik Heitz	1957 in Basel geboren. Maturität am Gymnasium am Kohlenberg. Studium an der Universität Basel in den Fächern Germanistik, Geschichte und Anglistik. 1984 Lizentiat. 1984 bis 1987 redaktioneller Mitarbeiter bei der Riehener-Zeitung. Seit 1987 Redaktor bei der Basler Zeitung.
Guido Helmig	1951 in Basel geboren. Schulen in Riehen und Basel. Matura. Studium der Ur- und Frühgeschichte, Ethnologie und Somatischen Anthropologie an der Universität Basel. Lizentiat 1978. Seit 1977 wissenschaftlicher Mitarbeiter bei der Archäologischen Bodenforschung Basel-Stadt. Seit 1982 wissenschaftlicher Adjunkt und Stellvertreter des Kantonsarchäologen.
Regula Hofer	Geboren 1962, Mittelschule und Ausbildung zur hauswirtschaftlichen Betriebsleiterin HHF in Bern. Leitende Funktionen in mehreren öffentlichen, subventionierten und privaten Dienstleistungsbetrieben verschiedener Kantone. Seit 1992 Gewerkschaftssekretärin der VPOD-Sektion Basel.

Daniel M. Hofmann	1948 in Glarus geboren. Maturität an der Kantonsschule Glarus. Studium der Geschichte und Nationalökonomie an der Universität Zürich. Abschluss 1974, danach Nachdiplomstudium in Volkswirtschaft an der Brown University in Providence (USA). Seit 1979 redaktioneller Mitarbeiter der Neuen Zürcher Zeitung mit Auslandsposten in Bonn (1980–1985) und Washington (1985–1994). Seit Sommer 1994 zeichnender Redaktor bei der Neuen Zürcher Zeitung in Zürich mit den Spezialgebieten Chemie-Industrie, Landwirtschaft, internationale Währungspolitik und Entwicklungsökonomie.
Carmen Humbel Schnurrenberger	1961 geboren in Zürich. 1978–1982 Mittelschule und Matura an der Kantonsschule in Wohlen (AG). 1982–1988 Architekturstudium an der ETH-Zürich. 1988–1991 Mitarbeit in verschiedenen Architekturbüros und im Architekturmuseum in Basel. 1991–1993 Geschäftsführerin des Architekturforums Zürich. Ab 1993 selbständige Architektin in Basel. Arbeitsgemeinschaft Ernst & Humbel seit 1995 in Zürich und Basel. Daneben publizistische Tätigkeiten für verschiedene Tageszeitungen und Fachzeitschriften im Bereich Architektur und Städtebau sowie Dissertation ‹Hermann Baur – ein Architekt im Aufbruch zur Moderne und mit ethischer Gesinnung›.
Holger Jacob-Friesen	1967 in Köln geboren. Abitur in Göttingen. Studium der Geschichte und Kunstgeschichte in Göttingen, Berlin und Basel. 1994 Lizentiat mit einer Arbeit über den Briefwechsel zwischen dem Basler Ratsschreiber Isaak Iselin und dem Berliner Verleger Friedrich Nicolai (1767–1782). Seither Doktorand in Basel. 1995 Mitarbeiter an Katalog und Ausstellung ‹Bonifacius Amerbach. Zum 500. Geburtstag des Basler Juristen und Erasmuserben› (Kunstmuseum Basel).
Martin Jösel	1955 in Karlsruhe geboren, Abitur am Goethe-Gymnasium Karlsruhe. Studium an den Universitäten Freiburg/Br. und Innsbruck in den Fächern Germanistik, Geschichte und Vergleichende Literaturwissenschaft, Staatsexamen und Magister Artium 1979. Privates Klavier- und Orgelstudium. Gymnasiallehrer, 1984–1990 an der Deutschen Schule Brüssel tätig. Seit 1992 Leiter der Volkshochschule Hochrhein in Grenzach-Wyhlen. Buch- und Zeitschriftenveröffentlichungen über Alexander den Grossen, die Didaktik des Hörspiels, zur Faust-Tradition in Basel und im südwestdeutschen Raum sowie über Sebastian Brants ‹Narrenschiff› und J.P. Hebels ‹Carfunkel›-Gedicht.
Marc Keller	1957 in Basel geboren. Maturität am Humanistischen Gymnasium. Studium an der Universität Basel in den Fächern Geschichte, Germanistik und Anglistik, Studienabschluss 1984. Berufliche Tätigkeiten: Lektor in medizinischem Verlag, Redaktor bei ‹du›, Parteisekretär der Liberal-demokratischen Partei Basel-Stadt. Seit Frühjahr 1992 als Direktionssekretär des Gewerbeverbandes Basel-Stadt tätig.
Markus Kobler	1967 in Flawil (SG) geboren. Maturität an der Kantonsschule St. Gallen. Studium der Volkswirtschaftslehre an der Hochschule St. Gallen mit Gastsemestern in Lima und Bordeaux und einem Praktikum in São Paulo; Diplom 1993. Seit 1993 als Assistent am Wirtschaftswissenschaftlichen Zentrum der Universität Basel.
Alex Krauer	1931 in Basel geboren. Studium der Volkswirtschaft an den Universitäten Basel und Paris und an der London School of Economics. 1955 Promotion bei Professor Salin zum Dr. rer. pol. 1956 Eintritt in die Finanzabteilung der Ciba-Geigy AG. Von 1957 bis 1972 tätig bei der italienischen Konzerngesellschaft, zuletzt Leiter Finanzen und Mitglied der Geschäftsleitung. 1972 Rückkehr nach Basel, Verantwortlicher der Control und Management Services. 1976 Mitglied der Konzernleitung, 1982 stellvertretender Vorsitzender, 1987 Präsident und Delegierter des Verwaltungsrates. Mitglied des Verwaltungsrates des Schweizerischen Bankvereins und der Basler Versicherungs-Gesellschaft.

Georg Kreis	1943 in Basel geboren, Schulen in Basel und Schiers, Studium in Basel, Paris und Cambridge, 1972 Dr. phil. in Neuerer Allgemeiner Geschichte und Schweizergeschichte, 1981 Habilitation, 1986 Extraordinarius der Universität Basel. 1985–1993 Leiter des Nationalen Forschungsprogramms ‹Kulturelle Vielfalt und nationale Identität›. Seit 1. November 1993 Leiter des Europainstituts an der Universität Basel. Vielfältige Engagements im Bereich der schweizerischen Aussenbeziehungen, z.B. als Mitglied des Herausgeberkomitees der ‹Diplomatischen Dokumente der Schweiz›, der Schweiz. Unesco-Kommission, der Redaktion ‹relations internationales›, des Vorstandes der Schweiz. Gesellschaft für Aussenpolitik, Mitglied des Auslandschweizerrates. Zahlreiche Publikationen.
Daniel Küry	1958 in Basel geboren. Maturität in Basel. Studium in Biologie I und Chemie an der Universität Basel; Promotion 1989. Weiterbildungskurse in Erwachsenenbildung. Seit 1983 Exkursionskurse im Grundstudium der Biologie I, Kurse an der Volkshochschule Basel sowie im Rahmen verschiedener Projekte. 1983 Mitarbeit am Basler Naturatlas, 1984–1987 Erarbeitung von Naturschutzinventaren für Gemeinden der Region. Seit 1988 freiberufliche Tätigkeit als Berater in den Bereichen Naturschutz, Limnologie, Gewässerschutz und Landschaftsplanung sowie mit Kursangeboten. 1993–1995 Mitarbeit am Naturschutzkonzept Basel-Stadt, 1995 Lektorat für Limnologie an der Universität Basel.
Markus Kutter	Geboren 1925, seit 1940 in Basel. Humanistisches Gymnasium, danach Studium der Geschichte in Paris, Genf, Rom und Basel. Abschluss in Basel mit einer Dissertation über einen italienischen Refuganten des 16. Jahrhunderts. Redaktor in der Chemischen Industrie, 1959 Gründung der Werbeagentur GGK. Seit 1975 als Publizist, Schriftsteller und Medienberater tätig. Verschiedene literarische, historische und fachspezifische Publikationen. Inhaber der Alphaville AG, Agentur für Publizität in Basel.
Rolf Liechtenhan	1921 in Basel geboren. Nach Aufgabe der Tätigkeit bei Musikverlegern in der Schweiz, in England und in Frankreich publizistische Arbeit auf den Gebieten Oper und Ballett. Zahlreiche Buchpublikationen und Kurse über Ballettgeschichte an den führenden staatlichen Ballett-Berufsschulen in Hamburg, Leipzig, München, Stuttgart und Zürich.
Bernd Wolfgang Lindemann	1951 in Düsseldorf geboren. Studium in Stuttgart, Bonn, Wien und Kiel in den Fächern Kunstgeschichte, Geschichte und Klassische Archäologie. Promotion 1981 (Universität Kiel), Habilitation 1992 (Freie Universität Berlin), Umhabilitation 1995 (Universität Basel). Tätigkeit als Hochschulassistent 1981 bis 1990. 1990–1994 wissenschaftlicher Mitarbeiter und Kustos an den Staatlichen Museen zu Berlin, seit Oktober 1994 Konservator der Abteilung Alte Meister am Kunstmuseum Basel.
Hansjörg Marchand	Geboren 1937 in Basel. Schulen in Basel. Matur am Realgymnasium, Studium an der philosophisch-historischen Fakultät der Universität Basel und an der Sorbonne Paris von 1957 bis 1963. Diplom für das höhere Lehramt 1964, seither Gymnasiallehrer in Basel.
Jürg Meier	1954 in Basel geboren. Maturität am Kantonalen Gymnasium Münchenstein. Biologiestudium an der Universität Basel, Promotion 1983. Mitglied der Geschäftsleitung der Pentapharm AG, einer mittelständischen Pharmaunternehmung in Basel. Seit 1991 Privatdozent für Zoologie an der Universität Basel. Seit 1989 ehrenamtlicher Vorsteher der neuapostolischen Kirchgemeinde Oberwil BL.

Edwin Meyer	1951 in Basel geboren. Aufgewachsen in Biel-Benken. Schulen in Biel-Benken, Binningen und Münchenstein. 1973/74 Eidg. Matur in Zürich und Bern. Studium der Jurisprudenz an der Universität Basel. Daneben 1977–1979 redaktionelle Mitarbeit beim Basler Volksblatt. 1980 Lizentiat. Juristische Tätigkeit. 1985–1987 Redaktor bei der Basler AZ. Seit 1987 Redaktor bei der Schweizerischen Depeschenagentur (SDA), seit 1988 Leiter der Regionaldirektion Nordwestschweiz in Basel.
Pascale Meyer	1961 in Zürich geboren. Studium der Geschichte, Soziologie und Deutschen Literaturwissenschaft an der Universität Basel. Seit 1988 div. Ausstellungsprojekte, 1992–1994 Nachdiplomstudium Museologie an der Universität Basel. Seit 1991 wissenschaftliche Mitarbeiterin am Kantonsmuseum Baselland.
Rudolf Meyer	1932 in Basel geboren, Schulen bis zum kantonalen Handelsdiplom in Basel. Seit 1957 bei der Schweizerischen Bankgesellschaft in Basel in verschiedenen Funktionen, seit 1976 als Direktor. In Basel auch bekannt als Obmann des Fasnachts-Comités.
Markus Moehring	1958 in Lörrach geboren. Abitur am Hans-Thoma-Gymnasium Lörrach. 1978 bis 1985 Studium an den Universitäten Freiburg/Br. und Hamburg: Volkskunde und Neuere Geschichte mit Abschluss Magister Artium sowie Deutsch und Geschichte für das Lehramt an Gymnasien. 1985 Volontariat am Henry Ford Museum/USA. 1986/87 Studienreferendar am Gymnasium Leonberg. 1987–1991 Aufbau des Oberrheinischen Bädermuseums Bad Bellingen als verantwortlicher Museumsleiter. Seit 1991 Leiter des Museum am Burghof Lörrach.
Thomas Morscher	1962 in Basel geboren. Maturität am Gymnasium Oberwil (BL). Studium der Jurisprudenz an der Universität Basel. Lizentiat 1987. 1988–1991 Assistent am Lehrstuhl für Internationales Privatrecht der juristischen Fakultät Basel. Promotion 1991. Nach dem Anwaltsexamen 1992 Tätigkeit als Advokat in Basel. Seit 1994 Akademischer Adjunkt und Stellvertreter der Leiterin der Abteilung Kultur im Erziehungsdepartement des Kantons Basel-Stadt.
Christian Müller	1952 in Leipzig geboren. Studium der Kunstgeschichte, der klassischen Archäologie und der Geschichte in Tübingen und Wien. Promotion 1981 in Tübingen. Anschliessend Volontariat an der Staatlichen Kunsthalle Karlsruhe; 1984–1985 tätig bei den Bayerischen Staatsgemäldesammlungen in München. Von 1985 an in Basel mit einem Projekt des Schweizerischen Nationalfonds befasst, das die Erforschung und Publikation der Altmeisterzeichnungen am Basler Kupferstichkabinett zum Ziel hatte. Seit 1991 Konservator am Kupferstichkabinett der Öffentlichen Kunstsammlung Basel.
Beat Münch	1949 in Basel geboren. Kaufmännische Berufslehre und Abendmatur. Studium der Romanistik, Geschichte und Germanistik in Basel und Paris. 1986 Promotion in französischer Sprachwissenschaft. Seit 1991 Leiter der Stelle für Öffentlichkeitsarbeit der Universität Basel und Beauftragter für die Europäische Konföderation der Oberrheinischen Universitäten (EUCOR).
Hans Peter Muster	Geboren 1927 in Basel als Bürger von Basel und Lützelflüh. Nach dem Realschulbesuch 1943–1949 Laborant bei Roche, anschliessend Angehöriger des Basler Polizeikorps, zuletzt als Unteroffizier und Leiter der Radarkontrolle der Verkehrsaufsicht. Ab 1961 Fondé de pouvoir des ersten Duty Free Shops auf dem Flughafen Basel-Mulhouse, seit 1965 selbständiger Antiquitätenhändler in Riehen. Verschiedene Sachbuch-Veröffentlichungen und Mitarbeit an lexikographischen Werken.

Peter F. Peyer	1955 in Basel geboren. Schulen in Basel, 1971–1974 kaufmännische Lehre als Spediteur, 1975–1980 tätig als Luftfrachtspediteur, nebenberufliche Vorbereitung auf die eidg. Matur. 1981–1989 Studium an der Universität Basel und der University of Virginia in den Fächern Englisch, Geographie und Geschichte. 1989 Lizentiat phil. I. 1989–1992 Assistent bei der Flughafendirektion des Flughafens Basel-Mulhouse. 1992–1993 Ausbildung zum Oberlehrer, seither Lehrtätigkeit an verschiedenen Basler Schulen. Seit 1977 Privatpilot.
Peter A. Preiswerk	1931 in Basel geboren. Maturität am Mathematisch-Naturwissenschaftlichen Gymnasium. Studium an der Universität Basel (Geschichte, Germanistik, Geographie; 1957 wissenschaftlicher Teil des Mittellehrerexamens). Volontariat auf der Redaktion der Basler Nachrichten, kurze Zeit Auslandkorrespondent in London, 1958–1960 Schweizerische Depeschenagentur in Bern, 1960–1967 Redaktor Ringiers Unterhaltungs-Blätter, 1967–1993 Redaktor und Stellvertreter des Chefredaktors Zofinger Tagblatt. Als solcher Mitglied zahlreicher politischer und kultureller Gremien. Seit 1. Januar 1994 im Ruhestand in Arlesheim.
Michael Raith	1944 in Basel geboren. Schulen in Riehen und Basel. Buchhändlerlehre in Berlin. Studium der Theologie und Geschichte in Basel und Zürich. 1972 VDM. 1973–1993 Leiter der Telefonseelsorge Basel. Jetzt Feldprediger Waffenplatz Liestal, Gefängnisseelsorger Basel und Lehrer Kirchlich-Theologische Schule. Mitglied des Grossen Rates (1995/97 dessen Präsident) und des Gemeinderates Riehen.
Christoph Rehmann-Sutter	1959 in Laufenburg geboren. Studierte Molekularbiologie am Biozentrum der Universität Basel, sodann Philosophie und Soziologie in Basel, Freiburg/Br. und Darmstadt; Promotion 1995. Seit 1992 Lehrbeauftragter für Naturphilosophie und Bioethik an der Universität Basel. Forschungsinteressen: Philosophische Aspekte der Molekularbiologie, Grundlagenprobleme der ökologischen und biomedizinischen Ethik, ethische Aspekte der Gentechnik. Autor von ‹Leben beschreiben. Über Handlungszusammenhänge in der Biologie› (1996), Co-Autor von ‹Sinnengegenwart. Essays zur Wahrnehmung› (1993) und ‹Ethik und Gentherapie› (1995).
Christine Richard	1954 in Chemnitz (Deutschland) geboren. Abitur in Rottweil, Studium der Germanistik, Geschichte und politischen Wissenschaften in Freiburg/Br. Erstes und zweites Staatsexamen und Lehrerin am Fürstenberg-Gymnasium in Donaueschingen, daneben Mitarbeiterin der Badischen Zeitung und der ‹Deutschen Bühne›. Seit acht Jahren Theater- und Tanzkritikerin der Basler Zeitung, Schweiz-Korrespondentin der Fachzeitschrift ‹Theater heute›.
Markus Ries	1959 geboren und aufgewachsen in Weinfelden. Studium der Theologie in Luzern, Freiburg/CH und München; 1990 Promotion. 1986–1990 wissenschaftlicher Assistent an der Universität München, 1990–1994 bischöflicher Archivar des Bistums Basel in Solothurn, seit 1994 Professor für Kirchengeschichte an der Hochschule Luzern.
Siegfried Rietschel	1935 in Frankfurt am Main geboren. Dort, nach kriegsbedingten ‹Wanderjahren›, 1955 Abitur und Studium der Geo- und Biowissenschaften. Diplom-Geologe 1961, Promotion 1965, Habilitation in Geologie und Paläontologie 1970, Honorarprofessur an der J.W. Goethe-Universität seit 1973. 1960–1978 wissenschaftlicher Mitarbeiter im Senckenberg-Museum zu Frankfurt am Main. 1978 Berufung zum Direktor des Staatlichen Museums für Naturkunde Karlsruhe. Im Deutschen Museumsbund ab 1979 Vorstandsmitglied, 1983–1991 Vizepräsident und 1991–1995 Präsident.

Felix Rudolf von Rohr	Geboren 1944. Bürger von Basel und Egerkingen. Schulen und kaufmännische Lehre in Basel. Seit 1968 beim Bankverein tätig. 12 Jahre im Grossen Rat, 1986/87 als dessen Präsident. Vorgesetzter der E.E. Zunft zum Schlüssel. Seit 1987 im Fasnachts-Comité. Seit 1993 Bürgerrat.
Christian Roth	1965 in Brugg AG geboren. 1981–1985 Fotografenlehre und Kunstgewerbeschule in Basel. Abgeschlossen im Rang. Seit 1985 Fotograf und Bildredaktor der Basellandschaftlichen Zeitung. 1988 Reportage ‹Leben im Favela Manqueira in Rio›. 1989 Reportage ‹Westindians in Brixton, London›. Seit 1992 eigenes Atelier in Basel. 1995 Veröffentlichung des Buches ‹Momente› mit Textbeiträgen von Evelyn Braun und Werner Düggelin. 1995 Reportage ‹Perspektiven junger Menschen in Lettland und Litauen›.
Michèle M. Salmony	1955 in Basel geboren. Schauspielerin, Autorin, Regisseurin.
Hans Saner	1934 in Grosshöchstetten geboren. Lehrer-Seminar Hofwil-Bern, danach fünf Jahre Volksschullehrer. Studium der Philosophie, Psychologie, Germanistik und Romanistik an den Universitäten Lausanne und Basel. Promotion 1967 (Philosophie). 1962–1969 Privatassistent von Karl Jaspers, dessen Nachlass (7 Bde.) er im Auftrag der Jaspers-Stiftung herausgab. 1976–1980 Redaktor der ‹STUDIA PHILOSOPHICA›. Mitherausgeber der Taschenbuchreihe ‹PHILOSOPHIE AKTUELL› und Consejero der ‹FOLIA HUMANISTICA› (Spanien). Lehraufträge an mehreren Universitäten und Akademien des In- und Auslandes. Autor von zwölf Büchern und vielen Essays, übersetzt in zehn Sprachen.
Hans Schäppi	1942 geboren in Zollikon bei Zürich. Maturität am Kantonalen Realgymnasium Zürichberg. Studium an den Universitäten Zürich und Bielefeld in Geschichte und Philosophie. Promotion 1972. 1972–1978 Lehrer für Geschichte und Philosophie am Realgymnasium in Zürich. Seit 1978 Sekretär der Gewerkschaft Textil Chemie Papier (GTCP) in Basel, die 1992 mit der Gewerkschaft Bau und Holz zur Gewerkschaft Bau und Industrie fusionierte (GBI). Seit 1992 Vizepräsident der GBI und Verantwortlicher für das Industrieressort, im speziellen für den Bereich Chemie.
Roland Schlumpf	1952 in Thun geboren. Schulen in Basel. Maturität am Realgymnasium. Studium der Wirtschaftswissenschaften an der Universität Basel. Wirtschaftsredaktor bei den Basler Nachrichten und der Neuen Zürcher Zeitung. 1980–1985 Korrespondent der Neuen Zürcher Zeitung in Tokio. 1985–1987 Direktionssekretär der AGIE, Losone. 1987–1990 Leiter des Ressorts Information Basel von Radio DRS. Seit 1990 Korrespondent für die Neue Zürcher Zeitung in Basel.
Marcus Schneider	1954 in Basel geboren, Studium der Philologie mit Schwerpunkten Geschichte und Germanistik; Musiker, seit 1979 als Lehrer an der Rudolf Steiner Schule in Basel. Rege Vortrags- und Seminartätigkeit im In- und Ausland über Waldorfpädagogik, Anthroposophie, musik- und kunstgeschichtliche Thematik. Mitarbeiter am Rudolf Steiner Lehrerseminar in Dornach.
Niggi Schoellkopf	1930 in Basel geboren, Schulen in Basel, ebenso kaufmännische Lehre. Zuletzt tätig bei einer grossen Treuhandgesellschaft in Basel als Leiter der Logistikabteilung. Frührentner. Verfasser verschiedener Basler Bücher, so u. a. ‹Vogel Gryff› (1971), Festchronik ‹600 Joor Glai- und Grossbasel zämme› (1992); freier Mitarbeiter diverser Wochenblätter. Seit über 40 Jahren Tambourmajor der Wettstai-Clique, Mitgründer und Präsident des Fähri-Verein Basel, Meister der E. Gesellschaft zum Rebhaus, FDP-Grossrat 1976–1988.

Erich Schwabe	1914 in Basel geboren. Maturität am Humanistischen Gymnasium. Studium an der Universität Basel in Geographie als Hauptfach, Geologie und Biologie als Nebenfächern sowie übergreifend in historischen Fächern. Promotion 1938. Ausbildung als Journalist vor allem im kulturellen Bereich. 1944–1952 Mitarbeiter der Schweiz. Verkehrszentrale. Ab 1953 Redaktor für Kulturelles bei der Schweiz. Politischen Korrespondenz in Bern. Nebenamtlich 1966–1976 Redaktor beim Schweizer Heimatschutz. Ab 1965 Lektorat und Lehrauftrag für Entwicklung der Kulturlandschaft am Geographischen Institut, seit 1979 Ehrendozent für Geographie der Universität Basel.
Dorothea Schwinn Schürmann	Geboren 1961. Matura am Gymnasium Muttenz. Studium der Kunstgeschichte, der deutschen Literatur und der neueren allgemeinen Geschichte an den Universitäten Basel und München. Seit 1989 wissenschaftliche Mitarbeiterin des Stadt- und Münstermuseums (Basler Denkmalpflege).
Christian Simon	1951 in Basel geboren. Maturität am Humanistischen Gymnasium. Studium der Geschichte und der Lateinischen Philologie in Basel und Ausbildung zum Oberlehrer, Promotion 1980. Assistent an der Universität Basel bis 1984. Stipendiat des Schweizerischen Nationalfonds 1984–1986, Studien in Frankreich und Deutschland. Aufbau der Forschungsstelle Baselbieter Geschichte 1987/88. Habilitation 1988, danach Dozent an den Universitäten Basel, Bern, Zürich. Extraordinarius 1994, seit Frühjahr 1995 ohne bezahlte Lehraufträge. 1994/95 Assistent an der ETH Zürich, dann Adjunkt im Sekretariat des Schweizerischen Wissenschaftsrates (Bern); nebenamtliche Forschungs- und Lehrtätigkeit (Geschichte des 18. Jahrhunderts, allg. Wissenschaftsgeschichte, Historiographiegeschichte, Chemiegeschichte).
Raphael Suter	1961 in Sursee (LU) geboren. Maturität Typus A an der Kantonsschule. Studium an der Universität Basel in den Fächern Klassische Archäologie, Kunstgeschichte und Ägyptologie. Lizentiat 1990. Während des Studiums journalistische Tätigkeit bei verschiedenen Tageszeitungen. 1987 bis 1990 Reporter bei der Basler Zeitung. Seit 1991 Redaktor im Ressort Basel-Stadt.
Niklaus P. Ullrich	1952 in Basel geboren, aufgewachsen in Bottmingen. Matura an der KHS in Basel. Regieausbildung in München, Studium an der Universität Basel in den Fächern Germanistik, Anglistik und Geschichte. 1973 Gründer des ‹joli-théâtre› in Binningen, ab 1978 nebenamtlicher Lehrer für Deutsch und Theater am Gymnasium Oberwil, zahlreiche Theaterarbeiten mit unterschiedlichen Ensembles in der Schweiz und in Deutschland, ab 1980 künstlerischer Leiter des historischen Jahrmarkts im Dalbeloch, ab 1984 Mitglied der Verwaltung des Theaters Basel, ab 1985 Kulturberichterstatter bei Radio DRS, ab 1988 Kulturbeauftragter der Erziehungs- und Kulturdirektion des Kantons Basel-Landschaft. Wohnhaft in Basel, verheiratet, vier Kinder.
Christine Valentin	1959 in Basel geboren, aufgewachsen in Binningen und Pratteln. Maturität am Gymnasium Muttenz. ‹Cursos de Estudios Hispanicos› an der Universität Granada, Studium der Ethnologie an der Universität Basel, gleichzeitig Ausbildung zur Journalistin bei der Basler AZ. Mehrjährige Tätigkeit als freischaffende Journalistin. 1987–1989 Redaktorin und Verbandssekretärin der Gewerkschaft VPOD (Verband des Personals Öffentlicher Dienste). Seither wieder als freischaffende Journalistin und Autorin in Basel tätig. Mitinhaberin des Büros ‹Giugni & Valentin, Kommunikation + Gestaltung›.
Sabine Vulić	1962 als Sabine Guggenbühl in Basel geboren. Nach der Matura Studium der Germanistik (Hauptfach), der klassischen Archäologie und der Kunstgeschichte an der Universität Basel. Lizentiat 1989. Thema der Abschlussarbeit: ‹Die Bibel in den

	Romanen Uwe Johnsons›. Ab 1989 zunächst als Volontärin, später Redaktorin bei der Tageszeitung Nordschweiz-Basler Volksblatt. Mit der Übernahme des Blattes durch die Basellandschaftliche Zeitung Wechsel in gleicher Funktion nach Liestal. Bei beiden Zeitungen schwerpunktmässig für die Berichterstattung über das kirchliche Leben zuständig. Seit 1994 Publikation literarischer Texte unter dem Pseudonym Sabine Jakobs. Seit August 1995 Redaktorin bei der CoopZeitung. 1995 Heirat mit dem Kunstmaler Darko Vulić aus Sarajewo.
Willi Wehrli	1933 in Teufen (AR) geboren. Lehrerpatent am Lehrerseminar Rorschach (SG). 1953–1961 Primarschullehrer in Gais (AR). 1961 Eintritt in die damalige J. R. Geigy AG. Personalchef in den Werken Schweizerhalle und Kaisten. Seit 1990 Leiter des Bereiches Sozialpartnerschaft und Sozialdienste der Ciba-Geigy AG.
Oliver Wick	1962 in Basel geboren. Maturität am Gymnasium Oberwil. Studium an der Universität Basel in den Fächern Kunstwissenschaft, Archäologie und Neuere Allgemeine Geschichte, Lizentiat 1989. 1990–1992 mehrere Publikationen zum Schaffen des amerikanischen Künstlers James Turrell. 1992/93 in freier Mitarbeit bei der Galerie Beyeler, Basel. 1993–1995 Referent für Öffentlichkeitsarbeit an der Öffentlichen Kunstsammlung Basel, Kunstmuseum, Kupferstichkabinett und Museum für Gegenwartskunst. Seit 1995 Direktionsassistent am Schweizerischen Institut für Kunstwissenschaft in Zürich.
Jean-Pierre Wilhelm	1932 in Basel geboren, Realschüler der ‹Mugge› in Basel, erlebte als Augenzeuge die Landung eines US-Bombers auf dem Schlatthof. Kaufmännische Lehre und Banklehre in Basel, danach Finanzfachmann für multinationale Firmen in Genf, Zürich und im Ausland. Ausserdem part-time Journalist über Aviatik und Historiker mit Spezialgebiet Zweiter Weltkrieg/militärische Fliegerei. 1994 Ehrung durch den Bürgermeister von Los Angeles.
Lutz Windhöfel	1954 in Wuppertal-Elberfeld geboren. Studium der europäischen und ostasiatischen Kunstgeschichte sowie der politischen Geschichte in Heidelberg und Basel. 1989 Promotion. Von 1980–1984 Mitglied der Dramaturgie der Basler Theater. 1987/88 stellv. Konservator am Gewerbemuseum/Museum für Gestaltung, Basel. 1989–1993 Kulturredaktor der Bündner Zeitung in Chur. Arbeitet als Publizist und Kritiker u.a. für die Basellandschaftliche Zeitung, die Frankfurter Allgemeine Zeitung, die Neue Zürcher Zeitung und die Weltwoche. Lebt in Basel.
Dieter Wüthrich	1961 in Basel geboren. Schulen in Riehen und Basel. Maturität am Freien Gymnasium Basel. Ausbildung als Sozialpädagoge (HFS); Diplom 1986. 1986–1990 Sozialpädagoge an den Externen Psychiatrischen Diensten Baselland (Stützpunkt Liestal). Ab September 1990 Redaktor der Riehener-Zeitung; seit 1994 Chefredaktor. Freier Mitarbeiter Basellandschaftliche Zeitung, Regionaljournal Radio DRS.
Otto Wyss-Dierks	Geboren 1911 in Olten. Nach einer Malerlehre Schüler von Arnold Fiechter an der Kunstgewerbeschule in Basel. Anfang der 30er Jahre Schüler an der Académie de la Grande Chaumière, Paris. 1934 Ausbildung zum Fotografen in Berlin, 1935 Fotohändlerschule in Dresden. Übernahm nach dem Tod seines Schwiegervaters 1941 das Fotohaus Dierks in Basel und war lange Zeit u.a. Fotograf für die Mustermesse. Otto Wyss-Dierks starb 1994.

Alphabetisches Inhaltsverzeichnis nach Autorinnen und Autoren

		Seite
Gabrielle Alioth	Bilder einer Stadt	137
Stephan Appenzeller	1895: Basel erhält ein Tram 100 Jahre Basler Verkehrs-Betriebe	32
Peter Bachmann	‹Velo-City Conference '95› in Basel	109
Yvonne Boerlin-Brodbeck	Jacob Burckhardts Reiseskizzen	192
Benoît Bruant	La valise	26
Andreas Burckhardt	Der Auf- und Umbruch zur ‹Bürgergemeinde 2000›	86
Leonhard Burckhardt	Der Universitätsvertrag mit dem Kanton Basel-Landschaft	123
Thomas Bürgi	Die Entwicklung der staatlichen Kindergärten in Basel	223
Yolanda Cadalbert Schmid	Chemie-Gesamtarbeitsvertrag am Wendepunkt?	49
Manfred Elke	Strahlen aus dem Dunkeln 100 Jahre Röntgenstrahlen und Radiologie in Basel	249
Walter Erny	Seit 100 Jahren in der Schweiz und in Basel: die Neuapostolische Kirche	133
Christine Felber	Das ‹Basler Täubchen› und sein Schöpfer, der Architekt Melchior Berri Basels erste Briefmarke: ein künstlerisches Kleinod	213
Christian Fluri	Schwere Geburt in Basel-Stadt – Souveräne Kindheit in Baselland	184
Thierry A. Freyvogel	Zum Gedenken an Professor Rudolf Geigy	247
Fritz Friedmann	1933–1946 Erlittenes und Erlebtes	11
	Abschied vom ‹Wollenhof›	81
	Das ‹Gesellschaftshaus› im Gundeli	107
Rainer Füeg	Die Auswirkungen des Abseitsstehens vom EWR in der Nordwestschweiz	112
Walter J. Gehring	Forscher entdecken Schlüssel-Gen für die Augenentwicklung	237
Hans Gygli	Mehr Freiheit im Basler Schulsystem	231
Dominik Heitz	Kunst und Wohnen auf dem Berowergut	127

Guido Helmig	In Basel Brücken schlagen	217
Regula Hofer	Deregulierung und Privatisierung – ein Bumerang?	89
Daniel M. Hofmann	Chemiestandort Basel – Behauptung in der globalen Strukturkrise	67
Carmen Humbel Schnurrenberger	Architektonische Akzente Mario Bottas	203
Holger Jacob-Friesen	1595: «Des Rechtsgelährten Fäschen berühmte Kunstkammer» Der Sammler Remigius Faesch (1595–1667)	42
Martin Jösel	Marie Luise Kaschnitz in Basel	19
Marc Keller	Das Basler Gewerbe zwischen Preisdruck und Innovationschancen	75
Markus Kobler	Basler Wirtschaftsförderung mit neuen Impulsen	71
Alex Krauer	Plädoyer für eine gesunde Basler Wirtschaft	60
Georg Kreis	Der jüngere Bruder in der Steinenvorstadt	108
	Kantone zwischen Stagnation und Aufbruch	116
Daniel Küry	‹Basel natürlich› Naturschutz im Stadtraum	98
Markus Kutter	Der Vater des Basler Friedens im Keller des Holsteinerhofes 200 Jahre später	40
	Kultur – Aufgabe von Staat und Gesellschaft	178
Rolf Liechtenhan	Zum Tod des früheren Basler Ballettdirektors Wazlaw Orlikowsy (1921–1995)	199
Bernd Wolfgang Lindemann	Zwei neue Alte Meister im Kunstmuseum	200
Hansjörg Marchand	Basler Sport- und Ferienheim ‹Morgenholz› 1895–1995	110
Jürg Meier	Seit 100 Jahren in der Schweiz und in Basel: die Neuapostolische Kirche	133
Edwin Meyer	Debatten über eine ungewisse Zukunft	56
Pascale Meyer	Frieden in Grenzen	23
Rudolf Meyer	75 Jahre Schweizerische Bankgesellschaft in Basel	79
Markus Moehring	Kriegsende und Nachkriegszeit in Lörrach und im Markgräflerland	29
Thomas Morscher	Leitbilder oder Leidbilder? Staatliche Kulturpolitik in Diskussion	173
Christian Müller	1495: Zum 500. Geburtstag des Bonifacius Amerbach Die Bildnisse des Basler Juristen und Erben des Erasmus von Rotterdam	46
Beat Münch	Schweizer Forschung im Abseits?	119

Hans Peter Muster	Chronik 1995	259
Peter F. Peyer	Die Geschichte und das Ende der Balair	82
Peter A. Preiswerk	150 Jahre Paedagogia Basiliensis	111
Michael Raith	Gottesdienst im Gefängnis Die ökumenische Gefängnisseelsorge	132
Christoph Rehmann-Sutter	Kontroversen um ein Experiment Ein Kommentar	240
Christine Richard	Menschen, Künste, Ketchupflecken Festivals – Ersatz oder Ergänzung staatlicher Kulturpolitik?	189
Markus Ries	Krise und Neuanfang im Bistum Basel	128
Siegfried Rietschel	Museen nur bei vollen Kassen?	162
Christian Roth	Forschende mit neuem Gesicht Das Friedrich Miescher-Institut	143
Felix Rudolf von Rohr	Naare uff s Schiff! Fasnacht 1995	253
Michèle M. Salmony	Gabrielle Alioth: Die Heimat im Kopf	135
Hans Saner	Die Grenze. Die Schranke. Der Rand	164
Hans Schäppi	Perspektiven für den Wirtschaftsstandort Basel	63
Roland Schlumpf	Politischer Erdrutsch Überraschender Ausgang der Nationalratswahlen	92
	Ein gesellschaftspolitisches Lehrstück: die KVA	106
Marcus Schneider	Freie Schulwahl? Die Rudolf Steiner Schule Basel	234
Niggi Schoellkopf	Ein Fest für die neue Wettsteinbrücke	105
Erich Schwabe	Zum 100. Todestag von Karl Ludwig Rütimeyer	245
Dorothea Schwinn Schürmann	Die Photosammlung Jacob Burckhardts	195
Christian Simon	1795: Der Basler Frieden	36
Raphael Suter	Die Schliessung zweier Museen stösst auf Widerstand	158
Niklaus P. Ullrich	Zeitgenössische Kunst- und Kulturförderung im Kanton Basel-Landschaft	168
Christine Valentin	Die Basler Kindergärten – zwischen Blockzeiten und kantonalem Finanzausgleich	226
Sabine Vulić	Gebremster Reformwille in der Evangelisch-reformierten Kirche	134
Willy Wehrli	Vom Gesamtarbeitsvertrag zum Einheitsvertrag	53

Oliver Wick	Quotidien Texturen des Alltäglichen	156
Jean-Pierre Wilhelm	US-Amerikaner landen auf dem Schlatthof	16
Lutz Windhöfel	Neue Architekturen in Basel Ein Bankgebäude, ein Lokdepot, ein Stadion, eine Tramhaltestelle, ein Wohn- und Kirchenhaus	207
Dieter Wüthrich	Erneuerung im Gefängnis- und Strafvollzug Der Waaghof löst den Lohnhof ab	94
Otto Wyss-Dierks	Der Bombenangriff auf Basel	14

Abbildungsnachweis

S. 14, 15, 21 Otto Wyss-Dierks. S. 16–18 Heinz Höflinger. S. 20 Rolf Sternberger. S. 22 Adrian Stückelberger. S. 23 Johannes Wenk-Madoery. S. 24 (oben), 37, 39 (oben), 82, 193, 194, 220 (links/Mitte) Staatsarchiv Basel-Stadt. S. 24 Nachlass Theodor Strübin, Kantonsmuseum Baselland. S. 27 Collection de la ville de Saint-Louis. S. 28 (oben) Musée Historique de Mulhouse. S. 28 (unten) Collection Jean Checiski. S. 30 (oben) Archiv Hebelbund Lörrach. S. 30 (unten), 31 Staatsarchiv Lörrach. S. 33 (oben) Settelen AG, Basel. S. 33 Siemens Forum, München. S. 34 Lotty Mangold. S. 35 Fritz Schmidt/Basler Verkehrs-Betriebe. S. 39 Bibliothèque Nationale de France, Paris. S. 43, 47, 48, 200, 201 Öffentliche Kunstsammlung Basel, Martin Bühler. S. 50 Gewerkschaft Textil Chemie Papier, Basel. S. 51 Daniel Spehr. S. 54, 55 Firmenarchiv Ciba-Geigy AG. S. 57, 61, 64, 68, 69, 113, 134, 171, 175, 176, 185, 187, 190, 211, 227, 229 Claude Giger. S. 77 Gewerbeverband Basel-Stadt. S. 79 Schweizerischer Bankverein. S. 80 Josef Riegger. S. 81 Archiv Wollenhof. S. 83, 84 Christoph Hartmann. S. 85 Archiv Balair. S. 90 Stephan Appenzeller. S. 94–97, 109 Dieter Wüthrich. S. 99, 100 Daniel Küry. S. 102, 103 Sammlung Peter und Ruth Herzog-Wyss. S. 104, 108, 117, 160 (unten), 169 Kurt Wyss. S. 105 Walter Sütterlin. S. 106, 160 (oben) Hannes-Dirk Flury. S. 107 Photoarchiv Gundeldinger Zeitung. S. 110 Verein Ferienheim Morgenholz. S. 111 Martin Stotz. S. 120 Universität Basel. S. 125 Beat Münch. S. 130 ruti-Pressebild. S. 132 Niggi Bräuning. S. 133 Jürg Meier. S. 136 Linda Putzenhardt. S. 142, 221 (links) Historisches Museum Basel, Maurice Babey. S. 143 Friedrich Miescher-Institut. S. 144–155 Christian Roth. S. 165 Bettina Müller. S. 179 Anne Käthi Wildberger. S. 181 Andre Muelhaupt. S. 195–198, 243 Öffentliche Bibliothek der Universität Basel. S. 199 Rudolf Liechtenhahn. S. 204–206 Pino Musi. S. 208, 209 Margherita Spiluttini. S. 210, 214 (oben), 215 Lilli Kehl. S. 212 (links) Furrer+Fasnacht. S. 212 (rechts) Urs Gramelsbacher. S. 218 (oben) Kupferstichkabinett Basel. S. 219 Guido Helmig. S. 220 (rechts), 221 (oben/rechts) Eidg. Archiv für Denkmalpflege, Bern. S. 224 Kindergärten des Kantons Basel-Stadt. S. 232 Basler Handelskammer. S. 235 Stephan Suter. S. 238 (oben) J.D. Watson. S. 238 (Mitte) Georg Halder. S. 238 (unten) Halder/Callaerts/Gehring, Biozentrum der Universität Basel. S. 245 Bernhard Rütimeyer. S. 247 Schweiz. Tropeninstitut. S. 250 H. Speiser, Basel. S. 251, 252 Manfred Elke. S. 254–258 Peter Armbruster. S. 259 Humbert & Vogt.

Christoph Merian Verlag

Die aktuellen Titel ...

Stephan Appenzeller
Basel und sein Tram

Die Geschichte der Basler Verkehrs-Betriebe
224 Seiten, gebunden, zahlreiche z.T. farbige Abbildungen.
Fr. 78.–
ISBN 3-85616-063-9

Ein spannender Streifzug durch die Geschichte des Trams in Basel. Lebendig schildert der Herausgeber die Entwicklung von den ersten Pferde-Omnibussen zum Elektrotram, vom Streik der Strassenbahner bis zum Umweltschutz-Abo. Das offizielle Jubiläumsbuch der Basler Verkehrs-Betriebe, ein ‹Must› für alle Schienenfreunde.

Rudolf Suter
Baseldeutsch-Wörterbuch

2., vollständig überarbeitete und erweiterte Auflage, 384 Seiten.
Fr. 47.–
ISBN 3-85616-064-7

(Duo Wörterbuch/Grammatik:
Fr. 80.–, ISBN 3-85616-071-X)

Endlich wieder lieferbar! Das beliebte und meistverkaufte Wörterbuch für das Baseldeutsch. Vollständig überarbeitete, erweiterte Auflage. 600 Stichwörter aus allen Bereichen und Epochen wurden hinzugefügt. «... Dass eine Sprache ständig im Fluss ist, zeigt der Bestseller-Autor anhand amüsanter Beispiele auf.»
(Basler Zeitung)

(Auch als Duo zusammen mit der Baseldeutsch-Grammatik erhältlich)

Basler Stadtbuch

Die Basler Chronik

Vom Basler Stadtbuch sind noch folgende Jahrgänge erhältlich:
1973, 1975–79, 1981–84, 1986, 1988, 1989, 1990, 1991, 1992, 1993, 1994.

Monica Kalt/Christian Simon/
Beat von Wartburg/Christian Windler
Basler Frieden 1795

Revolution und Krieg in Europa
Hrsg. Christian Simon
174 Seiten, broschiert, reich und z.T. farbig bebildert.
Fr. 32.–
ISBN 3-85616-065-5

Im Licht der Dunkelkammer

Die Schweiz in Photographien des 19. Jahrhunderts aus der Sammlung Herzog

Révélations de la chambre noire

La Suisse du XIXe siècle à travers les photographies de la collection Herzog
Hrsg. Schweizerisches Landesmuseum Zürich
226 Seiten, gebunden, 163 Abbildungen.
Fr. 78.–
ISBN 3-85616-061-2

In Europa tobt der Krieg. Seit 1792 kämpfen die verbündeten Monarchien gegen das republikanische Frankreich. Dank der Vermittlung eines Baslers, Peter Ochs, schliessen im Frühsommer 1795 Preussen und Spanien mit Frankreich in Basel Frieden. Ein unbekanntes Stück Geschichte! «Dieses Buch ist hervorragend gestaltet, die Texte sind instruktiv, lebhaft, gut geschrieben.»
(Reinhardt Stumm, Basler Zeitung)

Das preisgekrönte Buch stellt die vom Schweizerischen Landesmuseum erworbene Photosammlung Schweiz von Peter und Ruth Herzog in faszinierender Weise vor. Es gibt einen Überblick über Anfänge und Frühzeit der Photographie in der Schweiz. ‹Im Licht der Dunkelkammer› vermittelt einen Eindruck, wie sich die Wahrnehmung der Welt mit Blick auf die Schweiz von 1840 bis 1900 durch das Medium Kamera veränderte.